Lexikon der Ästhetik

*Herausgegeben von
Wolfhart Henckmann
und Konrad Lotter*

VERLAG C.H.BECK MÜNCHEN

Die Deutsche Bibliothek – CIP-Einheitsaufnahme

Lexikon der Ästhetik / Hrsg. von Wolfhart Henckmann und
Konrad Lotter. – Orig.-Ausg. – München : Beck, 1992
  (Beck'sche Reihe ; 466)
  ISBN 3 406 34058 X
NE: Henckmann, Wolfhart [Hrsg.]; HST; GT

Originalausgabe
ISBN 3 406 34058 X

Umschlagentwurf: Uwe Göbel, München
© C.H. Beck'sche Verlagsbuchhandlung (Oscar Beck), München 1992
Gesamtherstellung: Presse-Druck- und Verlags-GmbH, Augsburg
Printed in Germany

Inhalt

Vorwort

Mit seinen 348 Stichworten und 212 ausgearbeiteten Artikeln führt das vorliegende Lexikon ein in das Gebiet der Ästhetik. In seinem Zentrum stehen die Grundbegriffe der Kunstphilosophie sowie der allgemeinen Kunstwissenschaft, der Begriff der Kunst selbst in seiner Geschichtlichkeit und seiner Auffächerung sowie die Klassifikation der einzelnen Gattungen von Architektur, Dichtung, Film, Malerei, Musik etc. Des weiteren sind Begriffe aufgenommen, die

- die Produktion (Enthusiasmus, Kreativität, künstlerisches Schaffen, Material, Phantasie etc.)
- die Darstellung (Ausdruck, Aussage, Einheit, Form und Inhalt, Schichtentheorie etc.) und
- die Rezeption von Kunstwerken (ästhetische Erfahrung, Gefühl, Genuß, Interpretation, Sinnlichkeit, Wertung etc.) thematisieren.

Über die immanente Betrachtung der Kunst hinaus stellt das Lexikon die Beziehungen der Kunst zur Religion (Kult, Magie, Mythos), zur Wissenschaft sowie zur zeitgenössischen Kultur (Subkultur, Massenkultur, Moderne, Postmoderne) dar. Soweit es der Stand der Forschung zuläßt, sind die Probleme der interkulturellen Ästhetik und die Entwicklungen der Ästhetik auch in den außereuropäischen Kulturen mit einbezogen (japanische, indische, persische Ästhetik etc.). Besondere Bedeutung kommt den Beziehungen zwischen Kunst und Gesellschaft zu, z. B. der Funktion der Kunst als Ideologie oder für die ästhetische Erziehung des Menschen. Berücksichtigt werden auch die regulierenden Einflüsse des Staats und der Kirchen (Kulturpolitik, Zensur). – Ästhetik ist jedoch nicht auf die Fragen der Kunst begrenzt. Schon die grundlegenden Kategorien des Schönen und Häßlichen, des Erhabenen etc. weisen über das Gebiet der Kunst hinaus auf das Ganze der Wirklichkeit. Außerhalb der Kunst treten ästhetische Werte einerseits in der Natur (im Naturschönen, in Landschaften, im Kosmos), andererseits auch im Alltag des Menschen (Freizeit, Mode, Sport, Spiel), in seiner Arbeitswelt und in den von ihm handwerklich oder industriell verfertigten Produkten (Design, Waren- oder Konsumästhetik) in Erscheinung.

Das Lexikon informiert nicht nur über Sachfragen der Ästhetik, sondern auch über die theoretischen Standpunkte, von denen aus über sie reflektiert wird. So sind z. B. die zentralen Begriffe der traditionellen ästhetischen Theorien von Aristoteles (Mimesis, Katharsis), Schiller (Anmut und Würde, das Naive und das Sentimentalische), Hegel (das Ideal, das Klassische und Romantische), Nietzsche (das Apollinische und das Dionysische), Lukács (Realismus, Parteilichkeit) etc. aufgenommen und in ihren historischen Kontext gestellt. In eigenen Artikeln dargestellt und gewürdigt werden auch die verschiedenen Richtungen und Schulen, die die Diskussion der letzten Jahre oder Jahrzehnte bestimmt haben, wie z. B. die analytische, die phänomenologische oder die informationstheoretische Ästhetik, die Ästhetik des Marxismus-Leninismus und der Frankfurter Schule (Adorno), die feministische und die ökologische Ästhetik. Schließlich sind die für das Verständnis ästhetischer Phänomene relevanten Forschungen der Biologie, Ethnologie, Psychologie, Soziologie und selbstverständlich auch der einzelnen Kunstwissenschaften mit aufgenommen.

Hervorzuheben ist, daß die Autoren keinem gemeinsamen philosophischen Ansatz verpflichtet sind. Die Verschiedenheit ihrer Interessen führt zu einer pluralen und interdisziplinären Darstellung. Innerhalb der einzelnen Artikel dominiert eine systematische Durchführung: Neben dem phänomenalen Aufweis und der definitorischen Bestimmung der einzelnen Begriffe werden je nach dem Umfang der Artikel klassische Positionen und Kontroversen referiert sowie die Entwicklung der Begriffe, ihre Leistungen und Schranken aufgezeigt. Spezielle Fragen der Kunstgeschichte (ihrer Epochen, Stilrichtungen und Vertreter) und der einzelnen Kunstwissenschaften (Fachtermini der Literatur-, der Musikwissenschaft etc.) bleiben diesem Interesse untergeordnet. Knappe und auf wichtige Publikationen der Tradition und der aktuellen Auseinandersetzung beschränkte Literaturhinweise sollen es dem Leser erleichtern, sich weiter zu orientieren und tiefer in das jeweilige Fachgebiet einzudringen.

Für vielfältige Anregungen und kritische Förderung danken wir Frau Georgia Eilert.

Wolfhart Henckmann/Konrad Lotter

München, August 1991

Benutzerhinweise

Klassische Autoren werden, wenn nicht anders vermerkt, nach der Ausgabe zitiert, die im Quellenverzeichnis am Ende des Bandes angeführt ist. Aus diesem Grund sind in den Literaturhinweisen der jeweiligen Artikel keine Angaben zu Erscheinungsort und -jahr gemacht.

Die Angabe „(Lit.)" in den Literaturhinweisen des jeweiligen Artikels besagt, daß in dem angegebenen Werk weitere, detaillierte Literaturhinweise zu finden sind.

Im fortlaufenden Text werden nur die üblichen und allgemein verständlichen Abkürzungen verwendet: griech. für griechisch, ital. für italienisch, Zs. für Zeitschrift etc.

Abbild ↑ Mimesis

Absurde, das. Von lat. *ab-surdus:* mißtönend, im übertragenen Sinne: widersinnig, abwegig. Das A. widerspricht gesetzten Ordnungen, Kausalbeziehungen, Normensystemen oder hebt diese sogar auf. Ästhetisch kann es gleichermaßen als komisch oder als tragisch empfunden werden. Auch ↑ Komisches und ↑ Tragisches entstehen aus Konflikten in vorgegebenen sozialen oder moralischen Ordnungen; mit der Bereinigung der Konflikte aber wird die Ordnung wiederhergestellt und bekräftigt. Das A. hingegen kennt keine Versöhnung; die Versöhnung wird selbst als a. verworfen. Damit verlieren die traditionellen Formen künstlerischer Darstellung ihre Bedeutung. Sie werden zerstört und durch a. Handlungen, Situationen, Dialoge etc. ersetzt. Bezeichnungen wie „Anti-Kunst", „Anti-Theater", „Anti-Roman", „Anti-Held" sollen programmatisch ausdrücken, daß die Suche nach Sinn prinzipiell vergeblich und jede darauf bauende Ästhetik unsinnig ist.

Als Vorläufer der a. Kunst sind die paradoxen, skurrilen oder phantastischen Züge der Literatur (Aristophanes, Cervantes, Shakespeare, Sterne) oder der Malerei (Bruegel, Bosch, Arcimboldi) anzusehen (↑ Manieristische). Große Nähe besteht zur Tradition des ↑ Grotesken (E. T. A. Hoffmann, Poe, Gogol, Kafka). Auch in Volksbüchern *(Eulenspiegel, Schildbürger, Münchhausen)*, in der Unsinnspoesie, in Dadaismus und Sur-realismus oder in den Slapstick-Komödien des Films (Chaplin, Marx-Brothers) finden sich a. Stilmittel. Das eigentlich A. aber beginnt dort, wo a. Ausdrucks- und Stilmittel selbst drastisch die Absurdität der menschlichen Existenz veranschaulichen sollen, einer Existenz, die Gott und alle metaphysische Orientierung verloren hat (Nietzsche, Existenzphilosophie). Camus versinnbildlicht die a. Existenz am Mythos des Sisyphos. Ansatzweise geschieht dies auch in der (surrealistischen) Malerei (Dali, Magritte, Escher) und der Musik (Satie, Cage), in erster Linie aber in der Literatur, in den Romanen Dostojewskis und Kafkas und in den Dramen von Beckett, Ionesco, Adamov, Genet, Albee, Pinter oder Dürrenmatt.

Lit.: A. Camus: Der Mythos von Sisyphos (1942), Reinbek 1971. M. Esslin: Das Theater des Absurden, Reinbek ²1985. R. Breuer u. a.: Deutsche Beckett-Kritik. Eine Bibliographie, München 1986. G. R. Hocke: Die Welt als Labyrinth. Manierismus in der europäischen Kunst und Literatur, Hamburg ²1987.   *W. K. K.*

Affekt ↑ Gefühl

Allegorie (griech. *allegorein:* anders ausdrücken) ist eine Form der Darstellung, in der abstrakte, tabuisierte, religiöse Inhalte durch Sinnbilder veranschaulicht werden: durch Gleichnisse (ausgestreute Samenkörner für das Wort Gottes), Embleme (Ölzweig für Frieden), Personifizierung (Frau mit verbundenen Augen, Waage und Schwert für Gerechtigkeit) oder in Form ganzer Handlungsabläufe (Irrfahrt als A. des Lebens).

Zentral steht der Begriff bei Goethe, der die A. dem ↑ Symbol entgegensetzt: Sucht der Dichter zum Allgemeinen das Besondere, so entsteht die A.; schaut und gestaltet er dagegen im lebendigen Besonderen zugleich das Allgemeine, so folgt er der eigentlichen, symbolischen Natur der Poesie. Die Romantiker (Schelling, Solger, vor allem Novalis und F. Schlegel) greifen Goethes Terminologie auf, verbinden sie aber mit der entgegengesetzten Wertung. Alle Schönheit wird zur A.; das Höchste, weil Unaussprechliche, kann nur als A. ausgedrückt werden. Damit wird die Befreiung des ästhetischen Prinzips von der Suprematie der Religion, die sich in der klassischen Periode durchgesetzt hat, wieder aufgehoben.

Zum Wesen der A. gehört die Entwertung der Sinnlichkeit. Zwischen Form und Inhalt, Bezeichnendem und Bezeichnetem entsteht eine Kluft. Die Wirkung der A. geht vor allem von der Würde der versinnbildlichten Idee aus; die künstlerischen Qualitäten der Darstellung spielen nur die Rolle einer akzessorischen Unterstützung. Zugleich existieren bereits in der barocken A. Tendenzen einer fortschreitenden Entleerung des transzendenten Gehalts (Benjamin), Tendenzen, die sich im 19. und 20. Jh. verdichten. Aus der Kunst des Realismus und des Naturalismus ist die A. weitgehend verschwunden. Eine Wiederkehr er-

lebte sie dagegen in der modernen Malerei (Beckmann, Max Ernst u.a.), in der modernen Lyrik (Baudelaire, Rimbaud, Benn u.a.), in der absurden Epik und Dramatik (Kafka, Joyce, Beckett) – allerdings in veränderter Bedeutung und Funktion: während des Barock (und der Romantik) vollzog sich die Degradation der sinnlichen Form im Namen einer allgemein als existent und wahr anerkannten, christlichen Transzendenz. In der Moderne dagegen geht sie vom einzelnen künstlerischen Subjekt aus und verweist auf eine a-religiöse, „leere" Transzendenz.

Eine Aktualisierung der A. (im christlichen, transzendenten Sinn) findet bei W. Sedlmayer, R. Hocke, H. Friedrich u.a. statt, wobei die A. insbesondere auch als ein charakteristisches Merkmal der sog. Avantgarde dargestellt wird. Lukács dagegen greift gerade in seiner Kritik der Avantgarde auf Goethes ablehnende Haltung gegenüber der A. zurück. Er interpretiert die Befreiung der Kunst von der A. als Befreiung der Kunst von der Religion (mit der sie seit ihren Ursprüngen verbunden war), d.h. als Prozeß, in dem die spezifische Eigenart des Ästhetischen entsteht, die Kunst also erst ihren wahren Begriff erreicht.

Lit.: J. W. v. Goethe: Maximen und Reflexionen. Nr. 279 und Nr. 1112. F. W. J. Schelling: Philosophie der Kunst, § 46. K. W. F. Solger: Erwin. Vier Gespräche über das Schöne und die Kunst. F. Schlegel: Gespräche über die Poesie. W. Benjamin: Ursprung des deutschen Trauerspiels, Frankfurt/M. 1978. R. Hocke: Manierismus in der Literatur, Hamburg 1959. H. Friedrich: Die

Struktur der modernen Lyrik, Hamburg ³1970. G. Lukács: Die Eigenart des Ästhetischen, Kap. 16/II. B. A. Sörensen (Hg.): Allegorie und Symbol. Texte zur Theorie des dichterischen Bildes im 18. und frühen 19. Jh., Frankfurt/M. 1972. V. Calin: Auferstehung der Allegorie. Weltliteratur im Wandel von Homer bis Beckett, Wien 1975. W. Haug (Hg.): Formen und Funktionen der Allegorie, Stuttgart 1980. G. Kurz: Metapher, Allegorie, Symbol, Göttingen ²1988.   *K. L.*

Allgemeine Kunstwissenschaft. Die a. K. wurde Anfang des 20. Jh.s von M. Dessoir und E. Utitz begründet und in der interdisziplinär ausgerichteten *Zeitschrift für Ästhetik und allgemeine Kunstwissenschaft* (1906–1943) verbreitet. Sie grenzt den Gegenstand ihrer Forschungen einerseits von der Ästhetik als Lehre vom Schönen und seinen Modifikationen, andererseits von den einzelnen Kunstwissenschaften und der Historiographie der Künste dadurch ab, daß sie die für jegliche Kunst konstitutiven Merkmale systematisch zu bestimmen versucht. Von einer im engeren Sinn verstandenen Kunstphilosophie unterscheidet sie sich dadurch, daß sie im Dialog mit den Kunstwissenschaften die materialen „Grund-" und „Stilbegriffe" (Wölfflin, Panofsky) zu einem allgemeinen Kunstbegriff zusammenzufassen und eine systematische Grundlegung der Einzelwissenschaften zu erreichen sucht. Ebenso versucht sie, die Ergebnisse der Einzelwissenschaften zu allgemeinen, alle Kunstgattungen betreffenden Fragen wie dem künstlerischen Schaffen, den Aufbaugesetzen des Kunstwerks, der Geschichtlich-

keit der Kunst, der Klassifikation der Künste, den gesellschaftlichen, religiösen, weltanschaulichen Funktionen der Kunst vergleichend zu sichten und kritisch zu durchdringen. Die zunehmende Spezialisierung in den Kunstwissenschaften suchte sie durch die Zeitschrift und durch die Organisation interdisziplinärer Kooperationsformen (Gesellschaften, Kongresse) zu überwinden; das Ziel, sich als akademische Disziplin zu etablieren, erreichte sie nicht. Im Nationalsozialismus waren ihre wichtigsten Vertreter zur Emigration gezwungen oder zum Schweigen verurteilt. Nach dem Zweiten Weltkrieg vermochte sie sich nicht mehr zu regenerieren.

Lit.: M. Dessoir: Ästhetik und allgemeine Kunstwissenschaft, Stuttgart ²1923. E. Utitz: Grundlegung der allgemeinen Kunstwissenschaft. Th. Munro: Toward Science in Aesthetics, New York 1958. W. Henckmann: Probleme der allgemeinen Kunstwissenschaft, in: L. Dittmann (Hg.): Kategorien und Methoden der deutschen Kunstgeschichte 1900–1930, Stuttgart 1985, S. 273 ff.   *W. H.*

Alltag. Der Begriff des A. wird synonym mit dem Begriff des Werktags verwendet, im Gegensatz zum Sonn- und Feiertag. Er umfaßt die Sphäre der Arbeit und der Sorge (im Gegensatz zu Freizeit und Muße), der Gleichförmigkeit und Gewohnheit (im Gegensatz zur Ausnahme, zum Fest und zum „Erlebnis"), der Entfremdung (im Gegensatz zur Freiheit und Selbstbestimmung).

Traditionellerweise waren Kunst und Schönheit jenseits des A. angesiedelt. Teils dienten sie der Aus-

schmückung kultischer, politischer
oder religiöser Feste, teils waren sie
jenen Klassen vorbehalten, die aufgrund ihrer sozialen Stellung den
Mühen der Arbeit weitgehend enthoben waren (vgl. den Mythos von
Odysseus und den Sirenen). Noch im
bürgerlichen Zeitalter, nachdem die
Kunst zum größten Teil Warenform
angenommen hatte und allgemein zugänglich geworden war, blieb sie für
lange Zeit jenseits des A. Trotz aller
Bestrebungen, sie als belehrend oder
„nützlich" zu rechtfertigen, gilt sie
als Luxus, der (in Theater, Oper,
Konzert) in eine andere Dimension
der Wirklichkeit versetzt.

Innerhalb der Versuche, Kunst
und Leben bzw. Ästhetik und A. als
eine Einheit zu begreifen, lassen sich
zwei Ansätze unterscheiden. Der
eine besteht – vermittelt durch Landschaftsarchitektur und Stadtbaukunst, Design und Mode – in einer
Ästhetisierung des A. Sein Ziel ist es,
die Lebens- und Arbeitswelt des
Menschen oder seine Gebrauchsgegenstände nicht nur funktional, sondern auch schön zu gestalten. Der
andere, der sich bis in die Zeit des
Hegelianismus bzw. des „Vormärz"
zurückverfolgen läßt, besteht in der
Politisierung der Ästhetik. Sein Ziel
ist es, mit Kunst und Schönheit auch
die Freiheit des Menschen zu befördern.

Heines Kritik am Aristokratismus
der Goetheschen „Kunstperiode",
die die Kunst als eine abgehobene,
vom A. „unabhängige zweite Welt"
betrachte und einen quietisierenden
Einfluß auf die Jugend ausübe, verbindet sich mit der Forderung einer
neuen, demokratischen Kunst, die

sich zum Fürsprecher des Volks zu
machen und die Tat hervorzubringen
habe. Hält Heine trotz Politisierung
am Selbstzweck-Charakter der Kunst
fest, so stellt sie Tschernyschewski
weitgehend unter die Hegemonie des
A. Zwar erwartet er von der Kunst
auch eine Erklärung und Bewertung
des Lebens, im wesentlichen aber
faßt er sie als Ersatz und Surrogat
auf, d. h. als Kompensation eines
schlechten A., deren Daseinsberechtigung mit einem zufriedenstellenden
Maß an Bedürfnisbefriedigung dahin-
schwindet.

Die gegenwärtige Diskussion wird
durch drei extreme Ansätze bestimmt. Heidegger betrachtet den A.
als Sphäre der „Uneigentlichkeit",
der Herrschaft des „Man", des „Ge-
redes" und damit als unaufhebbare
Deformation des menschlichen Daseins. Die Kunst als *aletheia*, in der
sich die Wahrheit des Seienden ent-
birgt und ins Werk setzt, steht somit jenseits der Verfallenheit des A.
Für Adorno und Horkheimer ist der
Gegensatz von Werk- und Feiertag
tendenziell überholt. Im Zuge der
Dialektik der Aufklärung, in der die
Beherrschung der Natur in die Beherrschung des Menschen umschlägt,
wird alle Lebenszeit des Menschen in
disponible Zeit für die Verwertung
des Kapitals umgewandelt. Selbst die
Freizeit steht unter dem Diktat der
(Kultur-)Industrie, die mit Hilfe der
Massenmedien (Rundfunk, Film etc.)
den A. „verwaltet" und auch die kulturellen Bedürfnisse auf ihren verschiedenen Niveau-Ebenen befriedigt. Authentische Kunst existiert in
der Negation aller Nützlichkeit, als
das schlechthin Unverfügbare, doch

auch sie kann sich dem Markt nicht entziehen.

Lukács schließlich begreift den A. selbst als Humanum, als Ort des Menschen, von dem aus die geschichtliche Entfremdung aufgebrochen und, in sozialistischer Demokratie, die Utopie einer freien Gesellschaft verwirklicht werden muß. A. ist Ausgangs- wie Endpunkt der „gattungsmäßigen Objektivationen" des Menschen (Kunst, Wissenschaft): Ausgangspunkt, weil in der alltäglichen Arbeit, Kommunikation etc. alle Elemente der Mimesis und Evokation enthalten sind, die sich im „homogenen Medium" der Kunst verdichten, wobei die Heterogenität des A. durchbrochen und seine partikularen Zielsetzungen suspendiert werden. Endpunkt, weil die Kunst auf den A. zurückwirkt, ihn bereichert, das A.sbewußtsein defetischisiert. Mit der Konzeption eines Kreislaufs vom Leben zum Leben, in dem die Kunst eine relative Autonomie besitzt, grenzt sich Lukács sowohl gegen die radikale Trennung von Kunst und A. ab, wie sie dem bürgerlichen Prinzip des l'art pour l'art zugrunde liegt, als auch gegen die Unterordnung der Kunst unter den A. und die Vorgaben der Politik, wie sie in Stalins Wort vom Künstler als dem „Ingenieur der Seele" intendiert ist.

Lit.: H. Heine: Die romantische Schule (1833). N. G. Tschernyschewski: Die ästhetischen Beziehungen der Kunst zur Wirklichkeit. M. Heidegger: Sein und Zeit (1927), Teil I/Kap. 4 und 5., Teil II/Kap. 4. M. Horkheimer/Th. W. Adorno: Dialektik der Aufklärung (1947), Frankfurt/M. 1969, S. 108–S.

150. G. Lukács: Die Eigenart des Ästhetischen, Kap. 1 bis 5. H. G. Pott: Alltäglichkeit als Kategorie der Ästhetik. Frankfurt/M. 1974. A. Heller: Das Alltagsleben. Versuch einer Erklärung der individuellen Reproduktion, Frankfurt/M. 1978. G. Wolandt u. a. (Hg.): Die Ästhetik, das tägliche Leben und die Künste, Bonn 1984.   *K. L.*

Ambiguität ↑ Mehrdeutigkeit

Analytische Ästhetik. Unter den Begriff a. A. – bzw. sprachanalytische Ä. – fallen die im Anschluß an Wittgenstein seit den 50er Jahren unternommenen vielfältigen Versuche, anstelle des „Wesens" von Kunst oder Schönheit die Regeln zu untersuchen, nach denen sachlich und intersubjektiv nachvollziehbar über Kunst und Schönheit gesprochen werden kann (vgl. Elton, Coleman, Bittner/Pfaff). Als Philosophie der Kunstkritik (M. C. Beardsley: *Aesthetics. Problems in the Philosophy of Criticism,* 1958) oder des ästhetischen Diskurses versucht die a. Ä. eine „logische Grammatik" zu entwickeln, die es erlaubt, jede Art von Rede über Ästhetisches zu analysieren und kritisch zu überprüfen. Die a. Ä. versteht sich als Metatheorie der Kunstwissenschaften und der („traditionellen") Ästhetik, sieht ihre Aufgabe aber nicht darin, eine neue allgemeine Ästhetik zu begründen, sondern darin, Ästhetik ähnlich wie Kant als Kritik des ästhetischen Diskurses (der Geschmacksurteile) zu fördern. Die Diskussion der Kriterien, nach denen der Ausdruck „Kunstwerk" verwendet wird, führte nach der Kritik der überlieferten Verwendungsweisen dazu, einen durch verschiedene Merkmale wie

Artefakt, Einheitlichkeit usw. bestimmten klassifikatorischen Begriff von einem durch Merkmale wie Schönheit, Vollkommenheit usw. bestimmten, wertenden Begriff zu unterscheiden. Sibley leitete 1959 die internationale Diskussion um die Natur der „ästhetischen Begriffe" wie anmutig, schön, zart, fein usw. ein, deren Gebrauch außer der Kenntnis ihres deskriptiven Gehalts auch persönlichen Geschmack erfordere (Bittner/Pfaff). Dickie versuchte, den individuell-relativistischen Rekurs auf den Geschmack dadurch zu vermeiden, daß er den Gebrauch von ästhetischen Begriffen auf die Konventionen der gesellschaftlich-geschichtlichen Institution Kunst zurückführte (*Art and the Aesthetic: An Institutional Analysis*, 1974). Danto untersuchte hingegen die Regeln, nach denen die Transformation des Alltäglichen in die Institution der Kunstwelt erfolgt (*Die Verklärung des Gewöhnlichen*, 1984).

Lit.: W. Elton (Hg.): Aesthetics and Language, Oxford 1959. F. J. Coleman (Hg.): Contemporary Studies in Aesthetics, New York 1968. R. Bittner/P. Pfaff (Hg.): Das ästhetische Urteil, Köln 1977. J. Zimmermann: Sprachanalytische Ästhetik. Ein Überblick, Freiburg 1980. W. Strube: Sprachanalytische Ästhetik, München 1981. K. Lüdeking: Analytische Philosophie der Kunst, Frankfurt/M. 1988. R. Shusterman: Analytic Aesthetics, Oxford 1989.
W. H.

Aneignung, ästhetische. Als Gegenbegriff zu Ent-fremdung heißt A. die Welt sich Zu-eigen-Machen und zwar sowohl theoretisch, durch Erkenntnis der strukturellen Gesetze der Natur und der Gesellschaft, als auch praktisch, durch die Veränderung der Welt und die Verwirklichung einer fortschreitenden Humanität. Philosophisch steht A. für Überwindung des Fremden und damit für Freiheit, politisch für Demokratie und Selbstbestimmung der eigenen Lebensumstände, emotional für Geborgenheit und Heimat.

Der Zusammenhang von A. bzw. „Assimilation" und Kunst wird erstmals von Goethe hergestellt. Hegel sieht in der A. ein „absolutes Bedürfnis" des Menschen, in dem die Kunst ihren Ursprung hat: Der Mensch will der Außenwelt ihre spröde Fremdheit nehmen, ihr das Siegel seines Inneren aufdrücken, um in der Gestalt der Dinge die äußere Realität seiner selbst zu genießen. Zentral steht der Begriff in der ↑marxistisch-leninistischen Ästhetik. Marx nennt die Kunst (zusammen mit der Religion) eine „praktisch-geistige" Form der A. und grenzt sie damit sowohl gegen die praktische A. (Arbeit, Politik), als auch gegen die theoretische A. (Wissenschaft, Philosophie) ab. Kunst ist praktisch und theoretisch zugleich: Sie verändert bzw. formt ihren Gegenstand und sie erkennt ihn bzw. stellt eine gefühlsmäßige Beziehung zu ihm her.

Als allgemein ästhetische A. lassen sich alle Aktivitäten zusammenfassen, die darauf abzielen, das Nützliche und Notwendige auch nach den Gesetzen der Schönheit zu formen (Ornament, Design). Auch im ästhetischen Gestalten seines Lebensraumes (Städtebau, Landschaftsarchitektur) ergreift der Mensch Besitz von seiner Welt. In der speziell künstlerischen A. dagegen setzt sich das Individuum ins Verhältnis zur Menschheit, als deren Teil es sich erlebt und deren geschichtliche Genesis es (im Sinne eines „tua res agitur") in den großen Werken der Kunst geistig und gefühlsmäßig nachvollzieht.

Lit.: G. W. F. Hegel: Vorlesungen über die Ästhetik, in: Werke, Bd. 13, S. 50 ff. M. A. Lifschitz: Die dreißiger Jahre. Ausgwählte Schriften, Dresden 1988, S. 212 ff.   *K. L.*

Angenehme, das ↑ Sinnlichkeit

Angst und Schrecken ↑ Katharsis

Anmut und Würde. Der Gegensatz von A. (lat. *venustas, gratia*) und W. (lat. *gravitas, dignitas*), der oft in Analogie zum Gegensatz des Weiblichen und Männlichen gebracht wurde, geht auf Cicero zurück. Von ihm wird A. oder Grazie als sinnliche Erscheinung von Natürlichkeit, Einfachheit und Naivität bestimmt. Quintilian sieht sie in „einfacher" und „ungekünstelter" Rede, Dichtung sowie Malerei verwirklicht; die Literatur- und Kunstkritik der Aufklärung (Home, Burke, Lessing, Mendelssohn) verbindet A. mit sanften Bewegungen und „Schlangenlinien" (Hogarth). W. dagegen ist die Erscheinung von Selbstbeherrschung und Erhabenheit.

Systematisch wird das Begriffspaar von A. und W. erst von Schiller in die Kunstphilosophie eingebracht, wobei sein Geltungsbereich einerseits auf den menschlichen Bereich eingeschränkt (Tiere, Pflanzen, Landschaften etc. können weder A. noch W. besitzen), andererseits eine direkte Verbindung zur Ethik bzw. zur ästhetischen ↑ Erziehung des Menschen hergestellt wird. A. wird im Anschluß an Shaftesburys Begriff der *moral grace* als Ausdruck der ↑ schönen Seele bestimmt, W. als „Ausdruck einer erhabenen Gesinnung". In ihrer Verbindung und Einheit versöhnt Schiller den Kantschen Gegensatz von Vernunft und Sinnlichkeit, von Pflicht und Neigung. Gemeinsam bezeugen A. und W. die „plastische Kraft der Person" und bringen den Begriff der Schönheit zu seiner höchstmöglichen Steigerung.

Für Winckelmann, dessen Urteil sich Schiller und Goethe anschließen, ist die Einheit von A. und W. bereits in der antiken Plastik exemplarisch realisiert (Apoll von Belvedere, Niobe, Laokoon u. a.). Deren W. gründet in der Beherrschung der „unwillkürlichen", durch Schmerz oder Lust hervorgerufenen Bewegungen. Die A. der Darstellung dagegen ist in der „Freiheit der willkürlichen Bewegung" ausgedrückt.

Schillers ästhetisch-moralische Begründung von A. und W. ist für das Verständnis der Klassik und ihres harmonischen Menschenbildes maßgebend. Auswirkungen finden sich in der gesamten idealistischen Ästhetik (Schelling, Solger, Hegel, Schopenhauer). In der nachidealistischen Ästhetik des 19. und 20. Jh. werden A. und W. zu ästhetischen Kategorien, als „konfliktlose Modifikationen des Schönen" (Hartmann) begriffen und als „ästhetische Grundgestalten" (Vischer, Volkelt) dem Begriff des Schönen untergeordnet.

Lit.: J. J. Winckelmann: Geschichte der Kunst des Altertums, I 4, 3. F. Schiller:

Über Anmut und Würde. W. Humboldt: Über die männliche und weibliche Form (1795). H. v. Kleist: Über das Marionettentheater. F. Th. Vischer: Ästhetik oder Wissenschaft des Schönen, 1. Bd. E. v. Hartmann: Philosophie des Schönen, Berlin ²1924, S. 256 ff. und S. 278 ff. J. Volkelt: System der Ästhetik, 2. Bd., S. 188–S. 227. R. Bayer: L'esthétique de la grace, 2 Bde., Paris 1933. B. v. Wiese: Das verlorene und wiederzufindende Paradies, in: Von Lessing bis Grabbe. Studien zur deutschen Klassik und Romantik, Düsseldorf 1968, S. 162–S. 190.   *U. F.*

Anschauung ↑ Wahrnehmung, ästhetische

Antike ↑ Klassische, das

Apollinische und Dionysische, das.
Das A. u. D. hat Nietzsche unter dem Einfluß von Schopenhauers metaphysischen Grundbegriffen der Vorstellung und des Willens als die beiden irreduziblen Grundkategorien der Kunst aufgestellt und kritisch gegen die Rückführung aller Künste auf ein einziges Prinzip ausgespielt. Der griechische Gott Apollon steht für eine Kunst der Anschauung, der traumhaften Vision, des Individuationsprinzips, die a. Kunstwerke sind maßvoll, harmonisch, von durchsichtiger Klarheit. Der Gott Dionysos steht dagegen für eine Kunst der rauschhaften Ekstase, der Auflösung des Individualitätsprinzips in den allen Erscheinungen zugrunde liegenden blinden Lebenswillen, die d. Werke sind Werke der Entgrenzung, der Kraft, der Zerstörung. Nietzsches Unterscheidung teilt die Kunstwelt in zwei Sphären. Zu den a. Künsten gehören vor allem Plastik, Male-

rei und Epos, zu den d. Künsten der orgiastische Tanz, Musik und Lyrik. Die Geschichte der (griechischen) Kunst sei beherrscht vom Wechsel der Vorherrschaft des einen über das andere Prinzip, woraus schließlich als Synthese die Tragödie und in der Moderne das Musikdrama Richard Wagners hervorgegangen seien. Obwohl Nietzsches Theorie von der klassischen Philologie und der Religionswissenschaft widerlegt worden ist, übte sie auf Künstlerästhetiken und Kunstprogramme einen bedeutenden Einfluß aus. Das D. wirkt bis hinein in das Theater der Grausamkeit (A. Artaud) und in das „Aktionstheater" von Nitsch und Hermann.

Lit.: F. Nietzsche: Die Geburt der Tragödie aus dem Geist der Musik. M. Vogel: Apollinisch und Dionysisch. Geschichte eines genialen Irrtums, Regensburg 1966. M. Maffesoli: Der Schatten des Dionysos, Frankfurt/M. 1986.*W.H.*

Architektur ist die Kunst des umbauten Raums, die ästhetische Gestaltung des menschlichen Wohn- und Lebensraums. Systematisch läßt sich die A. durch ihren Zweck, d. h. durch die Bedürfnisse, die sie befriedigt, in sakrale und weltliche, in repräsentative (Schloß, Kirche, Theater etc.), funktionale (Fabrik, Büro, Schule) und Wohn-A. einteilen. Historisch läßt sich durch die Aufeinanderfolge der Stilrichtungen (Gotik, Barock etc.) bis hin zum Stilpluralismus der Postmoderne untergliedern, in denen die jeweiligen Zwecke sowie das geistige „Klima" und Lebensgefühl der Epochen sich Ausdruck verschaffen. Wesentlich zur A. gehört einerseits das Verhältnis von Außen- und Innenraum, andererseits die Einfügung des einzelnen Gebäudes in die größeren Zusammenhänge seiner Umgebung (Stadt-A., Landschafts-A., Garten-A.).

Auf die *Zehn Bücher über A.* von Vitruv, die älteste A.-theorie des Abendlandes, geht die Unterscheidung von funktionellem, technischem und ästhetischem Aspekt am Bauwerk zurück (lat. *utilitas, firmitas* und *venustas*). Ihr folgt in der Renaissance die die gesamte Neuzeit beeinflussende Bautheorie des Alberti, der das Ebenmaß zum Kriterium des schönen Bauwerks erhebt: die am Vorbild der Natur orientierte Übereinstimmung aller Teile zu einem organischen Ganzen.

Schelling faßt die A. gemeinsam mit Musik, Malerei und Plastik als reale Kunstform, im Gegensatz zur idealen Kunstform der Poesie. Großen Einfluß (auf Goethe, Hegel u. a.) hatte sein Aperçu von der A. als „erstarrter Musik", eine Parallelisierung, die er aus dem gemeinsamen „anorganischen" Wesen und der gemeinsamen Affinität zur Mathematik herleitet. Darüber hinaus stellen A. und Musik die beiden Künste dar, die keine reale Gegenständlichkeit als Vehikel der ästhetischen Evokation besitzen und deren mimetischer Charakter infolgedessen oftmals bestritten wird. Für Hegel ist die A. die Kunst des Anfangs, sowohl in geschichtlicher Hinsicht, im hohen Grad der Vollkommenheit beim Pyramiden- und Tempelbau, als auch in systematischer Hinsicht, im Übergewicht des spröden Materials über die Idee. Schopenhauer sieht in der A.

die „niedersten Stufen der Objektivation des Willens" vergegenständlicht, nämlich Schwere, Kohäsion, Starrheit und Härte. Trotz aller Gegensätze des philosophischen Ansatzes steht die A. bei beiden auf der untersten Stufe der Hierarchie der Künste (↑ Klassifikation). Damit ist erstens der Tatsache Rechnung getragen, daß, bedingt durch das spröde Material (Stein, Holz etc.), dem Handwerk eine größere Rolle zukommt, als bei anderen Künsten. Zweitens, daß die A. in weitaus größerem Umfang als die anderen Künste immer auch Mittel zur Verwirklichung außerkünstlerischer Zwecke (Schutz vor der Natur, Repräsentation von Macht) ist.

Seit dem Ende des 19. Jh. gewinnt der Funktionalismus die Vorherrschaft, der die Schönheit der A. als den klaren Ausdruck seiner Funktion definiert (Sullivan). Ganz auf die technischen Möglichkeiten der neuen Beton-, Stahl- und Glasbauweise und die Funktion des Bauwerks ausgerichtet war das Bauhaus, das den Bau als Integration aller Künste betrachtete und auch die Einrichtung (Möbel, Gebrauchsgegenstände) auf ihre Nützlichkeit hin konzipierte. Stuck-Verzierungen, ästhetische Gestaltung der Fassade etc. verschwanden ebenso wie das ↑ Ornament (Loos, Wright). So entstanden städtische „Wohnmaschinen" (Corbusier, Gropius u. a.), die, wie ihre Kritiker einwandten, sich über alle menschlichen Bedürfnisse hinwegsetzten und aller Gefühle von Behagen und Heimat entbehrten (Bloch, Adorno).

Die gegenwärtige Wohn-A. ist insbesondere von drei Tendenzen gekennzeichnet: Erstens von dem Versuch, innerhalb der oft gigantischen Wohnanlagen durch kleine, überschaubare Einheiten und Durchgliederung des Raums ein menschliches Maß zu erhalten. Zweitens durch die Eingliederung des Wohnraums in „gesunde" Stadtviertel, in denen – wenn schon die frühere Einheit von Wohn- und Arbeitswelt verloren ist – zumindest die Einheit von Wohn- und „Lebenswelt" (Fußgängerzonen, Schulnähe etc.) erhalten bleibt. Drittens durch Gesichtspunkte der Ökologie (Trennung von Wohn- und Verkehrsbereichen) sowie der Energieersparnis (Holzkonstruktion, Sonnenkollektoren, „biologisches Bauen"). Stilistisch spielte die gegenwärtige A. mit ihrem Hang zum Eklektizismus von Stil-Richtungen und ihrem „anything goes"-Standpunkt eine Vorreiterrolle der ↑ Postmoderne (vgl. Habermas).

Lit.: Vitruv: De architectura libri decem. Zehn Bücher über Architektur. L. B. Alberti: Zehn Bücher über die Baukunst (1485), Darmstadt 1975. F. W. J. Schelling: Philosophie der Kunst, § 107 bis § 118. G. W. F. Hegel: Vorlesungen über die Ästhetik, in: Werke, Bd. 14, S. 266–S. 350. A. Schopenhauer: Die Welt als Wille und Vorstellung, 3. Buch, § 43. E. Bloch: Das Prinzip Hoffnung, Kap. 38. G. Lukács: Die Eigenart des Ästhetischen, Kap. 14/II. H. Lützeler: Vom Sinn der Bauformen, Freiburg ³1953. A. E. Brinckmann: Baukunst, Tübingen 1956. L. Benevolo: Geschichte der Architektur des 19. und 20. Jh., 2 Bde., München 1978. S. Giedion: Raum, Zeit, Architektur, München-Zürich-München 1978. Ch. Jencks: Spätmoderne Architektur, Stuttgart 1980. J. Habermas: Moderne und postmoderne Architektur, in: Die Neue Un-übersichtlichkeit, Frankfurt/M. 1985, S. 11 ff. *K. L.*

Artefakt ↑ Kunstwerk

artes liberales ↑ Klassifikation der Künste

Assoziation ↑ Wahrnehmung, ästhetische

Ästhetik (griech. aisthetike episteme: Wissenschaft der sinnlichen Erkenntnis, des Gefühls) ist im 18. Jh. (↑ Geschichte der Ä.) von Baumgarten als philosophische Disziplin begründet worden, die die Logik der verschiedenen Arten von sinnlicher Erkenntnis und die Möglichkeiten ihrer Perfektionierung untersuchen sollte, darunter auch die Erkenntnis des Schönen, Erhabenen, Wunderbaren und deren Erzeugung durch die freien Künste. Unmittelbar nach Baumgartens Gründungsakt begann der Streit um die Ä., der sich bis heute lebendig erhalten hat. Durch alle Streitfragen hindurch hat sich ein konventioneller Begriff der Ä. herausgebildet, unter dem alle Theorien des Schönen und der Kunst, der Produktion, Rezeption und Bewertung ästhetischer Phänomene zusammengefaßt werden. Soll jedoch Ä. als Wissenschaft begründet und praktiziert werden, muß die innere Heterogenität des konventionellen Ä.-Begriffs soweit vereinheitlicht werden, daß eine erfolgversprechende Untersuchung des Gegenstands der Ä. und eine intersubjektive Mitteilung und Überprüfung der wissenschaftlich gewonnenen Ergebnisse möglich wird. Wie bei anderen Wissenschaften stellt sich auch die Wissenschaftsgeschichte der Ä. als eine Folge von paradigmatischen Vereinheitlichungsentwürfen dar, deren Streben nach ausschließlicher Geltung sich heute unter der Maxime des Wissenschaftspluralismus zu einer toleranten Anerkennung alternativer, womöglich origineller Ansätze gemäßigt hat. Seit den Anfängen der Ä. ist immer wieder darüber reflektiert worden, wie Ä. als Wissenschaft überhaupt möglich ist. Diese meta-theoretischen Reflexionen haben eine eigene Tradition und ein eigenes Problemfeld etabliert, das in die Ansätze zu einer Begriffsbestimmung von Ä. aufgenommen werden muß: Ä. kann nicht mehr allein durch eine Bestimmung des Gegenstands ihrer Forschungen bestimmt werden, es müssen auch die Bedingtheit der Gegenstandsbestimmungen durch die verschiedenen Theorieformen und die Antagonismen in der gesellschaftlichen und geschichtlichen Konstitution der Ä. reflektiert werden.

Die für den Begriff und die Praxis der Ä. wichtigsten Kontroversen entzündeten sich an der Festlegung ihres Gegenstands und ihrer Theorieform. Baumgarten hat bei der Namensgebung der Ä. die Bestimmung ihres Gegenstands durch die Etymologie sanktioniert; Wissenschaft von der *Aisthesis*, der sinnlichen Erkenntnis, ist jedoch zu vieldeutig. Der von Kant, Husserl und anderen gebrauchte erkenntnistheoretische Begriff der Ä. als Wissenschaft von den Bedingungen der sinnlichen Wahrnehmung kann ausgeschlossen werden, da er nur die nichtästhetische Wahrnehmung untersucht. Wird Ä.

etymologisch interpretiert als Wissenschaft von der ästhetischen Wahrnehmung, so ließe sich dies als Teilbestimmung akzeptieren. Gegen die Erweiterung auf den gesamten Gegenstandsbereich spricht erstens, daß sich die Rezeption ästhetischer Phänomene nicht auf die Wahrnehmung begrenzen läßt, vielmehr Gefühl und Denken mitbeteiligt sind, so daß sich allenfalls Ä. als Wissenschaft der ästhetischen ↑ Erfahrung definieren ließe, womit aber die etymologische Begriffsbestimmung aufgegeben wäre. Die etymologische Gegenstandsbestimmung ist aber auch aus einem zweiten Grund aufzugeben: Ästhetische Wahrnehmung bzw. Erfahrung bezieht sich allein auf den Bereich des Rezipienten, so daß die Ä. begrenzt würde auf die Rezeptions-Ä. Der Bereich des künstlerischen Schaffens, die Produktions-Ä., wäre dadurch von vornherein ausgeklammert. Darüber hinaus liegt der Bestimmung der Ä. als Wissenschaft der ästhetischen Wahrnehmung oder Erfahrung die These zugrunde, daß über Schönheit und Kunstwerke allein im Rekurs auf das Subjekt etwas Begründetes ausgesagt werden könne. Gegen diese These ist schon im deutschen Idealismus so massive Kritik geäußert worden, daß der von Vorurteilen allzu belastete Disziplintitel überhaupt zugunsten von „Philosophie der Kunst" aufgegeben werden sollte. Dieser Vorschlag öffnete zwar das gesamte Feld der Kunst von der Produktion über die Werksphäre bis zu Erfahrung und Beurteilung der philosophischen Untersuchung, aber er war verbunden mit zwei anderen Einschränkungen: Erstens galt das

Interesse der Philosophen nicht mehr primär der ↑ Schönheit, sondern der ↑ Wahrheit, die sich in den Werken manifestierte; hierin stimmen so unterschiedliche Denker wie Heidegger und Adorno überein. Zweitens wird mit der Schönheit der Kunst auch die Schönheit ausgeklammert, die sich in der Natur, in menschlichen Handlungen und Sitten, in der Technik, in geistigen Prozessen, sogar, wie Denker im Mittelalter behauptet haben, im Wesen Gottes manifestiert. Gegen die Einschränkung der Ä. auf eine Philosophie der Kunst ist deshalb schon von der Generation nach Schelling und Hegel Ä. als Philosophie des Schönen definiert worden. Diese Definition traf damals – und verstärkt im 20. Jh. – auf das Bedenken, daß die Kunst nicht insgesamt auf die Kategorie der Schönheit festgelegt werden könne, daß es auch satirische, komische, erhabene, tragische Kunst gebe, ja daß es den Künstlern überhaupt nicht primär um die Erregung schöner Gefühle, sondern um eine Veränderung der Einstellung des Menschen zur Gesellschaft oder zur Welt gehe. Diese Kritik wurde zum Teil aufgefangen durch eine Differenzierung der Schönheit in verschiedene Modifikationen, worunter man das Erhabene, Tragische usw. verstand. Das führte konsequenterweise zu einer Reduktion der Schönheit auf eine unter mehreren ästhetischen Kategorien, so daß Ä. nicht mehr als Philosophie des Schönen, sondern des Ästhetischen in allen seinen Erscheinungsformen definiert wurde. Das rief wiederum die alte Kritik an der Ästhetisierung der Kunst hervor, so daß sich

eine Entlastung von den nicht weiterführenden Thesen und Gegenthesen nur erreichen ließ, indem sowohl die Kunst als auch das Ästhetische in allen ihren Manifestationen, aber auch in ihren Überschneidungen anerkannt wurden. Dieser am nachdrücklichsten von der ↑ „allgemeinen Kunstwissenschaft" und vom Strukturalismus propagierte Vermittlungsvorschlag hat allerdings die Konsequenz, daß an die Stelle des Postulats einer prinzipiell einheitlichen Wissenschaft die kompensatorische Forderung eines kritisch reflektierten Beziehungsgefüges der in Frage kommenden Grundbegriffe (Kunst, Schönheit, ästhetisches Verhalten, ästhetische Erfahrung usw.) treten müßte, wobei das Beziehungsgefüge auch auf die Gesetze seiner geschichtlichen Umstrukturierung zu untersuchen wäre.

Im ersten Jh. nach der Begründung der Ä. als philosophischer Disziplin vollzog sich der Streit um die Definition ihres Begriffs überwiegend im Rahmen der Philosophie, nahm aber schon hier so unterschiedliche Theorieformen und Reflexionsniveaus an wie die zwischen der spekulativen Kunstphilosophie eines Schelling und Hegel und den empirisch-psychologischen Untersuchungen der Geschmacksurteile im Sinne des englischen Empirismus. Die unterschiedlichen erkenntnistheoretischen Standpunkte führten nicht nur zu einer methodologisch-perspektivischen Homogenisierung des Problemfelds, sondern auch zur Selektion bestimmter Problemdimensionen und Fragestellungen, durch die andere Bereiche des Problemfelds vernachlässigt wur-

den. Mitte des 19. Jh. führten diese
Differenzen zur Unterscheidung
zwischen der „Ä. von oben" und der
„Ä. von unten", die verbunden war
mit der methodologischen Disjunk-
tion einer deduktiv von obersten
Prinzipien ausgehenden, systematisch geschlossenen Theoriebildung
und einer induktiv von jedermann
zugänglichen Erfahrungen ausgehenden verallgemeinernden Hypothe-
senbildung einer offenen Theorie.
Kritisierten die empirischen Theorien
den dogmatischen Allgemeinheitsan-
spruch willkürlich eingeführter Prinzipien, so kritisierten die spekulativen Theoretiker die Unreflektiertheit
der empirischen Grundbegriffe, die
Belanglosigkeit und Oberflächlich-
keit der induktiv gesicherten Resultate. Die Konfrontation spitzte sich
durch den Werturteilsstreit zu. Der
deduktiven Ä. wurde eine normative
Haltung vorgeworfen, ohne daß dabei hinreichend zwischen der Untersuchung und der Propagierung von
Normen unterschieden wurde. Demgegenüber beanspruchten die empirischen Theorien eine rein deskriptive
Vorgehensweise, ohne sich über die
Selektionskriterien ihrer Untersu-
chungsgegenstände hinreichend Re-
chenschaft abgelegt zu haben. Der
Unterschied zwischen normativer
und deskriptiver Theorie erwies sich
als indifferent gegenüber der Unterscheidung zwischen deduktiver und
induktiver Verfahrensweise. Dies galt
auch in Hinsicht auf die einzelnen
Kunstwissenschaften, die ihre kritische Kompetenz in die Diskussion
um die allgemeinen Begriffe ein-
brachten, dadurch aber die Unterscheidung zwischen „allgemeiner"

und „angewandter" oder „spezieller"
Ä. notwendig machten, die zur Entwicklung von Literatur-, Musik-,
Film-, Foto-Ä. und Ä. der bildenden
Künste führte. In der allgemeinen
und angewandten Ä. werden meistens die zeitgenössischen Phänomene des Ästhetischen und der Künste
vernachlässigt. Das übernimmt kon-
kretisierend und überprüfend die aktuelle ↑ Kunstkritik, deren Stellung-
nahmen jedoch auf ihre Verallgemei-
nerungsfähigkeit in theoretischer und
wertender Perspektive untersucht
werden müssen. Das gleiche gilt für
die Beteiligung von Künstlern an der
ästhetischen Diskussion. An den
↑ Künstlerästhetiken wird überdies
das Problem deutlich, inwiefern ästhetische Theorie relevant sein kann
für die künstlerische Praxis und umgekehrt.

Historismus,   Ideologiekritik,
Strukturalismus haben versucht, die
Korrelation von Gegenstandsbestimmung und Theorieform auf gesellschaftliche und geschichtliche Voraussetzungen   zurückzubeziehen.
Dilthey ordnete sie insgesamt in die
Aufgabe der Klärung des ästhetischen Ideals einer Zeit ein. Eine gesellschaftliche Rechtfertigung der Ä.
kann darin jedoch nur gesehen werden, wenn das ästhetische Ideal in
Einklang steht mit dem Ideal einer
sich ihrer selbst kritisch versichern-
den Humanität.

Lit.: Th. Munro: Toward Science in
Aesthetics, New York 1956. M. Weitz:
Die Rolle der Theorie in der Ästhetik
(1956), in: W. Henckmann (Hg.): Äs-
thetik, Darmstadt 1979, S. 193 ff. M. C.
Beardsley: Aesthetics. Problems in the
Philosophy of Criticism, New York

1958. F. E. Sparshott: The Structure of Aesthetics, Toronto 1963. M. Kagan: Vorlesungen zur marxistisch-leninistischen Ästhetik, Berlin 1971. Th. W. Adorno: Ästhetische Theorie. A. Giannarás (Hg.): Ästhetik heute, München 1974. D. Henrich/W. Iser (Hg.): Theorien der Kunst, Frankfurt/M. 1982, S. 11 ff., S. 33 ff. R. Bubner: Ästhetische Erfahrung, Frankfurt/M. 1989. *W. H.*

Ästhetische, das (griech. aisthesis sinnliche Wahrnehmung, Empfindung) bezeichnet erstens im weitesten Sinne alles sinnlich Wahrnehmbare, zweitens dasjenige, dessen Wahrnehmung bzw. Erfahrung unmittelbar mit Lust verbunden ist, und drittens dasjenige, dessen Wahrnehmung oder Vorstellung von einem interesselosen Wohlgefallen begleitet ist. In dieser Bedeutung ist es als Gebietskategorie der Ästhetik verwendet worden, vielfach synonym mit einem sensualistisch verkürzten Schönheitsbegriff. Da aber ein reines uninteressiertes Wohlgefallen nicht an allen ästhetisch wirkungsvollen Gegenständen in Erscheinung tritt (z. B. beim Häßlichen, Grotesken, Komischen), ist von dem allgemeinen Begriff des Ä. ein engerer abgegrenzt worden, der eine unter den ästhetischen ↑Kategorien ausmacht. Die Grundbedeutung des Ä. geht auf Kant zurück: Die unmittelbar mit Wohlgefallen verbundene Betrachtung (↑Kontemplation) von Gegenständen ist nicht mit jeglicher Art von sinnlicher Wahrnehmung gleichzusetzen, sondern beruht auf einer bestimmten ↑Einstellung, durch die die Gegenstände als bloße Wahrnehmungsphänomene aufgefaßt werden, zu deren Erklärung eine vorbewußte

Harmonie zwischen Wahrnehmungsweise und Gegenstandsform angenommen wird. Durch die widerstandslose Harmonie zwischen wahrnehmendem Subjekt und wahrgenommenem Objekt löst sich das ästhetische Objekt aus dem Zusammenhang mit anderen Objekten heraus (Isolierung), es nimmt die volle Aufmerksamkeit des Wahrnehmenden in Anspruch, aktiviert seine Wahrnehmungstätigkeit (Konzentration, Intensivierung) und richtet sich ganz auf die Eigenschaften des Objekts, das rein für sich die geweckten Erwartungen und Wahrnehmungsbedürfnisse befriedigt (Eigenbedeutsamkeit). Eine solche in sich selbst ruhende Harmonie von Subjekt und Objekt ist nur bei besonderen Gegenständen möglich, bei Werken der apollinischen Kunstgattungen, insbesondere aus Perioden der Klassik, bei bestimmten Formen des Naturschönen (Blumen, Kristalle), bei Designobjekten. Fechner hat schon im 19. Jh. betont, daß die große Kunst weit über das Ä. hinausgeht. Existenzphilosophische und hermeneutische Positionen der Kunstphilosophie des 20. Jh. lehnen die Anwendung des Ä. auf die Kunst prinzipiell ab, weil sie Kunstschaffen und Kunsterfahrung auf eine einseitige und begrenzte Erlebnisdimension reduziere und in ihrem Wesen verfälsche, während von ideologikritischen Positionen aus die bürgerlich-klassizistische Reduktion des Ä. als Kulinarismus kritisiert und eine Wiedereinsetzung des Ä. im Sinne einer uneingeschränkten und unverfälschten Sinnlichkeit gefordert worden ist (Marcuse).

Lit.: K. Groos: Ästhetisch und schön, in: Philosophische Monatshefte 29 (1893), S. 531–S. 581. H.-G. Gadamer: Wahrheit und Methode, Tübingen ⁵ 1986, S. 57 ff. H. Marcuse: Triebstruktur und Gesellschaft, Frankfurt/M. 1957. *W. H.*

Ästhetizismus ist eine Geisteshaltung bzw. Weltanschauung, nach der das ↑ Ästhetische oder die künstlerische Form den höchsten (einzigen) Wert darstellt; das menschliche Leben und die Welt seien nur als ästhetische Phänomene zu rechtfertigen (Nietzsche). In einer gemäßigten Form beschränkt sich der Ä. auf die Hervorbringung und Beurteilung der Kunst allein nach Maßstäben der Schönheit und Form (↑ L'art pour l'art). Der Ä., der in Krisen- und Verfallszeiten bereits in der Antike (Hellenismus), im Mittelalter, Manierismus und im 18. Jh. (Heinse) in Erscheinung trat, entwickelte sich im 19. Jh. (Dekadenz, Fin de siècle) zu einer antibürgerlichen, antisozialen Ideologie vor allem in der Bohème, die im Dandytum (Lord Brummel, Baudelaire, O. Wilde) Vorbilder für den elitären Kult der Schönheit und Form, der Eleganz und des Luxus sowie eines z. T. bis ins Exzentrische verfeinerten Hedonismus fanden. Die moralischen, politischen und religiösen Werte werden als Lüge und Mangel an Geschmack denunziert, allenfalls als Herrschaftsinstrumente über die Masse Mensch anerkannt. Mit der bedenkenlosen Aufkündigung aller mitmenschlichen Verbindlichkeiten zeigt der Ä. z. B. im Futurismus Übergänge zum Anarchismus, Terrorismus und Faschismus. Eine moderne Variante des Ä. wird im amerikanischen „Camp" gesehen (Sontag).

Lit.: K. J. Obenauer: Die Problematik des ästhetischen Menschen in der deutschen Literatur, München 1933. S. Sontag: Kunst und Antikunst, München 1980. R. V. Johnson: Aestheticism, London 1969. R.-R. Wuthenow: Muse, Maske, Meduse. Europäischer Ä., Frankfurt/M. 1978. W. Rasch: Die literarische Décadence um 1900, München 1986. *W. H.*

Aufführung ist die Realisierung und Darbietung eines musikalischen oder dramatischen Werks (auch Ballett) durch ausführende Künstler (Musiker, Schauspieler, Sänger, Tänzer) auf der Grundlage einer schriftlich fixierten Vorlage (Text, Partitur, Choreographie, Szenar). Fehlt eine konkrete Spielanweisung, hat die A. Stegreif-Charakter oder artistische Züge (Zirkus); diesbezüglich entzieht sie sich als ästhetische Kategorie dem am skripturalen Artefakt orientierten Werkbegriff. Bei anderen, dem Hier und Jetzt des zeitlich-räumlichen Vollzugs nicht oder nur bedingt unterliegenden Präsentationsformen spricht man dagegen von Vorführung (Film), Übertragung (Hörfunk und Fernsehen), Austragung (sportliche Wettkämpfe), und sogar eine Liedkomposition wird nicht wie ein symphonisches Werk aufgeführt, sondern vorgetragen. Die Zeitkünste bedürfen stets einer A., um überhaupt sinnlich wahrnehmbar in Erscheinung treten zu können: Musik ist erst da, wenn sie erklingt, Tanz existiert als Körperkunst erst, wenn er als Bewegung im Raum ausgeführt wird, das Drama wird erst durch seine Inszenierung zum theatralen Ereignis. Demnach ist die A. kein vom Werk ablösbares Akzidenz, sondern eine ästhetische Kategorie des Werks selbst: Das aktualisierende Gestalten ist Bestandteil seiner ontologischen Struktur. Zwischen den Extrempositionen sogenannter Werktreue, wie sie meist in bezug auf die zum Inbegriff des Werks erklärte Partitur erhoben wurde, und freier Auslegung (z. B. eines musikalischen Bühnenwerks im Zuge des modernen Regietheaters) ist die A. als vermittelndes Medium im Spannungsfeld zwischen Autor und Rezipient (triadische Interaktion) angesiedelt. Die Evokation einer Publikumsreaktion auf der Basis einer difizilen Kommunikationsvernetzung aller Beteiligten ist somit ebenso ein entscheidendes Kriterium der A. wie die durch Bühne oder Podium hervorgehobene Exponiertheit der ausführenden Künstler (Auftrittshaltung). Ihr materielles Artefakt existiert – im Gegensatz zum Objektcharakter der bildenden Kunst (Malerei, Skulptur) – lediglich im Prozeß ihrer Realisierung. Typisch für die einer A. bedürfenden Zeitkünste ist ihre in der Flüchtigkeit des Augenblicks gründende auratische Unmittelbarkeit, deren Authentizität durch die technische Reproduktion (Ton- oder audiovisuelle Aufzeichnung) aufgehoben wird. Insofern ist die A. mehr als nur die bloße Umsetzung der im (Noten)text enthaltenen Spiel- bzw. A.anweisungen: Bei der A. eines Dramas erfolgt die Umkodierung der Schriftsprache in ein polyfunktionales theatrales Zeichensystem, die musikalische A. setzt die Dechiffrierung der Notenzeichen voraus, indem sie auf deren tech-

nisch-physikalische Realisierung in Form von Tönen zielt. Stets ist die Transformation der schriftlichen Vorlage in die räumlich-zeitliche Dimension der A. mit der Umsetzung in nicht-sprachliche Zeichen (akustische, optische, gestische usw.) verbunden. Erst die A. versetzt das Werk somit in jenen letzten transitorischen „Aggregatzustand", in dem die künstlerische Absicht des Autors (eben die Bestimmung seines Werks für die A.) voll erreicht ist. Schrift und Notation haben dagegen bewahrenden Charakter, d. h. zeichenhafte Stellvertreterfunktion. So werden die Grenzen etwa der Notenschrift gerade dort erkennbar, wo die Momente des nicht Notierten die Inhalte von Musik bestimmen. Obgleich die A. meist im Dienst der vom Autor intendierten ↑Aussage gesehen und dem Postulat einer idealtypischen Realisierung unterworfen wurde, läßt das Kunstwerk aufgrund seiner Vieldeutigkeit unterschiedlich akzentuierte Auslegungen (Lesarten) zu, allerdings innerhalb eines vom soziokulturellen Umfeld und von ethnoästhetischen Konventionen mitbestimmten Interpretationsrahmens. Normativ wirkende A.traditionen, wie sie sich im Bereich der Musik unter dem Begriff der musikalischen A.praxis (Vereinbarungen, wie etwas aufgeführt werden soll) und im Theater unter dem Aspekt des A.stils herausgebildet haben, werden mit der tendenziellen Zerstörung der Künste bewußt durchbrochen, die Interaktion zwischen Autor, ausführendem Künstler und Publikum dabei partiell aufgehoben oder völlig nivelliert. So ist der Werkbegriff und die davon

beeinflußte Ästhetik des Kunstwerks
vor dem Hintergrund der A.proble-
matik in der theoretischen Reflexion
immer wieder neu formuliert worden
(Kant, Ingarden, Adorno).

Lit.: J. K. Feibleman: On the metaphy-
sics of the performing arts, in: Journal
of Aesthetics and Art Criticism 28,
1969/70, S. 295–S. 299. Th. Georgiades:
Musik und Schrift, in: Kleine Schriften,
Tutzing 1977, S. 107–S. 120. R. Ko-
lisch: Zur Theorie der Aufführung,
München 1983. E. Fischer-Lichte: Semiotik des Theaters, 3 Bde., Tübingen
²1988.   *J. L.*

Augenblick. Ästhetische Kategorie
der ↑ Moderne, die eine Krise des
Denkens in zeitlichen und historischen Kontinuitäten zum Ausdruck
bringt. Die Reduktion des Zeitkonti-
nuums auf ein präsentisches „Jetzt",
das den „Quellpunkt" aller Zeit-
wahrnehmung bildet, wurde philoso-
phisch-paradigmatisch durchgeführt
von Husserl. Die künstlerische Moderne nutzt dieses Konzept in zweierlei Hinsicht:
  1) Zur Reformulierung obsolet ge-
wordener utopischer Entwürfe. Die
sich radikal zuspitzende Entfrem-
dungserfahrung führt die Künstler
der Moderne zur Isolierung des sin-
gulären erfüllten A., der die homogene und leere Zeit der Geschichte
durchbricht und das „ganz Andere"
zur Darstellung bringt (Prousts *mé-
moire involontaire*, Joyces *Epipha-
nien*, Musils *Anderer Zustand*). Dabei verschiebt sich die traditionelle,
inhaltlich bestimmte „ästhetische
Utopie" hin zu einer „Utopie des Ästhetischen" (Bohrer), bei der der Fik-
tionscharakter von Kunst selbst das
Utopische verbürgt. Auch die ästhe-

tische Geschichtskonzeption Benjamins arbeitet mit der Kategorie des
diskontinuierlichen A. der Revolution, der das „Kontinuum der Geschichte" aufsprengt und die ausstehende Erlösung des Menschen her-
beiführt.
  2) Die aus der „schwarzen Romantik" (Poe, Baudelaire) kommende
Moderne benutzt die A.skategorie
für die Inszenierung von Schreckens-
erlebnissen. Ästhetisch kodifiziert
wurden sie in Benjamins Theorie
des „Wahrnehmungsschocks"; dieser
führt eine „Entgrenzung aller Sinne"
(Rimbaud) herbei, die als erweiterte
Realitätswahrnehmung gestaltet werden kann. Das moralisch Negative
(das Bedrohliche, Böse) wird zu einem ästhetisch Positiven (dem
Schrecken) umgepolt. Der Surrealismus nutzt diese Konzeption zur Erforschung des „objektiv Zufälligen",
d. h. der dem Alltagsbewußtsein un-
zugänglichen Bereiche der sozialen
Wirklichkeit.

Lit.: E. Husserl: Zur Phänomenologie
des inneren Zeitbewußtseins (1893/
1917), Den Haag 1966. W. Benjamin:
Über einige Motive bei Baudelaire
(1936), in: Gesammelte Schriften Bd. 1,
Frankfurt/M. 1980. K.-H. Bohrer: Die
Ästhetik des Schreckens, München
1978. Ders.: Plötzlichkeit. Zum Augenblick des ästhetischen Scheins, Frank-
furt/M. 1981. Ch. W. Thomsen/H.
Holländer (Hg.): Augenblick und Zeitpunkt. Studien zur Zeitstruktur und
Zeitmetaphorik in Kunst und Wissenschaft, Darmstadt 1984.   *G. Bu.*

Aura ↑ Kult

Ausdruck (lat. *expressio*) ist die äußere, sinnliche Erscheinung innerer,

psychischer oder geistiger Vorgänge. Erstens kann die Kunst als Selbst-A. des Künstlers gedeutet werden, als Objektivation seiner Erlebnisse und Erfahrungen, seiner technischen Fertigkeiten und seines Genies (Herder, Goethe). Zweitens kann man die Kunst als A. eines überindividuellen, metaphysischen Kunstwillens (Schopenhauer, Riegl) betrachten, einer Modifikation des Willens zur Macht (Nietzsche) oder des Bedürfnisses, menschliches Leiden beredt werden zu lassen (Adorno). Drittens schließlich kann die Kunst als geschichtlicher A. des absoluten Geistes (Hegel) oder der sozial-ökonomischen Verhältnisse und Konflikte (Marx) begriffen werden, wobei die wesentlichen Züge der Sache oder des Dargestellten selbst im Medium der Anschauung zum A. kommen.

Die Ästhetik der Aufklärung hat den Begriff des A. in Musik, bildenden Künsten und Literatur konkretisiert. Tonarten und Rhythmen werden als A. von Affekten (Avison, Gerard u. a.), die Gesichtszüge als A. des Charakters eines porträtierten Menschen (Webb, Hogarth), die Worte und Gefühle als A. der inneren moralischen Schönheit (Shaftesbury) interpretiert. Analog zu den drei Arten von A., deren sich der Mensch in seiner Rede bedient (Wort, Gebärde, Ton), hat Kant die Künste in redende Kunst, bildende Kunst und Musik klassifiziert. Ebenfalls auf das 18. Jh. geht der Gegensatz von Mimesis- und A.-theorie zurück, der insbesondere in der gegensätzlichen Auffassung der künstlerischen Subjektivität begründet liegt. Im einen Fall wird die Kunst als eine durch die Subjektivität des Künstlers vermittelte ↑Mimesis, im anderen Fall als unvermittelte, spontane Verobjektivierung des Genies begriffen.

Die Diskussion um die A.-Ästhetik, die zu Beginn des 20. Jh. im angelsächsischen Raum geführt wurde (vgl. Osborne), stand vor allem im Zeichen Croces. Croce faßt intuitive, d. h. auf das Individuelle gerichtete, bildhafte (im Gegensatz zur allgemein-begrifflichen) Erkenntnis und A. als zusammengehörige, nahezu identische Begriffe. Einerseits ist jede intuitive Erkenntnis an A. geknüpft, andererseits umfaßt der Begriff des A. „alle Arten von Manifestationen des Menschen", vor allem des Künstlers. Gegenstand und Technik der Abbildung treten hinter die Persönlichkeit des Künstlers zurück, die damit zum Schlüssel für das Verständnis des Kunstwerks wird.

Als Synonym für Unmittelbarkeit, Spontaneität und Entladung wird der Begriff des A. zum Programm des Expressionismus. Er steht ebenso für die Abkehr von Tradition und überlieferter Form wie für die Hinwendung zum Kultischen, Unterbewußten, Ekstatischen. Expressionistische Literatur, Kunst und Musik verstehen sich nicht als mimetische Gestaltung und Interpretation der Welt, sondern als Aufschrei, Provokation und Erschütterung.

Lit.: I. Kant: Kritik der Urteilskraft, § 51. A. Schopenhauer: Die Welt als Wille und Vorstellung, § 30 ff. G. W. F. Hegel: Vorlesungen über die Ästhetik, in: Werke, Bd. 15, S. 159 ff., S. 196 ff. und S. 274 ff. B. Croce: Ästhetik als Wissenschaft vom Ausdruck und allgemeine Sprachwissenschaft. H. Osborne: Aesthetics and Criticism, London 1955, Kap. VII. Th. W. Adorno: Ästhetische Theorie, S. 154–S. 179.   *K. L.*

Aussage. Die A. eines Kunstwerks besteht in der Erkenntnis, die es vermittelt bzw. in der Botschaft, die es aussendet. Sie kann direkt oder verschlüsselt und auf Interpretation angewiesen sein, in Form von Belehrungen *(fabula docet)* oder Appellen („Du mußt dein Leben ändern") auftreten. Vor allem aber besteht die A. eines Kunstwerks darin, daß es Kenntnisse oder Einsichten vermittelt, das „Unsagbare" (Goethe) ausspricht oder (scheinbar bekannte) Bereiche der Wirklichkeit in einem neuen Lichte zeigt und damit den Erfahrungshorizont des Rezipienten erweitert oder Vorurteile aufbricht.

Im Gegensatz zu den abstrakten, begrifflichen A. der Wissenschaft erscheinen die A. der Kunst in Bilder oder Handlungsabläufe gehüllt. Sie sind nicht nur an die Intellektualität des Menschen adressiert, sondern auch an seine Sinnlichkeit, Empfindung und Phantasie. Die künstlerische Form ist das Vehikel der A. Zugleich ist sie selbst Zweck und über die bloße Vermittlung der A. hinaus auch auf Schönheit und die Lenkung der rezeptiven Emotionalität gerichtet. Mit der Form der künstlerischen A. verändert sich auch ihr Inhalt.

Subjektive und objektive Momente der künstlerischen A. verbinden sich einerseits im Werk selbst: in der Einheit des *Was,* dem Gegenstand der A., mit dem *Wie* der A., d. h. der Bedeutung, die der Künstler diesem Gegenstand verleiht. Andererseits verbinden sie sich im Verhältnis des Werks zum Rezipienten: in der Art, wie die im Werk „an sich" enthaltene A. subjektiv nachvollzogen und realisiert wird.

Die ↑Informationsästhetik (Bense, Moles u. a.) begreift das Kunstwerk als Zeichen oder Zeichenkomplex, das den Kommunikationsprozeß zwischen Expedient (Sender) und Perzipient (Empfänger) vermittelt. Seine A. liegt in seinen syntaktischen (Zeichen-Zeichen) und semantischen (Zeichen-Bezeichnetes) Bezügen begründet und wird innerhalb des pragmatischen oder Interpretanten-Bezugs (Zeichen-Mensch) dechiffriert. Stärker noch hebt die strukturalistische Analyse die Bedingtheit der A., der „Lesung" (Barthes) ästhetischer Objekte durch das rezipierende Subjekt hervor. Von der linguistischen (sprachlichen), der codiert-ikonischen (symbolischen) und der nicht-codiert-ikonischen (buchstäblichen) „Nachricht" eines Bildes berücksichtigt insbesondere die zweite, die codiert-ikonische Nachricht die subjektiven Eigenheiten des Wahrnehmenden. Sie beruht auf der Konnotation begleitender Vorstellungen, individueller Assoziationen, Erinnerungen oder kulturellen Wissens.

Gerade die Konnotation deutet darauf hin, daß die „Entschlüsselung" einer A. keine rein individuelle Angelegenheit darstellt. Immer ist das rezipierende Subjekt auch ein gesellschaftliches Wesen und durch die geschichtlichen Umstände vermittelt. Daher ist die A. eines Kunstwerks nicht nur offen und mehrdeutig, wie Eco hervorhebt, sondern zugleich auch immer der spezifisch ideologi-

sche Ausdruck der Zeit, in der es rezipiert wird.

Lit.: R. Barthes: Die strukturalistische
Tätigkeit und Rhetorik des Bildes, in:
G. Schiwy: Der französische Struktura-
lismus, Reinbek ⁴1970, S. 153 ff. M.
Bense: Einführung in die informations-
theoretische Ästhetik, Reinbek ²1969.
A. A. Moles: Informations-Ästhetik,
in: A. Giannarás (Hg.): Ästhetik heute,
München 1974. U. Eco: Das offene
Kunstwerk, Frankfurt/M. 1977. *K. L.*

Ausstellung ↑ Museum

Autonomie (griech. *Selbstgesetzge-
bung*) in Beziehung auf das Ästhetische und die Kunst bedeutet in einem
emanzipatorischen Sinn die Abwehr
von Forderungen und Gesetzen, die
das Ästhetische und die Kunst unter
die Autorität von Moral, Politik, Religion stellen (Heteronomie), zugunsten einer freien, allein den Gesetzen
der Schönheit bzw. der Kunst gehorchenden Praxis. In einem rein philosophischen, dem emanzipatorischen
vorausliegenden Sinn bezeichnet A.
die Fundiertheit von Kunst und
Schönheit durch Gesetze, die in ihrem eigenen Wesen angelegt sind und
in einer unerschöpflichen Mannigfaltigkeit von Erscheinungen zum Ausdruck kommen.

Die Frage nach der A. von Kunst
und Schönheit wurde in der Neuzeit
aktuell, nachdem sich Künstler und
Kunstkritiker von der Bevormundung durch staatliche und kirchliche
Autoritäten losgesagt und ihre eigenen, rein künstlerischen oder ästhetischen Kriterien zu rechtfertigen hatten. Der Neuplatonismus bot dafür
in der Renaissance die Lehre von der
Unabhängigkeit der drei höchsten

Ideen des Wahren, Guten und Schönen sowie die Lehre von der göttlichen Inspiration des Künstlers an.
Kunst und Künstler drängten dadurch allmählich die sozialen Regle-
mentierungen und die ideologisch
bedingten (staatlichen, kirchlichen,
moralischen) Auslegungen von Natur, Geschichte und gesellschaftlichen Funktionen der Kunst zurück;
die Kunst trat als eine unvermittelte
und unabhängige Ausdrucksform des
Göttlichen neben Wissenschaft und
Moral. Obwohl ihnen die Religion
als die höchste Form der Offenbarung Gottes übergeordnet blieb, besaß sie kein Richteramt mehr.

Die A. der Kunst zu begründen
hieß, die Idee der ↑ Schönheit in einen systematischen Zusammenhang
mit der Idee des Wahren und Guten
zu bringen und sie alle auf das Göttliche bzw. auf das Absolute zurückzuführen. Von der systematischen
Entfaltung der Ideenlehre hing es ab,
welchen Rang die Ästhetik im System der philosophischen Wissenschaften zugewiesen erhielt und welcher Gehalt dem Problem der A. zuerkannt wurde. Am einflußreichsten
erwiesen sich Kants Rückführung der
A. auf apriorische Gesetze der
menschlichen Vernunft sowie die
Hegelsche Begründung der prinzipiellen Selbständigkeit der schönen
Kunst durch die Lehre vom absoluten Geist. Als sich seit dem 19. Jh.
der ahistorische Systemgedanke mehr
und mehr auflöste, nahm das Problem der A. zunehmend einen gesellschaftskritischen Sinn an. Gegenüber
den mannigfaltigen Versuchen der
Vereinnahmung der Kunst zu ökonomischen, ideologischen, kultur-

pädagogischen Zwecken wurde die
A. zu einer von jedem Künstler und
Kunstwerk neu zu lösenden Aufga-
be, den unbekannten Grund der ab-
soluten Selbständigkeit der Kunst zur
Geltung zu bringen.

Lit.: F. Kreis: Die Autonomie des Ästhetischen in der neueren Philosophie,
Tübingen 1922. Th. W. Adorno: Ästhetische Theorie. H. Freier: Ästhetik und
Autonomie. Ein Beitrag zur idealistischen Entfremdungskritik, in: B. Lutz
(Hg.): Deutsches Bürgertum und literarische Intelligenz 1750–1800, Stuttgart
1974, S. 329–S. 383.   *W. H.*

Avantgarde. Der Begriff der A.
stammt aus dem Jargon des Militärs
und bezeichnet die Vorhut, die als
kleine, bewegliche Abteilung in un-
bekanntes Gelände vordringt. Im
Umkreis des utopischen Sozialismus
(St. Simon, Fourier) wurde er Anfang
des 19. Jh. auf alle politischen, sozialen und künstlerischen Tendenzen
mit revolutionärer Zielsetzung übertragen. Angestrebt wurde insbesondere die Verschmelzung von künstlerischer und (politisch-)revolutionärer
A. (wie sie z. B. bei Heine oder beim
jungen R. Wagner vorliegt).

Zum einen überschneidet sich der
Begriff der A. mit dem der ↑Moder-
ne: Schon seit der *Querelle des anciens et des modernes* (Perrault, Fon-
tenelle u. a.) wird der Wert der neuen
gegenüber der alten Kunst herausgearbeitet und die Entwicklung von der
Antike zur Moderne als Prozeß des
Fortschritts begriffen. Zum anderen
geht der Begriff entschieden darüber
hinaus: Erstens wird der zeitliche
Abstand immer geringer, so daß sich
das Neue nicht gegen die Antike,

sondern gegen die jüngste Vergangenheit oder sogar gegen andere, parallele Kunstrichtungen der Gegenwart absetzt. Zweitens führt die A.
ihren Kampf gegen das Alte mit zunehmender Schärfe und nicht nur auf
dem Gebiet der Kunst: häufig verbindet sich der Protest gegen konventionelle Seh- und Denkweisen
oder gegen überkommene Formen
der künstlerischen Darstellung mit
dem Protest gegen bürgerliche Moral
und Lebensform (Bohème). Drittens
schließlich richtet sich die A. nicht
nur gegen andere Stilrichtungen, sondern gegen die „Institution" der
Kunst überhaupt (Bürger).

Der Nonkonformismus der A. verläuft in gegensätzlichen Bahnen. Die
französische Romantik (V. Hugo, G.
Sand) etwa oder der Naturalismus
(Zola) näherten sich der sozialistischen Bewegung an. Andere Vertreter
der A. dagegen (insbesondere unter
dem Einfluß der Philosophie Nietzsches) verbanden Anti-Bürgerlichkeit
mit geistigem Aristokratismus und
anti-liberalen und anti-demokrati-
schen Tendenzen (Pound, D'Annunzio, Benn, Dali) (vgl. Grimm/Her-
mand).

In den bildenden Künsten und in
der Dichtung des ausgehenden 19.
und des beginnenden 20. Jh. aber
auch im Film tritt die A. unter den
Stilrichtungen des Naturalismus, Expressionismus, Futurismus, Kubis-
mus, Symbolismus, Dadaismus, Surrealismus etc. auf. In der Musik beginnt die A. mit der Atonalität Strawinskys und Bartóks, vor allem aber
mit der Dodekaphonie der Schön-
berg-Schule. Nach 1945 gingen die
wesentlichen Anregungen der A. vor

allem von der amerikanischen Malerei (Pop-, Op-, Minimal-, Concept-Art) aus, wobei anti-illusionistische Flächigkeit, neue Raum-Zeit-Formen, Überwindung der tradierten Ausstellungsformen oder überhaupt die Veränderung der Mittel und des ganzen Kunstverständnisses die Entwicklung kennzeichneten. Nicht mehr das abgeschlossene Werk erschien relevant, sondern das Ereignis, der Prozeß (Happening, Aktion, Video, Environment), in dem erstarrte Formen der künstlerischen Produktion und Rezeption aufgebrochen werden sollten.

Auch die A. aber unterliegt der Alterung. Skandale, Schocks etc. wiederholen sich und nützen sich ab. Seit dem Ende der 60er Jahre befindet sich die A. in einer Art Dauerkrise. Mit ihrem Zwang zu Innovation und Originalität sinkt sie zu einer vom Kunstmarkt lancierten ↑Mode herab (Kofler). Seit dem Aufkommen der Postmoderne, des Eklektizismus und der beliebigen Verfügbarkeit aller historischen Stile fehlt die Verbindlichkeit einer ästhetischen Wert-Orientierung, gegen die sich die A. überhaupt als Negation noch absetzen könnte.

Lit.: H. E. Holthusen: Avantgardismus und die Zukunft der modernen Kunst, München 1964. P. Bürger: Theorie der Avantgarde, Frankfurt/M. 1974. R. Grimm/J. Hermand (Hg.): Faschismus und Avantgarde, Königstein 1980. C. Hepp: Avantgarde. Moderne Kunst, Kulturkritik und Reformbewegungen nach der Jahrhundertwende, München 1987. J. Stephan (Hg.): Weiblichkeit und Avantgarde, Berlin u. a. 1987. L. Kofler: Avantgardismus als Entfremdung, Frankfurt/M. 1987. H. R. Jauß:

Studien zum Epochenwandel der ästhetischen Moderne, Frankfurt/M. 1989.
                                                           K. L.

Ballett ↑ Tanz

Baukunst ↑ Architektur

Bedeutung ↑ Aussage, ↑ semiotische Ästhetik

Bedürfnis, ästhetisches. Ä. B. ist sowohl das B., Kunst und Schönheit zu genießen als auch dasjenige, sie hervorzubringen. Schiller begründet das ä. B. im Spieltrieb, d. h. im B. des Menschen, Stoff- und Formtrieb zur Einheit zu bringen und sich in dieser Einheit als Mensch im eigentlichen Sinne zu erfahren. Das ä. B. beruht auf der Freiheit des Menschen; es entwickelt sich erst jenseits der Not, die den Menschen an die materielle Wirklichkeit bindet. Hegel unterscheidet zwischen dem B. nach Vergnügen, Unterhaltung, Luxus, das die Kunst als Mittel (als „dienende Kunst") befriedigt, und dem absoluten B. (der „freien Kunst") nach Selbsterkenntnis des Menschen als Gattungswesen. Ä. B. ist das B., der Außenwelt das Siegel des Menschlichen aufzudrücken und sie sich damit anzueignen. Auch für Marx stehen die ä., geistigen B.se jenseits der materiellen B.se; wahrhaft produziert der Mensch erst in der Freiheit vom physischen B.

Im 20. Jh. wird das ä. B. einerseits unter dem Aspekt der Mode, der Werbung oder der Massenkultur, d. h. unter dem Aspekt seiner Manipulation und Vermarktung disku-

tiert. Das ä. B. wird zum Vehikel der
Beherrschung des Menschen und seiner Unterordnung unter die B.se der
Kapitalverwertung (Adorno, Haug).
Andererseits wird das B. nach Schönheit und Harmonie als utopisches B.
nach Heimat, d. h. nach einer freien,
nicht-entfremdeten Welt interpretiert
(Bloch).

Lit.: F. Schiller: Über die ästhetische
Erziehung des Menschen, 15., 23., 26.
und 27. Brief. G. W. F. Hegel: Vorle-
sungen über die Ästhetik, in: Werke,
Bd. 13, S. 20 u. S. 50 ff. E. Bloch: Das
Prinzip Hoffnung, Kap. 23–32. Th. W.
Adorno/M. Horkheimer: Dialektik der
Aufklärung (1947), Frankfurt/M 1972,
S. 108–S. 150. W. F. Haug (Hg.): Wa-
renästhetik. Beiträge zur Diskussion,
Weiterentwicklung und Vermittlung ih-
rer Kritik, Frankfurt/M. 1975.   *K. L.*

Begeisterung ↑ Enthusiasmus

Besonderheit. Der Begriff der B. bezeichnet die dialektische Einheit des
Einzelnen und des Allgemeinen, Typischen. Verwirklicht wird diese Einheit weder in der künstlerischen Reproduktion der bloß individuellen,
zufälligen Züge eines Gegenstands,
noch in der Beschränkung auf seine
abstrakten, allgemeinen Seiten, sondern in ihrer Vermittlung. In der Erscheinung des Einzelnen wird zugleich das Allgemeine und Wesentliche zum Ausdruck gebracht.

Über Diderots und Lessings Versuche, das Individuum als Repräsentanten seines Standes bzw. als allgemeinen Charakter zu begreifen und
darzustellen, lassen sich die gedanklichen Wurzeln des Begriffs bis zu
Aristoteles zurückverfolgen, der die
Poesie wegen ihres höheren Grades

an Allgemeinheit der Geschichtswis-
senschaft für philosophisch überlegen
erklärt. Der Mangel, der in diesen
Versuchen teils wegen der unklaren
Vorstellung der dialektischen Vermittlung, teils wegen der unklaren
Fassung des Allgemeinen (als Überla-
denheit oder Durchschnittlichkeit bei
Lessing) zugrunde liegt, wird in der
klassischen deutschen Ästhetik beho-
ben. Goethe nennt das Besondere das
„eigentliche Leben der Kunst". Wer
das Besondere seines Gegenstands lebendig erfasse, der erhalte „zugleich
das Allgemeine mit, ohne es gewahr
zu werden". Hegel bestimmt das Besondere als geistige, gesellschaftliche
und geschichtliche Vermittlung des
Individuums und seiner Handlungen.
Zugleich konkretisiert er es für die
verschiedenen Kunstgattungen der
Porträtmalerei, der Musik und der
Literatur. Zentral steht der Begriff in
der Ästhetik von Lukács, der das Individuum in seinem Fühlen, Denken
und Handeln zugleich als „Ensemble
der gesellschaftlichen Verhältnisse"
(Marx) begreift und in der (realistischen) Kunst sinnlich repräsentiert
wissen will.

Lit.: Aristoteles: Poetik, Kap. 9. G. E.
Lessing: Hamburgische Dramaturgie,
86.–95. Stück. J. W. v. Goethe: Maximen und Reflexionen, Nr. 281 und Nr.
1112. G. W. F. Hegel: Vorlesungen
über die Ästhetik, in: Werke Bd. 15,
S. 102 ff., S. 199 ff. und S. 248 ff. G. Lukács: Über die Besonderheit als Kategorie der Ästhetik, in: Werke Bd. 10,
Darmstadt-Neuwied 1969.   *K. L.*

Bildende Kunst ↑ Gattungstheorie

Biologische Ästhetik. Die b. Ä. untersucht, inwiefern Schönheitsemp-

finden und künstlerischer Ausdruck bereits in der Tierwelt nachweisbar sind und inwiefern sie auch beim Menschen auf gattungsspezifische biologische Gesetze zurückgeführt werden können. Erste Beiträge zu einer b. Ä. entstanden unter dem Einfluß des Positivismus im 19. Jh. Für Darwin und H. Spencer stellt das ästhetische Verhalten kein Monopol des Menschen dar. Darwin führte das Schönheitsgefühl von höheren Tieren auf die geschlechtliche Zuchtwahl und bei Menschen auch auf die Rasse zurück. Die rassischen Faktoren betonen auch Nietzsche, Taine und die ↑faschistische Ä., während die geschlechtlich bedingten Unterschiede im ästhetischen Verhalten, die z. T. in der ↑psychologischen Ä. erforscht werden, eine Rolle in der ↑weiblichen Ä. spielen. Grant Allen, Verfasser einer *Physiologischen Ästhetik* (1877), hat mit der Untersuchung des Farbsehens von Tieren begonnen, die in der Tierpsychologie weitergeführt wurde (B. Rensch), ergänzt von Untersuchungen des Gesangs und Nestbaus von Vögeln, den Spielen und tanzähnlichen Bewegungen von Tieren als Vorformen künstlerischer Tätigkeit. Seit Uexküll werden die Verhaltensweisen der Tiere auf gesetzmäßige Korrelationen von Organismus und Umwelt bezogen und in den ästhetischen Faktoren Auslöserfunktionen des instinktiven Verhaltens gesehen, während die Ethologie Grundmuster des (ästhetischen) Verhaltens und deren Entwicklung bei Menschen und Tier untersucht (Eibl-Eibesfeldt). Morris stellte in Untersuchungen der Malerei von Affen sechs Formprinzipien fest (Aktivität um ihrer selbst willen, kompositorische Kontrolle, kalligraphische Differenzierung, thematische Variation, optimale Spannung und allgemeinverbindliche Schemata), die er auch in Malereien von Kindern, primitiven Völkern und Künstlern fand und als allgemeine biologische Prinzipien auffaßte. Neurophysiologie, Gestalttheorie und Ethologie machen es heute wahrscheinlich, daß es biologische Gesetzmäßigkeiten gibt, die unabhängig von soziokulturellen Verhältnissen eine allgemeine Grundlage des ästhetischen sowohl des produktiven wie des rezeptiven Verhaltens konstituieren (Rentschler u. a.).

Lit.: B. Rensch: Ästhetische Faktoren bei Farb- und Formbevorzugungen von Affen, in: Zs. für Tierpsychologie 14 (1957). D. Morris: Der malende Affe. Zur Biologie der Kunst, München 1968. I. Eibl-Eibesfeldt: Die Biologie des menschlichen Verhaltens, München 1984. I. Rentschler/B. Herzberger/D. Epstein (Hg.): Beauty and the Brain. Biological Aspects of Aesthetics, Basel u. a. 1988. *W. H.*

Birkhoffsche Formel. Nach dem amerikanischen Mathematiker und Physiker Birkhoff benannt, dessen analytische Ästhetik gegenüber „hedonistischen, moralistischen und mythischen Theorien" die ästhetischen Faktoren und Gesetze aller Kunstbereiche streng wissenschaftlich und exakt ermitteln will. Birkhoffs Ansatz ist allerdings bescheiden: Konnotationen und Assoziationen der Kunstrezipienten werden vernachlässigt; untersucht werden nur einfachste geometrische Formen (Polygone) und musikalische Strukturen sowie gewisse klangliche Aspekte von Gedichten. Die B. F.: M = O:C bestimmt ein Maß M des Wohlgefallens, das durch die Wahrnehmung eines ästhetischen Objekts erzeugt wird. M variiert einmal mit der aufzuwendenden Anstrengung, die proportional der Komplexität C des Objekts ist, zum anderen mit der Erkenntnis der Ordnung O dieses Objekts. Die Größen C und O hat Birkhoff jeweils näher bestimmt: die Komplexität C etwa als die „Gesamtheit der Merkmale des wahrgenommenen Objekts", z. B. als Anzahl geometrischer Eigenschaften, Anzahl von Tönen, Silben usw.; die Ordnung O für Polygone z. B. als „vertikale Symmetrie" oder „Gleichgewicht", für Gedichte z. B. als Reim, Alliteration, Assonanz, für Melodien etwa als Wiederholung, melodischer Kontrast, harmonische Folge usw. Birkhoff hat seine Formel nur in geringem Maß empirisch überprüft. Spätere Untersuchungen (vgl. Nake) haben sie meist widerlegt bzw. erheblich modifiziert. Die Formel hat in der Informationsästhetik wieder Bedeutung gewonnen.

Lit.: G. D. Birkhoff: Collected Mathematical Papers, 3. Bd., New York 1958. R. Gunzenhäuser: Maß und Information als ästhetische Kategorien, Baden-Baden ²1975. F. Nake: Ästhetik als Informationsverarbeitung, Wien-New York 1974.   *W. K. K.*

Charakteristische, das. Der Begriff des Ch. ist mehrdeutig. Zum einen bezeichnet er, dem Begriff des ↑ Typischen verwandt, eine Darstellung, die vor allem auf einzelne (zugleich wesentliche) Merkmale eines Gegenstands gerichtet ist. Zum anderen bezeichnet er, ähnlich dem Begriff des ↑ Interessanten, eine subjektive Form der Darstellung, die nicht auf das „interesselose Wohlgefallen" (Kant), sondern auf den Willen des Menschen gerichtet ist und für die das Ideal keinen verbindlichen Wert mehr darstellt.

Goethe begreift das Ch. als Moment des Schönen selbst und damit als Kennzeichen auch der antiken Kunst. Der junge F. Schlegel dagegen sieht im Ch. die Eigenart der modernen, „darstellenden" Kunst verwirklicht und zwar im *Gegensatz* zur griechischen, „schönen" Kunst. Dabei kennzeichnet er das Ch. durch seinen Mangel an Objektivität und die Vorherrschaft subjektiver Willkür sowie durch seinen Gegensatz zum Schönen, der einerseits in der Integration auch des ↑ Häßlichen und ↑ Grotesken, andererseits in seiner auf Belehrung oder Erkenntnis gerichteten Tendenz besteht.

Schlegels Begriff des Ch. steht in großer Nähe zu Schillers Begriff des ↑ Sentimentalischen, ist allerdings weniger typologisch als geschichtsphilosophisch konzipiert. Darin nimmt er ein wesentliches Moment des „romantischen Ideals" vorweg, das nach Hegel die moderne Kunst bestimmt. Im Gegensatz zu Hegel, für den mit dem romantischen Ideal das Zeitalter der Kunst bereits überschritten wird, gesteht Schlegel der modernen, ch. Kunst nur eine „provisorische" Gültigkeit zu. Eine zukünftige, sich wieder am Ideal der Schönheit orientierende Kunst soll das Ch. überwinden und ablösen.

Lit.: J. W. v. Goethe: Der Sammler und die Seinigen, 8. Brief. F. Schlegel: Über das Studium der griechischen Poesie. G. W. F. Hegel: Vorlesungen über die Ästhetik, in: Werke, Bd. 13, S. 33 ff. J. Volkelt: System der Ästhetik, 2. Bd., Kap. 3. *K. L.*

Computerkunst ↑ Informations-ästhetik

Chinesische Ästhetik. *Mei xue:* Lehre des Schönen oder *shen mei xue:* Lehre zur Untersuchung des Schönen besitzt in der chinesischen Geisteswissenschaft keine eigenständige Systematik. Der Begriff wurde von Baumgartens Definition des Schönen abgeleitet. Erst in Anlehnung an westliche Denker bemühten sich chinesische Geisteswissenschaftler seit dem 20. Jh. um die Untersuchung des Schönheitsbegriffes in der klassischen chinesischen Literatur.

Das Schriftzeichen *mei* findet sich bereits als Piktogramm auf Orakelknochen der Shang-/Yin-Zeit (1600–1066 v. Chr.) und setzt sich aus den Radikalen in der Bedeutung „Schaf" und „groß" zusammen. Das Wörterbuch *Shuowen Jiezi* (um 100 n. Chr.) setzt anhand der semantischen Analyse den Begriff des Schönen mit dem das Guten *(shan)* gleich, da „ein (großes) Schaf, das zu den sechs Haustieren gehört, Nahrung spendet".

Die Konnotation des Schönen im Sinne des Guten *(shan)* wurde von den Denkern der Zhou-Zeit (1066–221 v. Chr.) geprägt. Im Buch der Riten *(Liji)* heißt es, „das Schöne und das Häßliche entstehen im Herzen des Menschen". Konfuzius (551–479 v. Chr.) unterschied in den Analek-ten *(Lunyu)* allerdings zwischen schön und gut, indem er von der Musik der Ahnen sagte, sie sei „zugleich in höchstem Maße schön und gut, die Militärmusik in höchstem Maße schön, aber nicht in höchstem Maße gut."

Zhuang Zi (360–280 v. Chr.) leitete aus der Vorstellung eines kosmischen Fließens *(Dao),* das in allen Dingen wirkt, das Lebensprinzip des Weisen ab, der nicht in die Dinge eingreift *(Wuwei),* und prägte die Wertbegriffe der Einfachheit *(Pu),* Ruhe *(Jing)* und Leere *(Xu)* als bildende Elemente des Schönen bzw. des Guten.

Während der Han-Dynastie (206 v. Chr.–220 n. Chr.) wurde der Begriff der Harmonie *(He),* aus der das Schöne im Sinne der Ethik hervorgeht, aus seinem ursprünglich kosmologischen Zusammenhang in einen gesellschaftlich-ethischen gestellt. „Schönheit harmonischer Balance" *(zhonghe zhi mei)* ist das Stadium eines Äquilibriums, das durch tugendhaftes Handeln aufrechterhalten wird.

In die Schriften der Han-Gelehrten wirkten die Yinyang-Schule und die Fünf-Elementen-Lehre *(Wuxing)* ein. Sie beschreibt ein System von Wechselbeziehungen aller Phänomene (Farben, Töne, Empfindungen etc.), die den komplementären Urkräften des *Yin* und *Yang* zugeordnet werden. Sie liegen allem Wachsen und Vergehen der Fünf Elemente (Erde, Holz, Metall, Feuer, Wasser) zugrunde.

Während der Zeit der Drei Reiche und Fünf Dynastien (220–581 n. Chr.) durchdrang der Buddhismus die chinesische Geisteswelt. Er fügte sich zur daoistischen Einsicht in die Relativität des Seins und zur konfuzianischen Tugend der Selbstdisziplin. Der Buddhismus lehrte nun, daß die Welt der Erscheinungen und der Illusion durch Ausschaltung des Selbst zu transzendieren sei, und daß die geistige Befreiung durch die Einsicht in die Dialektik absoluter und relativer Wahrheit erreicht werden könne. In den politischen Wirren dieser Jahrhunderte bildete sich ein ↑ L'art pour l'art-ähnliches, also nicht-intentionales Verständnis der Kunst heraus.

Die Ästhetik der Leere ist in allen chinesischen Künsten (Literatur, Malerei, Kalligraphie, Musik) und in der Architektur vorhanden. Sie hat ihren Ursprung in der daoistischen Konzeption des *Wuwei* und der Entstehung alles Seienden aus dem Nichtseienden *(wu),* des Form-Habenden aus dem Form-losen. Sie drückt sich in der Literatur in einem „über die Sprache hinausgehenden Sinn" (anhand von Allusionen und Symbolen) aus, in der Musik in „den Tönen zwischen den Saiten" (den nicht mehr hörbaren, in der Imagination fortgesetzten Tönen), in der Malerei durch unbemalte Leinwand, die Nebel, Schnee oder Wasser suggerieren kann. Der Leere kommt so eine tragende Struktur zu, die zugleich die Dualität des Offensichtlichen *(Xian, Xiu)* und des Latenten, Verborgenen *(Yin)* in sich birgt. Dem Zentralbegriff Zhonge: Äquilibrium kommt nun eine kunstphilosophische Determiniertheit zu – im Sinne der Ausgewogenheit einer Komposition, die Elemente jeder Geistesströmung in

sich bergen kann: die konfuzianische Vornehmheit *(Ya)* und Distanziertheit, bzw. Zurückhaltung *(Yin),* das Natürliche, Lebensgetreue, Wesenhafte *(Chuanshen)* des Daoismus, die Wiedergabe einer Empfindung in Überschreitung der sensorisch-perzeptiven Stufe, die Symbiose der persönlichen Empfindung *(Qing)* und der phänomenologischen Welt *(Jing),* wie es der Buddhismus lehrt. Diese Faktoren sind in der Dichtung der Tang-Dynastie (618–907) vereint und spiegeln sich in einem umfassenden Symbolismus wider, der als Strukturelement aller chinesischen Künste im Animismus der frühen Kultur wurzelt. Die Universalität des Symbols (Berge, Bäume, Tiergestalten etc.) prägt durch seine Tragweite die ästhetischen Kriterien der Imagination und der Assoziation.

Mit dem Neukonfuzianismus der Song-Dynastie (907–1279), der führenden Geistesströmung bis in die Qing-Dynastie, erfuhren die traditionellen konfuzianischen Werte eine Renaissance. Ein herausragendes Werk ist das *Mengxi Bitan* des Shen Kua (1030–1094), in dem er für die Malerei Unabhängigkeit vom Postulat der Ähnlichkeit forderte.

Mit der Ming-Dynastie (1368–1644) ist die ch. Ä. konsolidiert, d.h. es folgt keine weitere konzeptionelle Erweiterung. Die Philosophie der Qing-Dynastie (1644–1911) erhielt Anregungen durch die europäischen Jesuiten, die seit dem 17. Jh. nach China kamen: in der Malerei etwa durch den Begriff der Perspektive, in der Musik durch den Begriff der Mehrstimmigkeit. Der Einbruch des Westens und die politischen Umstände des 19. und 20. Jh. schufen die beiden Hauptströmungen der Modernisten und Traditionalisten. Seit Sun Yatsen (1866–1925) herrscht ein westlicher mimetischer Drang, der doch dem konfuzianisch-daoistischen Streben nach Gleichgewicht, auch dem des Bekannten mit dem Unbekannten, entspricht. Dies illustriert die fundamentale neuzeitliche Maxime „Das chinesische Wissen als Substanz, das westliche Wissen für den praktischen Gebrauch".

Seit 1949 wird Ästhetik nicht mehr im abstrakt-philosophischen, sondern im sozio-kulturellen Zusammenhang betrachtet, in der die Kontroverse zwischen Idealismus und Materialismus primär ist. Seither wird versucht, die sozialistische Realität mit der chinesischen Tradition zu verbinden.

Lit.: J. Legge: The Chinese Classics 1. Bd., London 1861 und 5. Bd., Hongkong 1872. S. Couvreur: Mémoires sur les Bienséances et les cérémonies (Liji), Paris 1950. Frühling und Herbst des Lü Buwei, übers. v. R. Wilhelm (1928), Düsseldorf-Köln 1971. Y. Feng: A History of Chinese Philosophy, Princeton 1952. J. Needham: Science and Civilisation in China, 2. und 4. Bd., Cambride 1956. C. A. S. Williams: Chinese Symbolism and Art Motives, New York 1960. *G. G.*

Dandy ↑ Ästhetizismus

darstellende Kunst ↑ Klassifikation

Darstellung. Durch die D. unterscheidet sich die Schönheit der Kunst von der Schönheit der Natur. Erstens ist die D. das Resultat der formenden Tätigkeit des Künstlers. Zweitens beruht sie auf bestimmten künstlerischen „Sprachen" bzw. den Materialien der Farbe, des Tons, der Wörter etc. (Innerhalb der Literatur werden die vermittelte, reflektierte D. der Erzählung oder des Berichts von der unmittelbaren D. des Dramas unterschieden.) Drittens vollzieht sich die künstlerische D. im Medium der Sinnlichkeit. Im Gegensatz zur abstrakt-begrifflichen D. der Wissenschaft vermittelt die künstlerische D. das Allgemeine ihres Inhalts in der Form sinnlicher Einzelheiten (Bilder, Situationen, Handlungen).

Kant, der den Begriff erstmals als Übersetzung der lat. *repraesentatio* bzw. *exhibitio* verwendet, unterscheidet zwei Formen der D.: Schemata, d. h. direkte und demonstrative D. von Verstandesbegriffen und Symbole, d. h. indirekte und analogische D. von Vernunftbegriffen oder Ideen. Kunst interpretiert er in diesem Sinne als symbolische D. ästhetischer Ideen, als eine zugleich abstrakt-gedankliche und konkret-sinnliche Präsentation wirklicher Gegenstände. Durch die D. wird die ästhetische Differenz, d. h. die Differenz zwischen Wirklichkeit und künstlerischem Schein nicht nur gesetzt; vielmehr trachtet sie zugleich danach, diese Differenz durch ihre „Lebendigkeit" (Klopstock) bzw. dadurch, daß sie „mit der Wirklichkeit wetteifert" (Goethe) aufzuheben. Herder setzt den Begriff der D. mit dem der Nachahmung bzw. der ↑ Mimesis gleich. Schiller (und Gadamer) leiten ihn aus dem Begriff des ↑ Spiels ab, wobei das Sich-Darstellen als das wahre Wesen des Spiels begriffen wird.

Für Hegel entzieht sich die bürgerliche Gesellschaft der adäquaten D. durch die Kunst. Anders als im epischen Weltzustand Homers, in dem im individuellen Handeln der Heroen das Allgemeine des staatlichen Lebens zur D. kam, ist die reale Subsumtion des Konkreten, Einzelnen unter die Herrschaft des Abstrakten und Allgemeinen des prosaischen Weltzustands nur mehr begrifflich erfaßbar. Damit hat die Kunst aufgehört, die höchste Bestimmung des Geistes, d. h. D. der Wahrheit zu sein. Ähnlich sieht Adorno in der Unmöglichkeit der künstlerischen D. des Geschichtlichen, insbesondere des Faschismus, ein Zeichen für das „Absterben der Kunst". Nur als Utopie, als Chiffre einer besseren Gesellschaft behält die Kunst ihre kritische Funktion.

Die Krise der modernen Kunst, insbesondere der Malerei, zeigt sich im Verlust ihrer D.-funktion, die weniger durch den Verlust des erkennbaren Gegenstands (im Übergang zur abstrakten Malerei) ausgelöst wurde, als durch den Verlust ihrer Reflexionsstruktur (Holz). D. nämlich bedeutet nicht nur Abbild einer irgendwie gearteten Objektivität, sondern beinhaltet auch die subjektiven D.-funktionen der Bewertung oder der Kritik des Abgebildeten. Mit der D. der gegenwärtigen Wirklichkeit aber verschwindet zugleich deren Beurteilung und damit der darin enthaltene Vorschein einer besseren Zukunft.

Lit.: I. Kant: Kritik der Urteilskraft, § 59. J. G. Herder: Kalligone. G. W. F. Hegel: Vorlesungen über die Ästhetik, in: Werke, Bd. 13, S. 140 ff. Th. W. Adorno: Minima moralia (1951), in: Gesammelte Schriften, 4. Bd., Frankfurt/M. 1980. H.-G. Gadamer: Wahrheit und Methode, Tübingen ⁵1986, S. 110 f., S. 144 f. A. Hauser: Methoden moderner Kunstbetrachtung, München 1970, S. 150 ff. H. H. Holz: Vom Kunstwerk zur Ware, Neuwied-Berlin 1972, Kap. 1.   *K. L.*

Dekadenz ↑ Ästhetizismus

Dekonstruktion. An Heideggers Begriff der Destruktion anknüpfender, von J. Derrida eingeführter Begriff, der sich zunächst auf den Umgang mit Texten der philosophischen Tradition bezieht und später auf Texte insgesamt, besonders auf literarische Texte ausgedehnt wurde.

D. als praktisch-strategische Verfahrensweise meint die Reflexion von Voraussetzungen und Implikationen, die Texte vor allem durch ihre sprachliche Verfaßtheit beinhalten. Sie intendiert ein Aufbrechen verkrusteter Strukturen, den Nachweis der inneren Widersprüchlichkeit bestehender Begriffshierarchien und versucht, durch die Einführung einzelner neuer Begriffe die Grenzen traditioneller Diskurse zu überschreiten. Die D. wird praktiziert in allen Bereichen der Philosophie, deren grundlegende Begriffspaare – sensibel/intelligibel, Substanz/Akzidenz, Wesen/Erscheinung, Ursprung/Abbild u. a. – sie kritisch hinterfragt.

In den 70er Jahren wurde der Begriff D. von Theoretikern der Architektur, vor allem aber von den amerikanischen Literaturwissenschaftlern der *Yale School* (de Man, Hartman, Miller) adaptiert. In Absetzung vom

↑ New Criticism betrachten sie literarische Texte als bevorzugte Exempel für Derridas These, daß kein Text widerspruchsfrei funktioniert, sondern von gegenläufigen Intentionen motiviert wird und sich letztlich „selbst dekonstruiert" (de Man). Dabei wird ein prinzipieller Unterschied zwischen theoretischen und literarischen Gattungen strikt geleugnet. Habermas hat diese Aufhebung der Gattungsgrenzen, die von Derrida nicht mitvollzogen wird, scharf kritisiert.

Lit.: J. Derrida: Positionen, Köln-Wien 1986. H. Bloom u. a.: Deconstruction and Criticism, New York 1979. J. Culler: Dekonstruktion. Derrida und die poststrukturalistische Literaturtheorie, Reinbek 1988. P. de Man: Allegorien des Lesens, Frankfurt/M. 1988. P. Engelmann (Hg.): Postmoderne und Dekonstruktion, Stuttgart 1990.   *G. Bu.*

Dekoration ↑ Ornament

Design (engl. Entwurf, Muster) bezeichnet die (ästhetische) Gestaltung von industriell herstellbaren Gegenständen (Haushalts-, Industriegeräte, Textilien, Möbel, Autos usw.) und ihre Anpassung an die physiologischen und psychologischen Bedürfnisse des Käufers bzw. Benutzers. In einem erweiterten Sinn umfaßt D. auch die Gestaltung der alltäglichen Umwelt (Wohn- und Arbeitsbereich), der Lebensformen („Soziodesign", B. Brock), des Stadtbilds, der Verkehrswege und Landschaft („Umwelt-", „Environmental D."). D. will Gebrauchsgegenständen eine ästhetisch befriedigende Form geben und dazu beitragen, eine menschenwürdige Lebenswelt zu schaffen. Der Ausdruck D. hat früher gebrauchte Ausdrücke wie industrielle Formgebung/Gestaltung, industrielle Ästhetik, Industrieproduktgestaltung oder technisches Gestalten abgelöst.

Historische Vorformen des D. kann man in den vielfältigen Formen des ↑ Ornaments (Rawson), in der Verzierung von Gebrauchsgütern in den handwerklichen Traditionen, durch Kunstgewerbe und dekorative („angewandte") Kunst sehen. Im 19. Jh. versuchten die „Arts and Crafts"-Bewegung in England (J. Ruskin, W. Morris) und die Kunstgewerbe-Bewegung in Deutschland gegen die einförmige maschinelle Produktion die handwerklich gute Gestaltung wiederzubeleben. Sie erwiesen sich nicht nur ökonomisch, sondern auch ästhetisch als überholt, als in den zwanziger Jahren das Bauhaus funktionale Formprinzipien entwickelte, die zugleich eine maschinelle Produktionsweise erlaubten. Diese sind im wesentlichen bis heute gültig geblieben. Nach dem Zweiten Weltkrieg erfuhr das D. vor allem in den westlichen Industrieländern in Zusammenarbeit und in Konflikt mit der Werbung eine intensive Förderung.

Das industriell hergestellte D.-Objekt will vier Faktoren zu einer gelungenen Synthese verbinden: technisch ausgereifte Konstruktion, maschinelle Produktion, wirtschaftlichen Erfolg und ästhetisch befriedigende Form. Die ästhetische Gestaltung soll keine nachträgliche modische Verkleidung sein, womöglich nur zum Kauf reizen (↑ Konsumästhetik), sondern von vornherein in die Entwicklung eines Produkts eingehen. Sie kann die technische Konstruktion visuell verdeutlichen oder den Umgang mit den Produkten den ästhetischen Bedürfnissen des Menschen anpassen. Dabei sind nicht nur die Gesetze der sinnlichen Wahrnehmung zu berücksichtigen, sondern auch die Arten und der Verlauf des Gebrauchs der Produkte und die emotionale Einstellung des Benutzers. In der Ästhetik ist das D. selten untersucht worden (Ausnahmen: G. Semper, E. v. Hartmann), weil die ästhetischen Kriterien der Produktgestaltung von sekundärer Bedeutung und die Objekte nicht singuläre, sondern Massenartikel seien. Bense hat schließlich das „Technik-Schöne" neben das Kunst- und Natur-Schöne gestellt und die Seinsweise des D.-Objekts von der des Kunstobjekts unterschieden. Die ästhetischen Kriterien des D. beruhen im wesentlichen auf Prinzipien des Funktionalismus, gemäßigt durch die Beziehung auf den produktgebrauchenden Menschen.

Lit.: W. Braun-Feldweg: Industrial Design heute, Reinbek 1966. M. Bense: Zeichen und Design. Semiotische Ästhetik, Baden-Baden 1971. G. Selle: Ideologie und Utopie des Design, Köln 1973. B. Brock: Ästhetik als Vermittlung, Köln 1977. B. Meurer/H. Vincon: Industrielle Ästhetik. Zur Geschichte und Theorie der Gestaltung, Gießen 1983. G. Selle: Design-Geschichte in Deutschland, Köln 1987. Ph. Rawson: Creative Design. A New Look at Design Principles, London 1987. *W. H.*

Deutung ↑ Interpretation

Dichtung (Dichtkunst, Poesie) umfaßt die ganze Mannigfaltigkeit kunstvoll gestalteter sprachlicher Kommunikation, wie sie traditionell in den drei Gattungen Lyrik, Epik und Dramatik geordnet wird. Zwar nutzt auch die sach- und zweckbezogene Kommunikation sprachliche Kunstmittel, um ihre Wirkung zu erhöhen (vom Sprachwitz bis zur theatralischen Rhetorik), in der D. aber gewinnen diese nicht nur Eigenwert, sie werden vielmehr zu unabdingbaren Mitteln innovativer Sinnproduktion: die effektvolle, oft virtuose Sprachgestaltung (Klang, Rhythmik, Reim, Vers, Strophik), die „uneigentlichen" Ausdrucksweisen (Bilder, Metaphern, Symbole etc.), das prinzipiell schöpferische, ja spielerisch-experimentelle Umgehen mit der Sprache bzw. Wirklichkeit („dichterische Freiheit", vgl. Goethes Unterscheidung von Dichtung und Wahrheit).

D. als „poetische Kommunikation" kann daher vielfältigen gesellschaftlichen Aufgaben dienen: Magie, Kult, Ritual und Feier; Belehrung und Bildung; Propaganda und Agitation; entspannender Unterhaltung; kreativer Selbst- und Weltexploration. Die Erklärung der Ursprünge der D., ihrer Entwicklungen, Leistungen und Wirkungen sowie deren Bewertung ist kultur- und somit geschichtsabhängig. In der europäischen Antike wird die D. nach der Qualität der („mimetischen") Darstellung (besonders der Natur) beurteilt – positiv bei Aristoteles, negativ bei Platon (D. ist Lüge). Gegen die antikisierende (Barock) und die rationalistische (Aufklärung) Imitations- bzw. Abbildungsästhetik – die heute

u. a. im marxistischen Begriff der Widerspiegelung fortlebt – tritt im 18.
Jh. die Lehre vom dichterischen
„Originalgenie" (Shaftesbury). D. sei
die „Muttersprache des menschlichen
Geschlechts" (Hamann), entspringe
göttlicher Inspiration bzw. dichteri-
schem ↑ Enthusiasmus, sei autonome,
symbolisch verschlüsselte Wahrheit,
ja Offenbarung, somit im Rang der
Religion gleichzusetzen. Der Dichter
wird zum Hohen Priester, zum Kün-
der des Absoluten, zum Führer und
Erzieher der Gesellschaft, ja der
Menschheit – so schließlich die Lehre
des Deutschen Idealismus (Schiller,
Schelling, Hegel). Für den Umgang
mit dem Mysterium, mit der „heiligen Königsquelle" der D. fordert die
deutsche Tradition daher weihevol-
len Tempeldienst, Untertanen-Ehr-
furcht, Hingabe und Versenkung.
Auch die einflußreichen Lehren der
Lebensphilosophie (Dilthey), der
Gefühlsästhetik (Lipps) sowie der
phänomenologisch inspirierten Ästhetik (Geiger, Ingarden, N. Hartmann) und Hermeneutik (Heidegger,
Gadamer) haben diese Haltung bekräftigt. Ihre Umsetzung in die akademische ↑ Literaturwissenschaft und
von da in die schulische Praxis hat
sich ohne Zweifel als fruchtbar erwiesen. Die Kultivierung des Werks
„rein für sich" bzw. der entsprechenden Methode der „immanenten Interpretation" hat allerdings auch die
politisch-ideologische Indienstnahme
der Dichtung und ihrer Interpreten
erleichtert. Erst seit den 60er Jahren
werden in Deutschland interdisziplinäre wissenschaftliche Ansätze aufgegriffen, D. zu analysieren, zu erklären und zu bewerten. Beiträge etwa

der Psychologie, der Soziologie, der
Linguistik oder der Mathematik sollen zu einer wissenschaftlichen Theorie der D. führen.

Lit.: A. Preminger (Hg.): Encyclopedia
of Poetry and Poetics, London 1975. K.
Hamburger: Die Logik der Dichtung,
Stuttgart ²1968. H. J. Frank: Dichtung,
Sprache, Menschenbildung. Geschichte
des Deutschunterrichts von den Anfängen bis 1945, 2 Bde. München 1973.
H. Kreuzer/R. Gunzenhäuser (Hg.):
Mathematik und Dichtung, München
⁴1975. N. Krenzlin: Das Werk „rein für
sich". Zur Geschichte des Verhältnisses
von Phänomenologie, Ästhetik und Literaturwissenschaft, Berlin 1979.
W. K. K.

Digitale Ästhetik ↑ Informationsästhetik

Dionysische, das ↑ Apollinische und
Dionysische, das

Distanz, ästhetische. Ä. D. wird seit
dem 18. Jh. als konstitutive Bedingung für die Erfahrung der Schönheit
in Natur und Kunst aufgefaßt. Zunächst im Sinne einer inneren Fern-
haltung: Um nicht beim Anblick von
Schönem durch sinnliche Begierden
oder heftige Emotionen überwältigt
zu werden, soll der Betrachtende innerlich eine Distanz zu den erregen-
den Wirkungen einnehmen. Sie soll
gerade so groß gehalten werden, daß
ein freier (rationaler) Überblick über
das Ganze und zugleich eine hinreichend intensive Wahrnehmung der
einzelnen Qualitäten des Gegenstands und ihrer sinnlich/emotiona-
len Wirkungen möglich wird. Das
gleiche gilt gegenüber moralischen,
politischen, religiösen Ansprüchen,

die durch das Mittel der Kunst an den Betrachtenden herangetragen werden (↑ Tendenz, Propaganda usw.). Allein durch die innere D. sei eine Integration der einzelnen im Gegenstand angelegten Wirkungsfaktoren zu einer ausgewogenen Erfahrung der Schönheit wie auch zum Erlebnis der Erfahrungsganzheit des betrachtenden Menschen möglich. Die ä. D. fordert also nicht die Ausschließung der Wirkung von Trieben, Affekten, Moral oder Religion, sondern nur, daß ihre Entfaltung im Rahmen der Ganzheitserfahrung des Menschen erfolge. Analog ist vom Künstler gefordert worden, daß er sich von den Gegenständen seiner Darstellung oder ihren ideologischen Zwecken (Engagement, Parteilichkeit) distanziere, damit er in uneingeschränkter Besonnenheit den Ansprüchen der künstlerischen Form oder emanzipatorischer Aufklärung („episches Theater") gerecht werden könne.

Die ä. D. wird jedoch nicht nur als innere, bewußt einnehmbare Einstellung aufgefaßt, sondern auch als strukturelle Bedingung der ästhetischen Erfahrung, die immer schon erfüllt ist, wenn Schönheit in Erscheinung tritt. Obwohl sich die ä. D. am ehesten in der Erfahrung des harmonischen Schönen und der klassischen Kunst realisiert, wird sie auch für ästhetische Kategorien wie das Tragische, Obszöne, Satirische in Anspruch genommen. Dagegen scheint sie in orgiastischen Kunstgattungen und -strömungen sowie in künstlerischen Darstellungen, die bestimmten (politischen, pornographischen) Zwecken dienen sollen, be-

wußt aufgehoben zu sein. Versteht man jedoch die ä. D. als eine gesellschaftliche Übereinkunft, durch die die Institution Kunst vom sonstigen gesellschaftlichen Leben ausgegrenzt wird, kann unter Umständen auch hier die ä. D. als eine konstitutive Bedingung aufgefaßt werden.

Lit.: E. Bullough: Aesthetics. Lectures and Essays (1910), London 1957, S. 93 – S. 130; Th. W. Adorno, Ästhetische Theorie. G. Dickie: Art and the Aesthetic: An Institutional Analysis, Ithaca 1974.   *W. H.*

Dramatische, das ↑ Gattungstheorie ↑ Literatur

Einbildungskraft ↑ Phantasie

Eindruck ↑ Erfahrung, ästhetische und künstlerische

Einfühlungsästhetik. Die E. entwickelte sich als Vermittlung zwischen der idealistischen Gehaltsästhetik und der ↑ psychologischen Ästhetik in der zweiten Hälfte des 19. Jh. Sie überwand Fechners Unterscheidung zwischen direktem und assoziativem Faktor wie den Dualismus von Form und Inhalt dadurch, daß sie die psychischen Gehalte, die an den schönen, erhabenen, heiteren usw. Gegenständen unmittelbar wahrgenommen werden, auf eine symbolschaffende Tätigkeit der menschlichen Seele zurückführte, die diese Gehalte, die den Gegenständen nicht wie die sinnlich wahrnehmbaren Qualitäten objektiv angehören können, durch eine vorbewußte „Einfühlung" einlegt. Ansätze zu dieser Lehre finden sich bereits bei Herder, Jean Paul, F. Th. Vischer und R. Vischer, systematisch entfaltet wurde sie jedoch erst von Lipps und Volkelt. Lipps konzentrierte sich auf Fragen der Elementarästhetik in den bildenden Künsten *(Ästhetische Faktoren der Raumanschauung,*1891), suchte aber später in seiner *Ästhetik* (1903/06) den sachlichen Unterschieden der Kunstgattungen und Erfahrungen durch die Unterscheidung mehrerer Arten der Einfühlung gerecht zu werden und nahm durch seine Lehre von der Tiefe des Gefühls und der Ich-Erlebnisse auch metaphysische Fragen der Ästhetik auf. Einfühlung als ein Verschmelzen der psychischen Dynamik mit dem Leben der Natur führte ihn schließlich zu einer naturmystischen Position. Volkelt vertrat die E. nicht so monistisch und emphatisch wie Lipps, schloß vielmehr von ihr den Bereich der normativen Fragen aus, wie er sich überhaupt gegen die Einheitssucht in der Ästhetik aussprach. Er betonte stärker als Lipps den erklärend-hypothetischen gegenüber dem deskriptiven Charakter der Einfühlung. Groos hingegen glaubte, dem Gedanken der Einfühlung besser durch den Begriff der inneren Nachahmung gerecht werden zu können *(Der ästhetische Genuß,* 1902). V. Lee vertrat die E. in den USA, V. Basch in Frankreich. Kritiker der E. sahen im Zwang zu einer fortschreitenden Differenzierung des Einfühlungsbegriffs ein Zeichen seiner inneren Widersprüchlichkeit und vermuteten in ihm einen unkritischen Anthropomorphismus, der sich gegenüber experimenteller oder empirischer Überprüfung immunisiere.

Lit.: Th. Lipps: Ästhetik. Psychologie des Schönen und der Kunst, 2 Bde., Leipzig 1903/06. J. Volkelt: System der Ästhetik. A. Prandtl: Die Einfühlung, Leipzig 1910. W. Perpeet: Historisches und Systematisches zur Einfühlungsästhetik, in: Zs. für Ästhetik und allgemeine Kunstwissenschaft 11 (1966), S. 193–S. 216. Chr. G. Allesch: Geschichte der psychologischen Ästhetik, Göttingen 1987, S. 326 ff. *W. H.*

Einheit in der Mannigfaltigkeit. In der Ästhetik bezeichnet der Begriff E. die geformte Ganzheit des Kunstwerks. Wesentliche Faktoren der Einheit sind das homogene Material (z. B. Diatonik oder Chromatik in der Musik, Farben in der Malerei, Sprache in der Literatur), die durchgehaltene Perspektivierung (z. B. Erzählperspektive in der Epik, Zentralperspektive in der Malerei) und die Abgeschlossenheit des Kunstwerks (z. B. Einheit von Zeit, Ort und Handlung im Drama). Die E. läßt sich somit spezifizieren als *Homogenität, Kohärenz* und *Totalität*.

Zur Begründung der E. werden drei Argumentationsstrategien herangezogen: 1) Die Genieästhetik betrachtet das schöpferische Subjekt als Ursache der Einheit des Werkes. Das Genie, das – sei es bewußt, sei es unbewußt – „der Kunst die Regel gibt" (Kant), bildet die letzte Begründungsinstanz für das harmonische Zusammenspiel der Teile mit dem Ganzen des Kunstwerks. 2) Die Ästhetik des objektiven Idealismus (Schelling, Hegel) begründet die Einheit des Werkes in seinem Charakter als sinnliche Erscheinung einer anderen Einheit: der absoluten Einheit der Idee. Die besonderen Kunstarten und die einzelnen Werke sind für sich geschlossene Einheiten, die das Absolute auf je verschiedene Weise als E. zur Darstellung bringen. 3) Die materialistische Ästhetik versteht die E. des Kunstwerks als Ausdruck der objektiven Totalität der materiellen Wirklichkeit. Im Anschluß an Aristoteles entwickelt Lukács das Konzept der „intensiven Totalität" des Kunstwerks, das die Kategorien der objektiven Realität aufnimmt, produktiv umgestaltet und so die neue Ganzheit des Werks bildet.

Mit dem Beginn der Moderne wird das Konzept der E. problematisch. Die Heterogenität des Materials, das Zerfallen einer einheitlichen Perspektive und die Tendenz zum ↑ Fragment lassen die E. entweder als kontrafaktische Rettung einer verlorenen Sinntotalität erscheinen (Lukács in der *Theorie des Romans*) oder sie führen zur Anprangerung der geschlossenen Form als Ausdruck der gewalttätigen Tendenz einer instrumentellen Vernunft, die die künstlerische Einheit für die Herrschaft des Allgemeinen über das einzelne vereinnahmt (Adorno).

Lit.: I. Kant: Kritik der Urteilskraft, § 46–§ 50. F. W. J. Schelling: Philosophie der Kunst. G. W. F. Hegel: Vorlesungen über die Ästhetik. G. Lukács: Die Theorie des Romans. Ders.: Die Eigenart des Ästhetischen, Kap. 8 und 9. Th. W. Adorno: Ästhetische Theorie, S. 262 ff.   *G. Bu.*

Einstellung, ästhetische. Die ä. E. bedeutet die Bereitschaft oder Disposition eines Menschen zur Entfaltung der ästhetischen ↑ Erfahrung und zu

ihrer Aufrechterhaltung, wodurch zugleich ihre Verfälschung oder Außerkraftsetzung durch sinnliche, moralische, politische, religiöse Interessen erschwert, wenn nicht verhindert werden. Die ä. E. kann sich zu einer Lebenseinstellung und Weltanschauung ausweiten, in der Schönheit, Stilisierung aller Lebensvollzüge, Kultivierung des Genusses als höchste Werte gelten (↑ Ästhetizismus). Die ä. E. führt zu einer Ablösung des Subjekts von den Interessen und Forderungen des Lebensalltags (↑ Distanz) zugunsten einer Konzentration auf oder Hingabe an die unmittelbar gegebenen sinnlichen bis sublimen Qualitäten eines aus seinen Kausalzusammenhängen herausgelösten Objekts, das dadurch „entwirklicht" wird (↑ Schein). Die ä. E. besteht nicht nur in einer dem Lebensalltag gegenüber innerlich distanzierten, kontemplativen Grundhaltung (↑ Kontemplation), sondern kann auch Handlung sein: ruhelos experimentierendes Umfingieren der Wirklichkeit und spielerisches Herstellen von abwechslungsreichen, neuen Lebens- und Wirklichkeitsverhältnissen. Die psychologische Ästhetik faßt die ä. E. als psychische Disposition eines Individuums auf, die in einer Vielzahl von individuellen Abwandlungen vorkommen kann. Die strukturalistische Ästhetik begreift sie dagegen als eine grundsätzlich mögliche Einstellung des Bewußtseins zur Welt, in die ein Individuum mehr oder weniger vollkommen eintreten kann. Vertreter der analytischen Ästhetik dagegen bestreiten, daß sinnvoll über etwas wie ä. E. gesprochen werden kann (Dickie), doch hat sich in der phänomenologischen (Odebrecht, Ingarden), strukturalistischen, semiotischen Ästhetik und auch bei einzelnen analytischen Ästhetikern (Beardsley) die Auffassung durchgesetzt, daß die ä. E. eine notwendige Bedingung der ästhetischen Erfahrung ist.

Lit.: R. Odebrecht: Grundlegung einer ästhetischen Werttheorie, Berlin 1927. J. Stolnitz: On the origins of aesthetic disinterestedness, in: Journal of Aesthetics and Art Criticism 20 (1960/61), S. 131 ff. R. Ingarden: Erlebnis, Kunstwerk und Wert, Tübingen 1969. G. Dickie: Art and the Aesthetic, Ithaca 1974. M. C. Beardsley: The Aesthetic Point of View, Cornell 1982. *W. H.*

Einzigartigkeit oder Singularität bezeichnet die Unvergleichbarkeit der Form oder des Rangs eines Kunstwerks gegenüber epigonalen, konventionellen oder industriell hergestellten Werken. In den Begriff sind ältere Vorstellungen wie die *je ne sais quoi* (ich weiß nicht was)-Erfahrung der Schönheit, die Unmöglichkeit einer (begrifflichen) Verallgemeinerung des künstlerisch Ausgedrückten (Dubos) oder des Neuen, Nochnie-Dagewesenen eingegangen. Alle diese Vorstellungen enthalten trotz der isolierenden Intention ein starkes Vergleichsmoment, so daß die E. stets auf Tradition und Gattungsgesetze bezogen bleibt. Die psychologische Ästhetik begreift die E. eines Werkes oder des Gesamtoeuvre eines Künstlers als Ausdruck einer einmaligen, genialen Persönlichkeit. Becker faßt E. mit einem Ausdruck von Solger als „Fragilität" auf, womit er die ontologisch prekäre, gegenüber Eingriffen höchst empfindliche Seinsweise hochorganisierter Werke meint. Adorno führt die E. auf die „Stimmigkeit" zurück, in der sich alle Elemente eines Kunstwerks zu einem Ganzen vereinigen, in dem sich das Organisationsgesetz eines Werkes vollständig expliziert. Demgegenüber beschränkt sich die analytische Ästhetik darauf, die Regeln für eine korrekte Verwendung des Begriffs aufzuweisen (Bittner/Pfaff).

Lit.: O. Becker: Dasein und Dawesen, Pfullingen 1963, S. 11 ff. Th. W. Adorno: Ästhetische Theorie. R. Bittner/P. Pfaff (Hg.): Das ästhetische Urteil, Köln 1977. *W. H.*

Ekstase (griech.-lat. außer sich sein, aus sich herausgetreten sein) bezeichnet einen (im religiösen Sinne) rauschhaften, verzückten Zustand, in dem der Mensch seine Bindungen an die Außenwelt abgestreift hat und eins geworden ist mit der Transzendenz. Der Ursprung der E. liegt in der ↑ Magie. Erreicht wird der Zustand der E. entweder durch Ruhe, d. h. Apathie, Meditation, Askese (Yoga) oder aber durch Bewegung, d. h. durch Musik und orgiastischen Tanz (Dionysosfeste). Eine vergeistigte Form der E. stellt der ↑ Enthusiasmus dar, der göttliche „Wahnsinn", in dem der schaffende Dichter oder der Rhapsode nach Platons Lehre zum Sprachrohr und „Dolmetscher" der Götter wird. Verwandt mit der E. ist die ↑ Faszination als eine Form der sinnlichen Wahrnehmung, die sich ganz ihrem Gegenstand hingibt und über die punktuelle Beziehung des Betrachters zum Gegenstand alle anderen Beziehungen zur Wirklichkeit (Gedanke, Wille etc.) ausschaltet. Als Phänomen der Massenpsychologie ist die E. z. B. bei politischen Reden anzutreffen (Hitlers Rede im Berliner Sportpalast).

Mit der Verselbständigung der Kunst gegenüber Magie und Religion ist an die Stelle der ekstatischen Identifikation mit dem Objekt die ästhetische ↑ Distanz, an die Stelle der ekstatischen Improvisation das Prinzip der Werktreue getreten. Wo die Kunst das Erlebnis der E. vermittelt, hat sie sich noch nicht von ihren magisch-religiösen Ursprüngen gelöst (wie z. T. bei Gospel oder Jazz) oder sie ist bewußt dahin zurückgekehrt (bei Wagner, Skrjabin, Franz Schreker u. a.). Lukács behandelt die E. als die gemeinsame geschichtliche Wurzel der religiösen Mystik und der ästhetischen Erfahrung. Auf der einen Seite ist die E. das bewußtlose Einssein mit dem „Einen" (Plotin) oder die unmittelbare Offenbarung von und Vereinigung des Menschen mit Gott (Meister Eckhart, Bernhard von Clairvaux). Auf der anderen Seite ist sie eine Vorform der ästhetischen Evokation. Stellt die E. einen Bruch mit der Wirklichkeit dar, so beruht die Evokation auf einer nur zeitweiligen Suspension der alltäglichen Zwecksetzungen, nach der der Mensch in seinen Alltag zurückkehrt und die durch die Kunst gemachten Erfahrungen und Erlebnisse in sein Leben integriert.

Lit.: Platon: Ion, 532 b–535 a. Ders.: Phaidros, 249 b–250 e. G. Lukács: Die Eigenart des Ästhetischen, Kap. 4/II und Kap. 5/I. W. Bremi u. a.: Ekstase, Maß und Askese als Kulturformen, Ba-

sel 1967. A. Mordell: The Literature of Ecstasy, Port Washington N. Y. 1969. W. Barnstone: The Poetics of Ecstasy. Varieties of Ecstasis from Sappho to Borges, New York u. a. 1983.   *K. L.*

Elementarästhetik nennt man im Anschluß an Fechners Unterscheidung zwischen einem direkten und einem assoziativen Faktor der ästhetischen Erfahrung die Untersuchung der ästhetischen Wirkungen der direkten Faktoren (Farben, Töne, Linien der einfachsten geometrischen Figuren, rhythmischen Grundeinheiten). Die E. versteht sich als elementar und allgemein, insofern sie sich auf den gesamten Bereich möglicher ästhetischer Erfahrung bezieht. Ihre Untersuchungen stützen sich auf Experimente und statistische Erhebungen, durch die sie im Sinne einer „Ästhetik von unten" zu wissenschaftlich gesicherten, unumstößlichen Ergebnissen zu gelangen hofft, die für die Untersuchung der höheren, komplexeren ästhetischen und künstlerischen Gebilde ein sicheres Fundament bieten sollen. Die hauptsächlich in der experimentellen ↑ psychologischen Ästhetik und in der ↑ Gestalttheorie betriebene E. fand Unterstützung im ↑ Design und in der konstruktivistischen Kunst. Einwände gegen die E. betreffen teils die allzu geringe Bedeutung der elementaren Wirkungen für die Gesamtwirkung der Kunst, teils die Unmöglichkeit der Trennung zwischen direkten Faktoren und der ästhetischen Gesamtwirkung (Berlyne).

Lit.: G. Th. Fechner: Vorschule der Ästhetik. G. J. v. Allesch: Die ästhetische Erscheinungsweise der Farben, Berlin

1925. R. Francès: Psychologie de l'esthétique, Paris 1968. D. E. Berlyne: Aesthetics and Psychobiology, New York 1971. *W. H.*

Emanzipation ↑ Erziehung, ästhetische und künstlerische

Empfindung ↑ Wahrnehmung, ästhetische

Ende der Kunst. Die These vom E. d. K. gehört seit der Antike in die Verteidigungsrhetorik eines Kunststils, der durch ein ganz andersartiges Kunstwollen überwunden zu werden droht. Seit der *Querelle des anciens et des modernes* Ende des 17. Jh. haben diese Auseinandersetzungen eine geschichtsphilosophische Dimension angenommen. Bei Hegel ist die These vom E. d. K. Bestandteil der Philosophie des absoluten Geistes: Der Geist mußte in seinem weltgeschichtlichen Streben, sich immer tiefer und angemessener zu erfassen, das Absolute anfangs im Medium der Anschauung, d. h. in der Kunst darstellen. Die Anschauung konnte aber nur zur Zeit der klassischen Antike als die höchste Form der Darstellung des Absoluten gelten. Seit dem Aufkommen des Christentums und der (philosophischen) Wissenschaft haben sich die geistige Vorstellung und die begriffliche Bestimmung als die angemesseneren Formen erwiesen, die höchsten geistigen Interessen des Menschen zu befriedigen. In einem in sich notwendigen und vernünftigen geschichtlichen Prozeß ging der Absolutheitsanspruch der Kunst auf Religion und Philosophie über, ohne daß die Kunst aufhören mußte, ihre Darstellungsaufgabe im Medium der (abgewerteten) Anschauung auszuführen. Das E. d. K. bedeutet bei Hegel das Ende ihrer Alleinherrschaft in der Darstellung des Absoluten. Marxistische Ästhetiker (z. B. Marcuse) sahen in Hegels Lehre einen Reflex auf die Kunstfeindlichkeit des beginnenden Kapitalismus und prognostizierten ihrerseits ein E. d. K. in der klassenlosen Gesellschaft, in der die vorerst nur durch die Kunst vermittelte Versöhnung gesellschaftliche Realität geworden sein werde. Kritiker der modernen Zivilisation deuten dagegen die moderne (z. B. die abstrakte) Kunst als ein Symptom für den Verfall der Menschlichkeit unter den Bedingungen der Industrialisierung und als einen Verlust der (religiösen) Mitte des Menschen (Sedlmayr). Verteidiger der Moderne beschränken dagegen die These vom E. d. K. auf ihre traditionelle Aufgabe und Ausdrucksform, während sie aus dem hektischen Gestaltwandel der künstlerischen Aktivitäten im 20. Jh. ihre zukünftige Form zu erraten suchen.

Lit.: G. W. F. Hegel: Vorlesungen über die Ästhetik, in: Werke, Bd. 13, S. 13 ff. H. Sedlmayr: Verlust der Mitte (1948), Berlin 1985. H. Friedrich (Hg.): Ende der Kunst – Zukunft der Kunst, München 1985. *W. H.*

Engagement ↑ Ideologie, ↑ L'art pour l'art, ↑ Tendenz

entartete Kunst ↑ faschistische Ästhetik

Enthusiasmus. Die Kunst und insbesondere die Dichtung stellen für Platon göttliche Mächte dar, die aus

E. heraus entstanden sind und deren
Zauber und Begeisterung sich vom
Dichter, einem Magneten vergleichbar, auf den Rhapsoden und auf den
Zuhörer übertragen. Wie die kory-
bantischen Flötenspieler und Tänzer
von der Fruchtbarkeitsgöttin Kybele
verzückt oder die bacchantischen
Sänger vom Weingott Dionysos be-
rauscht sind, so sind auch die Dichter
gottbegeistert und „besessen". Ihr E.
stellt eine dritte Art des „Wahnsinns"
dar – nach dem prophetischen Wahnsinn der delphischen Priesterin und
dem heiligen Wahnsinn religiöser
Reinigungsriten. Nicht mehr bei Sinnen und bei Vernunft, ist der Dichter
unmittelbares Sprachrohr und „Dolmetscher" der Götter.

Mit seiner E.-theorie entwirft Platon das Bild des Künstlers, der noch
in Personalunion mit dem Priester
und Seher steht. Nachwirkungen finden sich im Geniebegriff von der Renaissance (Künstler als *alter deus*, als
zweiter Gott) bis zur Klassik (natur-
haftes, unbewußtes Schaffen des Genies). Als Gegenthese kann Aristoteles' Auffassung der Kunst als *poiesis*
gewertet werden, die den Künstler
als einen nach Regeln schaffenden
Handwerker begreift. Hegel bestimmt das Kunstwerk als ein Produkt menschlicher Tätigkeit, das gleichermaßen etwas „Regelmäßiges und
Mechanisches" an sich hat (also lehr-
und erlernbar ist) wie auch Genie
bzw. Inspiration voraussetzt. Damit
werden einerseits die beiden entgegengesetzten Standpunkte miteinander vermittelt. Andererseits versucht
Hegel, das unterschiedliche Verhältnis von Begeisterung bzw. Genie und
Fleiß, Übung und Reflexion bei den

verschiedenen Künsten zu bestimmen (wobei Musik und Literatur Ex-
trempunkte markieren).

Lit.: Platon: Ion, 532 b–535 a. Ders.:
Phaidros, 249 b–250 e. A. A. C. Shaftes-
bury: Ein Brief über den Enthusiasmus.
I. Kant: Kritik der Urteilskraft, § 46 f.
G. W. F. Hegel: Vorlesungen über die
Ästhetik, in: Werke, Bd. 13, S. 44 ff.
K. L.

Entlastung ↑ Freizeit, ↑ gesellschaftliche Funktion der Kunst

Epische, das ↑ Gattungstheorie, ↑ Literatur

Epochen der Kunst ↑ Geschichtlichkeit

Erbe ↑ Tradition

**Erfahrung, ästhetische und künst-
lerische.** Der Begriff der ä. E. hat
sich überall dort gegenüber ↑ Erlebnis, ↑ Genuß, ↑ Geschmack, ↑ Gefühl,
↑ Wahrnehmung durchgesetzt, wo
die anthropologisch vollständige E.
von Schönheit und Kunst thematisiert werden soll. Dennoch steht der
Begriff der ä. E. stets in Gefahr, mit
den genannten Teilbegriffen verwechselt oder aber durch vermeintlich genauere wissenschaftliche Begriffe ersetzt zu werden, z. B. durch
ä. Erkenntnis (Bense). Seit den 70er
Jahren wird er zunehmend durch den
Begriff der ↑ Rezeption ersetzt, der
sich dem gegenwärtigen wissenschaftlichen Diskurs wegen seiner
beliebigen Auslegbarkeit und wider-
standslosen Erweiterungs- und Ein-
schränkungsfähigkeit empfohlen hat.
Die ä. E. stellt sich demgegenüber als

eine mit Lust empfundene Umfunktionierung der alltäglichen Erfahrung dar, die deren gesamte Grundstruktur, d. h. das Subjekt, das Objekt und die Erfahrungsweise, ihres lebenspraktischen Realitätscharakters enthebt; die auf diese Weise freigewordenen Qualitäten mit ihren nicht mehr zwingenden Verbindungsgesetzen werden für eine gewisse Zeitspanne einer eigenen, unerwarteten Gesetzmäßigkeit und Entwicklungsdynamik ausgesetzt. Die ä. E. weist somit einen deutlich empfundenen Anfang, eine immanente Entwicklungsstruktur und ein allmählich verebbendes Ende auf, hat also eine bestimmte „Gestalt", beruht auf dem Zusammenwirken von sinnlicher Wahrnehmung, Gefühl, Wollen und Denken auf der Grundlage einer wirklichkeitsenthobenen Einstellung und einer Lust, die ebenso Voraussetzung wie Ergebnis der befreiten Wechselwirkung zwischen Subjekt und Objekt ist, bis die durch die Umfunktionalisierung freigewordene „Spiel"-Energie verbraucht ist. Die ä. E. läßt nicht nur ein konfliktfreies Zusammenwirken der auf der sinnlichen und der geistigen Natur des Menschen beruhenden Tätigkeitsformen zu, sondern in einzelnen Fällen auch einen Einklang zwischen Mensch und Natur, ohne daß die Natur zu diesem Zweck verändert oder zerstört zu werden brauchte. Die Tiefe der ä. E. ist deshalb nicht bloß als die Erfahrung oder eher die Ahnung eines Einheitsgrundes unterhalb der entfremdeten oder zerrissenen Existenz des Menschen zu sehen, sondern als die eines dunklen, wiewohl affirmativen Gefühls, daß Na-

tur und Mensch harmonisch aufeinander abgestimmt seien.

Der Begriff der ä. E. ist hauptsächlich drei Bedenken ausgesetzt. Erstens unterstelle er einen einheitlichen Erfahrungstypus, der sich in der menschlichen Erfahrungswelt nicht nachweisen lasse, auch nicht an den Erfahrungen, die die Menschen mit den Werken der verschiedenen Kunstgattungen machen. Die den Kunstgattungen eigentümlichen Erfahrungsweisen, etwa die der Architektur und der Literatur, ließen eine Subsumtion unter den Begriff der ä. E. entweder überhaupt nicht zu oder aber würden zu nichtssagender Allgemeinheit verblassen (Dickie). Dieser Kritik kann entgegengehalten werden, daß die Grundstruktur der ä. E. sehr wohl in den Erfahrungsweisen, die von den Gesetzmäßigkeiten der verschiedenen Kunstgattungen geprägt sind, aufgewiesen und durch sie konkretisiert werden kann, ohne durch die Konkretisierung aufgehoben zu werden. Zweitens wird eingewandt, daß die ä. E. nur den „schönen" Objekten korrespondiere, nicht dagegen den erhabenen, tragischen, grotesken, so daß dann auch von tragischer, grotesker E. usw. gesprochen oder aber die gesamte Hypostasierung von solchen Erfahrungstypen aufgegeben werden müßte. Demgegenüber kann zwar zugelassen werden, aufgrund hinreichend starker gemeinsamer Merkmale auch andere Typisierungen zu bilden, daß diese aber die Allgemeinheit der ä. E. dann nicht einschränken, wenn sie durch die Aufhebung der Realitätsgebundenheit bestimmt sind und in diesen Fällen als konkretisierte ä. E.

gelten können, was z. B. bei tragischer oder komischer E. nicht immer der Fall ist. Drittens wird eingewandt, daß die ä. E. gerade an den Kunstwerken, mit denen sie manchmal sogar ausschließlich verbunden wird, eine verhängnisvolle Verfälschung durchführt, da sie unterstellt, daß Kunstwerke in der ä. E. ihr wesensgemäßes Telos erreichen. Der erst in der Neuzeit oder gar erst durch das Bürgertum eingeführten Ästhetisierung der Kunst wird die „künstlerische" oder „Kunst"-Erfahrung entgegengesetzt, die das Werk nicht dem Geschmack eines Menschen oder einer Epoche ausliefert, sondern umgekehrt vom Rezipienten verlangt, sich der immanenten Logik des Werks auszuliefern, gleichgültig, ob er dabei ein ä. Wohlgefallen empfindet oder nicht. Dieser Kritik ist insofern zuzustimmen, als weder das Kunstwerk noch sein künstlerischer Wert in eine notwendige Beziehung zur ä. E. gesetzt werden dürfen, nicht aber insofern, daß deswegen die ä. E. insgesamt abzulehnen wäre. In ihr manifestiert sich vielmehr eine grundsätzlich mögliche Erfahrung der sinnlich-geistigen Ganzheit des Menschen, die ihren Wert in sich selbst trägt; insofern rechtfertigt sich die ä. E. selbst oder gar nicht. Allerdings ist zuzugeben, daß sie unter den Bedingungen der modernen Gesellschaftsentwicklung mehr und mehr verlorenzugehen droht, nicht nur durch die Regression eines authentischen ä. ↑Bedürfnisses, sondern vornehmlich durch die Ersatzformen, die die moderne Vergnügungsindustrie produziert.

Lit.: J. Dewey: Art as Experience, New York 1934. R. Ingarden: Erlebnis, Kunstwerk und Wert, Tübingen 1969. A. Berleant: The Aesthetic Field, Springfield 1970. G. Dickie: Art and the Aesthetic, Ithaca 1974. H.-R. Jauß: Ästhetische Erfahrung und literarische Hermeneutik, Frankfurt/M. ⁴1984. M. C. Beardsley: The Aesthetic Point of View, Ithaca 1982. W. Henckmann: Aspekte ästhetischer Erfahrung, in: R. Hofmann u. a. (Hg.): Anodos. Festschrift für H. Kuhn, Weinheim 1989, S. 55 ff.   *W. H.*

Erhabene, das. Erhaben ist das Große, über alle Grenzen Hinausragende und Majestätische. Das Unendliche wird im Medium der (endlichen) Sinnlichkeit darzustellen versucht und emotional als Staunen, Begeisterung oder Ehrfurcht empfunden. Als paradigmatisch wären die e. Natur – der Sternenhimmel, der Aufgang der Sonne, das Meer (Kant) –, die moralische Gesinnung des tragischen Helden (Schiller) oder die Präsenz Gottes in der frühen indischen, mohammedanischen und jüdisch-christlichen Poesie und Mystik (Hegel) zu nennen.

Seit der spätantiken Abhandlung „Vom E." (Pseudo-Longin) bildet der Begriff einen festen Bestandteil der Ästhetik. Seine systematische Ausarbeitung hat er im 18. und 19. Jh. erfahren. Einerseits wird das erschütternde, „rührende" E. dabei dem „reizenden" Schönen antithetisch entgegengesetzt (Kant), andererseits die Differenz zur Schönheit zugunsten einer tieferen Identität beider zurückgestellt (Schelling). Die Hegelianer schließlich begreifen (wie vor ihnen schon Solger) das E. als eine noch unvollkommene, dialektisch aufzuhebende Modifikation des Schönen selbst: im Zusammenhang mit den ästhetischen Kategorien des ↑ Komischen (Ruge, Vischer) oder des ↑ Häßlichen (Rosenkranz).

Die Systematisierung des Begriffs schließt die Differenzierung verschiedener Formen des E. mit ein. Kant trennt das mathematisch E. der Ausdehnung (Meer, Wüste) vom dynamisch E. der Kraft (Gewitter, Sturm), die, sofern sie zerstörend wirkt (Erdbeben, Orkan), als furchtbar erscheint. Schiller leitet seine Unterscheidung des theoretisch E. vom praktisch E. aus dem Vorstellungs- bzw. Selbsterhaltungstrieb des Menschen ab. Vischer entwickelt den Begriff umfassend auf den Stufen des sinnlich E. (Natur), des verständig E. (Gesinnung, Wille) und des vernünftig E. des tragischen Konflikts (Geschichte).

Die psychologische Ästhetik deutet das E. als „Einfühlung" (Lipps, Volkelt), als Projektion e. Gefühle auf den Gegenstand der ästhetischen Wahrnehmung. So berechtigt die Betonung des Subjekts für die Erfahrung des E. erscheint, so fragwürdig ist dessen Isolation aus allen gesellschaftlichen und geschichtlichen Vermittlungen. Die marxistisch-leninistische Ästhetik hat den Begriff unter Verzicht auf alle transzendentale Bindungen materialistisch, im Zusammenhang mit der gesellschaftlichen Praxis des Menschen bestimmt (Kagan). Als e. erscheinen insbesondere die Leistungen des Menschen hinsichtlich der Verwirklichung einer besseren, humanen Zukunft.

Die wissenschaftlich-technische Revolution (die die Natur als beherrschbar erscheinen läßt) sowie das Absterben von Religion und Metaphysik (die hinter der Größe der Natur bislang das Walten Gottes erblickten) verursachten im 20. Jh. ein zunehmendes Desinteresse am E. Dagegen gewinnt der Begriff im Zusammenhang mit den gegenwärtigen globalen Problemen und der Friedens- und Ökologiebewegung, als E. der Gefahr, des Schreckens oder der (Natur-)Zerstörung eine neue, unerwartete Aktualität. Unter diesem Aspekt ist auch das gegenwärtige Interesse am E. zu sehen, das insbesondere von Lyotard und der französischen Postmoderne entfacht wurde und das die magische Qualität des E. beschwört (vgl. Pries).

Lit.: Pseudo-Longin: Vom Erhabenen. E. Burke: A Philosophical Inquiry into the Origin of our Ideas of the Sublime and Beautiful. I. Kant: Beobachtungen über das Gefühl des Schönen und Erhabenen. Ders.: Kritik der Urteilskraft, §23–§29. F. Schiller: Über das Erhabene. F. W. J. Schelling: Philosophie der Kunst, §64ff. K. W. F. Solger: Erwin. Vier Gespräche über das Schöne und die Kunst, S. 180ff. G. W. F. Hegel: Vorlesungen über die Ästhetik, in: Werke, Bd. 13, S. 466ff. F. Th. Vischer: Über das Erhabene und das Komische. K. Rosenkranz: Ästhetik des Häßlichen. Th. Lipps: Grundlegung der Ästhetik, Leipzig-Hamburg ²1914, 1. Bd., S. 527–S. 548. N. Hartmann: Ästhetik, S. 363–S. 411. M. Kagan: Vorlesungen über die marxistisch-leninistische Ästhetik, Berlin 1971, S. 81–S. 103. H. Parret: Le sublime du quotidien, Paris 1988. Chr. Pries (Hg.): Das Erhabene. Zwischen Grenzerfahrung und Größenwahn, Weinheim 1989. *K. L.*

Erlebnis, im 19. und Anfang des 20. Jh. besonders durch Dilthey und seine Schule zu einem Grundbegriff der Ästhetik geworden, bezeichnet ein aus dem Fluß des Alltagslebens herausgehobenes, intensives, um einen komplexen Erfahrungsgehalt zentriertes Lebensgefühl, das zum Ausdruck und zur Mitteilung drängt. Künstler unterscheiden sich von anderen Menschen durch eine stärkere unmittelbare („Urerlebnis" im Unterschied zum vermittelten „Bildungserlebnis") und differenziertere E.fähigkeit sowie durch die Begabung, ihre E. zu objektivieren und ihren verborgenen Sinn anschaulich zu klären. Im Nacherleben wird sich der Rezipient nicht nur des Sinns seiner eigenen E. bewußt, sondern zugleich der anthropologischen Lebensverfassung, die er mit allen Menschen teilt. Die E.-Ästhetik setzt sich kritisch vom abstrakten Formalismus wie von der atomisierenden psychologischen Ästhetik ab. Sie unterliegt dabei weniger der Gefahr der Subjektivierung der Kunst (Gadamer) als vielmehr der der Verflüchtigung der Werkstrukturen gegenüber den weltanschaulich oder sozialgeschichtlich bedingten Erfahrungsgehalten. Durch die Begriffe der in sich strukturierten Ganzheitlichkeit, der Tiefendimension der Kunsterfahrung und durch die anthropologisch-geschichtliche Erklärung von Kunstwerken hat die E.ästhetik u.a. die ↑strukturalistische und ↑phänomenologische Ästhetik vorbereitet, die ihr jedoch eine psychologistische und irrationale Denkweise vorwerfen.

Lit.: W. Dilthey: Das Erlebnis und die Dichtung. O. Walzel: Leben, Erleben und Dichten, Leipzig 1912. H.-G. Gadamer: Wahrheit und Methode, Tübingen ⁵1986, S. 52ff. K. Cramer: Erlebnis. Thesen zu Hegels Theorie des Selbstbewußtseins mit Rücksicht auf die Aporien eines Grundbegriffs nachhegelscher Philosophie, in: Hegel-Studien, Beiheft 11, Bonn 1974, S. 537ff.   *W. H.*

Erotik und Kunst. Das Verhältnis von E. u. K. ist ein fester Bestandteil ästhetischer Theoriebildung. Nicht nur, weil seit den Anfängen künstlerischer Produktion erotische Sujets auftreten, sondern vor allem aufgrund des inneren Zusammenhangs von E. und Schönheit, Phantasie, künstlerischer Produktion (vgl. Pygmalion-Motiv) und Rezeption. Zum einen ist E. in der Natur, d.h. im Körper des Menschen angelegt, zum anderen ist sie von der Kultur überformt und geprägt, so daß sie sich nicht nur in den (europäischen und außereuropäischen) Kulturen auf verschiedene Weise äußert, sondern auch sublimierte, geistige Formen annimmt.

Zentral steht der Begriff bei Platon. Eros, der Gott der Liebe, leitet die Erkenntnis des Menschen, verleiht seiner Seele Flügel und führt sie von den sinnlichen Erscheinungen hin zu den Ideen des Wahren, Schönen und Guten: „von den schönen Leibern zu den schönen Einrichtungen", „von den Einrichtungen zu den schönen Wissenschaften" und schließlich zu der Erkenntnis des „Schönen selbst". Die sinnliche Schönheit ist also nicht mehr als ein Abglanz der geistigen Schönheit und besitzt ihren Wert nur, indem sie einen Vorgeschmack auf Höheres vermittelt.

Ganz in der Tradition der „platonischen" Liebe steht der Minnesang der höfischen Troubadoure. In der Renaissance (Boccaccio u. a.) oder in der Volkskunst dagegen wird das Erotische oft derb und sinnlich dargestellt. In der ↑ Moderne erfahren E. u. K. eine fundamentale Neubestimmung. Unter dem Primat der aufgeklärten Vernunft verbinden sich beide im *Galanten,* als dessen Inkarnation der höfische Libertin gelten kann (de Sade). Schiller assoziiert E. u. K. mit dem Spieltrieb, der den Stofftrieb mit dem Formtrieb verbindet, die Sinnlichkeit, Empfindung und Leidenschaft schon innerhalb ihrer eigenen Grenzen formt und damit ihre unmittelbare Natur bricht.

Diese Hierarchie von Sinnlichkeit und Vernunft wird im Laufe des 19. Jh. gebrochen bzw. umgekehrt. Sowohl die materialistische Ästhetik als auch die Philosophie Nietzsches entschlüsseln Vernunft und Kunst als Resultate der Unterdrückung des Sinnlich-Erotischen. Das Dionysische bildet nun ein ursprüngliches, grundlegendes Moment der Kunst, das im ↑ Apollinischen dann vergeistigt wird. Analog leitet Freud – eine Generation später – die Produktivität des Künstlers aus der Sublimation seiner libidinösen Triebe ab.

Die Avantgarde des 20. Jh. beruft sich z. T. auf Freud (Surrealismus) und integriert das ↑ Obszöne bzw. den Verstoß gegen herrschende Tabus, was des öfteren zur Zensur ihrer Werke geführt hat. Ihr Interesse an Grenzzuständen bedingt eine Zusammenführung des künstlerischen und des sexuellen Akts. So wird für Bataille die Entgrenzung des Ich im Erotischen zum Gegenstand der ästhetischen ↑ Utopie. Marcuse sieht in der Verbindung von E. u. K. den Vorboten einer neuen Sensibilität und damit der Entsublimierung der (entfremdeten) Kultur. Innerhalb der ↑ weiblichen Ästhetik dagegen wird die Darstellung der eigenen Körpererfahrung und das Erleben der eigenen Sexualität zum Gegenstand eines neuen weiblichen Selbstbewußtseins und damit der Emanzipation.

Die parallel zu den genannten avantgardistischen Positionen verlaufende, immer umfangreichere Präsenz erotischer Inhalte in der Werbung oder den Produkten der ↑ Massenkultur macht jedoch die erhoffte Re-Definition von E. u. K. immer problematischer.

Lit.: Platon: Symposion. F. Schiller: Über die Erziehung des Menschen in einer Reihe von Briefen, vor allem 23. und 24. Brief. F. Nietzsche: Die Geburt der Tragödie aus dem Geist der Musik. E. Fuchs: Illustrierte Sittengeschichte, 6 Bde., München 1977. R. Berger/D. Hammer-Tugendhat (Hg.): Der Garten der Lüste, Köln 1985. P. Gorsen: Sexualästhetik, Reinbek 1987. *Th. W.*

Erziehung, ästhetische und künstlerische. Unter dem Begriff der ä. E. werden alle Einflüsse des Schönen und der Kunst auf die Bildung des Menschen zusammengefaßt. Im Mittelpunkt steht dabei die charakterliche oder moralische E. des Individuums zur Mündigkeit sowie, durch die Emanzipation des Individuums vermittelt, die Auswirkungen der Kunst auf die Entwicklung der Gesellschaft und des Staats.

Nach der einen Seite grenzt sich

die ä. E. von der k. E. ab, die „E. durch Kunst" von der „E. zur Kunst" (Read). Ziel der k. E. ist erstens die Ausbildung technischer, handwerklicher Fähigkeiten (z. B. das Erlernen eines Musikinstruments), zweitens die Vermittlung von Kenntnissen über Gattungen, Genres, Traditionszusammenhänge etc. von Kunstwerken, drittens die Kultivierung des Geschmacks und des Urteilsvermögens und viertens die Förderung schöpferischer Potenzen. Während sich die k. E. auf die Ausbildung einzelner Fertigkeiten oder Fähigkeiten konzentriert, ist die ä. E. darüber hinaus auf den ganzen Menschen, auf seine Persönlichkeit in ihren gesellschaftlichen Bezügen gerichtet. Nach der anderen Seite grenzt sich die ä. E. von der ↑visuellen Kommunikation (Ehmer, Zacharias u. a.) ab, die sich vor allem mit den visuellen Phänomenen der Massenmedien (Film, Werbung, Plakat, Comics) beschäftigt, ihre manipulativen Tendenzen aufdeckt und damit ein unmittelbar kritisches und politisch-aufklärendes Interesse verfolgt.

Schon die antike Ästhetik hat den erzieherischen Wert der Kunst herausgearbeitet. Bezeichnend ist nicht nur die Tatsache, daß dieser Aspekt vor allem in den politischen Schriften erörtert, sondern auch, daß er bereits mit dem Gedanken der Zensur verknüpft wird. In Platons Idealstaat stellt die Musik (neben der Gymnastik) das erste Mittel der E. dar, weil „Zeitmaß und Wohlklang am meisten in das Innere der Seele eindringen und sich ihr auf das kräftigste einprägen". Als der E. besonders zuträglich werden z. B. die dorischen und phry-

gischen Melodien empfohlen sowie die „Zeitmaße eines sittsamen und tapferen Lebens". Der Zensur dagegen fällt jede Kunst zum Opfer, deren erzieherische Wirkung den politischen Zielen des Idealstaats zuwiderläuft: nicht nur die allzu despektierliche Darstellung der Götter bei Hesiod und Homer, sondern auch jene Tonarten und Rhythmen, die den Menschen wehleidig und weichlich machen oder Mutwillen und Wildheit befördern.

Hinsichtlich der ästhetisch-erzieherischen Bewertung der Musik stimmt Aristoteles weitgehend mit Platon überein. Da Melodien *mímema*, Nachahmungen bestimmter Charaktereigenschaften sind, sind sie auch in der Lage, bestimmte Charaktereigenschaften zu befördern oder zu hemmen. Die Einteilung in ethische, enthusiastische und praktische Melodien entspricht deren dreifacher Eignung: für die Bildung der Tugend und des Charakters *(paidaía)*, für die religiöse Reinigung *(katharsis)* und für die richtige Gestaltung des Lebens *(diagogé)*. Zwar macht die ä. E. der Jugend auch die praktische Ausübung der Musik erforderlich, musikalische Wettbewerbe oder technische Virtuosität aber hält Aristoteles eines freien und gebildeten Menschen für unwürdig, da sie das Mittel verselbständigen und den politischen Zweck der Musik in Vergessenheit geraten lassen.

Aristoteles' Lehre der ↑ Katharsis, der Reinigung von Furcht und Mitleid, wurde unter dem Einfluß der stoischen Ethik im Sinne der Beherrschung bzw. der Beseitigung der Affekte umgedeutet. Die Darstellung von Leidenschaften und ihren Auswirkungen in der Tragödie sollte abschrecken und damit einer ä. E. im Sinne der *apathía*, der Leidenschaftslosigkeit bzw. der rationalen Selbstkontrolle Vorschub leisten (Seneca, Corneille). Lessing, der mit seiner Kritik des französischen Klassizismus zugleich einen neuen und adäquateren Zugang zu Aristoteles eröffnet, deutet den Begriff der Katharsis nicht als Aufhebung der Leidenschaften, sondern als „Verwandlung der Leidenschaften in tugendhafte Fertigkeiten".

Nicht auf die Erhaltung der gegenwärtigen Eudämonie der Polis, sondern auf die Verwirklichung einer zukünftigen Freiheit ist Schillers Konzeption der ä. E. gerichtet. Im Aspekt der Antizipation liegt ihr wesentlicher Unterschied zur antiken Ästhetik. Alle Verbesserung im Politischen geht von der Veredelung des menschlichen Individuums aus. Das Werkzeug dieser Veredelung (d.h. der Aufhebung der Disproportion von Sinnlichkeit und Vernunft, von Stoff- und Formtrieb) ist die schöne Kunst, so daß der Weg zur Freiheit notwendig über die Schönheit führt. In der Schönheit ist die Disharmonie, die Entfremdung des modernen Menschen aufgehoben; in ihr ist das Ideal des ganzheitlichen, harmonischen Menschen verwirklicht. Indem der „Mensch in der Zeit" in den „Menschen in der Idee" verwandelt wird, wird aus dem Staat der Not ein Staat der Freiheit. Deutlich ist die geschichtliche Parallele zur Französischen Revolution. Die politischen Ziele der Revolution erkennt Schiller an und will sie auch auf deutschem Boden verwirklichen, ihre gewaltsame Methode dagegen will er durch ä. E. ersetzen.

Innerhalb des ↑ L'art pour l'art des 19. und des beginnenden 20. Jh. gerät der Gedanke der ä. E. wie überhaupt jede Durchbrechung der uneingeschränkten Autonomie der Kunst in Mißkredit. Eine Renaissance dagegen erlebt er in der politischen, weitgehend marxistisch inspirierten Ästhetik des 20. Jh. Ziel der ä. E. wird nun die Befreiung des Menschen aus den repressiven Zwängen des kapitalistischen Systems bzw. die Vorbereitung einer nicht-entfremdeten, humanen Gesellschaft. Piscator, Heartfield, der junge Brecht u. a. verfolgen dieses Ziel auf dem Wege der direkten Agitation. Überwiegend sind die Konzeptionen der ä. E. jedoch mit der Anerkennung einer (relativen) Autonomie der Kunst verbunden, mit der zugleich die unmittelbare Indienstnahme der Kunst durch die Tagespolitik ausgeschlossen wird. Marcuse definiert das Ziel der ä. E. als neue Sensibilität, d.h. als Bildung einer neuen Triebstruktur des Menschen, frei von unterdrückter Sexualität, von Aggression und Schuldgefühl. Geschichtlich ermöglicht wird diese Sensibilität durch die Entwicklung der Produktivkräfte und die zunehmende Entmaterialisierung der Arbeit, antizipiert in bestimmten Lebensformen der Subkultur.

Lukács hält die klassisch-humanistische Konzeption der ä. E. insofern für illusionär, als der Hebel für die Veränderung der Gesellschaft nicht in der Kunst oder in der E., sondern in der praktisch-sinnlichen Tätigkeit des politischen Handelns liegt. Die Kunst stellt für ihn weder die entscheidende, verändernde Kraft der gesellschaftlichen Entwicklung noch hat sie gar keinen wirklichen Einfluß auf die soziale Praxis des Menschen. Statt dessen beeinflußt sie die gefühls- und bewußtseinsmäßige Einstellung des Menschen zur sozialen Wirklichkeit, indem sie sie (durch Verklärung, durch Flucht aus ihr etc.) affirmiert oder kritisiert und eine „seelische Vorbereitung für die neuen Formen des Lebens" darstellt.

Lit.: Platon: Der Staat, 3. Buch, Kap. 1–3. Aristoteles: Politik, 8. Buch, Kap. 5–7. G. E. Lessing: Hamburgische Dramaturgie, 74.–83. Stück. F. Schiller: Über die ästhetische Erziehung des Menschen in einer Reihe von Briefen. H. Read: Erziehung durch Kunst, München-Zürich ²1968. H. Marcuse: Triebstruktur und Gesellschaft (1955), Frankfurt/M. 1971. Ders.: Versuch über die Befreiung, Frankfurt/M. 1969. G. Lukács: Die Eigenart des Ästhetischen, Kap. 10. H. Mayrhofer/W. Zacharias: Ästhetische Erziehung, Reinbek 1976. A. v. Criegern (Hg.): Handbuch der ästhetischen Erziehung, Stuttgart 1982. K.-S. Richter-Reichenbach: Bildungstheorie und ästhetische Erziehung heute, Darmstadt 1983. H. v. Hentig: Ergötzen, belehren, befreien. Schriften zur ästhetischen Erziehung, München 1985. M. Fuchs: Kulturelle Bildung und ästhetische Erziehung, Köln 1986. U. Jungbluth: Ästhetische Erziehung und politisches Lernen, Frankfurt/M. 1987.   *K. L.*

Ethnologie und Ästhetik. Der Beitrag der E. zu Ästhetik und Kunsttheorie bestand zunächst in der Erforschung der „primitiven" Kunst- und Schmuckformen der nicht- bzw.

vorhochkulturellen Völker und Volksgruppen, die eine nach außen meist abgeschlossene Gestaltungstradition entwickelt haben (↑Volkskunst); heute spricht man statt von primitiver eher von „Ethnokunst". Die Kunst-E. erforscht primär die bildenden Künste, seltener die Zeitkünste (Musik, Tanz, Theater, Dichtung), die jedoch in den betr. Kunst- und Geschichtswissenschaften in eigenen E.en untersucht werden. Sie entstand in der zweiten Hälfte des 19. Jh. aus der Völkerpsychologie (W. Wundt), der vergleichenden Religions- und Mythengeschichte sowie der evolutionistischen Kunsttheorie, derzufolge sich überall die Kunst vom Ornament zum Realismus entwickle (G. Semper, W. Worringer). Die E. ist nicht so sehr an den ästhetischen oder künstlerischen Werten der Werke interessiert als vielmehr an den Arbeitstechniken, den sozialen Funktionen und den religiösen Vorstellungen der verschiedenen Völker und Stämme, die in den Werken zum Ausdruck kommen. Am fruchtbarsten hat sich die Kunst-E. in der Erforschung der Indianer- und Eskimokunst, der Kunst afrikanischer Stämme, Melanesiens und Ozeaniens entwickelt. Für die westliche Kultur gewann die primitive Kunst ästhetischen und künstlerischen Wert durch den Einfluß, den sie auf die moderne Kunst ausübte (Picasso, Braque, Brancusi). Als Disziplin der Kulturanthropologie beschäftigt sie sich heute auch mit den Gebrauchsformen der Kunst im Alltag, mit Problemen der Massenkultur, der Kultur völkischer Minderheiten, mit Folklore und ↑Subkultur. Im Gefolge des weltweiten Tourismus gewann die Kunst-E., außerdem ein neuartiges Forschungsgebiet in der „Flughafenkunst", die zum Teil kaum vom ↑ Kitsch zu unterscheiden ist.

Die Bedeutung der Kunst-E. für die Ästhetik liegt vor allem in den Untersuchungen des ↑ Ursprungs der Kunst und ihrer vor-ästhetischen Gebrauchsfunktionen. Darüber hinaus hat sie durch Dokumentationen und Ausstellungen eine Konfrontation mit ungewohnten ästhetischen Qualitäten, künstlerischen Formen und Erlebnisweisen herbeigeführt und dadurch implizit Kritik geübt an einem eurozentrischen Kunst- und Kulturverständnis – vorausgesetzt, ihre Präsentationen sind nicht selbst von dessen Normen geleitet. Sie radikalisiert die Frage nach der Universalität der Kunst unabhängig von den tiefgreifenden Unterschieden zwischen den Kulturen und den Entwicklungsstufen der Völker und kann so zu einer kritischen Instanz werden, die zu einer Überprüfung der traditionellen Aufgabenstellungen und Grundbegriffe der Ästhetik sowie zur Reflexion auf die ihnen zugrunde liegenden weltanschaulichen und ästhetischen Wertsysteme herausfordert.

Lit.: E. Grosse: Die Anfänge der Kunst, Freiburg-Leipzig 1894. Art in its Context. Studies in Ethnoaesthetics, Den Haag 1963 ff. H. Haselberger: Kunstethnologie. Grundbegriffe, Methoden, Darstellung, Wien-München 1969 (Lit.). B. Benzing: Das Ende der Ethnokunst. Studien zur ethnologischen Kunsttheorie, Wiesbaden 1978. I.-M. Greverus: Kultur und Alltagswelt, München 1978 (Lit.). U. Kubach-Reutter: Überlegungen zur Ästhetik in der Ethnologie und zur Rolle der Äs-

thetik bei der Präsentation völkerkundlicher Ausstellungsgegenstände, Nürnberg 1985. S. M. Schomberg-Scherff: Grundzüge einer Ethnologie der Ästhetik, Frankfurt/M. 1986. *W. H.*

Existentialistische Ästhetik. Unter dem Begriff der e. Ä. werden alle Ansätze zusammengefaßt, die die Probleme der Ästhetik auf dem Fundament der Existenzphilosophie behandeln. Eine gewisse Übereinstimmung besitzen diese Versuche einerseits durch ihre Konzentration der Ästhetik auf Kunstphilosophie, vor allem auf Literaturästhetik, die sich in den Interpretationen Hölderlins (Heidegger), Strindbergs (Jaspers), Rilkes (Bollnow), Flauberts (Sartre) – eine Ausnahme bildet der Maler van Gogh – ebenso zeigt wie im engen Bezug zum eigenen literarischen Schaffen (Sartre, Camus, de Beauvoir, Marcel). Andererseits deutet die e. Ä. die Literatur im Hinblick auf die e. Freiheitsproblematik, d.h. die „Geworfenheit", „Grundbefindlichkeit", „Wahl" des Menschen oder die Bewältigung von „Grenzsituationen".

Vor allem aber überwiegen die Gegensätze. Heidegger und Jaspers versuchen, die ontologische Struktur des Kunstwerks unabhängig von der Subjektivität des Künstlers als eine Weise der „Unverborgenheit" *(aletheia)*, in der sich „die Wahrheit des Seienden ins Werk setzt", bzw. als „Seinserhellung" zu verstehen. Sartre dagegen geht von der Subjektivität des Schriftstellers aus, deren Eigenart er mit Hilfe der „regressiv-progressiven Methode", d.h. im Rückblick auf seine soziale Determination wie im

Fortschritt auf seinen „Entwurf" analysiert. – Heidegger begreift Kunst als in sich stehendes Werk, das in seiner immanenten Spannung von „Sich-Öffnen" („Welt") und „In-sich-Bergen" („Erde") auf nichts verweise und sich nur in seinem Sein darstelle. Sartre dagegen will engagierte Literatur. Im Gegensatz zur Poesie des Dichters, die „die Wörter als Dinge" behandelt, bediene sich die Prosa des Schriftstellers der Sprache als eines Zeichens bzw. als eines „Instruments" der sozialen Veränderung („Schreiben heißt Handeln durch Enthüllen."). Fernab vom Standpunkt eines l'art pour l'art könne die Kunst ihre wahre Bestimmung nur an der Seite der um ihre Befreiung kämpfenden Klassen oder Gruppen erlangen.

Durch den starken Einfluß Heideggers auf Derrida, Lyotard u. a. findet die e. Ä. in der Ästhetik des französischen Poststrukturalismus eine gewisse Fortsetzung und Aufhebung (↑Dekonstruktion, ↑Postmoderne).

Lit.: M. Heidegger: Der Ursprung des Kunstwerks (1935). Ders.: Erläuterungen zu Hölderlins Dichtung (1944/ 1951). K. Jaspers: Strindberg und van Gogh, Bremen 1949. Ders.: Über das Tragische, München 1952. O. F. Bollnow: Rilke, Stuttgart 1951. A. Camus: Der Mythos von Sisyphos (1942), Reinbek 1971. A. Malraux: Stimmen der Stille, Baden-Baden 1956. M. Merleau-Ponty: Das Auge und der Geist. Philosophische Essays, Reinbek 1967. J. P. Sartre: Was ist Literatur? Ders.: Marxismus und Existentialismus. Versuch einer Methodik, Reinbek 1964. Ders.: Der Idiot der Familie.   *K. L.*

Faschistische Ästhetik. Die f. Ä. ist in den 20er und 30er Jahren in Italien und Deutschland als die Kunstideologie der „faschistischen Revolution" propagiert worden. Im Unterschied zur italienischen f. Ä., die auf Schriften von Mussolini beruht, ist die deutsche f. Ä. vom Rassegedanken bestimmt und bildet eine Variante der ↑biologischen und ↑politischen Ästhetik. Sie stützt sich im wesentlichen auf drei Prinzipien: Erstens besitze jede Rasse ein eingeborenes Schönheitsideal. Das der nordischen Rasse sei im Unterschied zum statisch-plastischen Ideal der Antike das dynamische Ideal der inneren seelischen Bewegung und komme vorbildhaft in Dürers „Ritter, Tod und Teufel" oder im Bamberger Reiter zum Ausdruck. Zweitens stützt sich die f. Ä. auf das Primat des Inhalts, vage umrissen durch die „völkische Eigenart" aufgrund der Gemeinsamkeit von „Blut und Boden", die mit den germanischen Tugenden Ehre, Gefolgschaftstreue, Mut, Stolz, heroisches Wollen, Opferbereitschaft (Nibelungensage) und durch die nationalsozialistische Weltanschauung (Hitlers *Mein Kampf*, A. Rosenbergs *Der Mythus des 20. Jahrhunderts*) spezifiziert wird. Da diese Inhalte durch die moderne Kulturkrise gefährdet zu sein schienen (Spenglers *Untergang des Abendlands*), war in Deutschland, anders als in Italien, die Propagierung der rassisch-völkischen Grundlagen der Kunst mit einer kompromißlosen Säuberung von aller „artfremden" (jüdischen, bolschewistischen, humanistischen) Kunst verbunden (Bücherverbrennungen 1933, Ausstellung „Entartete Kunst" 1937,

Arbeits- und Berufsverbote). Drittens erfolge eine adäquate Rezeption der Kunst nicht durch ein interesseloses Wohlgefallen, sondern durch das Nacherleben des Kunstwollens des Künstlers auf der Grundlage der rassisch-völkischen Verwandtschaft zwischen Künstler und Publikum. Goebbels verbot eine individualistische Kunstkritik und verlangte einen im Dienst der Klärung, Verbreitung und Steigerung des nationalsozialistischen Selbstbewußtseins stehenden „Kunstbericht". Mussolini wie Hitler förderten in großem Maße Künste und Künstler, die mit der Verherrlichung der faschistischen Ideen zugleich eine die Massen ansprechende Volkstümlichkeit erreichten: P. L. Troost, A. Speer (Architektur), A. Breker, J. Thorak (Monumentalplastik), L. Riefenstahl, V. Harlan (Film). Darüber hinaus sollte durch die Wiederbelebung der „Thingspiele" (H. Johst) und durch die Förderung der Volkskunst das kulturelle Erbe der Germanen vergegenwärtigt sowie durch die kultähnlichen Inszenierungen der Reichsparteitage ein emphatisches Identifikationserlebnis der Massen mit dem Führer herbeigeführt werden.

Lit.: H. Brenner: Die Kunstpolitik des Nationalsozialismus, Reinbek 1963. G. Busch: Entartete Kunst. Geschichte und Moral, Frankfurt/M. 1969. U. Silva: Kunst und Ideologie des Faschismus, Frankfurt/M. 1975. K. Backes: Hitler und die bildenden Künste, Köln 1988. *W. H.*

Faszination (lat. *fascinare*) heißt Verzauberung, Gebannt- oder Verhextsein, im negativen Sinne auch Verblendung. Sie stellt eine Form der Wahrnehmung oder des Erlebnisses dar, die vor allem von der sinnlichen und gefühlsmäßigen Hingabe an das (faszinierende) Objekt gekennzeichnet ist. Von der geistigen Konzentration, als deren vitales Pendant sie begriffen werden kann, unterscheidet sich die F. durch ihre Passivität bzw. durch ihre unkritische Nähe zum Objekt.

Die Tiefenpsychologie hat die F. in der Nähe der Hypnose angesiedelt (Freud). Sie ist individuell als Verzückung oder Verliebtsein, massenpsychologisch als Fanatismus (Sport, Politik) erfahrbar. Verschiedene Religionen kennen die F. im *mysterium tremendum*, im Erlebnis des Heiligen (Otto). Beide Male beruht die F. auf Suggestion, auf einer Introjektion des bewunderten oder geliebten Objekts und der Vorherrschaft des Unterbewußten.

Innerhalb der ästhetischen Sphäre ist die F. oftmals an die Erscheinung des ↑Erhabenen oder ↑Häßlichen gebunden: magisch-kultische Tänze und Musik, groteske oder phantastische Malerei und Literatur. Benn bezeichnet die F. als Wirkungs- und Erlebnisweise insbesondere der modernen Lyrik, aber auch der modernen Kunst überhaupt. Starke F. geht von den Massenmedien des Plakats und des Films aus, ein Umstand, der auch zur Manipulation des Konsumverhaltens oder der ideologischen Beeinflussung eingesetzt wird.

Lit.: R. Otto: Das Heilige (1917), München 1987. S. Freud: Massenpsychologie und Ich-Analyse, Frankfurt/M. 1967, Kap. II und VIII. G. Benn: Probleme der Lyrik, in: Gesammelte Werke, Wiesbaden 1959, 1. Bd., S. 506 ff.

K. L.

feministische Ästhetik ↑ weibliche Ästhetik

Fernsehästhetik ↑ Medienästhetik

Fest ↑ Kult

Fiktionalität ↑ Illusion, ↑ Schein, ästhetischer

Film. Der Begriff des F. hat mehrere Lesarten. Er bezeichnet erstens das Medium, das auf dem Prinzip der Fotografie beruht und durch die rasche Abfolge der einzelnen Bilder den Eindruck von Bewegungsabläufen vermittelt. Bei Stummfilmen beträgt diese Abfolge 16, bei Tonfilmen 24 Bilder pro Sekunde. Die Entwicklung des F. aus der Fotografie vollzog sich über die sog. Bewegungsaufnahmen von E. Muybridges (1880) und die Erfindung des Projektors („Kinematograph", 1880) durch Th. A. Edison. Als eigenständiges Medium ausgebildet wurde der F. durch die Gebrüder Lumière bzw. durch Skladanowsky (1895). Weitere Stationen der Entwicklung, die zugleich die ästhetischen Möglichkeiten beträchtlich veränderten, waren die Einführung des Tonfilms (Ende der 20er Jahre), das Aufkommen des Farbfilms (Anfang der 30er Jahre) sowie der Einsatz der Breitwandprojektion („Cinemascope", 1952). – Zweitens bezeichnet F. die Gesamtheit der im Medium angelegten Techniken der Darstellung. Durch Kameraführung, Schnitt etc. lassen sich (anders als z. B. auf der Bühne des Theaters) Großaufnahmen, rasche Ortswechsel u. a. bewerkstelligen. Aus dem Zusammenwirken von Wort, Bild und Musik, aus der Verwendung von Massenszenen, Außenaufnahmen oder Trickaufnahmen ergibt sich die Möglichkeit besonderer Effekte (Spannung, Schock etc.) bzw. ein hohes Maß an Illusion oder Täuschung. – Drittens schließlich bezeichnet F. den ökonomischen und organisatorischen Apparat (F.-gesellschaft, Vertrieb, Lichtspieltheater u. a.), der zur Produktion von F. notwendig ist und der ihn als wesentlichen Teil der ↑ Massenkultur auszeichnet.

Schon bald nach seinem Entstehen findet eine Differenzierung des F. in verschiedene Gattungen (Dokumentar-F., Spiel-F., Trick-F. etc.) bzw. eine Differenzierung der Gattungen in einzelne Genres (Kriminal-F., Melodram, Western etc.) statt. Was den F. von anderen Kunstarten unterscheidet, ist erstens, daß er als Vereinigung von Schauspielkunst und Regie, Musik und Tanz, Requisite, Beleuchtung, Kulisse etc. prinzipiell eine Art von Gesamtkunstwerk darstellt. Zweitens ist er durch die Mittel der technischen Reproduktion (Verlust der „Aura") und der Synchronisation von vornherein auf ein Massenpublikum zugeschnitten.

Lit.: U. Kurowski: Lexikon Film, München 1973. U. Gregor/E. Patalas: Geschichte des Films, Reinbek 1976. J. Monaco: Film verstehen, Reinbek 1980. I. Konigsberg: The Complete Film-Dictionary, New York 1987. *Th. W.*

Filmästhetik. Der ↑ Film stellt für die Ästhetik insofern eine Herausforderung dar, als er die traditionellen Künste (Drama, Musik, Schauspielkunst, Regie etc.) in sich aufhebt und offensichtlicher als diese von äußeren (speziell ökonomischen und technischen) Faktoren bestimmt ist. Zentrales inhaltliches Problem jeder F. ist, wie das Verhältnis von „Realismus" und „Phantastik" im Filmmedium selbst benutzt und bewertet wird, denn in diesem Spannungsfeld bewegen sich die formalen Möglichkeiten künstlerischer Filmgestaltung: z. B. der Montage, der *Mise en scène*, der Kameraeinstellungen bzw. -fahrten, der Farb- und Tongestaltung.

Ob der Film ein realistisch- oder phantastisch-orientiertes Medium sei, wurde schon um die Jahrhundertwende bei L. Lumière und G. Méliès thematisiert. D. W. Griffith formulierte auf formaler, Ch. Chaplin auf inhaltlicher Ebene das beide Stränge verbindende Basisvokabular des Films. Daraus entwickelten F. W. Murnau, S. Eisenstein, D. Vertov und A. Gance durch die Verfeinerung der filmischen Mittel den Stummfilm zur autonomen Kunstform. Die Einführung des Tonfilms durch die ökonomisch dominanten Filmstudios in Hollywood (1928/29) brachte ein Genrekino hervor, das in den Arbeiten von A. Hitchcock (Thriller), J. Ford (Western) und H. Hawks (Kriminalfilm, *screwball-comedy*) seine filmästhetischen Paradigmen fand.

Nach 1945 war die F. durch die Abkehr von Hollywood und die Suche nach eigenständigen Filmsprachen bestimmt, z. B. bei R. Rossellini (*Neorealismo*), bei Y. Ozu oder I. Bergman. Der historisch anschließende „Autorenfilm" bezog sich sowohl auf die letztgenannten als auch auf die erwähnten Klassiker des Genrekinos; filmästhetisch relevant sind F. Truffaut und J. L. Godard (*Nouvelle Vague*). Sie grenzten den Film strikt vom Fernsehen wie vom Theater ab, eine Intention, die auch M. Antonioni oder S. Kubrick teilten.

Die Konfrontation der F. mit der Ästhetik des Fernsehens wurde durch die Videotechnik radikalisiert. Als Versuche, diese Konstellation filmästhetisch zu reflektieren, können sowohl das zeitgenössische Kino S. Spielbergs oder D. Lynchs als auch dasjenige J. M. Straubs oder A. Kluges gelten.

Lit.: D. Prokop (Hg.): Materialien zur Theorie des Films. Ästhetik, Soziologie, Politik, München 1971. B. Balázs: Der Film. Werden und Wesen einer neuen Kunst, Wien ⁴1972. S. Kracauer: Theorie des Films. Die Errettung der äußeren Wirklichkeit, Frankfurt/M. 1972. R. Arnheim: Film als Kunst, München 1974. A. Bazin: Was ist Kino? Bausteine zu einer Theorie des Films, Köln 1975. F. J. Albersmeier: Texte zur Theorie des Films, Stuttgart 1979.
Th. W.

Filmwissenschaft ist der auf die semiotische und strukturalistische Ästhetik zurückgehende Versuch, sich mit dem Filmmedium wissenschaftlich auseinanderzusetzen. Während andere Filmtheorien mittels der Gestalttheorie (Arnheim), der Ikonologie (Panofsky), der Kultursoziologie (Balázs), existentialistisch inspirierter Essayistik (Bazin) oder einer Synthese aus Phänomenologie und Marxismus (Kracauer) das Wesen des Films zu ergründen suchten, beschränkte sich die F. auf die zeichentheoretische Analyse einzelner Filme. Der Anspruch, den Film primär als Text- bzw. Codesystem begreifen zu können, ist mittlerweile aufgegeben worden.

Die Anfänge der F. gehen auf die durch den ↑russischen Formalismus beeinflußten Regisseure Eisenstein und Pudovkin zurück. Die von ihnen niedergelegten Grundzüge semiotischer Filmanalyse wurden insbesondere von Metz und Eco zu einer allgemeinen F. erweitert. Angesichts der hohen ästhetischen Komplexität des Films reichte jedoch das zeichentheoretische Interpretationsraster nicht aus. So fand vor allem bei Metz die Psychoanalyse Lacans in die F. Eingang: Aus der F. wurde wieder Filmtheorie. Seit Mitte der 80er Jahre dominieren – unter dem Einfluß der ↑Postmoderne – „offenere Formen" der filmtheoretischen Darstellung (Deleuze, Virilio).

Lit.: F. Knilli: Semiotik des Films, München 1971. Ch. Metz: Sprache und Film, Frankfurt/M. 1973. D. Andrew: The Major Film Theories, London 1976. A. Tudor: Film-Theorien, Frankfurt/M. 1977. P. Virilio: Kino und Krieg, München 1986. G. Deleuze: Kino. Das Bewegungsbild, Frankfurt/ M. 1989.   *Th. W.*

Form ist die äußere Seite des Kunstwerks: seine Struktur, die Gesamtheit seiner Elemente und ihrer Beziehungen zueinander, durch die sein ↑Inhalt zum Ausdruck gebracht wird.

In seiner ersten, allgemeinsten Bedeutung ist der Begriff der F. mit dem der Kunst überhaupt identisch. Die Kunst als ganze stellt, wie auch Religion, Wissenschaft oder Philosophie, eine F. der Erkenntnis oder des gesellschaftlichen Bewußtseins dar. Kunst ist eine zugleich praktische und geistige F. der ↑Aneignung der Welt durch den Menschen und steht damit im Gegensatz zur bloß praktischen (Arbeit, Handwerk) wie auch zur bloß geistigen Aneignung (Denken, Wissenschaft). Vor allem ist sie durch die Sinnlichkeit ihrer Darstellung gekennzeichnet. Während Philosophie und Wissenschaft vom einzelnen Faktum abstrahieren und das Wesen der Dinge allgemein-begrifflich aussprechen, gestaltet die Kunst ihren Inhalt im Medium der Anschauung und wird durch das Auge, das Ohr u. a. rezipiert. Das Allgemeine und Wesentliche, der Gehalt, die Aussage, das ↑Typische sind in das Gewand sinnlicher Einzelheiten gehüllt.

Zwischen Wissenschaft und Kunst bestehen hinsichtlich ihrer F. zwei weitere, wichtige Unterschiede. Zum einen ist die wissenschaftliche F. gegenüber ihrem Inhalt weitgehend gleichgültig. Ob eine Theorie deutsch oder französisch, sprachlich oder mit Hilfe von (mathematischen u. a.) Symbolen formuliert wird, ändert nichts an ihrem Inhalt. Die Kunst hingegen verbindet F. und Inhalt zu einer Einheit, so daß jede Veränderung der F. (etwa der Sprache) auch ihren Inhalt verändert. Zum anderen sind wissenschaftliche F.en im Verlauf fortschreitender Erkenntnis geschichtlich überholbar. Sie werden unscharf und schließlich erneuert, wobei richtige Inhalte als untergeordnete Momente aufgehoben blei-

ben (wie etwa die Inhalte der New-
tonschen in der F. der Einsteinschen
Physik). Die F.en künstlerischer
Meisterwerke hingegen bilden in ihrer F.-Inhalt-Einheit etwas Einmali-
ges und Unüberholbares, eine vollendete, in sich abgeschlossene Totalität.

In einer zweiten Bedeutung bezeichnet F. die verschiedenen Künste
(Skulptur, Malerei, Musik, Dichtung
etc.) bzw. deren Gattungen: in der
Musik die F.en der Fuge, der Suite,
der Sinfonie, in der Dichtung die
F.en des Epos, der Lyrik, des Dramas etc. Diese F. liegt im Medium
bzw. in der „Natur" des Menschen
begründet, in den Sinnen (des Gesichts, des Gehörs, der Vorstellung),
durch die er die Wirklichkeit aufnimmt und abbildet, oder in seiner
Veranlagung als Mime, Rhapsode etc.
(Goethe). Vor allem sind die Gattungen durch herausragende, singuläre
künstlerische Leistungen geprägt, die
im Verlauf der Geschichte dann
übernommen und abgewandelt werden. Solche Leistungen stellen z.B.
die Schaffung des Epos (Homer), des
Dramas durch die Einführung des
zweiten und dritten Schauspielers
(Aischylos, Sophokles) oder der Sinfonie (Haydn, Mozart) dar.

Auch auf dieser Ebene ist die
künstlerische F. der Ausdruck des
Inhalts. Neue F.en entspringen neuen
Inhalten, wobei sich der Inhalt durch
seine größere Flexibilität vor der Be-
harrlichkeit der F.en auszeichnet.
Eine Folge davon ist, daß neue Inhalte oftmals noch in traditionellen F.en
dargeboten werden, ehe sie ihre eigene und ihnen allein entsprechende F.
gefunden haben. Die christliche
Kunst der Renaissance z.B. drückt

sich z.T. noch in den heidnischen
F.en der Antike aus, das bürgerliche
Trauerspiel in der F. der barocken
Haupt- und Staatsaktion, die sinfonische Dichtung des 19. Jh. in der F.
der Sinfonie. Die F.en lösen sich ab
von den Inhalten, als deren Ausdruck
sie entstanden sind, und führen ein
(relatives) Eigenleben. Sie werden
von späteren Künstlern übernommen
und den Erfordernissen neuer Inhalte
entsprechend weiterentwickelt. Zugleich wirkt die F. auf den Inhalt zurück. Die F. des Romans etwa verlangt epische Breite. „Gesinnungen
und Begebenheiten"; die F. des Dramas pointierte Kürze, „Charaktere
und Taten" (Goethe).

Die Bedeutung der künstlerischen
F. tritt drittens in der doppelten
Funktion zutage, die sie im einzelnen
Kunstwerk erfüllt. Unter dem
Aspekt der Produktion künstleri-
scher Werke besitzt die F. die Aufga-
be der Auswahl und Anordnung,
d.h. der Organisation des Inhalts.
Unter dem Aspekt der Rezeption
vermittelt sie die Kommunikation
des Künstlers mit seinem Publikum.
Im ersten Fall konstituiert die F. die
Eigenständigkeit, Stimmigkeit und
Geschlossenheit des Kunstwerks, im
zweiten Fall bewirkt und leitet sie die
Evokationen, d.h. das intellektuelle
und gefühlsmäßige Nacherleben der
im Kunstwerk dargestellten Inhalte.

Im Prozeß des künstlerischen
Schaffens wird die Wirklichkeit des
menschlichen Lebens reproduziert
und (im Medium der Sicht- oder
Hörbarkeit) zur Totalität des Kunstwerks umgeformt. Diese Umfor-
mung, die einen Ausschnitt des wirklichen Ganzen, d.h. des wirklichen

Menschen, seiner Bedürfnisse, Gefühle, Gedanken, Handlungen etc. und seiner geschichtlichen und gesellschaftlichen Welt, zu einem eigenen, relativen Ganzen erhebt, setzt sich aus verschiedenen gedanklichen und gestalterischen Operationen zusammen: Erstens werden die personellen und sachlichen Verbindungen zwischen dem ausgewählten Teil und dem wirklichen Ganzen ausgeschaltet (Abstraktion). Die dargestellten Charaktere, Situationen, Handlungen etc. interessieren nicht an sich in ihrer empirischen Mannigfaltigkeit, sondern ausschließlich aufgrund ihrer Stellung und ihrer funktionalen Beziehungen innerhalb des Kunstwerks. Zweitens werden die Beziehungen zwischen den ausgewählten Elementen vermehrt und intensiviert (Konzentration). Die F. drängt die Weitläufigkeit des Lebens räumlich und zeitlich zusammen, wobei trotz aller Verdichtung die Kausalität des Lebens prinzipiell erhalten bleibt. Drittens formt die Kunst ihren Inhalt unter teleologischen Gesichtspunkten. Auswahl und Komposition der Teile erfolgt im Hinblick auf den Verlauf wie das Ende, und zwar einerseits auf die Einheit und Geschlossenheit des Kunstwerks selbst und andererseits auf die künstlerische Deutung und Wertung der Wirklichkeit, auf die ↑Aussage und ↑gesellschaftliche Funktion des Kunstwerks. Aufgrund der Unterordnung aller Teile unter das zweckgerichtete Ganze bleibt alles Zufällige und Beliebige, das das wirkliche Leben oft bestimmt, aus der Kunst ausgeschlossen (oder wird als kalkulierter „Zufall" in den Plan des Werks integriert).

Die Rezeption von Kunstwerken verläuft auf einem dem Schaffensprozeß gerade entgegengesetzten Weg. Geht der Schaffensprozeß vom Leben und von bestimmten Inhalten aus, die ästhetisch gereinigt, vereinheitlicht, idealisiert und damit zur F.-vollendung gebracht werden, so beginnt die Rezeption bei der F. und führt zur Aneignung bestimmter Inhalte durch das Publikum. Konstituiert die F. im einen Fall die Differenz zwischen Kunst und Leben, so macht sie im anderen Fall die reproduzierten Inhalte nacherlebbar, evoziert Gefühle oder Einsichten und wirkt so auf das Leben zurück (ästhetische ↑Erziehung). Schon im Alltag werden formale Mittel wie Mimik, Gestik, die „Aura" des Redenden etc. eingesetzt, um Evokationen zu lenken und bestimmte Zwecke (etwa die Überredung eines Menschen) zu erreichen. Erst recht in der Kunst; die Elemente der künstlerischen Darstellung werden formal so gruppiert, rhythmisch angeordnet, wiederholt und variiert, daß sie durch Steigerung und Retardierung, ausladende Breite oder dramatische Zuspitzung die vom Autor intendierte Wirkung hervorbringen.

Evokation, Katharsis oder „Wirkung" stellen vorrangig zwar Leistungen der F. dar, doch ist die F. immer auch F. eines bestimmten Inhalts. Sie erweckt z. B. keine „Wirkung im allgemeinen", sondern immer eine besondere Wirkung, die von bestimmten Menschen, von bestimmten Handlungen, von bestimmten geschichtlichen Situationen ausgeht. So bringt die niederländische Malerei des 17. Jh. die Freude des sich vom spanischen Feudalismus befreienden Bürgertums, die Beethovenschen Symphonien das Pathos des Bürgertums z.Z. der Französischen Revolution zum Ausdruck.

Aristoteles, der den Begriff der F. umfassend entwickelt hat, kennt weder ungeformten Stoff noch stofflose F. Zwar kann die F. nicht für sich bestehen und setzt das gänzlich Ungeformte, d.h. die Materie *(hyle)* voraus, an dem sie in Erscheinung tritt. Trotzdem faßt Aristoteles die F. (die er z.T. sogar mit Platons Begriff des *eidos,* der Idee, benennt) als das Primäre, Ursprüngliche auf: das Aktiv-Bestimmende, Geistige, im Gegensatz zum Passiv-Trägen des Stoffs. Durch die *entelechie,* die auf Vollendung zielende Kraft, den Schaffensvorgang, wird der Stoff zu dem, was er dem *eidos* gemäß erst der *Möglichkeit* nach war. Ohne F. besitzt der Stoff also keine Wirklichkeit *(energeia),* sondern bloß die Möglichkeit *(dynamis),* unter der gestaltenden Kraft der F. wirklich zu werden. Eine relative Selbständigkeit kommt dem Stoff nur insofern zu, als er nicht jede beliebige, sondern nur die seinen Möglichkeiten entsprechende F. annehmen kann. Im Gegensatz zur *entelechie* in der Natur ist das künstlerische Hervorbringen *(poíesis)* an das Handwerk *(téchne)* und damit an das Wirken des Menschen gebunden.

Der Begriff der inneren F. *(endon eidos)* taucht erstmals bei Plotin auf und steht in der Tradition der Platonischen Idee bzw. der Aristotelischen *entelechie.* Aristoteles macht zwischen dem vom Künstler vorgestellten und dem wirklichen Bild des aus-

geführten Kunstwerks keinen wesentlichen Unterschied. Plotin hingegen faßt die innere F. in der Seele des Schaffenden als *Voraussetzung* der äußeren F., wobei das tatsächlich produzierte Werk durch seine Materialität seinem geistigen Urbild stets an Vollkommenheit nachsteht. Im 18. Jh. knüpft Shaftesbury mit seiner Unterscheidung zwischen der *inward form,* der inneren F. und der die äußere F. schaffenden *forming power* an Plotin an. Von Winckelmann und Herder aufgegriffen, bildet die Entgegensetzung von innerer und äußerer F. eine der Grundlagen der klassischen deutschen Ästhetik.

Schillers Konzeption der Ästhetik beruht auf der Annahme zweier Grundtriebe des Menschen, dem Stoff- und dem F.-trieb. Der eine liegt in der sinnlichen, der andere in der vernünftigen Natur des Menschen begründet; der eine ist auf das Leben, der andere auf die Gestalt gerichtet. In der lebendigen Gestalt – der Schönheit – in der der „Stoff durch die F. vertilgt ist", wirken beide zusammen. Hegel schließlich faßt Inhalt und F. als Synthese, als die beiden Seiten einer dialektischen Einheit, als Reflexionsbestimmungen innerhalb der Lehre vom Wesen. Der Inhalt ist „das Umschlagen der F. in Inhalt" und die F. „das Umschlagen des Inhalts in F.", wobei der Inhalt das primäre und bestimmende Moment darstellt.

Hegels Dialektik wird von Bloch, Lukács u.a. materialistisch gewendet und aufgehoben. Während Hegel letztlich, an der Spitze seines Systems, doch noch am Übergreifen des Subjekts (des Geistes) über das Objekt und damit der F. über den Inhalt festhält, setzen Bloch und Lukács die Eigenbewegung der Materie oder des Inhalts voraus, aus der heraus sich die F.en entwickeln. Aufgabe der Kunst ist es, die geschichtlich sich entwickelnden F.en des Lebens abzubilden. Der Künstler schafft also keine Wirklichkeit; er spiegelt die bestehende und sich verändernde Wirklichkeit nur wider, wobei „Widerspiegelung" keine photographisch-naturalistische Abbildung meint, sondern (ganz in der Tradition von Aristoteles) auf das real Mögliche oder Wahrscheinliche und auf das Allgemeine, Typische gerichtet ist. „Widerspiegelung" schließt also die Erklärung der Wirklichkeit (das Zur-Erscheinung-Bringen ihres Wesens), ihre Bewertung oder die Antizipation einer zukünftigen Wirklichkeit mit ein.

Von den neueren Strömungen der Ästhetik setzen auch die kantisch ausgerichtete ↑Kunstwissenschaft (Wölfflin u. a.), die ↑strukturalistische, ↑semiotische oder die ↑Informationsästhetik bei der F. und ihrer Analyse an. F. wird dabei als Struktur oder Zeichen aufgefaßt, deren Bedeutung sich in einer dreifachen Relation erschließt: in der Relation der Zeichen untereinander (syntaktischer Aspekt), in der Relation der Zeichen zum Bezeichneten (semantischer Aspekt) und in der Beziehung der Zeichen auf den verstehenden interpretierenden Menschen (pragmatischer Aspekt).

Lit.: Aristoteles: Poetik. G. E. Lessing: Laokoon oder Über die Grenzen der Malerei und Poesie. F. Schiller: Über die ästhetische Erziehung des Menschen in einer Reihe von Briefen, vor allem 12. bis 14. und 22. Brief. J. W. v. Goethe: Briefwechsel mit Schiller, vor allem 22. 8. 1797 und 6. 1. 1798. G. W. F. Hegel: Vorlesungen über die Ästhetik, in: Werke, Bd. 13, S. 178 ff. R. Schwinger: Innere Form und dichterische Phantasie, München 1935. G. Lukács: Über die Besonderheit als Kategorie der Ästhetik, 6. Kap. Ders.: Die Eigenart des Ästhetischen, Kap. 4 und Kap. 5/III. E. Fischer: Von der Notwendigkeit der Kunst, Hamburg 1967. Th. W. Adorno: Ästhetische Theorie, S. 223 ff. und S. 524 ff. E. Bloch: Subjekt-Objekt, Frankfurt/M. 1977, S. 274 ff. H. Marcuse: Die Permanenz der Kunst.   *K. L.*

Formalismus ↑Russischer Formalismus

Fortschritt ↑Geschichtlichkeit der Kunst

Fotoästhetik ist die Lehre von den ästhetischen und künstlerischen Aspekten der Fotografie. Ihre Anfänge sind gekennzeichnet durch Bemühungen, den Kunstcharakter der Fotografie praktisch und theoretisch zu rechtfertigen, der in der (begrenzten) Analogie zu Malerei, Zeichnung, Grafik gesehen wurde. Wichtig für die Beurteilung des Kunstcharakters waren vor allem die Wahl des Standpunkts, von dem aus fotografiert wird (Perspektive), die Wahl des Gegenstands (↑Malerische, das), die Komposition des Bildes. Die „Kunstfotografie" gegen Ende des 19. Jh. strebte durch chemisch-technische Behandlung („Edeldruckverfahren") die Herstellung von Fotos an, die wie Gemälde im Stil der Romantik oder des Impressionismus wirkten. Die Überlegenheit und Mühelosigkeit in der genauen Abbildung der Realität, auf der der realistische Stil der Fotografie beruht, ließen traditionelle Aufgaben der Malerei an die Fotografie übergehen (Porträt, Landschafts- und Städtebilder). Andererseits diente die Fotografie durch die Reproduktion von Werken der bildenden Kunst der Verbreitung der Kunstkenntnisse, wenn sie auch zwischen Betrachter und Original das fotografische Medium (Detailaufnahme, Veränderung der Maße und der Farben des Originals) einschob. Nachdem sich die Fotografie seit dem Beginn des 20. Jh. zunehmend vom Vorbild der Malerei befreit hatte, gewann sie Anerkennung als ein neues, kreatives Medium des Ausdrucks und der ästhetisch-künstlerischen Erschließung des Sichtbaren, auch im Bereich jenseits der natürlichen Sehkraft des Menschen (mikroskopische, teleskopische Aufnahmen, Ultrakurzzeitfotografie). Fotografen wie A. Stieglitz, A. Adams, E. Weston traten für die Anerkennung rein fotografischer Gestaltungswerte ein („fotografischer Purismus"). In der Präzision und Prägnanz der Abbildung, in den Licht/Schatten-Wirkungen, in der stummen Magie der Bilder wurden ästhetische Qualitäten erkannt, die das fotografische Medium charakterisieren und das „Fotografische" ausmachen. Maler und Fotografen haben mit den künstlerischen Möglichkeiten der Fotografie experimentiert und neue Ausdrucksformen und -qualitäten entdeckt („experimentelle Fotografie"). Im Bauhaus wurden die formal-graphischen Möglichkeiten erschlossen (Moholy-Nagy, P. Keetman's „foto-

form"), im Dadaismus und Surrealismus die visuell-mentalen Collageeffekte (Fotomontagen von M. Ernst, J. Heartfield), in der „subjektiven Fotografie" die persönliche Stellungnahme und gestalterische Idee (O. Steinert), in der „generativen Fotografie" die chemisch-technischen Möglichkeiten zur Erzeugung optimierter Wahrnehmungsstrukturen. In der Concept-Art nimmt die Fotografie mit der Aufzeichnung und Präsentation künstlerischer Handlungen, z. B. in der Body- und Land-Art, eine dokumentarisch-künstlerische Funktion an, in der neueren Foto-Kunst wird die Fotografie zum Ausgangspunkt oder Bestandteil komplexer bildnerischer Handlungen. Trotz der ästhetisch-künstlerischen Bedeutung der Fotografie im Bereich der bildenden Künste und der ↑ visuellen Kommunikation ist sie in der Kunstwissenschaft und Ästhetik noch zu wenig berücksichtigt worden.

Lit.: L. Moholy-Nagy: Malerei, Fotografie, Film, Mainz 1967. S. Sontag: Über Fotografie, München 1978. W. Kemp: Foto-Essays zur Geschichte und Theorie der Fotografie, München 1978. F. M. Neusüß: Fotografie als Kunst. Kunst als Fotografie. Das Medium Fotografie in der bildenden Kunst Europas ab 1968, Köln 1979. W. Kemp (Hg.): Theorie der Fotografie, 3 Bde., München 1979ff. J. A. Schmoll gen. Eisenwerth: Vom Sinn der Photographie, München 1980. A. Grundberg/K. McCarthy Gauss: Photography and Art. Interactions Since 1946, New York 1987.   *W. H.*

Fragilität ↑ Kunstwerk

Fragmentarische, das (von lat. *frac-tum:* Bruchstück). Im Unterschied zum kunstwissenschaftlich-philologischen Begriff des F., der sich auf die durch äußere Umstände (Zerstörung, Verlust, Tod des Künstlers) verursachte unvollständige Überlieferung eines Kunstwerks bezieht, meint der ästhetische Begriff des F. eine bewußte künstlerische Gestaltungsabsicht, die auf der unaufgelösten Spannung zwischen der Intention auf das Ganze und der Partikularität der Darstellung beruht.

Die romantische Reflexion (F. Schlegel, Novalis, Hölderlin) entwickelt das Konzept des F. aus der Unmöglichkeit, Einheit und Unendlichkeit zusammendenken und ausdrükken zu können. Der Übergang von der unendlichen Relativität des Besonderen zur absoluten Einheit des Allgemeinen wird nicht wie bei Hegel als „Aufhebung" verstanden, sondern als Darstellung des Besonderen *im* Allgemeinen und des Allgemeinen *im* Besonderen, ohne daß das „Schweben" zwischen beiden Polen zur Ruhe kommt.

Adornos ästhetische Theorie der Moderne faßt das F. als authentischen Ausdruck der gesellschaftlichen Tatsache, daß eine „Versöhnung inmitten des Unversöhnten", die das abgeschlossene Kunstwerk suggeriert, nicht möglich ist. Die „Gesinnung zur Totalität" (Lukács) wird jedoch deshalb nicht aufgegeben.

Erst die neuere französische Theorie bricht mit der immanenten Bezogenheit des F. auf eine ausstehende zukünftige Totalität. Damit wird der Begriff selbst problematisch, da er sich über den Bezug zum Ganzen bestimmt. An seine Stelle tritt das schillernde Konzept des „Schreibens" *(écriture),* das die Abgeschlossenheit des Werkes unterläuft und offen ist für unendliche Ergänzungen, die jeweils einen Bruch *(rupture)* gegenüber der Textkohärenz vollziehen; dieses Konzept wird so weit gefaßt, daß es sich auf alle Künste anwenden läßt und schließlich den Gegensatz von Theorie und Kunst in Frage stellt: Kunst wird theoretisch, Theorie wird ästhetisch.

Lit.: F. Schlegel: Charakteristiken und Kritiken I, in: Kritische F. Schlegel-Ausgabe, 2. Bd., München u. a. 1967. Th. W. Adorno: Ästhetische Theorie. J. Derrida: De la grammatologie, Paris 1967; R. Barthes: Le Plaisir du Texte, Paris 1973. M. Blanchot: L'Ecriture du désastre, in: Nouvelle Revue Française, Juli/August 1980, S. 1–S. 33. L. Dällenbach/Chr. L. H. Nibbrig (Hg.): Fragment und Totalität, Frankfurt/M. 1984.
G. Bu.

Frankfurter Schule. Als F. S. wird jene Richtung gesellschaftskritischen Denkens bezeichnet, die aus dem in Frankfurt/M. ansässigen „Institut für Sozialforschung" hervorging. Sie hatte und hat neben der Philosophie auch auf Soziologie, Psychologie und Ästhetik erheblichen Einfluß. Die von der F. S. vorgelegte „Kritische Theorie" ist zwar grundsätzlich dem Marxismus verpflichtet, doch grenzt sie sich strikt von der marxistischen Orthodoxie ab: Sie soll Modelle kritisch-dialektischer Wissenschaft erstellen, nicht eine Ideologie legitimieren. Die Theorieentwicklung der F. S. ist durch zwei inhaltliche Schwerpunkte gekennzeichnet: Während die „erste Generation" (der neben Horkheimer u.a. Adorno, Marcuse, Löwenthal und Benjamin angehörten) ihre Aufgabe in einer radikalen Gesellschafts- und Kulturkritik sah, trat bei der „zweiten Generation" (vor allem Habermas) die Erforschung und Reflexion von Kommunikations- und Interaktionsstrukturen in Industriegesellschaften in den Mittelpunkt.

Marcuses Ästhetik ist auf die Rolle der Kunst innerhalb der spätkapitalistischen ↑ Massenkultur zentriert, insbesondere auf die Frage nach dem gesellschaftskritischen Potential von Kreativität und Phantasie. Sein Ausgangspunkt ist die auf der Grundlage von Marx' Frühschriften und Freuds Kulturtheorie entwickelte These vom „affirmativen Charakter" der Kultur. Dieser These zufolge ist Kunst doppeldeutig: zum einen Ausdruck von Entfremdung, zum anderen aber auch Protest gegen die Entfremdung. Entsprechend ist für ihn nicht die traditionelle Stimmigkeit eines Werkes der entscheidende Bewertungsmaßstab, sondern ob in ihm die Überschreitung des bestehenden unfreien Zustands der Gesellschaft sowie die Perspektive repressionsfreier Sinnlichkeit gegeben ist.

Beurteilte Marcuse Kunst im Rahmen einer universellen Theorie der Zivilisation, so steht bei Benjamin das Einzelwerk im Zentrum. Dieses versteht er als Speicher von in sich gebrochenen historischen Erfahrungen. Die Aufgabe der Ästhetik besteht vor allem in einer (prinzipiell unabschließbaren) Kunstkritik, die die zu „Chiffren" und „Monaden" geronnenen Werke unter einer messianisch-revolutionären Perspektive entschlüsselt. Damit geht Benjamin,

ganz in der Tradition der ↑ Moderne, vom Fragmentarischen aus und nähert sich der Ästhetik Blochs an. Dem Schock als moderner Form der ästhetischen Erfahrung entspricht der Zerfall der vormodernen und quasisakralen Aura: Das auratische Werk weicht der Montage, das Original dem Zitat. Durch die neuen künstlerischen Medien der Fotografie (↑ Fotoästhetik) und des ↑ Films gewinnt dieser Zug der Moderne Gestalt.

Adornos Kunsttheorie sucht die vernunftkritischen Thesen der (zusammen mit Horkheimer verfaßten) *Dialektik der Aufklärung* (1947) auch unter dem ästhetischen Blickpunkt zu erhärten. Der in ihrem Essay nachgewiesene Zusammenhang von fortschreitender „instrumenteller Vernunft" und kultureller Barbarei manifestiert sich in der Zerstörung autonomer Kunst. Adornos stark von Musikästhetik geprägte „rettende Kritik" autonomer Kunstwerke setzt beim künstlerischen Schein an. Durch die in ihm stattfindende Vermittlung von ↑ Mimesis und Konstruktion entzieht sich das Werk der Verfügung durch die Identitäten festsetzende „instrumentelle Vernunft". Nach Adorno soll Ästhetik das nichtidentische Moment moderner Kunst zur Erscheinung bringen. Erst dann gewinnt Kunst ihre kritische und utopische Funktion zurück, weil sie so am Ziel eines gelungenen historischen Prozesses, der „Versöhnung von Eros und Erkenntnis" festhält.

Lit.: W. Benjamin: Ursprung des deutschen Trauerspiels, Frankfurt/M. 1978. Ders.: Illuminationen. Ausgewählte Schriften, Frankfurt/M. 1977. Ders.: Das Passagenwerk, 2 Bde., Frankfurt/

M. 1983. H. Marcuse: Kultur und Gesellschaft. Ders.: Die Permanenz der Kunst. Th. W. Adorno: Ästhetische Theorie. Ders.: Noten zur Literatur, Frankfurt/M. 1989. Ders.: Philosophie der neuen Musik, Frankfurt/M. 1975. L. Löwenthal: Literatur und Massenkultur, Frankfurt/M. 1990. R. Wiggershaus: Die Frankfurter Schule, München 1988.   *Th. W.*

Freizeit ist die Zeit, die dem Menschen nach Abzug seiner Arbeitszeit und der zur Reproduktion seiner körperlichen und geistigen Leistungskraft (Schlaf, Essen, Hygiene etc.) benötigten Zeit zur freien Disposition bleibt. Sie verhält sich zur Arbeitszeit wie Spontaneität zu Zwang, wie Selbstbestimmung zu Fremdbestimmung. Die Zunahme der F. in den entwickelten Industrieländern ist der gewerkschaftlich erkämpften Verkürzung des Normalarbeitstags und der Aufstockung der Urlaubszeit, aber auch der wachsenden Technisierung der privaten Haushalte (Wasch-, Spülmaschine etc.) zu danken, die eine weitgehende Entlastung von der Hausarbeit mit sich bringt. Die Reduzierung des Regelarbeitstags von 10 oder 12 (in Deutschland bis 1914) auf 8 Stunden (1919), die Reduzierung der Wochenarbeitszeit von 48 (1948) auf 45 (1956), 40 (1967) und schließlich auf 37 Stunden (1989) bei Einführung der 5-Tage-Woche haben den Begriff der „F.-gesellschaft" aufkommen lassen (vgl. Huck).

Die zunehmende F. bei gleichzeitig wachsendem Einkommen hat für breite Bevölkerungsschichten ein weites Feld neuer Betätigungen eröffnet, unter denen der Massentourismus und die Unterhaltung durch die Massenmedien (Fernsehen, Kino, Video etc.) die prägnantesten darstellen. Das Interesse an Spiel, Sport, Hobbys (Kleingärtner, Heimwerker etc.) ist gewachsen. Die F. ermöglicht aber auch die Wahrnehmung erweiterter Bildungsinteressen (Volkshochschule, Konzert- und Theaterabonnements, Museumsbesuch) oder politisches Engagement (Bürger-, Elterninitiativen, soziale Bewegungen). Zur Befriedigung der neuen Bedürfnisse hat sich eine breitgefächerte F.-industrie entwickelt: öffentlich-rechtliche und private Fernseh- und Rundfunkanstalten, Filmgesellschaften, Konzertagenturen, Reiseunternehmen etc.

Unter den sozialwissenschaftlichen Theorien, die das Problem der F. bzw. das Verhältnis von Arbeit und F. aufgreifen, stechen insbesondere diejenigen hervor, die auf die Überwindung ihres Gegensatzes hinauslaufen. Im Anschluß an die Frühsozialisten (Fourier) stellt Marcuse die These auf, Arbeit werde in der befreiten Gesellschaft zum Spiel. Sie verliert im Zuge der Produktivkraftentwicklung und der Verwissenschaftlichung der Arbeit ihren Zwangscharakter, so daß sie mit der Ausweitung kreativer und kommunikativer Prozesse unter die Hegemonie der selbstbestimmten, freien Tätigkeit falle. Umgekehrt diagnostiziert Adornos Begriff der Kulturindustrie einen Begriff der F. unter der Hegemonie der Arbeit. F. wird nur als abstrakte Negation, als Kompensation der entfremdeten Arbeit im ebenso entfremdeten Konsum und damit als Fremdbestimmung des

Menschen über die Arbeitszeit hinaus gefaßt. Gegen die eine Position läßt sich einwenden, daß die Arbeit immer ein „Reich der Notwendigkeit" (Marx) bleiben wird, auch wenn sie mit der Entwicklung der Produktivkräfte abnimmt und die Zunahme der F. ermöglicht. Gegen die andere, daß die Menschen – entgegen vieler Unkenrufe – sehr wohl in der Lage sind, mit ihrer F. überlegt und verantwortungsvoll umzugehen, also nicht nur konsumieren und sich „zu Tode amüsieren" (Postman), sondern auch bewußt unter den Angeboten auswählen und ihre F. gestalten.

Lit.: M. Horkheimer/Th. W. Adorno: Dialektik der Aufklärung (1947), Frankfurt/M. 1971, S. 108 ff. H. Marcuse: Triebstruktur und Gesellschaft, Frankfurt/M. 1971, 9. Kap. V. Buddrus u. a. (Hg.): Freizeit in der Kritik. Alternative Konzepte zur Freizeit und Kulturpolitik, Köln 1980. G. Huck (Hg.): Sozialgeschichte der Freizeit, Wuppertal 1980. J. Bischoff/K. Maldaner (Hg.): Kulturindustrie und Ideologie, 2 Bde., Hamburg 1980/1982. R. Maltly: Harmless Entertainment. Hollywood and the Ideology of Consensus, New York u. a. 1983. N. Postman: Wir amüsieren uns zu Tode. Urteilsbildung im Zeitalter der Unterhaltungsindustrie, Stuttgart u. a. 1986.   *K. L.*

Furcht und Mitleid ↑ Katharsis

Ganzheit ↑ Kunstwerk

Gattungstheorie. Die G. setzt die Fragestellung der ↑ Klassifikation der Künste innerhalb der Grenzen der Hauptkunstgattungen fort. Sie hat in der Geschichte der Ästhetik und der einzelnen Kunstwissenschaften verschiedene Zwecke verfolgt. Grundsätzlich geht es ihr um die Bestimmung von Merkmalen, durch die sich Kunstwerke als gleichartig und dadurch als Glieder einer Gattung erweisen lassen. Die Merkmale sollen nicht einem abstrakten Ordnungsschema entstammen, das den Kunstwerken von außen auferlegt wird, sondern ihrem Wesen oder ihren Entstehungsgründen. Darüber hinaus ging es der G. um die Grenzziehung zwischen authentischer und Pseudokunst, zwischen affirmativer und zersetzender Kunst, um den Wettstreit der Künste um den höchsten Rang, um die Bestimmung der Regeln, klassische Kunstwerke hervorzubringen, um die Abgrenzung zwischen Zeiten der Vollendung und des Zerfalls von Kunstidealen, um die Bestimmung der Kriterien, nach denen die Künste zu interpretieren und zu bewerten sind, um die Rechtfertigung von unkonventionellen Ausdrucksformen gegenüber den anerkannten Formen. Die Vielfalt der Erkenntnisinteressen, der theoretischen Ansatzpunkte und Methoden haben die G. zwischen Emphase und Vernachlässigung, Innovation und Konvention schwanken lassen. Die alte Streitfrage, ob die gattungsdefinierenden Merkmale im übergeschichtlichen Wesen einer Kunst oder in gesellschaftlich-geschichtlichen Verhältnissen fundiert sind, wird zur Zeit überwiegend im Sinne der geschichtlichen Bedingtheit der Gattungen beantwortet.

Lit.: Th. Munro: The Arts and Their Interrelations (1949), Cleveland 1967. M. Kagan: Vorlesungen zur marxistisch-leninistischen Ästhetik, Berlin 1971, S. 194 ff.

Gattungstheorie: Bildende Künste.

Als b. K. oder auch Raumkünste bezeichnet man seit dem frühen 19. Jh. diejenigen Künste, die Raum einnehmende oder räumlich darstellende Gebilde hervorbringen. Die wichtigsten Gattungen, die bereits in der Renaissance (Alberti) aus den handwerklichen *artes mechanicae* herausgehoben und als eine miteinander verwandte, da vom göttlichen Genie *(alter deus)* hervorgebrachte Gruppe von „schönen Werken" angesehen werden, sind Architektur, Plastik und Malerei, die vielfach als die einzigen wirklichen Kunstgattungen der b. K. angesehen wurden. Legt man ihnen den Begriff der Raumgestaltung zugrunde, läßt sich die Architektur als stereometrische Raumgestaltung, die Plastik als Körperbildung im Raum und die Malerei als Raum- und Körperdarstellung in der Fläche definieren (Schmarsow). Jede von ihnen umfaßt eine Vielzahl von Arten oder Genres. Sie beruhen auf Gemeinsamkeiten, die dem künstlerischen Schaffen bestimmte Grenzen, aber auch schöpferische Möglichkeiten vorzeichnen, teils durch die Gesetzmäßigkeiten des Materials (z. B. Stein, Holz, Eisen, Beton für Baukunst und Plastik, Öl-, Wasserfarben für die Malerei), teils durch die Technik der Herstellung (Bronzeguß, Freskomalerei), teils durch den Zweck (Kirche, Brücke, Altarbild) oder das Sujet (Darstellung mythologischer oder religiöser Ereignisse, Landschafts-, Historienmalerei). Im 19. Jh. wurden Ornament und Kunstgewerbe unter die b. K. aufgenommen, wodurch die Verbindung zur handwerklichen Tradition wiederhergestellt wurde (G. Semper, A. Riegl). Das Kunstgewerbe bzw. die „angewandte Kunst" umfaßte eine Vielzahl von Arten der „Kleinkunst", die sich nach Material (Textilien, Keramik, Edelmetalle, Elfenbein), Technik und Gebrauchszweck (Möbel, Schmuck, Kleidung) einteilen läßt. Eine Erweiterung der b. K. bedeutete die Anerkennung des künstlerischen Werts von Übergangs- und Mischformen von Kunstgattungen (Mosaik: zwischen Architektur und Malerei; Bauplastik: zwischen Architektur und Plastik; Relief: zwischen Malerei und Plastik), zu denen auch die Verbindungen mit anderen Kunstgattungen und der Natur gerechnet werden können (Gartenarchitektur, Bühnenbild). Neben der Malerei wurden die selbständige Geltung der zeichnenden bzw. „Griffelkünste" und, aufgrund der Entwicklung der Reproduktionstechnik, die Druckgraphik anerkannt. Eine neue Gruppe von Künsten trat im 20. Jh. durch die neuen technischen bzw. elektronischen Medien hinzu (Foto, Film, Fernsehen, Video), durch die sich die sowieso in Bewegung geratenen Grenzen zwischen authentischer Kunst, Massenkunst (Plakat, Comics, Illustrierte, ↑visuelle Kommunikation) und Nicht-Kunst weiter auflösten. Die Aufhebung des Werkbegriffs in der modernen Kunst (Land-Art, Body-Art, Concept-Art, Environment) und die Beteiligung des Rezipienten an künstlerischen Aktionen (Happening, Performance) problematisieren die Grundlagen der traditionellen Einteilung der b. K. (B. Brock).

Lit.: G. Semper: Der Stil in den technischen und tektonischen Künsten, 2 Bde. (1860/63), Mittenwald 1977. A. Schmarsow: Plastik, Malerei und Reliefkunst in ihrem gegenseitigen Verhältnis, Leipzig 1899. R. Hamann: Theorie der bildenden Künste, Berlin 1980. B. Brock: Ästhetik als Vermittlung, Köln 1977.   *W. H.*

Gattungstheorie: Musik. Begriff und Sache der musikalischen Gattungen sind bis heute nicht systematisch definiert; auch eine Analyse der Begriffsgeschichte verhilft zu keiner Eindeutigkeit. Das Projekt eines 13-bändigen *Handbuchs der musikalischen Gattungen,* das einen Gattungstheorie-Band einschließen wird, soll diesem Defizit abhelfen. Der Terminus Gattung kann für die „Elementarform" (F. Blume) des abendländischen Tonsystems stehen, wenn damit die drei Tongeschlechter (als „Genos": *Diatonik, Chromatik, Enharmonik*) gemeint sind. Seit dem 18. Jh. setzt sich der Begriff Gattung für bestimmte musikalische Schreibarten und „spezies" (Choral, Concerto) durch. Bis heute überschneidet sich der Gebrauch des Ausdrucks Gattung häufig mit „musikalischer Form". Erst seit jüngster Zeit zeigt sich eine kritische Emanzipation der musikwissenschaftlichen G. von der Formenlehre (W. Wiora, C. Dahlhaus u. a.). Musikalische Formen – als vom Kunstwerk abstrahierte Modelle, die allgemeine strukturelle und architektonische („satztechnische") Zusammenhänge (z. B. Rondo-Form, Fuge) darstellen – sind als Gattungen

„unterdeterminiert" (Dahlhaus). Sie repräsentieren nur den formal-kompositionstechnischen Aspekt aus der Vielzahl von Faktoren, die eine Gattung bestimmen können, wie etwa: spezifisches Bewegungsmodell (Menuett, Marsch), Besetzung (Streichquartett, Chor), Text (Lied, Messe, Oper), Funktion (Präludium, Serenade), Aufführungspraxis (Kirchen- und Kammersonate). Über die Frage, wie diese Faktoren zusammenhängen, welche konstitutive Bedeutung ihnen im einzelnen zukommt und wie die Vermittlungsfunktion ihrer sozialen Determinanten (Trägerschicht, Auftraggeber usw.) zu beurteilen ist, besteht keine Einigkeit. Man betrachtet die Gattungen heute als historische und somit veränderliche Kategorien, die als differenzierbare Bestimmungsmerkmale des Kunstwerks analysierbar sind und die Rezeption lenken. Sie sind Felder des Verständnisses und Einverständnisses zwischen Komponisten und ihrer Mitwelt und setzen ein Mindestmaß an Konsens voraus, der jedoch durch Normabweichungen der Kunstwerke durchbrochen oder transformiert werden kann. Ebenso wie der Begriff der Gattungen unterliegen auch die Kriterien der Gattungsbestimmung geschichtlichen Veränderungen. Deren Leitkomponenten bestanden bis ins 18. Jh. hauptsächlich in der repräsentierenden oder liturgischen Funktion, in der Text-Art, die auch die Stilhöhe der Gattung bestimmte, und in der Kompositionsweise. Seit dem Übergang zum 19. Jh. änderte sich in Verbindung mit der Idee des autonomen musikalischen Kunstwerks die Beziehung zwischen Gattungen und sozialen Institutionen: Gattungsprägend werden nun die bürgerliche Institution „Konzert", das verlegerische Prinzip „Besetzung" und der musikästhetische Charakter (Lyrisches Klavierstück, Sinfonische Dichtung). Einerseits läßt sich eine Transformierung und teilweise Aushöhlung der sozialen und ästhetischen Orientierungsfunktion der traditionellen Gattungen feststellen (durch die Tendenz, ein musikalisches Kunstwerk als Individuum, nicht als Exemplar einer Gattung zu betrachten), andererseits herrschte in der Musikästhetik des 19. Jh. noch lange das klassizistische Dogma der Gattungsreinheit (Sinfonie, Streichquartett) vor. Der These, daß die Gattungen in der Neuen Musik des 20. Jh. ausgehöhlt seien (Dahlhaus), widerspricht die Orientierung avantgardistischer Komponisten an diversen Gattungen (Passion: Penderecki; Oper: A. Berg, H. W. Henze), selbst noch in der Negation der typischen Gattungsdeterminanten (Minutenopern von Milhaud) oder der Entstehung neuer Gattungsvarianten aufgrund der technischen Medien des 20. Jh. (Film- und Funkoper). Von der Theorie und Geschichte der Gattungen wird heute nicht nur eine Verbindung von systematischer und historischer Analyse gefordert, sondern die Formulierung von Kriterien und empirischem Material zur synchronen und diachronen Darstellung der sozialen und ästhetischen Relationen der aufeinander bezogenen Gattungen einer Epoche („Genrefond", Sochor; „Gattungssystem", Dahlhaus).

Lit.: W. Wiora: Die historische und systematische Betrachtung der musikalischen Gattungen, in: Deutsches Jahrbuch der Musikwissenschaft 1965, S. 7–S. 30. A. N. Sochor: Die Theorie der Musikalischen Genres. Aufgaben und Perspektiven, Beiträge zur Musikwissenschaft XII, 1970, S. 109–S. 120. W. Arlt: Aspekte des Gattungsbegriffs in der Musikgeschichtsschreibung, in: Gedenkschrift Leo Schrade I, Bern 1973, S. 11–S. 95. C. Dahlhaus: Zur Problematik der musikalischen Gattungen im 19. Jh., in: Gedenkschrift Leo Schrade I, a.a.O., S. 840–S. 895. S. Kunze (Hg.): Handbuch der musikalischen Gattungen, Laaber 1991 ff. *G. B.*

Gattungstheorie: Literatur. Die Bemühung um Definition und systematische Grundlegung literarischer Gattungen läßt sich von der Poetik des Aristoteles bis in die heutige Diskussion verfolgen; die umfangreiche und widersprüchliche Begriffsgeschichte zeigt die Schwierigkeit einer solchen Bestimmung, aber auch die Bedeutung der Gattungen für das literarische Leben.

Während sich moderne Gattungstheorien deskriptiv verstehen, hatten die früheren überwiegend normativen Anspruch und waren ein wichtiger Teilbereich der ↑Poetik. Die Normen legten fest, was als literarische Gattung zählte, bestimmten die Hierarchie der Gattungen untereinander – die Tragödie galt bis ins 19. Jh. als ranghöchste Gattung – und boten einen Regelkanon für die Produktion der einzelnen Werke, an dem sich auch die Erwartungshaltung und Kritik des Publikums orientierte.

Epos, Drama und Lyrik gelten seit Ende des 18. Jh. unter Berufung auf Aristoteles als Hauptgattungen oder werden als qualitativ von den Gattungen verschiedene Grund- oder Naturformen verstanden. Das hängt mit der Frage zusammen, ob Gattungen ganz oder teilweise als überzeitliche Konstanten oder als historische Erscheinungen anzusehen sind. Goethe nennt Lyrik, Drama und Epos „echte Naturformen der Poesie", die in allen Dichtungen einzeln oder vermischt vorhanden seien. Darauf berufen sich im 20. Jh. Viëtor und Petsch und trennen die historisch verstandenen Gattungen von den überzeitlichen „Naturformen" ab. Staiger entwickelt daraus auf der Basis der Existenzphilosophie Heideggers das Epische, Lyrische und Dramatische als anthropologische Konstanten, die er bestimmten Grundbefindlichkeiten des Menschen zuordnet. Andere Forscher (Lämmert, Stanzel) unterscheiden überzeitliche „Typen" von den als historische Leitbegriffe verstandenen Gattungen. Für Hempfer sind Gattungen historisch konkrete Realisationen von typischen „Schreibweisen" (das Narrative, Dramatische, Satirische usw.). In seinem auf struktuarler Basis erstellten Modell unterscheidet er zwischen konstanter Tiefenstruktur als charakteristischer Norm einer Gattung und deren variablen Transformationen in eine jeweils historisch mitbedingte Oberflächenstruktur.

Lit.: W. V. Ruttkowski: Die literarische Gattung, Bern-München 1968. K. W. Hempfer: Gattungstheorie, München 1973. P. Szondi: Poetik und Geschichtsphilosophie II, Frankfurt/M. 1974. G. Willems: Das Konzept der literarischen Gattungen, Tübingen 1981.
G. H.

Gefallen ↑ Genuß, ästhetischer

Gefühl. Das G., das seit dem 18. Jh. neben dem Begehrungsvermögen und dem Verstand als drittes Grundvermögen der menschlichen Seele anerkannt wurde, umfaßt eine Vielzahl von Arten (sinnliche, seelische, geistige) und Modi (Affekte, Leidenschaften, Stimmungen), die untereinander und insbesondere zum Begehrungs- und Triebleben schwer abzugrenzen sind. Sie umfassen alle Lust- oder Unlusterlebnisse, die die sinnlichen Wahrnehmungen, Bedürfnisse, Begierden, inneren Vorstellungen, Erinnerungen, Erwartungen, Willensstrebungen, Denkprozesse begleiten. Sie sind unmittelbare Erlebnisse der Befindlichkeit eines Subjekts im jeweils gegenwärtigen Augenblick, haben einen bestimmten qualitativen Gehalt (Trauer, Glück, Niedergeschlagenheit) und weisen unterschiedliche Intensitätsgrade auf. In gewissen Grenzen lassen sie sich beeinflussen (unterdrücken, zerstreuen), aber kaum unmittelbar willentlich hervorbringen. Mittelbar lassen sie sich jedoch besonders durch Vorstellungsinhalte, die Glück oder Unglück des Menschen betreffen, leicht erregen, was sich Religion, Politik, Pädagogik und die Künste zunutze machen.

Seit der Antike ist die Bedeutung der G. für die Entstehung, den Inhalt und die Wirkung der Kunst anerkannt, aber unterschiedlich bestimmt worden. Platon sah in der Erregung der Leidenschaften z. B. durch Musik und Dichtung eine fundamentale Gefährdung eines vernunftgemäßen Lebens, während Aristoteles die Erre-

gung von Furcht und Mitleid durch
die Tragödie als eine Reinigung
(↑ Katharsis) dieser Affekte und dadurch als die Wiederherstellung einer
vernünftigen Verfassung verstand.
Die Sorge um die Gefährdung von
Moral und vernunftgemäßem Leben
des einzelnen sowie der Gesellschaft
durch die Erregung und Steigerung
unkontrollierbarer Affekte führte in
der Antike und im Mittelalter zu einer deutlichen Bevorzugung der ka-
thartisch-therapeutischen Problema-
spekte, zu denen auch seit Horaz die
Lehre von den das Triebleben be-
sänftigenden und dadurch humanisie-
renden Wirkungen der Kunst gehör-
te. In der Neuzeit nahm die Anerkennung der Bedeutung sinnlicher
und emotionaler Lustgefühle für ein
glückliches Leben allmählich zu. Die
moralische Funktion der Kunst wurde in der schwierigen Bestimmung
des anthropologisch und sozial ver-
träglichen Maßes im Ausleben der G.
gesehen: Kunst als Mittel und Maßstab der Gefühlskultur einer Gesellschaft.

Schon bei der Entstehung von
Kunstwerken spielen G. eine wichtige Rolle. Rechnet man die Inspiration, den „göttlichen Wahnsinn" zu
den G., dann kommt ihnen gemäß
der Platonischen Tradition die alles
entscheidende Rolle zu. Ähnlich in
der Ausdruckstheorie, nach der die
über das normale Maß entwickelte
G.s- und Erlebnisfähigkeit des Künstlers nach entlastendem oder mittei-
lendem ↑Ausdruck verlangt. Die
Aristotelische Tradition betont dagegen neben der Begeisterung die Rolle
der künstlerischen Technik und die
Kalkulation der Wirkung. Andere

Künstler und Theoretiker sprechen
es einem bestimmten G. zu, daß
während der allmählichen Ausarbeitung des Werks die richtigen künstlerischen Maßnahmen für die Objektivierung der von Anfang an fertigen
Werkidee getroffen werden. Dagegen
lehnen Formalisten und die Befür-
worter einer spezifisch modernen
Kunst das G. als Ursprung und
Kompaß des künstlerischen Schaffensprozesses ab und rekurrieren
statt dessen auf das Formbewußtsein
(Bense, Adorno).

Die Darstellung von G. ist nach
der   emotionalistischen   Ästhetik
(Laurila u. a.) die zentrale Aufgabe
der Kunst. Mythen, Handlungen,
Charaktere eignen sich nur dann als
Gegenstand der Kunst, wenn sie eine
wesentliche   Beziehung   auf   die
menschlichen G. haben und dadurch
ein Interesse erwecken können. Die
G. können mit den grundlegenden,
immer wiederkehrenden Ereignissen
und Konflikten des menschlichen Lebens verbunden werden und dadurch
eine gesellschaftlich-geschichtlich in-
differente Problemlage vermitteln,
oder aber sie dienen dem mehr oder
weniger differenzierten Nachweis der
Humanität oder Inhumanität der
dargestellten Lebensverhältnisse. Wie
aber überhaupt durch ein meist leb-
loses, gefühlsindifferentes Medium
ein G. zum Ausdruck gebracht werden kann, ist eine bisher ungelöste
Frage geblieben (Gombrich).

Gleichgültig, welche Inhalte die
Kunst darstellt oder aus welchen G.
sie hervorgegangen ist – ihre Wirkung soll auf jeden Fall das G. an-
sprechen, es über das alltägliche Maß
hinaus steigern oder differenzieren,

oder aber die Kunst soll dem emotionshungrigen Rezipienten G. vermitteln, die der asketische Alltag nicht kennt oder zuläßt. Ausdrucks- und Erlebnistheorie behaupten, daß die dargestellten G. aufgrund einer gemeinsamen anthropologischen Grundverfassung vom Rezipienten nacherlebt werden, also prinzipiell von der gleichen Art wie die dargestellten G. sind. G.ansteckung, sympathetisches Nacherleben, Einfühlung sind als Erklärung der Wesensidentität zwischen dargestellten und hervorgerufenen G. angeboten worden. Differenziertere Wirkungstheorien setzen dem G.absolutismus entgegen, daß die G. neben Wahrnehmungen, Vorstellungen, Denkakten, Willensstrebungen nur eine, wenn auch wichtige und oftmals dominierende Rolle im ästhetischen Verhalten spielen (Utitz, Kainz). Genauere Analysen der emotionalen Reaktionen suchten jedoch zu zeigen, daß die dargestellten G. nicht wesensgleich mit den im Rezipienten hervorgerufenen G. sind (z. B. patriotische, religiöse, sexuelle G.), sondern daß sie einer wesentlichen Modifikation unterliegen, durch die sie zu „ästhetischen G." werden: Es fehle ihnen der Realitätscharakter, weil sie in ästhetischer ↑ Einstellung erlebt werden, es fehle die „Ich-Zugehörigkeit" (Volkelt), sie seien keine „Ernst-", sondern „Schein-G." (E. v. Hartmann). Eine Einschränkung erfährt diese Lehre dadurch, daß erstens die ästhetische G.reaktion ein reales G. ist (Freude, Entzücken, Erschütterung) und sich auf ihrer Grundlage dann auch den dargestellten G. ein realer Erlebnischarakter

mitteilt. Die ästhetischen G. zeigen zweitens nicht nur überhaupt eine Ich-Zugehörigkeit, sondern können eine Tiefendimension erreichen, die bis ins Religiöse reicht, doch können sie nicht in die Klasse der dargestellten religiösen, patriotischen, sexuellen G. hinüberwechseln, ohne ihren ästhetischen Charakter zu verlieren (Geiger); im gleichen Augenblick verliere die Kunst ihren ästhetischen Charakter und werde zu einem Instrument der Religion, Politik usw. Die Unterscheidung zwischen verschiedenen Klassen von G. (religiöse, ethische, sexuelle, logische, ästhetische) verleitet allerdings zu dem Fehlschluß, daß im Umgang mit der Kunst nur ästhetische G. legitim seien, wodurch der Reichtum der ästhetischen ↑ Erfahrung nicht mehr zur Geltung käme. Daß die Dimension der ästhetischen G. nicht qualitativ einheitlich oder eindimensional ist, zeigt sich auch in der Lehre von den ästhetischen ↑ Kategorien.

Lit.: E. v. Hartmann: Philosophie des Schönen, Leipzig 1886. Th. Lipps: Ästhetik. Psychologie des Schönen und der Kunst, 1. Bd., Leipzig 1903. J. Volkelt: System der Ästhetik, 1. Bd. K. S. Laurila: Ästhetische Streitfragen, Helsinki ²1940. M. Geiger: Die Bedeutung der Kunst. Zugänge zu einer materialen Wertästhetik, München 1976. F. Kainz: Vorlesungen über Ästhetik, Wien 1948. S. K. Langer: Feeling and Form, London 1953, 20. Kap. E. H. Gombrich: Meditationen über ein Steckenpferd. Von den Wurzeln und Grenzen der Kunst, Frankfurt/M. 1978. W. Iser: Der Akt des Lesens. Theorie ästhetischer Wirkung, München 1976. *W. H.*

Gegenstand, ästhetischer. Ein ä. G. ist in einem allgemeinen Sinne jeder Gegenstand einer ästhetischen ↑Wahrnehmung. Der Ausdruck wird häufig dann verwendet, wenn die Frage des künstlerischen oder geistigen Wertes eines Objekts (Werks) ausgeklammert werden soll, wie im ↑Design.

In einem engeren Sinn bezeichnet ä. G. das intentionale Objekt, das sich aus einem Artefakt oder einem natürlichen Gegenstand aufgrund einer Reihe von Rezeptionsleistungen im Bewußtsein eines Rezipienten gebildet hat; Ingarden spricht von der „Konkretisation" eines Artefakts. Der Lehre vom ä. G. liegt die These zugrunde, daß das Ästhetische in allen seinen Modifikationen (↑Kategorien) nicht eine Eigenschaft eines natürlichen, technisch oder künstlerisch hergestellten Objekts ist, sondern sich aufgrund von sensualen, emotionalen und rationalen Leistungen, die in ästhetischer ↑Einstellung vollzogen werden, im Bewußtsein des Subjekts aufbaut. Der Einwand, daß in dieser Lehre das Ästhetische in lauter zufällige subjektive Spiegelungen aufgelöst werde, wird von der phänomenologischen und strukturalistischen Ästhetik hauptsächlich dadurch zurückgewiesen, daß die subjektiven Leistungen des Rezipienten „gelenkt" seien durch den objektiven Aufbau des Artefakts oder des Naturgegenstandes, und daß die subjektiven Leistungen nicht als solche, sondern in der durch sie erfolgenden Konstitution des ä. G. als eines intentionalen Objekts das Ästhetische ausmachen. Der ä. G. erweise sich durch immanente Gesetzmäßigkeiten, die

nach und nach wirksam werden, als relativ unabhängig von den verschiedenen Leistungen des Subjekts; auf ihnen beruhe die intersubjektive Mitteilbarkeit und Identität des ä. G. Bense hat den ä. G. als „Mit-Realität" aufgefaßt und ontologisch analysiert.

Lit.: R. Ingarden: Vom Erkennen des literarischen Kunstwerks, Tübingen 1968. M. Bense: Aesthetica. K. Chvatik: Mensch und Struktur, Frankfurt/M. 1987. *W. H.*

Gehalt. Grundbegriff der „Gehaltsästhetik", wird als die in der Gestalt des Kunstwerks zum Ausdruck kommende Sinndimension aufgefaßt, als das in der Kunstform symbolisch Dargestellte. Nach einem Aphorismus von Goethe sieht den Stoff eines Kunstwerks jedermann vor sich, den Gehalt finde nur derjenige, der etwas hinzuzutun habe, die Form aber bleibe den meisten ein Geheimnis (*Maximen und Reflexionen*, Nr. 289). Von diesem rezeptionsorientierten Begriff läßt sich der werkorientierte G.begriff unterscheiden. Er bezeichnet den durch die künstlerische Gestaltung umgeprägten Stoff eines Kunstwerks, der durch Mythos, Geschichte, persönliche Erlebnisse vorgegeben ist. Als Resultante der Durchdringung von Form und Stoff bezieht sich G. zwar auf die (semantische) Sinndimension, ist aber unablösbar von der (syntaktischen) künstlerischen Strukturierung. Vischer hat die künstlerische Form nicht als etwas vom G. Unabhängiges aufgefaßt, sondern sie ihm als Organ seines Ausdrucks untergeordnet. So umfaßt der Begriff des G. die geistige Auffassung des gesamten künstlerischen Problems, das seine Lösung im individuellen Kunstwerk findet. Der G. kann deshalb auch als Ausdruck der Weltanschauung, der sittlichen Haltung, der gestalterischen Kraft des Künstlers wie auch als die das Ganze eines Werks konstituierende künstlerische Wahrheit aufgefaßt werden.

Lit.: F. Th. Vischer: Das Schöne und die Kunst, Stuttgart 1898. O. Walzel: Gehalt und Gestalt im Kunstwerk des Dichters, Berlin 1923. Th. W. Adorno: Ästhetische Theorie.   **W. H.**

Generative Ästhetik ↑ Informationsästhetik

Genie ↑ Künstler

Genuß, ästhetischer. Ä. G. (griech. *hedone*) ist diejenige Art von Lust, die unmittelbar mit der ästhetischen ↑ Wahrnehmung von Gegenständen der Kunst und Natur, von inneren Vorstellungen, körperlichen Zuständen, Bewegungen, Handlungen verbunden ist. Wird „ästhetisch" im Sinne der Etymologie als „sinnlich" aufgefaßt, kann jede Art von Lust, die durch sinnliche Wahrnehmungen entsteht, als ä. G. bezeichnet werden, von der Augenlust über die Reizungen aller anderen Sinne bis zur Sexuallust. Mit Kant wird jedoch die Empfindung des Angenehmen, die auf einer unmittelbaren Affizierung der Sinne beruht, von der qualitativ höheren und andersartigen ä. Lust unterschieden, die auf der Wahrnehmung der Form, die einen Gegenstand konstituiert, und nicht auf partikulären Reizen beruht. Groos, Utitz u. a. haben den ä. G. als Lust

aufgefaßt, die die adäquate Auffassung von Kunstwerken begleitet. Demzufolge stellt der ä. G. einen positiven emotionalen Reflex auf das Zusammenwirken aller verschiedenen Rezeptionsleistungen dar und ist als Resultante von einzelnen sensuellen, emotionalen, voluntativen und kognitiven Leistungen zu unterscheiden. Darüber hinaus spricht Utitz dem ä. G. einen normativen Gehalt zu, da er das Resultat einer adäquaten Auffassung von Kunstwerken darstellen soll. Dieser Überforderung hat bereits Dessoir die Trennung zwischen ä. G. und adäquatem Kunstverständnis entgegengestellt. Geiger wies auf den Unterschied zwischen dem für das Objekt offenen „Gefallen" und dem sich auf sich selbst beziehenden, in sich abschließenden „Genießen" hin; dieses sei „innenkonzentriert", jenes „außenkonzentriert" und dadurch allein von Interesse für die Ästhetik. Die ↑ psychologische Ästhetik, die sich zeitweilig als Theorie des ä. G. definierte (hedonistische Ä.) hat die Frage des Kunstverstehens ausgeklammert und mehrere Typen unterschieden, je nachdem, ob der G. von einer kontemplativen Einstellung oder von innerer Nachahmung bedingt ist, ob er von einem intro- oder extravertierten Persönlichkeitstyp, von einem intellektuellen, sensorisch-visuellen, -auditorischen, -motorischen Typ usw. erlebt wird (Müller-Freienfels). Der ä. G. unterscheidet sich von sinnlichen Genüssen dadurch, daß er nicht absichtlich hervorgerufen werden kann und nicht auf einzelne Sinnesorgane begrenzt ist, sondern bis in die Tiefe der Person reichen und die Ganzheit des Menschen aktivieren kann (Volkelt). Brecht, Adorno u. a. haben den (kulinarischen) „Kunstgenuß" als banausisch und künstlerisch inkompetent abgelehnt, während umgekehrt nicht minder einseitig, dazu weitgehend unter Verzicht auf das spezifisch Ästhetische, Apologien des Hedonismus propagiert wurden (Marcuse, Jauß).

Lit.: R. Müller-Freienfels: Psychologie der Kunst, 1. Bd., Berlin 1912. M. Geiger: Beiträge zur Phänomenologie des ästhetischen Genusses, Halle 1913. J. Volkelt: System der Ästhetik, 1. Bd. H. Marcuse: Kultur und Gesellschaft, 1. Bd. Th. W. Adorno: Ästhetische Theorie. H. R. Jauß: Ästhetische Erfahrung und literarische Hermeneutik, Frankfurt/M. ⁴1984.   *W. H.*

Gesamtkunstwerk bezeichnet die Vereinigung verschiedener Künste zur Erschaffung eines gemeinsamen Kunstwerkes. Verwirklicht sind derartige G. etwa in kirchlichen und weltlichen Repräsentativbauten, die das gemeinsame, aufeinander abgestimmte und ineinandergreifende Werk von Architekten, Malern oder Bildhauern darstellen. Dem Bauhaus (Gropius, Maholy-Nagy) liegt die Idee des G. insofern zugrunde, als über die Gestaltung des Baus hinaus auch Muster zweckmäßiger Einrichtung (Möbel etc.) entworfen und hergestellt wurden. Neben den Werken der Baukunst stellen auch Theateroder Filmproduktionen schon an sich selbst G.e dar. Erstens wirken in ihnen viele Künste oder Künstler (Autor, Regisseur, Schauspieler, Musiker, Masken- und Bühnenbildner) zusammen; zweitens werden (bei Brecht, M. Reinhardt, Piscator) die Grenzen des Dramas bewußt durch die Einbeziehung anderer Künste (Gesang, Tanz, Pantomime, Film etc.) überschritten.

Im emphatischen Sinn steht das G. auf dem Programm der (früh-)romantischen Ästhetik. F. Schlegel erhebt den Roman zum Paradigma der „Universalpoesie", in dem nicht nur die drei Gattungen des Epischen, Lyrischen und Dramatischen zu einer neuen Einheit verschmolzen, sondern auch die Gegensätze von Kunst und Wissenschaft bzw. Philosophie überwunden und aufgehoben werden sollten. Durch die Überschreitung der Gattungen sollte eine Form geschaffen werden, die den neuen prosaischen Verhältnissen angemessen, d. h. zur Darstellung der komplexen bürgerlichen Wirklichkeit geeignet war.

Bekannt wurde der Begriff des G. vor allem durch Richard Wagner und sein „Musikdrama", das die Vereinigung der drei „ur-geborenen Schwestern, der Dichtkunst, Tonkunst und Tanzkunst", zum Ziel erhebt. In der Tradition Hegels und Feuerbachs entwickelt Wagner den Begriff geschichtsphilosophisch: Wie die soziale Revolution den Egoismus der Menschen, so soll die künstlerische Revolution den Egoismus der einzelnen Künste und ihre „Entfremdung" voneinander aufheben. G. ist für ihn deshalb (bis etwa 1848/49) gleichbedeutend mit dem „Kommunismus" der Künste oder dem „Kunstwerk der Zukunft", das die „Menschheitsrevolution" künstlerisch vorwegnehmen und vorbereiten sollte.

Lit.: F. Schlegel: Athenäums-Fragmente. R. Wagner: Das Kunstwerk der Zukunft, in: Dichtungen und Schriften, Frankfurt/M. 1983, 6. Bd. W. Gropius/ L. Maholy-Nagy (Hg.): Die Bauhausbücher, München 1924ff. E. Piscator: Schriften II, Berlin 1968, S. 345ff. *K. L.*

Geschichte der Ästhetik. Die G. d. Ä. wird in der Regel auf die abendländische G. eingeschränkt, obwohl durch ↑ Ethnologie, ↑ interkulturelle und historische Erforschung der außereuropäischen Kulturen umfassende Kenntnisse zur Verfügung stehen (↑ chinesische, ↑ indische, ↑ japanische, ↑ persische Ä.), die in eine Darstellung der Weltgeschichte der Ä. zu integrieren wären. Bei der Vereinigung aller dieser sehr unterschiedlichen und diskontinuierlichen Entwicklungen muß ein sehr allgemeiner Begriff der ↑ Ä. zugrunde gelegt werden, damit die geschichtliche Mannigfaltigkeit nicht einem einzelnen Begriff oder Standpunkt der Ä. geopfert wird.

Die abendländische G. d. Ä. wird in Anlehnung an die Kulturgeschichte in antike (1), mittelalterliche (2), neuzeitliche (3) und gegenwärtige (4) Ä. gegliedert.

1) Die *antike Ä.* reicht von den ersten Reflexionen über die Schönheit, die Künste und ihre gesellschaftlichen Funktionen bei Homer, Hesiod und den Vorsokratikern bis zur Entwicklung der ersten Kunst- und Schönheitstheorien unter dem Einfluß der christlichen Religion. In der Antike und im Mittelalter werden Schönheit und Kunst noch weitgehend isoliert voneinander behandelt. Auch die Künste werden noch nicht unter einen einheitlichen Begriff subsumiert. Zwischen den musischen und den handwerklichen, mechanischen Künsten, zu denen Plastik und Architektur zählen, besteht ein unüberbrückter Rangunterschied. Ebenso ist die Theorieform der für die G. d. Ä. relevanten Schriften uneinheitlich. Sie reicht von philosophischen Untersuchungen über stilkritische Auseinandersetzungen bis zu praktischen Anleitungen zur Hervorbringung vollendeter Werke.

Platon und Aristoteles sind die beherrschenden Denker der Antike. Platon führte die Vielfalt von Schönheiten der Erscheinungswelt auf die unveränderliche geistige Idee der Schönheit zurück, an der sie enger oder entfernter teilhaben. Die Künste beruhen auf Nachahmung (↑ Mimesis). Da aber die nachgeahmten Naturerscheinungen selber nur Nachahmungen der ewigen Ideen seien, befänden sich die Künste zwei Seinsstufen unter den Ideen. Daraus leitet sich die Verurteilung der Künste als Lug und Trug ab, die bis zur Ausweisung der Dichter aus dem Idealstaat führt. Dem widerspricht indessen Platons Lehre von der göttlichen Ergriffenheit (*theia mania:* Enthusiasmus) der Dichter, die unverfälscht zum Ausdruck bringen, was ihnen die Götter eingeben. Auch die Philosophie soll einen maßgeblichen Einfluß auf Inhalt und Form von Musik und Dichtung haben, so daß der späte Platon den musischen Künsten eine wichtige Funktion in der Harmonisierung der menschlichen Seele zubilligt, die Künste aber zugleich unter die Aufsicht der Staatsführung stellt.

Aristoteles hat durch die Umdeutung der überzeitlichen Idee in das Telos des Werdens die Kunst verselbständigt und aufgewertet. Die Mimesis richte sich nicht nach dem Äußeren der Erscheinungen, sondern bilde z. B. im Drama die Menschen nach dem ab, was sie sein könnten oder sollten. Da Mimesis eine Form von Erkenntnis darstellt, ist sie der bloß berichtenden Geschichtsschreibung überlegen. Die Wirkung der Dichtung sieht Aristoteles nicht mehr wie Platon in der Erregung der sinnlichen Leidenschaften und Triebe, sondern in der Reinigung (↑ Katharsis) von Leidenschaften wie Mitleid und Furcht bzw. Angst und Schrecken, die den Menschen aus seiner vernunftgemäßen Fassung bringen. Die Lehre von der immanenten Vernünftigkeit der Kunst ermöglicht und fordert auch eine Lehre von der rationalen, besonnenen Vervollkommnung der „hervorbringenden" (poietischen) Künste, wodurch neben Theorie und Praxis die Poiesis als drittes Grundvermögen des Menschen anerkannt wird. – Auf der Überzeugung von der durch Erfahrung und Wissen erreichbaren Vervollkommnung der Kunstwerke beruhen die meisten der Kunsttheorien, die in den fünf Jahrhunderten nach Aristoteles verfaßt worden sind: u. a. die Musiktheorie des Aristoxenos, die Architekturlehre des Vitruv und eine Anzahl von Rhetoriken. Horaz trat in seiner Poetik, die bis in die Neuzeit hinein die Poetik des Aristoteles verdrängt hat, für ein ausgeglichenes Verhältnis zwischen Enthusiasmus und Besonnenheit im dichterischen Schaffen ein. Mit dem Vergleich von Dichtung und Malerei (ut pictura poiesis) bahnte er die Überwindung des Rangunterschieds zwischen den musischen und handwerklichen Künsten an, die jedoch erst in der Renaissance erreicht wurde. Die dem Longinus zugeschriebene Schrift Über das Erhabene verfolgt primär ein stilkritisches Interesse, brachte aber auch eine ästhetische Kategorie zur Geltung, die sich in der Neuzeit nachhaltig auf die Differenzierung der Schönheitswerte auswirken sollte. Am Ende der Antike erfuhr die platonische Schönheitsphilosophie noch einmal eine machtvolle Erneuerung durch Plotin. Er entwickelte eine Hierarchie von Schönheitsformen, die von der sinnlichen Schönheit der Körper über die seelische Schönheit der Tugenden bis zur geistigen Schönheit der Ideen führt. Das Maß der Schönheit bestimmt sich nach der Vollkommenheit, mit der die geistige Idee als innere Form die Erscheinungen durchdringt. Die Künste hat Plotin zunächst der Sphäre der körperlichen Schönheit zugeordnet. Später lehrte er, daß der Dichter die Ideen nachahmt, die er im Geiste schaut und die zugleich die Prinzipien der körperlichen Dinge sind.

2) Die mittelalterliche Ä. begann mit Verdammungen der Künste, die noch heftiger ausfielen als bei Platon. Lügenhaftigkeit, Sinnlichkeit, Verführung zu vernunftloser Leidenschaftlichkeit, Gotteslästerung wurden vor allem dem Theater und der Dichtung vorgeworfen. Die Kritik der Kirchenväter änderte sich mit Augustinus, der in der Hl. Schrift Ansätze zur Rechtfertigung des irdi-

schen künstlerischen Schaffens fand. Gott als Schöpfer der Natur konnte als Vorbild für menschliches Schaffen dienen, die Gottebenbildlichkeit des Menschen ließ es zu, die Schöpfungen des Menschen symbolisch auf Gott zu beziehen, die Psalmen ließen sich im Sinn der antiken Preislieder verstehen. Vor allem aber diente sein Kommentar des Bibelspruchs „alles hast Du nach Maß, Zahl und Gewicht gerichtet" als Grundlage für eine an die pythagoreische Tradition und an Plotin anknüpfende Ästhetik des Maßes, das in Gott ihr Urbild hat. Die Philosophie des Schönen fand durch Dionysius Areopagita ihre maßgebliche Formulierung: Schönheit und Liebe werden unter die Wesensbestimmungen Gottes aufgenommen. Thomas von Aquin grenzte das Schöne vom Guten ab, insofern das Streben im Anblick des Schönen eine der Zeitlichkeit enthobene Ruhe finde. Vollkommenheit (*integritas*), Harmonie (*proportio, consonantia*) und Leuchtkraft (*splendor*) faßte er als die drei Wesensmerkmale des mittelalterlichen Schönheitsbegriffs zusammen. Gegen Ende des Mittelalters erfährt die Kunst durch den Naturbegriff erneut eine Aufwertung. Nikolaus v. Kues bezieht die „Nachahmung der Natur" nicht auf die einzelnen Naturdinge, sondern auf das Naturwerk im Ganzen, d. h. auf die Natur als Kunstwerk Gottes.

3) In der *Neuzeit* erfolgt durch die Wiederentdeckung der griechischen Klassiker eine Ablösung von der Autorität der Kirche. Die Übersetzungen der Werke Platons und Aristoteles' lassen relativ selbständige nationale Kulturtraditionen entstehen, zuerst in Italien, dann in Frankreich, England und zuletzt in Deutschland. In ihnen erfolgt allmählich eine Angleichung der fünf Hauptgattungen der Kunst (Baukunst, Plastik, Malerei, Musik, Poesie) unter den Begriffen der Schönheit und des (von transzendenten Ideen bestimmten) genialen Schaffens, durch die die Künste autonom werden. Zugleich wird der Grund des Schönen zunehmend in den schöpferischen und rezeptiven Vermögen des Subjekts gesehen.

Durch Künstler wie Raffael, Leonardo da Vinci, Michelangelo gewannen die bildenden Künste den gleichen Rang wie die musischen Künste. L. Alberti war der erste, der gleichwertig neben die *ars poetica* die *ars pictoria* stellte. Mit dem für die Nachahmung verbindlichen Begriff des *verisimile,* des „Wahrscheinlichen", konnte die Kunst mit Philosophie und Theologie in Konkurrenz treten, obwohl die platonische Hierarchie weitgehend unangetastet blieb; Dantes Wort von der Poesie als „Enkelin Gottes" blieb in Kraft.

Unter dem Einfluß von Descartes' Rationalismus versuchten die Kommentatoren der Poetik des Aristoteles das künstlerische Schaffen ganz unter die Regeln der Vernunft zu stellen: Nur das Wahre könne schön sein (Boileau). Daß die griechischen Klassiker nicht genau den Vernunftnormen folgten, wurde von den Modernen nun als Mangel angesehen. So entbrannte der Streit um den Vorrang der Modernen vor den Alten (Perrault), der das Bewußtsein der Differenz zwischen Altertum und Neuzeit schärfte; das Mittelalter hingegen geriet mehr und mehr in Vergessenheit. Die französischen und englischen Denker des 18. Jh. (Dubos, Crousaz, Shaftesbury, Hutcheson, Home, Burke) erkannten mehr und mehr ein irrationales Moment in der Kunst an, ein *je ne sais quoi*, das auf das Gefühl oder die Einbildungskraft zurückgeführt wurde. Die Kunst sollte dem Menschen Anteil an außergewöhnlichen Passionen ermöglichen, durch die er der Langeweile des Alltags enthoben wurde (Voltaire). Die Vervollkommnung des Geschmacks an den Musterbildern der alten und modernen Klassiker gab der ästhetischen Erziehung eine wichtige Funktion für die Ausbildung intersubjektiv gültiger Geschmacksurteile.

1750 begründete Baumgarten die Ä. als Logik der nicht-rationalen, sinnlichen Erkenntnisarten. Schönheit und Kunst wurden der Logik des nicht-rationalen Erkennens subsumiert. Erst Kant setzte diesem Begriff von Ä. die Ä. als Analyse des Geschmacksurteils entgegen. Doch wurde seine Reduktion von Schönheit, Erhabenheit und Kunst auf eine Frage nach den Gesetzen, die dem Geschmacksurteil zugrunde liegen, von den Denkern der idealistischen Ästhetik abgelehnt (Schelling, Solger, Hegel, Schopenhauer). Die Kunst wurde zum zentralen Gegenstand der Ä. erklärt, Ä. nur noch als „Philosophie der Kunst" aufgefaßt, aus der das Naturschöne ausgeschlossen wurde. Kunst als Vermittlung des Absoluten mit der sinnlichen Erscheinung wurde auf einen mit Philosophie und Religion vergleichbaren Rang erhoben. Obwohl sie sich von ihnen nur durch die Erscheinungsform des Absoluten unterschied, wurde der Form selbst bloß eine dienende Rolle zuerkannt. In erster Linie kam es auf den Symbolgehalt der Kunstwerke an, in dem sich die Weltanschauung ganzer Epochen ausgestaltete. Die schon von Herder durchgeführte Rückführung der Kunst auf den Geist von Völkern und Epochen, konkretisiert im Werk von Künstlern wie Sophokles, Dante, Shakespeare, Goethe, führte zu geschichtsphilosophischen Darstellungen der Weltgeschichte der Kunst, die noch in Nietzsches Gegenüberstellung von ↑apollinischer und dionysischer Kunst nachwirkten. Diese Konstruktionen hielten jedoch den empirisch-historischen Detailforschungen, die von den sich verselbständigenden Kunstwissenschaften durchgeführt wurden, nicht stand, so daß die idealistische Kunstphilosophie insgesamt ihren Kredit verlor.

4) Seit der zweiten Hälfte des 19. Jh. werden die ästhetischen Theorien zunehmend den Maßstäben der empirischen Wissenschaften unterworfen. Dadurch erfolgt eine Zerlegung des systematischen Problemgefüges der idealistischen Ä. in eine Vielzahl von methodologisch bedingten Teilaspekten, die zunächst noch den Anspruch erhoben, das Ganze des Problemfeldes zu erschließen, sich aber mehr und mehr darauf beschränkten, das ihnen innewohnende Erklärungspotential zu entfalten. Nachdem Fechner der idealistischen Ä. „von oben" programmatisch die empirische Ä. „von unten" entgegengesetzt hatte, verlor die Philosophie zunehmend ihre Monopolstellung im Be-

reich der Ä. und Kunsttheorie. Soziologie und Psychologie wurden zu erfolgreichen Konkurrenten, Ethnologie, Biologie, Theologie führten ihre Ansätze zur Erschließung von Kunst und Schönheit aus, und alle diese Wissenschaften differenzierten sich zusätzlich nach neuen methodischen oder erkenntnistheoretischen Ansätzen. Nicht zuletzt reklamierten die systematischen und historischen Kunstwissenschaften die wissenschaftliche Kompetenz über die einzelnen Kunstgattungen. Die ↑ allgemeine Kunstwissenschaft versuchte noch einmal, eine interdisziplinäre Zusammenarbeit und Klärung der Grundbegriffe herbeizuführen, vermochte aber den Prozeß zunehmender Spezialisierung und methodologischer Innovationen nicht aufzuhalten.

Lit.: Allgemeine Darstellungen. M. Schasler: Kritische Geschichte der Ästhetik von Plato bis auf die Gegenwart, 2 Bde. (1872), Reprint Aalen 1971. K. E. Gilbert/H. Kuhn: A History of Esthetics (1939), London ³1959. Momenti e problemi di storia dell'estetica, 4 Bde., Milano 1959 ff. W. Tatarkiewicz: Geschichte der Ästhetik (1962 ff), 2 Bde., Basel 1979 ff. M. C. Beardsley: Aesthetics. From Classical Greece to the Present. A Short History (1966), London ⁷1988. Chr. G. Allesch: Geschichte der psychologischen Ästhetik, Göttingen 1987. – *Antike Ästhetik.* H. Koller: Die Mimesis in der Antike, Bern 1954. W. Perpeet: Antike Ästhetik, Freiburg 1961. E. Grassi: Die Theorie des Schönen in der Antike, Köln ²1980. – *Mittelalterliche Ästhetik:* E. de Bruyne: Études d'esthétique médiévale, 3 Bde., Bruges 1946. R. Assunto: Die Theorie des Schönen im Mittelalter, Köln ²1987. W. Perpeet: Ästhetik im Mittelalter, Freiburg 1973 . U. Eco: Kunst und Schönheit im Mittelalter, München 1991. – *Frühe Neuzeit.* Th. M. Mustoxides: Histoire de l'esthétique française 1700–1900, Paris 1920. A. Blunt: Artistic Theory in Italy 1450–1600, Oxford 1940. R. Montano: L'estetica del rinascimento e del barocco, Napoli 1962. P. O. Kristeller: Humanismus und Renaissance, 2. Bd.: Philosophie, Bildung und Kunst, München 1976. – *Aufklärung und Deutscher Idealismus.* E. v. Hartmann: Die deutsche Ästhetik seit Kant, Leipzig 1886. R. Wellek: Geschichte der Literaturkritik 1750–1830, Neuwied 1959. A. Nivelle: Kunst- und Dichtungstheorien zwischen Aufklärung und Klassik, Berlin 1960. H. Paetzold: Ästhetik des deutschen Idealismus, Stuttgart 1983. – *19. und 20. Jh.* P. Moos: Die deutsche Ästhetik der Gegenwart, 2 Bde., Berlin/Leipzig 1920/30. Earl of Listowel: A Critical History of Modern Aesthetics, London 1933. G. Lukács: Beiträge zur Geschichte der Ästhetik, Berlin 1954. G. Morpurgo-Tagliabue: L'esthétique contemporaine, Milano 1960. R. Bayer: L'esthétique mondiale au XX siècle, Paris 1961. E. Franzini: L'estetica francese del '900, Milano 1984. St. Nachtsheim: Kunstphilosophie und empirische Kunstforschung 1870–1920, Berlin 1984. *W. H.*

Geschichtlichkeit, verstanden als Wandel in der Zeit, tritt in vielfältigen Formen an Kunstwerken in Erscheinung. Erstens unterliegen sie vom Material her zeitlichen Veränderungen. Sie altern bzw. veralten, was als ästhetischer Reiz empfunden werden kann (Ruinen, Antiquitäten, veraltete sprachliche Ausdrücke) und künstlerisch eingesetzt wird, meistens aber als ein Mangel, den man durch geeignete Maßnahmen zu beheben sucht (Konservierung, Restaurierung). Zweitens gewinnt die Kunst G. durch die dargestellten Inhalte. Kunst setzt sich mit Problemen auseinander, die die Menschen in einer bestimmten Epoche bewegen, die aber schon für die folgende Generation uninteressant geworden und durch neue ersetzt sein können. Kunst konnte so als die unbewußte Geschichtschreibung ihrer Epoche bezeichnet werden (Adorno). Als historisches Dokument dient sie heute insbesondere der Sozialgeschichte. Kunst kann über die Vergänglichkeit aktueller Fragestellungen hinausgelangen, indem sie in ihnen (archetypische) Grundprobleme der menschlichen Existenz zum Ausdruck bringt (↑Klassische, das). Umgekehrt kann sie auf alte Mythen zurückgreifen und sie in gegenwärtige Lebenskonstellationen übersetzen, wobei sich die identitätsstiftenden Überlieferungen eines Volkes, einer Kultur lebendig weiterentwickeln. Auf diese Dimension von G. beziehen sich die Untersuchungen der Mythenrezeption, Ideen-, Motivgeschichte usw. Künstlern wird jedoch auch die Fähigkeit zugeschrieben, zukünftige Entwicklungen visionär vorwegzunehmen bzw. die Abweichung der gesellschaftlichen Entwicklung vom Weg zur Humanität einzuklagen: G. aktualisiert sich in der Kunst nicht nur in Form der (mythischen) Erinnerung, sondern auch in derjenigen der (prophetischen) Hoffnung (↑Utopie). Drittens zeigt sich die G. der Kunst im Wandel ihrer Ausdrucksmittel. Aristoteles hat bereits eine Entwicklungsgeschichte des Dramas entworfen, die nach dem Prinzip der Neuerungen der Darstel-

lungsmittel verfährt. Neuheit, Originalität sind in der Neuzeit zum dominierenden künstlerischen ↑Wert geworden, der von der jeweiligen ↑Avantgarde ausgelegt wird. Das hat zu einer außerordentlichen Dynamisierung der G. der Kunst geführt, bis hin zur Selbstaufhebung des Neuheitsprinzips in der ↑Postmoderne. Die Entwicklung neuer Darstellungsweisen stellt eine Dimension dar, in der von einem gewissen Fortschritt der Kunst gesprochen werden kann. Die behauptete Allgegenwärtigkeit aller künstlerischen Techniken täuscht darüber hinweg, daß die Erfindung neuer Techniken immer schon die alten in Vergessenheit geraten ließ, ganze Kunstgattungen sind aus der lebendigen Tradition verschwunden oder müssen künstlich aufrechterhalten werden (↑Kulturpolitik), sie haben nur noch museale Bedeutung. Viertens zeigt sich die G. der Kunst in der Abfolge von epochalen Kunstauffassungen, die eine nationale oder auch internationale Gemeinsamkeit in der Auffassung von Struktur und Funktion der Kunst darstellen. Man kann von Stilgeschichte sprechen, wenn unter ↑Stil nicht bloß der Inbegriff von Formprinzipien, sondern die künstlerische Weltanschauung einer Zeit und eines Volkes gemeint ist (↑Kunstwollen). Zuerst bildete sich diese Dimension der G. in der Entgegensetzung der Moderne zur Antike aus. Winckelmann, Herder u. a. ordneten die Kunstwerke eines Volks in eine Entwicklungsgeschichte ein, die sie organologisch nach Keim, Blüte und Verfall deuteten. Auch hier kann von Fortschritt gesprochen werden, der aber zyklisch gebunden ist. Hegel faßte alle nationalen Traditionen zu einer Weltgeschichte der Kunst zusammen, die er in die drei Perioden der symbolischen, klassischen und romantischen Kunst einteilte, die nacheinander von den Völkern des Orients, Griechenlands und der germanischen Stämme im Horizont ihrer religiösen Vorstellungen entwickelt wurden, aber nun keinen neuen Weltanschauungsstil mehr zulassen (↑ Ende der Kunst). Die Abfolge und Differenzierung von Weltanschauungen in der Kunst untersucht die Schule Diltheys, während Nietzsche die Geschichte der Kunst als den unablässigen Kampf zwischen dem dionysischen und ↑ apollinischen Kunstprinzip auffaßt, der nur vorübergehend in einer Synthese zur Ruhe kommt.

Die genannten Formen von G., die auf Momenten der Kunst selbst beruhen, lassen sich von denen unterscheiden, die auf den Wandel der ↑ gesellschaftlichen Funktionen (Kult, Politik, Bildung, Unterhaltung) oder der Rezeption zurückgehen. Erweist sich das Kunstwerk in allen seinen Dimensionen von G. durchdrungen, so tendiert es andererseits dazu, seine historischen Momente so sehr miteinander zu vermitteln, daß es als einzigartig, unvergleichbar, unvergänglich erscheint. G. und Einzigartigkeit bilden eine Spannung, die die Seinsweise von Kunstwerken bestimmt und von deren Austragung der Rang eines Werks abhängt.

Lit.: Aristoteles: Poetik, Kap. 4. G. W. F. Hegel: Vorlesungen über die Ästhetik, in: Werke, Bd. 14. F. Nietzsche: Die Geburt der Tragödie aus dem Geist der Musik. P. Frankl: Das System der Kunstwissenschaft, Brünn 1938, S. 948 ff. N. Hartmann: Ästhetik, Kap. 42. E. Bloch: Das Prinzip Hoffnung, Kap. 29, 30, 38, 40, 48-51. Th. W. Adorno, Ästhetische Theorie, S. 262 ff. *W. H.*

Geschmack bezeichnet ursprünglich nur die sinnliche Wahrnehmung durch Zunge und Gaumen, die Empfindung des Süßen, Sauren, Bitteren und Salzigen. Seit Gracián (*Handorakel*, 1647) gewinnt der Begriff die metaphorische Bedeutung eines allgemeinen geistigen und sittlichen Urteilsvermögens. Als Takt, als Blick für das rechte Maß wird der G. zum Ideal des Aristokraten, des *honnête homme* bzw. des *fine gentleman*. Erst als Übersetzung des italienischen *gusto* bzw. des französischen *bon goût* wird der G. das Vermögen, Schönes und Häßliches zu unterscheiden und zu beurteilen. In dieser Bedeutung beherrscht der Begriff die Poetik und Kunstkritik des 17. und 18. Jh. nicht nur in England, Frankreich und Italien, sondern auch in Deutschland, wo die Diskussion des G. in die beginnende philosophische Ästhetik (Baumgarten, Kant) einmündet.

Die Vielfältigkeit der G.-definitionen liegt in ihrem erkenntnistheoretischen Fundament begründet. In der Tradition des Sensualismus behandeln Dubos, Burke, Hume u. a. den G. als ein vom Verstand unabhängiges Empfindungsurteil. Shaftesbury geht von der Existenz eines eigenen, für die Beurteilung des Schönen und Guten zuständigen *moral sense* aus. In der Tradition des Rationalismus hingegen begreifen Addison, Muratori, Gottsched u. a. den G. als Verstandesurteil, das durch objektive Regeln überprüfbar ist. Voneinander abweichende G.surteile werden entsprechend teils aus den Einflüssen objektiver Bedingungen wie Anlage, Erziehung und Milieu erklärt (Dennis, Mendelssohn), teils auf subjektive Täuschung, Irrtum und Vorurteil zurückgeführt (Gottsched). G. wird vorwiegend als rezeptives Vermögen, als Fähigkeit des Genusses (Montesquieu) oder der Kritik (Voltaire) gefaßt. Ergänzend ist ihm daher oftmals der Begriff des Genies zur Seite gestellt. G. und Genie umfassen so die Einheit von beurteilendem und hervorbringendem Vermögen (Kant), von intensiven und extensiven Seelenkräften (Goethe). Dagegen assoziiert Diderot polemisch gegen die aristokratische Kunst gerichtet G. mit Regelzwang und Konvention, Genie mit dem freien, selbstbewußten Schaffen des bürgerlichen Individuums.

Neben dem normativen Begriff (dem „guten" G.) findet sich auch der deskriptive, d. h. die Beschreibung verschiedener G.srichtungen eines Landes, einer Zeit etc. Die Relativität und Geschichtlichkeit der G.sideale wird erstmals von Herder in die Diskussion eingebracht, wobei er Griechenland, Rom, die Renaissance und die Ära Ludwigs XIV. als die vier großen Zeitalter des G. nennt. Als Ursache für seine Blüte führt Herder die Existenz politischer Freiheit an sowie die Verankerung der Kunst im Volk.

Die klassische deutsche Ästhetik beginnt mit der *Kritik* des G. Das G.surteil bezieht den Gegenstand bzw. die Vorstellung des Gegenstands auf das Subjekt und sein Gefühl der Lust und Unlust. Es ist daher nicht allgemein-begrifflich, sondern subjektiv-ästhetisch. Kant unterscheidet zwischen Sinnen- und Reflexionsgeschmack. Der Sinnengeschmack bezieht sich auf die Empfindung des Angenehmen und urteilt über das individuelle Vergnügen an einer Vorstellung. Über ihn ist daher ein begründeter Streit nicht möglich. Der Reflexionsgeschmack hingegen bezieht sich auf die Empfindung des Wohlgefallens und ist das Vermögen der Beurteilung des Schönen. Er urteilt einerseits ohne alles Interesse, also ohne Beziehung auf den Willen oder das Begehrungsvermögen des Menschen. Andererseits urteilt er allgemeingültig, zwar ohne Begriff, doch auf der Grundlage einer Art *sensus communis*. G.surteile sind für Kant also weder rein subjektiv, wie die Wahrnehmung des Angenehmen, noch rein objektiv, wie z. B. die begrifflichen Urteile über das Gute. Statt dessen besitzen sie eine *subjektive Allgemeingültigkeit*.

Vor allem ist der G. für Kant letztlich ein soziales Phänomen, denn „nur in der Gesellschaft ist es interessant, Geschmack zu haben". G. beruht daher auch nicht auf der Kenntnis von Regeln, sondern auf der „Entwicklung sittlicher Ideen" und der „Kultur des moralischen Gefühls", d. h. auf der Erziehung des Individuums zur Humanität.

Die Begründung der Ästhetik im Absoluten, die mit dem Anspruch der Kunst auf Wahrheit einhergeht, läßt den Begriff des G. zurücktreten.

Seit Schelling und Hegel ist Kunst nicht mehr Sache des Gefühls oder des Wohlgefallens, sondern der im Medium der Sinnlichkeit vermittelten Erkenntnis. Damit wird eine starke Abwertung des G.sbegriffs eingeleitet. Bis in den heutigen Sprachgebrauch hinein hat G. weniger mit Kunst (allenfalls mit ihren trivialen Formen) als mit den Gegenständen des täglichen Gebrauchs wie Kleidung, Wohnungseinrichtung etc. zu tun. Auch der „gute G." hat seine epochale, übergreifende Bedeutung verloren. Mit seinem raschen Wechsel rückt er, als „Zeit-G.", in die Nähe der ↑Mode. Schließlich erscheint der G. als Privatangelegenheit des Konsumenten oder einer Käuferschicht, so daß jederzeit eine Vielzahl von gegensätzlichen, sich überlagernden G.srichtungen existiert.

Die neueren G.-untersuchungen stehen daher weniger unter ästhetischem als unter (werbe-)psychologischem oder soziologischem Vorzeichen. Der G. interessiert als Faktor der Absatzförderung bzw. des Profits. Teils lehnt sich die Produktion an bestehende Bedürfnisse oder modische Strömungen an, teils lanciert sie unter dem Einfluß manipulativer Mittel (Reklame) neue G.srichtungen.

Die Soziologie der G.sbildung (Schücking) ist vor allem mit zwei Thesen hervorgetreten: Erstens verbürgt die Konstanz der gesellschaftlichen Verhältnisse eine gewisse Konstanz des geltenden G.; zweitens wenden sich neue G.srichtungen stets an neue G.sträger, d. h. an neue soziale Gruppen. Die erste These wird durch Adornos Untersuchungen zur ↑Massenkultur bestätigt, die bei scheinbarer Vielfalt des ästhetischen Angebots eine zunehmende Uniformität aufweist. Für die zweite These sprechen die G.sumbrüche in den Zeiten revolutionärer Umwälzungen, z. B. der Wandel vom französischen zum englischen G. z. Z. der Französischen Revolution (Hauser). Bourdieu arbeitet den sozialisations-bedingten Charakter des G. heraus, indem er, auf umfangreiches empirisches und statistisches Material gestützt, die Zusammenhänge zwischen Alter, Bildung, Beruf und Klassenzugehörigkeit und der Ausprägung und dem Niveau des G. darstellt.

Lit.: I. Kant: Kritik der Urteilskraft, § 1 – § 22, § 40 und § 60. W. Weisbach: Vom Geschmack und seinen Wandlungen, Basel 1947. F. Schümmer: Die Entwicklung des Geschmacksbegriffs in der Philosophie des 17. und 18. Jh., in: Archiv für Begriffsgeschichte 1 (1955). B. Markwardt: Geschichte der deutschen Poetik, Greifswald 1956/57. A. Nivelle: Kunst- und Dichtungstheorien zwischen Aufklärung und Klassik, Berlin 1960. L. Schücking: Soziologie der literarischen Geschmacksbildung, Bern ³1961. H. Klein: There is No Disputing About Taste. Untersuchungen zum englischen Geschmacksbegriff im 18. Jh., Münster 1967. A. Hauser: Sozialgeschichte der Kunst und Literatur, München 1983, Kap. 4. P. Bourdieu: Die feinen Unterschiede. Kritik der gesellschaftlichen Urteilskraft, Frankfurt/ M. 1987. *K. L.*

Gesellschaftliche Funktion der Kunst. Die g. F. d. K. besteht in der Befriedigung gesellschaftlicher Bedürfnisse, wie z. B. der Bedürfnisse nach Schmuck und Unterhaltung, nach Repräsentation, Festlichkeit und Bildung, nach Ausdehnung des Erfahrungsbereiches oder Intensivierung des Lebensgefühls. Teils wird die Kunst, durch ihren Auftrag festgelegt, ganz im Hinblick auf ihre g. F. geschaffen, teils stellt sich die g. F. aber auch ohne Absicht und Wissen des Künstlers ein. In jedem Falle verändert sich die g. F. d. K. mit der Entwicklung der Gesellschaft und der sozialen Stellung des Künstlers in ihr.

Die Antike definiert die g. F. d. K. im Hinblick auf das „gute Leben" in der Polis. Platon und Aristoteles heben insbesondere ihre Funktion für die Erziehung und die Beförderung der Tugend hervor. Von Horaz stammt die Formel des *aut prodesse, aut delectare*, des Nutzens oder des Vergnügens. Das christliche Mittelalter spricht der bildenden Kunst die Aufgabe zu, naive, ungebildete Menschen im Glauben zu festigen (Johannes v. Damaskus).

Bis ins 18. Jh. war die g. F. d. K. durch ihren Auftrag festgelegt. Später treten an die Stelle des persönlichen Auftraggebers die disparaten Wünsche und Erwartungen einer anonymen, bürgerlichen Öffentlichkeit. Die Kunstwerke nehmen ↑ Warencharakter an, ihr „Gebrauchswert" muß sich nun erst durch die Vermittlung des Marktes realisieren (Hauser). Es entsteht die engagierte Kunst, die Kunst der moralischen Belehrung oder der sozialen Anklage (↑ Tendenz).

Schiller bestimmt die g. F. d. K. als ↑ Erziehung, als ein Mittel zur Bildung und Humanisierung des Menschen und damit zur Verwandlung des Staats der Not in einen Staat der Freiheit. Hegel sieht im ↑ Bedürfnis nach Kunst das Bedürfnis nach Selbsterkenntnis am Werk, das Bedürfnis, die Welt als die Welt des Menschen wiederzuerkennen. Der aufklärerischen Perspektive auf die Menschheit folgt im 19. Jh. die Perspektive auf den Nationalstaat. Über staatliche und städtische Institutionen (Schule, Theater, Museum) wird die Kunst zum Bestandteil der Bildung und (als Nationalliteratur etc.) des nationalen Selbstbewußtseins.

Als ↑ Ideologie (Marx) betrachtet, ist die Kunst Ausdruck von Klasseninteressen. Ihre g. F. zeigt sich in der Stabilisierung, aber auch in der Kritik der bestehenden gesellschaftlichen Verhältnisse. Indem sie den „Kausalnexus" (Brecht) der bestehenden und den „Vorschein" (Bloch) einer zukünftigen, nicht-entfremdeten Gesellschaft aufzeigt, verändert sie das Bewußtsein des Menschen und fördert seine praktisch-politische Selbstbestimmung. Für Lukács stellt die große, realistische Kunst (über ihre klassenmäßigen Ursprünge hinaus) das „Selbstbewußtsein" der Menschengattung dar.

Innerhalb der ↑ Massenkultur wird die g. F. d. K. vor allem in ihrer Beziehung auf die Arbeitswelt diskutiert. In Fortführung Nietzsches, für den die Kunst der Dekadenz an den „Ermüdeten" adressiert und die Welt nur als ästhetisches Phänomen erträglich ist, besitzt die Kunst für Gehlen die Funktion einer „Entlastung" zweiter Ordnung. Mit ihren „Libertinismen", „Sehnsuchtsräumen" etc. entlastet sie den Menschen vom Druck der bürokratischen Gesellschaft, die mit ihren Institutionen ihrerseits schon die Entlastung des Menschen als eines biologisch-bedingten „Mängelwesens" darstellt. Auch für Ritter und Marquard hat die Kunst ihre Ausrichtung auf Wahrheit und Selbstbewußtsein der Gattung weitgehend verloren. Ihre Bedeutung liegt in ihrer Leistung als „Kompensation" des wissenschaftlich-technischen Fortschritts, d. h. ihrer Fähigkeit, die Modernisierungsprozesse für den Menschen annehmbar und erträglich zu machen.

Lit.: Platon: Der Staat, 3. Buch, Kap. 1–3. Aristoteles: Politik, 8. Buch, Kap. 5–7. F. Schiller: Über die ästhetische Erziehung des Menschen in einer Reihe von Briefen. G. W. F. Hegel: Vorlesungen über die Ästhetik, in: Werke, Bd. 13, S. 20ff. und S. 50ff. F. Nietzsche: Menschliches, Allzumenschliches, Nr. 170. Ders.: Die fröhliche Wissenschaft, Nr. 107. A. Gehlen: Zeit-Bilder. Zur Soziologie und Ästhetik der modernen Malerei, Bonn ²1965, S. 222ff. Th. W. Adorno/M. Horkheimer: Dialektik der Aufklärung (1947), Frankfurt/M. 1971, S. 108ff. H. Marcuse: Über den affirmativen Charakter der Kultur, in: Kultur und Gesellschaft, 1. Bd. G. Lukács: Die Eigenart des Ästhetischen, Kap. 7/III und Kap. 10. E. Bloch: Ästhetik des Vorscheins, 2 Bde., Frankfurt/M. 1974. A. Hauser: Sozialgeschichte der Kunst und Literatur, München 1983. O. Marquard: Kunst als Kompensation ihres Endes, in: W. Oelmüller (Hg.): Ästhetische Erfahrung, Paderborn 1981. H. Pfeiffer: Der soziale Nutzen der Kunst. Kunsttheoretische Aufsätze der frühen Gesellschaftstheorie in Frankreich, München 1988.   *K. L.*

Gestalt ↑ Gestalttheorie

Gestalttheorie ist eine Ende des 19. Jh. durch Chr. v. Ehrenfels begrün-dete Richtung der ↑ psychologischen Ästhetik, die gegen die atomisierende Analyse der Wahrnehmung die Priorität von Gestaltgesetzen behauptet, nach denen nicht nur im optischen, sondern in jedem Sinnesbereich die einzelnen Sinnesdaten von ganzheitlichen Strukturen beherrscht sind: der Ton von der Melodie, ein Stern von einem Sternbild usw. Darin erweist sich der Grundsatz, daß das Ganze mehr und etwas anderes ist als die Summe seiner Teile. In der ersten Hälfte des 20. Jh. sind experimentell von v. Ehrenfels, Wertheimer, Köhler, Koffka eine Vielzahl von elementaren Gestaltgesetzen festgestellt worden: daß sich eine Figur scharf umrissen von einem diffus bleibenden Hintergrund abhebt, daß räumliche, zeitliche Nähe oder Ähnlichkeit die Elemente zu Gestalten zusammenfügt, daß das Umschlossene und nicht das Ausgeschlossene eine Gestalt bildet usw. (Metzger). Nicht nur in den verschiedenen Sinnesbereichen, sondern auch im Bereich des Emotionalen und des Denkens ist die Priorität von Gestaltzusammenhängen festgestellt worden. Es ist noch nicht entschieden, ob die Gestaltgesetze lediglich bemerkt zu werden brauchen (statische Auffassung), im Bemerken hervorgebracht werden (dynamische Auffassung) oder beides. Die Erforschung von Gestaltgesetzen tendiert insgesamt zur Entwicklung einer universalen Morphologie (Goethe), nach der alle Naturprozesse danach streben, sich in einer „guten Gestalt" zu stabilisieren.

Für die ↑ phänomenologische, ↑ strukturalistische und ↑ Informationsästhetik gilt die G. als gesicherte

Grundlage. H. Read und insbesondere R. Arnheim haben sie mit Rückgriff auf die Symboltheorie C. G. Jungs zu einer umfassenden Kunsttheorie ausgebaut, die George-Schule, das Bauhaus, die Bewegungen der abstrakten Kunst, op art und konkreten Poesie haben sich von ihr inspirieren lassen. Im Mittelpunkt der ästhetischen Untersuchungen steht die Bestimmung der „guten" bzw. „prägnanten Gestalt". Ihre wichtigsten Eigenschaften sind ein hoher Ordnungsgrad bei reichem, komplexem Gehalt, Eigenständigkeit, deutliche Abgehobenheit vom Umfeld, Stabilität gegenüber Veränderungen. Gestaltgefüge können je nach dem Grad und der Art der Prägnanz verschiedene ästhetische Werte aufweisen (Gestalthöhe, -güte, -tiefe).

Lit.: K. Koffka: Principles of Gestalt Psychology, New York 1935. W. Metzger: Gesetze des Sehens, Frankfurt/M. [3]1975. F. Weinhandl (Hg.): Gestalthaftes Sehen. Ergebnisse und Aufgaben der Morphologie, Darmstadt [3]1974. R. Arnheim: Anschauliches Denken, Köln 1972. Ders.: Kunst und Sehen, Berlin 1978. Ders.: Die Macht der Mitte. Eine Kompositionslehre für die bildenden Künste, Köln 1983. Ders.: New Essays on the Psychology of Art, Berkeley 1986.   *W. H.*

Glück ↑ Genuß, ästhetischer

Goldener Schnitt. Der g. S. (lat. *sectio aurea*) teilt eine Strecke so in zwei ungleiche Teile, daß diese im selben Verhältnis zueinander stehen wie die Gesamtstrecke zum ersten Teilstück. Die „goldene Zahl" 0,618... (mit endloser Periode) ist auch das Bildungsgesetz der Fibonaccischen Zahlenfolge, die Musiker oft als Kompositionsprinzip genutzt haben.

Schon in der griechischen Antike, besonders in der pythagoreischen Philosophie, gilt der g. S. als Ausdruck kosmischer Harmonie. Seitdem ist er fester Bestandteil ästhetischer Proportionenlehren. Die Renaissance hat ihn nicht nur praktisch als Richtmaß für die Gestaltung von Flächen-, Raum- und Körperproportionen berücksichtigt (z. B. Brunelleschi in der Pazzi-Kapelle in Florenz), sondern auch in ihren ästhetischen Traktaten beschrieben (Luca Pacioli: *De divina proportione,* 1509). Leonardo und Dürer (*Vier Bücher von menschlicher Proportion,* 1509) dagegen haben sich von starren geometrischen Normen wie dem g. S. abgewandt, um die Vielfalt organischer Formen zu erforschen und darzustellen.

Die Entdeckung der „göttlichen Proportion" des g. S. in Kristallen, Pflanzen, Schneckenhäusern oder im menschlichen Körper hat viele Künstler glauben lassen, mit ihrer Hilfe besonders „organische" Gebilde schaffen zu können, ob in der Architektur (Le Corbusier), in der Musik (Bach, Haydn, Bartók) oder in der Volks- und Kunstliteratur.

Das durch den g. S. formulierte Spannungsverhältnis von Harmonie und Differenz, Dynamik und Statik wird von der Psychologie als Grundgesetz menschlichen Wahrnehmens und Verhaltens angesehen und entsprechend experimentell untersucht (Berlyne).

Lit.: F. X. Pfeiffer: Der goldene Schnitt und seine Erscheinungsformen in Mathematik, Natur und Kunst (1885),

Schaan 1969. O. Hagenmaier: Der Goldene Schnitt, München 1963. J. Benjafield/Chr. Davies: The Golden Section and the Structure of Connotations, in: Journal of Aesthetics and Art Criticism 36 (1978), S. 423–S. 427. D. E. Berlyne: Aesthetics and Psychobiology, New York 1971.   *W. K. K.*

Grazie ↑ Anmut und Würde

Groteske, das. Ursprünglich bezeichnet die G. eine bestimmte Form des antiken ↑ Ornaments, auf dem Pflanzen, Tiere, Menschen und Fabelwesen auf eine phantastische Weise miteinander verbunden sind. Derartige Ornamente wurden um das Jahr 1500 in römischen Thermen und Palästen wiederentdeckt und bildeten das Vorbild für Raffaels Ausgestaltung der Loggien des Vatikans. Im späten 18. Jh. wurde das G. zur ästhetischen Kategorie verallgemeinert (Floegel) und auf alle verzerrenden, karikierenden, verfremdenden Darstellungen übertragen, die durch ihre Vorliebe fürs Paradoxe, Skurrile oder Monströse eine grausig-komische oder beklemmende Wirkung ausstrahlen.

Die Romantik sieht im G. einerseits die „ursprüngliche Form der Phantasie" (F. Schlegel) – auch Hegel ordnet es der symbolischen, speziell der alten indischen Kunst zu. Andererseits führt sie es auf die christliche Entzweiung von Leib und Seele zurück und erhebt es, zusammen mit dem ↑ Häßlichen, zum Signum der modernen gegenüber der antiken Kunst (V. Hugo im Vorwort zu *Cromwell*).

Neben den bildenden Künsten finden sich g. Darstellungen vor allem in den verschiedenen Gattungen der Literatur (vgl. Kayser, Heidsieck, Hapham). Wie das verwandte ↑ Manieristische tritt auch das G. vorwiegend in Zeiten gesellschaftlicher Krisen oder Umbrüche auf. So etwa im ausgehenden Mittelalter (Bosch, Breughel d. Ä., Arcimboldi), in der Romantik (Jean Paul, E. T. A. Hoffmann, Poe) oder im 20. Jh. (im Surrealismus Kafkas oder Dalis, im absurden Theater Becketts, Ionescos etc.). Oftmals drückt sich in der Flucht ins G. die Flucht aus der Realität aus. Umgekehrt aber kann das G. auch im Dienst sozialer Anklage stehen (Brecht, Dürrenmatt), als Denunziation einer grotesk gewordenen Wirklichkeit.

Lit.: F. Floegel: Geschichte des Groteskkomischen (1788), Düsseldorf 1978. W. Kayser: Das Groteske in Malerei und Dichtung, Hamburg ²1960. A. Heidsieck: Das Groteske und das Absurde im modernen Drama, Stuttgart 1969. G. G. Harpham: On the Grotesque. Strategies of Contradiction in Art and Literature, Princeton N. Y. 1982.
K. L.

Harmonie (griech. Eintracht) ist der Einklang von Ungleichartigem oder Entgegengesetztem zu einer Gesamtgestalt. In der antiken Musiktheorie wurde sie auf Zahlenverhältnisse (Oktave) und damit auf ursprüngliche Baugesetze des Kosmos zurückgeführt, so daß die Wohlgeordnetheit (Schönheit) von Kunst und Natur („Sphärenharmonie") aus einer einzigen Gesetzmäßigkeit erklärt werden konnte. Platon übertrug den H.-gedanken auf die menschliche Seele und ihr Verhältnis zum Leib. Wie der

Makrokosmos nur durch den wohlgeordneten Ausgleich entgegenstrebender Kräfte Schönheit und Dauer erhält (↑ Gestalttheorie), so soll der Mensch sich als wohlgeordneter Mikrokosmos in das zeitliche und überzeitliche Ganze des Kosmos einfügen. H. bezeichnet ursprünglich ein sittliches, kosmisches und religiöses Grundgesetz. Durch die Verselbständigung der Ästhetik ist dieser universale Horizont eingeschränkt worden auf die Sphäre der Schönheit in Natur und Kunst, wovon Erhabenes, Komisches, Tragisches usw. ausgeschlossen wurden. In der Kunst wurde die H. überdies auf das klassische Ideal begrenzt, so daß sich die Kunst der Moderne vom H.-prinzip zu distanzieren vermochte, ohne den Kunstanspruch aufzugeben. Über die Abwertung des H.-prinzips führte auch die Formästhetik nicht hinaus, die die H. zusammen mit Proportion, Symmetrie, Rhythmus zu den Grundformen rechnete, durch die sich Schönheit als Einheit in der Mannigfaltigkeit manifestiert. Vernachlässigt man den Anteil der antagonistischen, disharmonischen Kräfte, die in der H. zum Ausgleich kommen, kann sie als spannungslose, sogar als beschönigende „H.sierung" aufgefaßt werden, die bis in den ↑ Kitsch abzusinken vermag. Ansätze zu einer Rehabilitation des H.-prinzips finden sich u. a. in der Ästhetik Adornos.

Lit.: J. Volkelt: System der Ästhetik, 3. Bd., S. 449 ff., J. Rohwer: Die Harmonischen Grundlagen der Musik, Kassel 1970. Th. W. Adorno: Ästhetische Theorie.   *W. H.*

Häßliche, das. Die abstoßende Wirkung des H. ist in allen Bereichen der Wirklichkeit anzutreffen, bei Tieren (Zwitterwesen) und Menschen (Verbildungen, Krankheit, Tod), in der Natur (Zerstörung menschlichen Lebensraums) und in der Moral (Brutalität, Verbrechen), in der Gesellschaft und der Politik (Korruption, Unterdrückung). Ebenso in den Schreckensbildern magischer Fratzen, mythologischer Phantasien oder religiöser Vorstellungen. Immer war daher das H. auch Teil der Kunst (Gorgo, Thersites, Dämonen etc.); seit dem Beginn des Realismus haben die „nicht mehr schönen Künste" (Jauß) sogar die Vorherrschaft gewonnen.

Die Begriffsbestimmungen des H. gehen von verschiedenen Perspektiven und philosophischen Ansätzen aus. Plotin faßt es im Rahmen seiner auf die intelligible Schönheit des Einen ausgerichteten Ästhetik als das Stoffliche, Materielle, Körperliche schlechthin. Häßlich ist, was von der göttlichen Formkraft ausgeschlossen oder von ihr ungenügend durchdrungen wird. Nicht die kosmische, sondern die ethisch-politische Dimension steht dagegen in der Nachfolge Hegels im Mittelpunkt. Rosenkranz bestimmt das Wesen des H. als „Unfreiheit", die nicht nur dort besteht, wo Grenzen ungerechtfertigt gesetzt (das „Gemeine"), sondern auch dort, wo Grenzen willkürlich aufgehoben werden (das „Widrige"). Ebenfalls in der Tradition Hegels steht die marxistische Ästhetik, die das H. als Erscheinungsform der Entfremdung (Kagan) begreift, deren Aufhebung von der revolutionären Umgestaltung und Humanisierung der Gesellschaft erwartet wird.

Bei Nietzsche erscheint das H. als Symptom des Verfalls, als das Schwache, Erschöpfte, „Entartete", das im Lebenskampf unterliegt. Adorno begreift es als das historisch Ältere, Archaische, von dem sich das Schöne abhebt und das im dialektischen Prozeß der Aufklärung wiederkehrt.

In der Wirklichkeit erregt der Anblick des H. Abscheu und Ekel, in der Kunst dagegen übt es eine eigentümliche ↑ Faszination aus und kann sogar „mit Vergnügen" (Aristoteles) betrachtet werden. Lessing lehnt es als Gegenstand der Malerei ab; nur die Poesie, die durch ihre zeitlich-sukzessive Darstellungsform auch die Wirkung abmildert, darf sich seiner Ansicht nach der Nachahmung des H. annehmen.

Seine zentrale Rolle spielt der Begriff des H. in der Ästhetik des Hegelianismus. Weiße, Ruge, Vischer und Rosenkranz fassen das H. – wie auch das ↑ Komische und ↑ Erhabene – als dialektische Negation und damit als integralen Bestandteil des Schönen selbst. Die Kunst darf das wirklich existente H. nicht aus ihren Darstellungen ausklammern, sie muß es jedoch als untergeordnet, in einer „schönen Totalität" aufgehoben erscheinen lassen. Der Begriff wird unter diesen vorgegebenen Rahmenbedingungen allerdings der neuen realistischen Kunst (Balzac, Dickens u. a.) nicht gerecht, die die Wahrheit zu ihrem Programm erhoben hat und für die die Schönheit zu einem (nur unter besonders günstigen gesellschaftlichen Bedingungen realisierbaren) „Spezialfall" (Lukács) herabgesunken ist. Die Aufgabe der realistischen Kunst besteht vielmehr darin, mit der abstoßenden Erscheinung auch das Wesen, d. h. die gesellschaftlichen Ursachen des H. zur Darstellung zu bringen (↑ Realismus).

Lit.: Plotin: Enneade I, 6. G. E. Lessing: Laokoon oder Über die Grenzen der Malerei und Poesie, Kap. 23–25. Chr. H. Weiße: System der Aesthetik als Wissenschaft von der Idee der Schönheit (1830), Hildesheim 1966. A. Ruge: Neue Vorschule der Ästhetik (1837), Hildesheim 1975. K. Rosenkranz: Ästhetik des Häßlichen. F. Nietzsche: Götzendämmerung (1888), Nr. 19 und 20. G. Lukács: Karl Marx und F. Th. Vischer, in: Beiträge zur Geschichte der Ästhetik, Berlin 1954, S. 217 ff. H. R. Jauß (Hg.): Die nicht mehr schönen Künste, München 1968. Th. W. Adorno: Ästhetische Theorie, S. 74 ff. M. Kagan: Vorlesungen zur marxistisch-leninistischen Ästhetik, Berlin 1971, S. 57 ff. H. Funk: Ästhetik des Häßlichen. Beiträge zum Verständnis negativer Ausdrucksformen im 19. Jh., Berlin 1983. W. Jung: Schöner Schein der Häßlichkeit oder Häßlichkeit des schönen Scheins. Ästhetik und Geschichtsphilosophie des 19. Jh., Frankfurt/M. 1987. *K. L.*

Hermeneutik. Eine H. (griech. Auslegungskunst) ist in Ansätzen bereits in der Antike entwickelt worden, um die grundlegenden religiösen, juristischen und literarischen Schriften vor Unverständnis zu bewahren. Im Mittelalter entwickelte die theologische H. die Lehre vom vierfachen Sinn der Schrift (buchstäblicher, allegorischer, moralischer, mystisch-anagogischer Sinn). Um 1800 entwarfen Schleiermacher und F. Schlegel eine über die theologische, juristische und philologische Fachh. hinausgehende allgemeine H., die eine Schrift sowohl aus ihren sprachlichen (grammatischen und sprachgeschichtlichen) sowie aus ihren inhaltlichen (logischen und problemgeschichtlichen) Voraussetzungen als auch in Hinsicht auf ihre Wirkungen zu interpretieren lehrte. Auf allen Auslegungsebenen wirkt sich der „hermeneutische Zirkel" aus, nach dem ein Teilaspekt nur aus dem Ganzen, das Ganze aber nur aus den Teilen angemessen verstanden werden kann. Dilthey entwickelte die H. zur Erkenntnistheorie der (verstehenden) Geisteswissenschaften, die er den (erklärenden) Naturwissenschaften gegenüberstellte. E. Betti hat die H. systematisch als Erkenntnistheorie der Geisteswissenschaften und als Methode der Auslegung von Texten entfaltet. Heidegger vertiefte die H. zur philosophischen Grundwissenschaft (*Sein und Zeit*, 1927), indem er das Verstehen als unhintergehbaren Weltbezug des Menschen aufwies. Gadamer konkretisierte das fundamentalontologische Verstehen dadurch, daß er es in letztlich uneinholbare Horizonte der Geschichtlichkeit des menschlichen und menschheitlichen Selbstverständnisses einbettete („wirkungsgeschichtliches Bewußtsein"). Dabei wies er die produktive Funktion der (unvermeidbaren) Vorurteile für ein geschichtlich-konkretisiertes Verstehen auf. Gegen Gadamers Auflösung der Auslegung in eine unabschließbare Reihe von neuen geschichtebildenden Sinnentwürfen stellte E. D. Hirsch seine Lehre von den objektiven Kriterien für die Richtigkeit einer Auslegung auf. Die Ideologiekritik klagte das Fehlen einer (selbst)kritischen, insbesondere gesellschaftskritischen Beurteilung

der klassischen Texte ein, die nur noch ein Problem des Verstehens darstellten.

H., als Erkenntnistheorie und als Auslegungslehre aufgefaßt, geht hauptsächlich auf zwei sachliche Motive zurück, die in den Kunstwissenschaften zwar schon seit langem eine beunruhigende Rolle gespielt, aber erst relativ spät zu hermeneutischen Reflexionen geführt haben: Gegen die apodiktischen Ansprüche einer kongenialischen oder dogmatischen Interpretation sollten die Begriffe und Beweisgründe geprüft werden, auf die sich Aussagen über Kunstwerke stützen können, und gegen die Gefahr von Sinnverlust oder Sinnverzerrung, der die Kunstwerke von Anfang an ausgesetzt sind, sollte eine auf das Sinnganze eines Werks und seine immanenten Aufbaugesetze ausgerichtete und intersubjektiv nachvollziehbare Auslegungsmethode entwickelt werden. Totalität des Werksinns und methodische Genauigkeit standen in konfliktreicher Spannung zueinander. Im 20. Jh. dominierte das Methodeninteresse. Psychoanalyse, Soziologie, Theologie, Philosophie entwickelten im Rahmen ihrer speziellen Erkenntnisinteressen Interpretationsmodelle, die bestimmte Partialansichten und Sinndimensionen von ausgewählten Kunstwerken sichtbar machten, aber die Frage nach der Totalität des Werksinns methodisch ausklammerten oder nur in Abhängigkeit von ihrem Standpunkt entfalteten. Innerhalb der Kunstwissenschaften entwickelte sich die H., in erster Linie die literarische, allmählich auch die musikalische und kunstwissenschaftliche H., mehr unter dem Einfluß neuer Methoden und Erkenntnisinteressen (Semiotik, Strukturalismus, Dekonstruktion, Rezeptionsgeschichte, Feminismus), als daß die Frage nach Einheit und Totalität aller Sinndimensionen eines Kunstwerks entfaltet worden wäre. Vielmehr wird diese Frage auf eine (vergangene) Periode der Wissenschaftsgeschichte zurückgeführt, als substantialistisches Denken oder als eine methodisch irrelevante, da nicht realisierbare Idee einer widerspruchsfreien Summe aller in der Rezeptionsgeschichte auftretenden und möglichen Interpretationen kritisiert.

Lit.: F. D. E. Schleiermacher: Hermeneutik und Kritik, Frankfurt/M. 1977. H.-G. Gadamer: Wahrheit und Methode, Tübingen ⁵1986. E. Betti: Allgemeine Auslegungslehre als Methodik der Geisteswissenschaften, Tübingen 1967. E. D. Hirsch: Prinzipien der Interpretation, München 1972. P. Szondi: Einführung in die literarische Hermeneutik, Frankfurt/M. 1975. E. Leibfried: Literarische Hermeneutik, Tübingen 1980. O. Bätschmann: Einführung in die kunstgeschichtliche Hermeneutik, Darmstadt 1984. M. Roskill: The Interpretation of Pictures, Amherst/Mass. 1989.   *W. H.*

Humoristische, das. Im Gegensatz zum Witz oder zur Satire, die ebenfalls Formen des ↑Komischen darstellen, gründet das H. nicht im Verstand, sondern im „Gemüt". Es ist nicht aggressiv, beleidigend, sondern verständnisvoll und verzeihend. Seine Darstellungen in Malerei (Genre-Malerei der Holländer, Spitzweg u. a.) und Dichtung (W. Busch, E. Roth u. a.) versenken sich ins Kleine, Private, Alltägliche und zeigen die Un-

zulänglichkeiten des alltäglichen Lebens.

Geprägt wurde der Begriff insbesondere von der romantischen Ästhetik (F. Schlegel, Solger, Jean Paul). In Fortführung der Schillerschen Unterscheidung von naiver und sentimentalischer Dichtung stellt der Begriff des H. den Versuch dar, die Eigenart der modernen Kunst zu bestimmen, wobei insbesondere der englische Roman (Fielding, Sterne, Smollet etc.) das Vorbild abgibt. Jean Paul definiert den Humor als das „romantische Komische", in dem das Individuum mit der Welt versöhnt wird. Die nach-hegelsche Ästhetik (Vischer u. a.) verallgemeinert das H. zur ästhetischen ↑Kategorie und setzt es dem Erhabenen entgegen.

Freud präzisiert die psychische Wirkungsweise des H. als „Affektersparnis" und Entlastung des „Ichs". Er schafft damit die Grundlagen, auf denen auch die soziale Funktion des H. innerhalb der (modernen) Gesellschaft (Mulkay) begriffen und dargestellt werden kann.

Lit.: K. W. F. Solger: Erwin. Vier Gespräche über das Schöne und die Kunst, S. 350 ff. Jean Paul: Vorschule der Ästhetik, § 31 ff. F. Th. Vischer: Über das Erhabene und Komische. S. Freud: Der Humor, in: Studienausgabe, 10. Bd., Frankfurt/M. 1969–72. H. Lützeler: Über den Humor, Zürich 1966. W. Preisendanz: Humor als dichterische Einbildungskraft, München ³1985. M. Mulkay: On Humour. Its Nature and Its Place in Modern Society, Cambridge 1988.   *K. L.*

Ideal. Die Ästhetik des deutschen Idealismus definiert das I. als Versinnlichung des Absoluten, als Einheit von Idee und Erscheinung oder als Darstellung des Göttlichen, Unendlichen in begrenzter, endlicher Form.

Zentral steht der Begriff bei Hegel, der das I. mit dem Kunstschönen, d. h. mit der Darstellung der wesentlichen Erscheinung gleichsetzt. Durch die Abstraktion vom Zufälligen und Nebensächlichen bzw. durch das Herausarbeiten der allgemeinen und wesentlichen Züge führt die Kunst das äußerliche Dasein ins Geistige zurück und faßt die empirischen Erscheinungen als wahr auf. Nach der einen Seite grenzt sich Hegel gegen die „naturalistische" Überbewertung des empirischen Details ab, nach der anderen Seite gegen die Verabsolutierung des Ideals gegenüber der Wirklichkeit, wie sie bei Winckelmann oder in der Kant-Schillerschen Ästhetik vorliegt. Winckelmann empfiehlt die idealistischen Darstellungen der Antike (auch Raffaels u. a.) als Vorbild, die nicht die Natur, sondern unmittelbar die „im Verstande entworfene geistige Natur", d. h. die ideellen Urbilder nachgeahmt hätten. Kant und Schiller (vgl. dessen Gedicht *Das Ideal und das Leben*) fixieren das I. als abstraktes Vorbild und Muster, das die Kunst zwar erstreben soll, das ihr aber ewig unerreichbar bleibt.

Hegel faßt das I. geschichtlich. Im symbolischen I. der alten orientalischen Kunst wird die Einheit der (noch abstrakten, unbestimmten) Idee mit dem Stoff erst gesucht, im klassischen I. der Antike ist sie gefunden. Das romantische I. der christlichen Kunst des Mittelalters und der Neuzeit schließlich überschreitet die Einheit und damit die Grenzen der Kunst überhaupt. Gegen Hegels Auffassung vom ↑Ende der Kunst gerichtet, führt Vischer den Begriff eines modernen I. in die Ästhetik ein, das mit der Entgötterung der Welt in der Aufklärung beginnt und das im Anschluß an die Weimarer Klassik die Vollendung der Kunst noch von der Zukunft erwartet.

Idealisieren heißt entsprechend, einen Gegenstand durch seine künstlerische Darstellung auf ein I. hin transparent zu machen. Das bedeutet im schlechten, apologetischen Sinne Verfälschung oder Beschönigung der wahren Sachverhalte, im eigentlichen Sinne dagegen Darstellung der wesentlichen Zusammenhänge und Erkenntnis der Wirklichkeit.

Lit.: J. J. Winckelmann: Geschichte der Kunst des Altertums, § 35. I. Kant: Kritik der Urteilskraft, § 17 und § 60. F. Schiller: Über die ästhetische Erziehung des Menschen in einer Reihe von Briefen, 4. und 26. Brief. G. W. F. Hegel: Vorlesungen über die Ästhetik, in: Werke, Bd. 13, S. 202 ff. und S. 389 ff. F. Th. Vischer: Plan zu einer neuen Gliederung der Ästhetik (1843), in: Kritische Gänge, 4. Bd., München 1922 S. 174 ff.   *K. L.*

Ideologie, allgemein „Wissenschaft der Ideen", gewinnt unter dem Einfluß von Sensualismus und Materialismus des 18. Jh. die bestimmtere Bedeutung einer Wissenschaft über den „Ursprung der Ideen". Destutt de Tracy, Cabanis u. a. erklären das Bewußtsein aus der körperlichen Konstitution des Menschen und seiner Empfänglichkeit für die Einwirkungen der Umwelt. In seiner klassischen Bedeutung bei Marx und Engels umfaßt I. die Gesamtheit des gesellschaftlichen Bewußtseins (Moral, Religion, Recht, Metaphysik, Kunst etc.), in dem sich die Konflikte des gesellschaftlichen Seins widerspiegeln.

Zu unterscheiden ist insbesondere zwischen der analytischen und der kritischen Bedeutung des Begriffs, die in der Marxschen Theorie eine Einheit bilden. Sein analytisches, wissenschaftliches Anliegen ist die Erklärung des Bewußtseins aus dem Sein, aus dem wirklichen Lebensprozeß des Menschen, d.h. seiner Arbeit (seinem „Stoffwechselprozeß" mit der Natur) und seinem Verkehr mit den anderen Menschen. Die „Basis" mit ihrer widersprüchlichen Einheit von Produktivkräften (Arbeit, Produktionsmittel) und Produktionsverhältnissen spiegelt sich in den Institutionen des Staats, des Rechts etc. und den Bewußtseinsformen des „Überbaus" wider. Mit den Veränderungen der sozialökonomischen Basis wälzt sich auch der Überbau um. In der Kunst schlagen sich derartige Umwälzungen in den Veränderungen des Stils, der Formen, des Geschmacks etc. nieder. Anders als bei den französischen Aufklärern wird der Ursprung des Bewußtseins nicht in der Natur, sondern in den geschichtlichen und gesellschaftlichen Verhältnissen gesehen. Weiterhin wird die Vorstellung einer einseitigen, mechanischen Determination zugunsten der Idee eines dialektischen Wechselverhältnisses aufgegeben, wobei die Basis nur „in letzter Instanz" das bestimmende Moment darstellt und der

I. in ihrer Entwicklung eine „relative Selbständigkeit" (Engels) zugestanden wird.

In seiner kritischen Bedeutung denunziert der Begriff der I. ein Bewußtsein, das seine gesellschaftliche Bedingtheit verkennt und seine Geschichtlichkeit verleugnet. Indem sich das Bewußtsein derart gegenüber der Basis verselbständigt, kann es sich einbilden, unbedingt und absolut zu sein. Tatsächlich aber nimmt es die Interessen, von denen es geleitet wird, nur nicht zur Kenntnis. So ist es dann die Aufgabe der I.-kritik, die unbewußten und unter dem Schein der Objektivität verborgenen (Klassen-)Interessen aufzudecken und darzustellen. Ist I. für Marx prinzipiell „falsches Bewußtsein", so kommt ihr doch insofern partielle Richtigkeit zu, als sie die verkehrte Wirklichkeit versachlichter Herrschaftsverhältnisse (Warenfetischismus) adäquat widerspiegelt und somit dem realen Schein entspricht.

Dem Marxschen Begriff (und der inner-marxistischen Diskussion bei Althusser, Haug u.a.) stehen gegenwärtig noch verschiedene andere Begriffe von I. gegenüber: Der verbreitete (neo-)positivistische Begriff beruht auf der strikten Trennung von Sach- und Werturteilen (M. Weber). I. und Wissenschaft werden so zu absoluten Gegensätzen. Die Wissenschaft erforscht das, was „ist", die I. hingegen hat es mit dem zu tun, was „sein soll". Sie ist wissenschaftlich nicht überprüfbar und wird als subjektives (moralisches, ästhetisches etc.) Werturteil gefaßt (Geiger, Popper). Politisch wirksam wurde der positivistische I.-begriff insbesondere

in den Proklamationen eines post-
ideologischen Zeitalters (Bell, Wax-
mann u. a.), das – unter der Voraussetzung des verwirklichten Pluralismus – politische Entscheidungen allein der technischen (Zweck-)Ratio-
nalität anheimstellt.

Die Wissenssoziologie begreift alles Wissen als „relational" (Scheler),
als „Funktion der Seinslage" (Mannheim) und damit als I. Sie eliminiert
das kritische Moment des Marxschen
Begriffs und rückt die Hermeneutik
des Verstehens in den Vordergrund.
Nur die freischwebende Intelligenz
kann sich aus der sozialen Abhängigkeit lösen und zu einer „Zusammen-
schau" aller Momente und Motive
vordringen.

Die Frankfurter Schule hat vor allem versucht, den Kausalzusammen-
hang aufzudecken, der zwischen der
sozialen Stellung und der I. von Individuen und Gruppen besteht. Die
Marxschen Kategorien werden dabei
mit Hilfe der Freudschen Psychoanalyse und ihren zentralen Kategorien
der Verdrängung, Sublimation, Rationalisierung etc. interpretiert und
konkretisiert (Fromm, Marcuse). Habermas stellt Wissenschaft und Technik als Formen der I. dar, hinter deren positivistisch verkürzter Sach-
zwang-Rationalität sich unausge-
sprochen das politische Interesse an
der Erhaltung des status quo verbirgt.

Lit.: G. Lukács: Geschichte und Klassenbewußtsein (1923), Neuwied-Berlin
²1971, S. 170 ff. K. Mannheim: Ideologie und Utopie, Frankfurt ⁴1965. Th.
Geiger: Ideologie und Wahrheit, Stutt-
gart-Wien 1953. H. Plessner: Abwandlungen des Ideologiegedankens, in:
Zwischen Philosophie und Gesellschaft,
Bern 1953. H. Marcuse: Der eindimensionale Mensch, Neuwied 1967. J. Habermas: Technik und Wissenschaft als
Ideologie, Frankfurt/M. 1968. H.-J.
Lieber (Hg.): Ideologienlehre und Wissenssoziologie. Die Diskussion um das
Ideologieproblem in den zwanziger
Jahren, Darmstadt 1974. K. Lenk (Hg.):
Ideologie. Ideologiekritik und Wissenssoziologie, Frankfurt/M. ⁹1984. P. C.
Ludz: Ideologiebegriff und marxistische Theorie, Opladen 1976. L. Althusser: Ideologie und ideologische Staats-
apparate, Hamburg-Berlin 1977. PIT/
Projekt Ideologietheorie: Theorien über
Ideologie, Berlin 1979. „Dialektik" Nr.
10: Ideologie – Aufklärung über Bewußtsein, Köln 1985. R. Boudon: Ideologie. Geschichte und Kritik eines Begriffs, Hamburg 1988.   *K. L.*

Idyllische, das. Idylle (griech. *eidyl-
lion*: – vermutlich – Stückchen)
kennzeichnet die künstlerische oder
dichterische Gestaltung einer kleinen
harmonischen Welt paradiesisch-uto-
pischen Lebens –, eine Welt der Götter und Hirten („Arkadien"), der ursprünglichen Natur, der verklärten
Unschuld, der Anspruchslosigkeit,
der Anmut und Grazie, in der noch
keine Entzweiung von Natur und
Geist, von Sinnlichkeit und Vernunft, von Individuum und Gesellschaft stattgefunden hat. Vollendet
erscheint das I. in der arkadischen
Hirtendichtung der Antike (Theo-
krit, Vergil), in der Schäferdichtung
des Barock und Rokoko (Ronsard,
Spenser, Guarini, Geßner) und in
den realistisch-moralisierenden Idyllen des 18. und 19. Jh. (Voß, Goethe,
Jean Paul, Mörike). In den bildenden Künsten findet sich das I. in
der Genremalerei der Holländer (P.

Bruegel d. Ä., Vermeer), bei Watteau, Boucher oder Gainsborough u. a. sowie in der Kunst der Romantik und des Biedermeier.

Mit zunehmender Industrialisierung und Verwissenschaftlichung des Lebens verkommt das I. zur trivialen Heimatkunst und zum ↑ Kitsch. Sowohl gegen den idealisierenden als auch gegen den provinziellen Charakter des I. haben sich allerdings schon immer satirische und parodistische „Gegen-Idyllen" (Hogarth, Swift, W. Busch, Horvath, Brecht) gewandt. In den modernen Massenmedien ist das I. in allen Ausprägungen anzutreffen: als oberflächliche Heimatschnulze ebenso wie als Instrument der Kritik an der weltweiten Natur- und Kulturzerstörung.

Lit.: K. Garber: Europäische Bukolik und Georgik, Darmstadt 1976. R. Böschenstein-Schäfer: Idylle, Stuttgart 1977. K. Bernhard: Idylle. Theorie, Geschichte, Darstellung in der Malerei 1750–1850, Köln 1977. H. J. Schneider (Hg.): Idyllen der Deutschen. Texte und Illustrationen, München 1979. Ders.: Deutsche Idyllentheorien im 18. Jh., Tübingen 1988. B. Effe / R. Grimm / K. Krautter: Bukolik, München 1980.
W. K. K.

Ikonographie (Neologismus aus griech. *eikon* und *graphein:* Bildbeschreibung) ist ein Zweig der ↑ Kunstgeschichte. Aufgaben der I. sind die Bestimmung des Inhalts und des Themas von Bildern und Skulpturen, die Bestimmung des Programms von Zyklen oder Ensembles und die Erforschung der Entstehung, der Verbreitung und des Wandels von Darstellungstypen solcher Themen und Programme. Die I. ist keine Interpretation, sondern eine Klassifikation durch die Zuordnung eines Namens, eines Begriffs oder eines Textes zu Figuren, Allegorien, erzählenden Darstellungen oder Zyklen. I. ist nur möglich, wenn die Bildwerke eine sprachliche Grundlage haben. Man unterscheidet zwischen sakraler und profaner I. Die entsprechenden Hauptreferenzwerke sind die Bibel, die Heiligenlegenden, die Emblembücher und Ikonologien des 16. bis 18. Jh. und die *Metamorphosen* Ovids. Die Erforschung der Typen nichtliterarischer Sujets (vorwiegend des 19. Jh.) heißt Motivgeschichte.

Um 1800 bezeichnete I. in der Archäologie das Studium und die Klassifikation von Bildnissen. Arbeiten über christliche I. entstanden seit 1850 zuerst in Frankreich (Didron, Crosnier) entsprechend dem neuen Interesse an religiöser Kunst. Die Forschungsergebnisse der sakralen I. sind im *Index of Christian Art* (Princeton, Vatikan) und in Lexika zusammengefaßt.

Ikonologie wird gelegentlich mit I. gleichgesetzt, oder die I. komplexer Systeme wird als Ikonologie bezeichnet. Unter Ikonologie der Architektur versteht man die Untersuchung der allegorischen oder symbolischen Bedeutung von Bauwerken (d. h. deren I.). Nach Warburg ist Ikonologie die Untersuchung der Funktion und des Gebrauchs von bildlichen Darstellungen in der Kultur. Durch die Warburg-Bibliothek (bis 1933 in Hamburg, seither in London) wurden I. und Ikonologie im zweiten Drittel des 20. Jh. zum bedeutendsten Forschungsgebiet der Kunstgeschichte, allerdings weniger nach der komplexen Vorstellung von Warburg als nach der schematischeren Methode der Bilderentzifferung von Panofsky. Er entwickelte in Princeton N.J. die Ikonologie zu einer wissenschaftlichen Erklärung von I. und Stil aus allgemeinen und individuellen Verhaltensweisen und Vorstellungen.

Lit.: R. van Marle: Iconographie de l'art profane, 2 Bde., Den Haag 1931–1932. Leipzig-Berlin 1932. A. Warburg: Gesammelte Schriften, 2 Bde., Leipzig-Berlin 1932. E. Panofsky: Studies in Iconology, New York 1939. G. Bandmann: Mittelalterliche Architektur als Bedeutungsträger, Berlin 1951. G. Kaftal: Iconography of the Saints, 4 Bde., Florenz 1952–1985. L. Réau: Iconographie de l'art chrétien, 6 Bde., Paris 1955–1959. E. v. Kirschbaum / W. Braunfels (Hg.): Lexikon der christlichen Ikonographie, 8 Bde., Rom 1968–1976. A. Pigler: Barockthemen, 3 Bde., Budapest 1974. E. Kaemmerling (Hg.): Ikonographie und Ikonologie, Köln 1979. Lexicon Iconographicum Mythologiae Classicae, Zürich/München 1981 ff. *O. B.*

Ikonologie ↑ Ikonographie

Illusion (lat. *illudere:* mit jemandem spielen, jemanden verspotten, irreführen) heißt generell (Sinnes-)Täuschung, Trug(bild) oder Einbildung, im Gegensatz zu Wirklichkeit, Wahrheit oder Gesetz. Unter ästhetischer I. lassen sich sowohl die Spielregeln, Konventionen oder Formen künstlerischer Produktion und Rezeption verstehen (I. der Bühne, des Kinos, der erzählten Fiktion etc.) als auch die durch künstlerische Produkte erzeugten wirklichkeitsfremden Vorstellungen, Haltungen oder Gefühle selbst. Sinn und Zweck ästheti-

scher I. werden je nach Weltanschauung bis heute unterschiedlich beurteilt. Entweder wird die Kunst als Täuschung, Lüge und Verführung zensiert und verworfen, oder aber sie wird als erkenntnisstiftende, moralisch-pädagogische, sogar biologisch lebensnotwendige Kraft der Phantasie verteidigt und als Mittel zum Abbau von erstarrten Verhaltens- und Vorstellungsmustern eingesetzt.

Die Geschichte der Künste zeigt verschiedene theoretische und technische Modelle und Verfahren zur Erzeugung und Pflege ästhetischer I. Die im engeren Sinne „illusionistische" Kunst, wie z. B. die architektonischen Raumwirkungen oder die *trompe l'oeil* – Malerei zielt ganz bewußt auf die Täuschung des Auges. Die realistische, naturalistische oder dokumentarische Kunst dagegen will die I. der Wirklichkeit erreichen; Impressionismus, Symbolismus oder Surrealismus wiederum versuchen, den Rezipienten durch I. in eine transzendente Welt zu entführen. Das Phänomen der I. in seinen ästhetischen Varianten und Aspekten ist auch Gegenstand der empirischen Wahrnehmungs- und Kognitionsforschung.

Lit.: M. Battersby: Trompe l'oeil. The Eye Deceived, London 1974. R. L. Gregory / E. H. Gombrich (Hg.): Illusion in Nature and Art, London 1971. R. Held (Hg.): Image, Object and Illusion, San Francisco 1974. E. Kris: Die ästhetische Illusion, Frankfurt/M. 1977. E. H. Gombrich: Kunst und Illusion, Stuttgart 1978. *W. K. K.*

Imaginäres Museum. Als i. M. hat Malraux im Rückgriff auf W. Benjamin die Gesamtheit fotografischer Reproduktionen von Werken der bildenden Kunst bezeichnet. Die Sammlung und Ausstellung von Kunstwerken im ↑Museum fand durch die Sublimierung des Museums zu Fotobänden eine unabsehbare Erweiterung, die Kunstwerke aber erfuhren eine qualitative Veränderung. Im Museum wurden sie bereits aus ihren ursprünglichen Gebrauchsfunktionen gelöst, wodurch sie ihre *Aura* verloren (Benjamin), während sie durch die Ausstellung auf ihre Kunstform und ihr Gebrauch auf die ästhetische Betrachtung reduziert wurden. Die Fotografie abstrahiert nun vom Material der Werke, hebt die Gattungsgrenzen zwischen Architektur, Plastik, Malerei usw. auf, setzt an die Stelle der Maße der Werke die Formate des Fotos, d. h. die (Teil- bzw. Detail-)Ansichten des Fotografen, und ersetzt die Aura der Werke bestenfalls durch die Aura eines künstlerisch oder ästhetisch wertvollen Fotos (↑Fotoästhetik). Das i. M., das sich aus Bildbänden, Fotos, Dias, Kunstpostkarten, Kalendern, Plakaten, Kunstfilmen und Präsentationen von Kunstwerken im Fernsehen zusammensetzt, steht prinzipiell jedermann zu beliebigen Zeitpunkten zur Verfügung, fördert, erleichtert und verbreitet die Beschäftigung mit der bildenden Kunst und einer popularisierenden Kommentierung, wodurch es wie der Kunsttourismus dem standardisierten Konsum von geistigen Werten und der Demokratisierung von Bildungsgütern dient.

Lit.: W. Benjamin: Das Kunstwerk im Zeitalter seiner technischen Reproduzierbarkeit. A. Malraux: Stimmen der Stille (1946–1949), München 1955. A. Gehlen: Zeitbilder. Zur Soziologie und Ästhetik der modernen Malerei. *W. H.*

Imagination ↑Phantasie

Indische Ästhetik. Auch in der Philosophie ist von einer Dreiheit der Werte die Rede: dem Wahren *(satyam),* Guten *(śivam)* und Schönen *(sundaram);* die Wissenschaft der Ästhetik *(saundaryaśāstra)* bezieht sich auf letzteres. Der Terminus Ästhetik entspricht im indischen Kontext einer Wissenschaft und Philosophie der feinen Künste. I. Ä. beschäftigt sich hauptsächlich mit Poetik *(kâvya),* Musik *(saṅgeet)* und Architektur *(śilpa).*

Die Wissenschaft von der Dramaturgie *(nâtya-śâstra)* bildet dabei den Oberbegriff, da uns das Drama durch die Sinnesorgane anspricht, die eine eminent wichtige Rolle in der Ästhetik spielen. Die gesicherte Geschichte der i. Ä. beginnt mit dem *nâtya śâstra* von Bharata ca. 500 n. Chr. Das Herzstück dieser bahnbrechenden Schrift bildet das Konzept des *rasa,* das von Bharata vorgetragen und von Anandavardhana und Abhinavagupta weiterentwickelt worden ist. Der *rasa* hat viele Bedeutungen, angefangen von dem einfachen Saft bis hin zur unmittelbaren Erfahrung des absoluten Brahman *(raso vai saḥ);* zwei Bedeutungen markieren die beiden Pole der *rasa*-Theorie: *Rasa* als Gefühl, Erlebnis oder emotionaler Zustand mit all seinen Begleitumständen und *rasa* als das Wesen einer Sache *(bhâva).*

Die besondere Leistung der *rasa*-Theorie liegt in einer detailliert ausgearbeiteten Psychologie der ästhetischen Erfahrung, die dem Beobachter widerfährt. Dieses Widerfahren wird von ihm gefühlt, erlebt und sogar geschmeckt *(âsvâdana)*.

Ein Drama ist somit zweierlei – Ursprungsort des *rasa (rasotapatti)* sowie Grund des *rasa*-Genusses *(rasâsvâdana)* im Rezipienten *(rasika)*. Künstlerische Handlung und ästhetischer Genuß gehen Hand in Hand. Im Gegensatz zur westlichen Ästhetik, die eine solche Überlappung eher ablehnt, möchte die i. Ä. die Essenz *(bhâva)* und den Genuß *(rasa)* miteinander vereinen; in seinem Kommentar über *nâtya-śâstra* stellt Abhinavagupta die radikale Frage, ob der *rasa* von *bhâva* oder *bhâva* von *rasa* abhängig sei. Jedenfalls bezeichnet *rasa* ein Stadium der vollkommenen inneren Ruhe, des Gleichgewichts jenseits der praktisch-pragmatischen Belange des Betrachtenden. Daher ist sie nicht gleichzusetzen mit den bloßen Sinnesfreuden.

Bharata nennt acht grundsätzliche Gefühlslagen *(sthâyi bhâvas)* der menschlichen Natur: 1. Liebe *(rati)*, 2. Lachen *(hâsa)*, 3. Trauer *(śoka)*, 4. Zorn *(krodha)*, 5. Begeisterung *(utsâha)*, 6. Furcht *(bhaya)*, 7. Abscheu *(jugupsâ)*, 8. Staunen *(vismaya)*. Dem entsprechen acht Haupttypen der ästhetischen Erfahrung: 1. Erotik *(śrṅgâra)*, 2. Komik *(hâsya)*, 3. Pathetik *(karuṇa)*, 4. Zorn *(raudra)*, 5. Heldentum *(vira)*, 6. Schrecken *(bhayânaka)*, 7. Ekel *(bibhatsa)* und 8. Bewunderung *(adbhuta)*.

Es wäre ein Mißverständnis, wollte man diese psychologische Einteilung als etwas bloß Mystisches abtun.

Entwicklung und Kultivierung des ästhetischen Vermögens sind das Ziel spiritueller Übungen, das einen groben Antagonismus zwischen sinnlichem und spirituellem Erleben des Ästhetischen ablehnt. Entsprechend weist die Hindu-Ästhetik den vom Westen oft erhobenen Vorwurf zurück, die indischen Tempeldarstellungen von Sexualität und die erotische Literatur seien viel zu sinnlich oder gar obszön.

Unter den modernen indischen Philosophen hat K. C. Bhattacharya eine psychologische Interpretation der Ästhetik gegeben. Nach ihm ist *rasa* ohne jeden intellektuellen Bezug nur durch das Gefühl bestimmt. Das Schöne ist ein ewiger Wert, und Ästhetik ist die Wissenschaft und das Erlebnis dieses Wertes. Nicht die Schönheit ist eine Eigenschaft der Dinge; die Dinge sind ihr untergeordnet. Daher können wir von einer ästhetischen Erfahrung sprechen, die vom Sinnlichen bis zum Spirituellen einen weiten Bogen spannt.

Lit.: Bharata: Nâtya Śastra, Benares 1929. Nâtya-Śâstra, hg. und übers. von M. Ghosh, Varanasi [2]1967. Abhinavagupta: Abhinavabhârati, Baroda 1925. K. C. Pandey: Abhinavagupta, Varanasi [2]1963. Comparative Aesthetics, Bd. 1 (indische Ästhetik), Bd. 2 (westliche Ästhetik), Varanasi [2]1959. D. Krishna, (Hg.): India's Intellectual Tradition, Varanasi 1987. K. C. Bhattacharya, Studies in Philosophy, 2. Bd. Calcutta 1958.   *R. A. M.*

Industrieästhetik ↑ Design

Informationsästhetik. Als I. werden Ansätze einer exakten Ästhetik zusammengefaßt, die künstlerische Prozesse und Produkte mit den theoretischen und technischen Mitteln der Kybernetik beschreiben, analysieren und auch erzeugen bzw. synthetisieren wollen. Eine wichtige Rolle spielt dabei die mathematische Theorie der technischen Übertragung von Nachrichten, die sog. Informationstheorie. Begründet und ausgearbeitet wurde die I. von Bense und Moles sowie ihren Schülern Frank, Gunzenhäuser, Maser und Nake. Ihr Programm einer objektiven, exakten und technologischen Ästhetik richtet sich ausdrücklich gegen jede bloß beschreibende und subjektiv wertende Ästhetik.

Auf der Grundlage einer an Peirce orientierten Zeichentheorie vereinigt Bense die „makroästhetischen" Analyse- und Meßverfahren Birkhoffs und Fucks' (↑Birkhoffsche Formel) mit den „mikroästhetischen" der Informationstheorie. Ästhetische Prozesse werden als Zeichenprozesse, ästhetische Objekte als komplexe „Nachrichten" („Superzeichen") aufgefaßt. Ziel der I. ist es, die verwendeten Bausteine („Zeichenrepertoires") und deren Kombinationsregeln (Syntax) zu kennzeichnen und ihren Informationswert, d.h. ihren Struktur- und Ordnungsgehalt bzw. ihre Neuheit, ihren Überraschungswert zu bestimmen. Die exakten Kategorien hierfür sind „Entropie" bzw. „Redundanz".

Die streng material- und formbezogene Ästhetik Benses wird von Moles in (sozial-)psychologische Zusammenhänge eingebettet und experimentell fortentwickelt. Im Zentrum steht dabei das Verhältnis von Redundanz (Bekanntem, im Extremfall:

Banalem) und Innovation (Originalität). Frank erklärt ästhetische Prozesse auf der Basis einer „Informationspsychologie", d.h. eines automatentheoretischen „Subjektmodells", wofür er neue Kategorien wie „Auffälligkeits-" und „Überraschungswert" mathematisch definiert. Nake schließlich konzipiert und praktiziert Ästhetik generell als „Informationsverarbeitung". Er spricht von „Informatik" für „ästhetische Produktion und Kritik", versucht aber auch, diese (aus marxistischer Perspektive) in geschichtliche Bezüge einzubinden.

Ungeachtet aller Bestrebungen, die I. in künstlerische Praxis umzusetzen oder sie für die Kunstpädagogik zu nutzen, bleibt sie von ihrem theoretischen Ansatz her sehr beschränkt. Einerseits werden nur elementarste ästhetische Objekte erfaßt, andererseits wird trotz der behaupteten Empirie zumeist nur extrem formal und abstrakt operiert. Wo das Subjekt (als Produzent oder Rezipient) überhaupt berücksichtigt wird, geschieht es nur in höchst vereinfachten Modellen, die dem Erkenntnisstand der empirischen Kognitions- und Kommunikationsforschung nicht mehr entsprechen.

Lit.: M. Bense: Aesthetica. Einführung in die neue Ästhetik. Ders.: Einführung in die informationstheoretische Ästhetik, Reinbek 1969. H. Frank: Informationsästhetik, Quickborn ²1968. W. Fucks: Nach allen Regeln der Kunst, Stuttgart 1968. H. Ronge (Hg.): Kunst und Kybernetik, Köln 1968. S. Maser: Numerische Ästhetik, Stuttgart 1970. A. A. Moles: Kunst und Computer, Köln 1973. K. Alsleben: Informationstheorie und Ästhetik, in: H.-G. Gadamer/P. Vogler (Hg.): Neue Anthropo-

logie, Bd. 4, Stuttgart-München 1973,
S. 321–S. 356. F. Nake: Ästhetik als
Informationsverarbeitung, Wien-New
York 1974. R. Gunzenhäuser: Maß und
Information als ästhetische Kategorien,
Baden-Baden ²1975.   *W. K. K.*

Inhalt. I. der Kunst kann alles sein,
was dem Menschen bedeutend, auf-
hebenswert und deshalb einer künstlerischen Darstellung für wert befun-
den wird. Auch dort steht der
Mensch im Mittelpunkt der Kunst,
wo er nicht unmittelbar, wie in
Skulptur, Porträt, Roman etc. als
Person erscheint. Der I. der Architektur besteht in ihrer Funktion für
den Menschen; Stilleben und Landschaftsmalerei bilden die Natur in ihrer gesellschaftlich vermittelten Bedeutung für den Menschen ab; die
Musik ist Ausdruck oder Mimesis
menschlicher Empfindungen.

Stets ist der I. der Kunst durch die
↑Form vermittelt, die die empirische
Wirklichkeit des Lebens in eine poetische, künstlerische Wirklichkeit
verwandelt. Zu unterscheiden ist infolgedessen zwischen dem I. als Gegenstand, Sujet oder Stoff, wie er
dem Künstler vorliegt und als Vorwurf dient und dem geformten I., der
die Wirklichkeit in ihren wesentlichen Zügen auffaßt, abrundet und
auf Wirkung hin arrangiert: Im einen
Fall ist der I. nacherzähl- oder wie-
dergebbar, im anderen ist er wesentlich geistiger Natur, d. h. als Idee,
Gehalt oder ↑Aussage nur durch Interpretation erschließbar. Im einen
Fall ist der I. objektiv das, was im
Mythos, in der Natur oder der Geschichte „gegeben" ist, im anderen ist
er Ausdruck der Sichtweise des

Künstlers, der dem Stoff eine besondere Bedeutung verleiht (vgl. die Be-
arbeitungen der antiken Mythen, des
„Don Juan", des „ewigen Juden"
etc.) bzw. auch das, was der Rezipient in ihn hineinlegt.

Weiterhin zu unterscheiden ist
zwischen dem I., der als Sujet oder
Fabel „abgelöst" (Adorno) werden
kann, und dem ↑Material, das der
Kunst immanent ist. Zum I. gehört,
was geschieht, zum Material, womit
der Künstler arbeitet, d. h. Worte,
Farben und Klänge. Zugleich aber
wird der I. insofern durch das Material bestimmt, als der Mensch und
seine Welt nur durch das Medium
der jeweiligen Künste gestaltet und
wahrgenommen wird. Die bildenden
Künste reproduzieren ihren I. im
Medium der Sichtbarkeit, d. h. soweit
er durch das Auge oder den Tastsinn
erfahrbar ist, die Musik im Medium
der Hörbarkeit.

Lit.: G. E. Lessing: Laokoon oder Über
die Grenzen der Malerei und Poesie. G.
W. F. Hegel: Vorlesungen über die Ästhetik, in: Werke, Bd. 13, S. 230 ff. E.
Fischer: Von der Notwendigkeit der
Kunst, Hamburg 1967, Kap. 4. G. Lukács: Über die Besonderheit als Kategorie der Ästhetik, in: Werke, Bd. 10,
Neuwied-Berlin 1969, Kap. 5. Th. W.
Adorno: Ästhetische Theorie, S. 223 ff.
und S. 528 ff.   *K. L.*

Innere Form ↑Form

Innovation ↑Informationsästhetik

Inspiration ↑Enthusiasmus,
↑Schaffen, künstlerisches

Interessante, das. Das I. steht im
Gegensatz zum Schönen, das nach

Kants Definition „ohne alles Interesse" gefällt. Es bezeichnet die Erscheinungsweise des Angenehmen oder des Nützlichen, das moralische oder belehrende Zwecke verfolgt und nicht auf das ästhetische Wahrnehmungsvermögen, sondern auf den Willen gerichtet ist.

Für Kant besteht zwischen dem Schönen und dem I. ein absoluter Gegensatz; Schopenhauer hält beide trotz ihrer Gegensätzlichkeit doch auch für vereinbar. Scotts Romane, Schillers Dramen u. a. sind für ihn sowohl schön als auch belehrend und z. T. tendenziös. Der junge F. Schlegel faßt den Begriff des I. – gleichbedeutend mit dem des ↑ Charakteristischen – als Gegenbegriff sowohl des Schönen als auch des ↑ Klassischen. In der Vorherrschaft des I., des Subjektiven und Philosophischen besteht für ihn das Hauptmerkmal der modernen, „darstellenden" Kunst gegenüber der „schönen" Kunst der Antike. Dem I. liegt – wie auch, lt. Schiller, der Satire, der Elegie und Idylle (das ↑ Sentimentalische) – die Heimatlosigkeit des modernen Künstlers zugrunde, die Entfremdung des Ideals von der bestehenden Wirklichkeit, die subjektiv als Unbefriedigt-Sein, als Schmerz oder sogar als Verzweiflung erfahren wird. Im Übergang zur zukünftigen Kunst (wie sie sich in Goethes *Wilhelm Meister* ankündigt), stellt das I. einen nur „provisorischen", d. h. geschichtlich aufzuhebenden ästhetischen Wert dar.

Lit.: I. Kant: Kritik der Urteilskraft. § 2–§ 5. F. Schlegel: Über das Studium der griechischen Poesie. A. Schopenhauer: Die Welt als Wille und Vorstellung, 3. Buch, § 34; Ergänzungen zum 3. Buch, Kap. 30. *K. L.*

Interesselosigkeit ↑ Kontemplation

Interkulturelle Ästhetik. Die i. Ä., eine Erweiterung der komparatistischen (vergleichenden) Ästhetik bzw. Kunstwissenschaft, will von einem möglichst unvoreingenommenen Standpunkt aus Unterschiede und Gemeinsamkeiten zwischen den ästhetischen und kunstwissenschaftlichen Auffassungen verschiedener (insbesondere der abendländischen, indischen und ostasiatischen) Kulturen erforschen, wobei sie sich für ein besseres Verständnis unter ihnen einsetzt. Erste Ansätze finden sich in der Historiographie der Ästhetik (Munro, Pandey) und in der ↑ Ethnologie der Kunst, darüber hinaus in vergleichenden Untersuchungen von Begriffen der Kunst und ihren wichtigsten Gattungen (Souriau), den gesellschaftlichen Funktionen von Kunst(gattungen), den ästhetischen Kategorien. Kulturpolitisch wird sie durch die UNESCO gefördert. Sie richtet sich gegen den Eurozentrismus der abendländischen Ästhetik, gegen die unkritische Verallgemeinerung von kulturell bedingten Begriffen sowie gegen die Verkennung und Mißachtung fremder Kulturen, setzt sich selber aber dem Verdacht einer äquivoken Begrifflichkeit und eines einseitigen Vergleichens des möglicherweise Unvergleichbaren aus. Die hermeneutischen Voraussetzungen der i. Ä. sind bisher weitgehend unreflektiert geblieben.

Lit.: E. Souriau: La correspondance des arts (1949), Paris 1969. K. C. Pandey:

Comparative Aesthetics, Bd. 1: Indian Aesthetics, Bd. 2: Western Aesthetics, Varanasi ²1959. R. Bayer: L'esthétique mondiale au XXe siècle, Paris 1961. Th. Munro: Oriental Aesthetics, Cleveland 1965. A. J. Bahm: Comparative Aesthetics, in: Journal of Aesthetics and Art Criticism 24 (1966), S. 109 ff.   *W. H.*

Interpretation. Grundlegende hermeneutische Operation, die sich als Verstehen *(subtilitas intelligendi)*, Auslegen *(subtilitas explicandi)* und Anwenden *(subtilitas applicandi)* spezifizieren läßt. Sie bezieht sich auf schriftlich fixierte Texte und besteht in der Zuweisung von „Sinn" bzw. „Bedeutung" zu sprachlichen Zeichenreihen. Historisch-systematisch lassen sich drei I.paradigmen unterscheiden:

1) Die mittelalterliche christliche ↑Hermeneutik basiert auf der Annahme eines von Gott gestifteten, objektiven Bedeutungsuniversums, dessen Dechiffrierung Aufgabe des Interpreten ist. Die wörtliche *(litterale)* Beziehung von Wort *(vox)* und bezeichneter Sache *(res)* tritt zurück hinter die allegorische Beziehung von zeichenhafter Sache *(res significans)* und geistigem Sinn *(sensus spiritualis)*. Dabei ist jedes Ding vieldeutig, je nach der Anzahl seiner für die I. in Betracht gezogenen Eigenschaften; dasselbe Zeichen kann entgegengesetzte Bedeutungen in sich vereinen. Die Welt wird somit zu einer entzifferbaren Schrift, einem „Buch der Natur" (Bernhard von Clairvaux), in dem – über das Prinzip der Ähnlichkeit – alles aufeinander verweist.

2) Mit der protestantischen Bibelexegese setzt ab dem 16. Jh. ein I.paradigma ein, das sich auf die schriftliche Überlieferung und ihren *sensus litteralis* konzentriert und die Zeichenhaftigkeit der Dinge konsequent leugnet. Die daran anschließende Aufklärungshermeneutik postuliert als das Substrat des Verstehens und Auslegens die dem Text zugrunde liegenden Vorstellungen des Autors, die der Interpret kraft der gemeinsamen Teilhabe an den ewigen Wahrheiten der Vernunft nachzuvollziehen imstande ist. Da die diskursive Vernunft genau eine ist und nicht historisch variabel, ist auch der Textsinn genau einer und mit Hilfe kanonischer Regelsysteme zu erfassen (Ernesti, Ast, Wolf).

In Auseinandersetzung mit der Aufklärungshermeneutik entwickelt Schleiermacher das klassische Konzept der I., das den sprachlichen Text als Erzeugnis eines individuellen Geistes ansieht, zu dessen Verständnis sowohl die Kenntnis der Totalität der Sprache, in der es verfaßt ist, als auch des ganzen Individuums, das es verfaßt hat, unabdingbar ist; I. ist für ihn das „geschichtliche und divinatorische objective und subjective Nachconstruiren der gegebenen Rede". Der sprachliche und der individuelle Aspekt des Textes werden erfaßt durch die beiden ständig ineinandergreifenden Seiten der I.: die grammatische und die psychologisch-technische Auslegung.

Alle Momente der I. beziehen ein Besonderes (einzelner Zeichensinn, einzelne Schrift, konkrete Verfasserintention) auf ein Allgemeines (Sprachsystem, Gesamtwerk, Lebenstotalität) und stehen somit in einem Zirkel, bei dem sich das Allgemeine immer nur über das Besondere erschließt, das Besondere aber nur über seinen Bezug zum Allgemeinen zu verstehen ist („hermeneutischer Zirkel"). Da jedoch das Allgemeine in seiner Ganzheit nie völlig zugänglich ist (eine Sprache wird nie vollkommen beherrscht, eine Person nie gänzlich gekannt), ist auch das Besondere nicht restlos einzugrenzen. Das Interpretieren bleibt somit für Schleiermacher eine Kunst (im Sinne der griechischen *techné*), eine unendliche Aufgabe, die auf die ständige Steigerung der Sinnfülle eines Textes abzielt.

Dieses Paradigma der I. als das Verstehen eines von einem Autor-Individuum gesetzten individuellen Sinnes wird durch die Geschichte der Hermeneutik des 19. und 20. Jh. aufrechterhalten. Dilthey, der sich als Fortführer Schleiermachers versteht, verschiebt den Schwerpunkt des Gleichgewichts von grammatischer und psychologisch-technischer I. auf die Seite der Psychologie: Zu verstehen ist nicht der Sinn eines Textes, sondern das diesen konstituierende Individuum, dessen Erlebnisstruktur aus der Textstruktur als ihrem „Ausdruck" ablesbar ist; Verstehen wird zum „Nacherleben" fremder Individualität. Gadamer wendet sich zwar gegen die traditionelle Hermeneutik, der er Subjektivismus und Psychologismus vorwirft; an einem einheitlichen Textsinn – der bei ihm nicht über die Autorintention bestimmt ist, sondern durch die Identität der „Sache", von der die Rede ist – hält er dennoch fest. Verstehen faßt Gadamer als Einrücken in das „Überlieferungsgeschehen" des Textes als eines wirkungsgeschichtlichen Vor-

gangs, an dem der Interpret teilhat. Ziel ist die Verschmelzung des Gegenwartshorizontes des Auslegenden mit dem historischen Horizont der Überlieferung, das „Wiederherstellen ursprünglicher Sinnkommunikation", das Zur-Sprache-Kommen der Sache selbst, hinter der die Auslegung mit ihren Begriffen verschwindet. Die Sprache bildet das Medium, das das Verstehen der Überlieferung allererst ermöglicht.

3) Die bereits von Dilthey geforderte Überschreitung des Textes hin auf die ihn fundierenden „Erlebnisse" des Autors wird in der Folge radikalisiert zu einer *epistemologischen* Fassung des I.begriffs, auf der jede Auslegung von Texten basiert. Wenn Nietzsche schreibt: „In Wahrheit ist Interpretation ein Mittel selbst, um Herr über etwas zu werden", dann bezieht sich seine Äußerung nicht auf den Umgang mit Texten, sondern auf seine erkenntniskritische Einstellung, die den Abgrund zwischen dem Subjekt und dem Chaos der Objektwelt nur zu überwinden vermeint, insofern das Subjekt den Objekten einen Sinn zuschreibt, der von diesen her nicht ableitbar ist. I. wird so zu einer „Form des Willens zur Macht". Der Sinn, der in die Dinge „hineininterpretiert" wird, ist immer ein perspektivischer – einen „Sinn an sich" oder eine „Bedeutung an sich" gibt es nicht.

Die Annahme einer „Tiefendimension" der I., die aller Textauslegung vorausliegt, teilt Nietzsche mit Heidegger. Für diesen sind Verstehen und Auslegen als Methoden der Textinterpretation lediglich Derivate eines fundamentaleren Verstehens des menschlichen Daseins und der es umgebenden Welt. In der „Hermeneutik der Faktizität" bildet das Verstehen ein Existential, d.h. einen Grundmodus des menschlichen In-der-Welt-Seins: Jede Auslegung von etwas „als etwas" (z.B. des Sinns eines Textes) steht bereits im Horizont der „Vor-Struktur des Verstehens", die den Gegenstand der Auslegung allererst konstituiert.

Die neuere Texttheorie knüpft an den erweiterten I.begriff an und vollzieht zugleich eine weitreichende Umkehrung. Sie holt nicht etwa die I. in den Bereich des Textes zurück, sondern entgrenzt vielmehr dessen Umfang – im Zuge der modernen Semiotik, vor allem von Peirce – hin zu einem *texte général* (Derrida), einem allgemeinen Text, der das gesamte Reich der Zeichen umfaßt; außerhalb der Zeichenketten aber existiert letztlich nichts, da die Signifikantenreihe nicht auf einen „realen" Referenten hin überschritten werden kann. Weder Autor noch Interpret haben die Sinnproduktivität des Textes völlig unter Kontrolle; das Zeichen entfaltet – je nach dem Kontext, in dem es steht – einen multiplen Sinn, der sich fortpflanzt und unter der Signifikantenkette „flottiert" (Lacan) und nur augenblickhaft zu fixieren ist. Ging das zweite Paradigma aus von der I. als einer kontinuierlich fortschreitenden Ausweitung des Textsinnes, so betont das dritte Paradigma den Bruch *(rupture)* und die diskontinuierliche Umstrukturierung, die jede I. gegenüber ihrem Text vollzieht.

Lit.: F. D. E. Schleiermacher: Hermeneutik und Kritik, Frankfurt/M. 1977.

W. Dilthey: Die Entstehung der Hermeneutik, in: Gesammelte Schriften, 5. Bd., Göttingen-Stuttgart [6]1974, S. 317–S. 338. H. G. Gadamer: Wahrheit und Methode, Tübingen [5]1986. F. Nietzsche: Nachgelassene Fragmente (1885–1887), in: Werke. Kritische Gesamtausgabe, Bd. 8/1, Berlin–New York 1974. M. Heidegger: Sein und Zeit (1927). J. Derrida: De la grammatologie, Paris 1967. Ders.: La dissémination, Paris 1972. J. Lacan: Ecrits, Paris 1966. F. Ohly: Schriften zur mittelalterlichen Bedeutungsforschung, Darmstadt [2]1983. H. Birus (Hg.): Hermeneutische Positionen, Göttingen 1982. M. Frank: Das individuelle Allgemeine. Textstrukturierung und -interpretation nach Schleiermacher, Frankfurt/M. 1977.   *G. Bu.*

Intuition ↑ Schaffen, künstlerisches

Ironie (von griech. *eironeía:* Verstellung) beruht darauf, daß das Gegenteil dessen gesagt wird, was gemeint ist, so daß sich unter dem Mantel der Ernsthaftigkeit Scherz, Spott oder Hohn oder unter dem Anschein von Lob Kritik verbergen. Seine erste Ausprägung fand der Begriff in der Sokratischen I. *(Mäeutik)*, die unter der Vorspiegelung von Nicht-Wissen den Gesprächspartner durch Fragen bedrängt, in Widersprüche verwikkelt und so zu weiterer Reflexion nötigt. Die antike ↑Rhetorik (Cicero, Quintilian) behandelt die I. als Figur der Rede, die negative Werturteile in die Form von Lobpreisung kleidet (z.B. Marc Antons Leichenrede in Shakespeares *Julius Caesar*).

Zentral steht der Begriff der I. innerhalb der (früh-) romantischen „Universalpoesie". Ihr Programm, das F. Schlegel auf der Grundlage von Fichtes subjektivem Idealismus entwirft, zielt auf die unendliche Erhebung des Genies über alles Wirkliche und Bedingte, auch über die eigene Kunst. Einerseits setzt er die Wirklichkeit, die er (als „Nicht-Ich") aus sich heraus erst schafft, zur Illusion, zum Spiel seiner Willkür herab. Andererseits erhebt er sich ironisch, in absoluter Freiheit, auch über sich selbst als Schaffenden. Die romantische I. ist das Prinzip des literarischen Schaffens von Tieck, Brentano, E. T. A. Hoffmann u. a., aber auch das Prinzip einer sich über ethische Normen und gesellschaftliche Konventionen hinwegsetzenden „ästhetischen" Lebensform.

Hegel kritisiert die I. der Romantiker als krankhafte „Schönseelischkeit", als Rückzug in die subjektive Innerlichkeit, die mit dem Verlust an geschichtlicher Substanz unwirklich und leer wird. Kierkegaard wirft ihr vor, bei der absoluten Negativität stehenzubleiben, d. h. alles aufzulösen außer dem „Selbstischen" der eigenen Existenz. Dagegen erlebt die I. in Heines Politisierung der Kunst einen Funktionswechsel: Das Moment der Negativität wird zum Vehikel der Kritik; das „Ich", das im Namen einer zukünftigen Wirklichkeit spricht, transzendiert die schlechte Gegenwart und richtet sie durch seine I.

Die Grenzen, die oftmals zwischen I. und Humor gezogen wurden (Jean Paul, Kierkegaard, Schopenhauer u. a.) weichen im 20. Jh. zunehmend auf. Die humoristische I. als Darstellungsform insbesondere des modernen Romans (Th. Mann, Musil u. a.) bietet die Möglichkeit, zwischen dem Erzähler und dem Erzählten eine Distanz zu wahren und damit die Objektivität der Darstellung zu gewährleisten.

Lit.: F. Schlegel: Lyceums-Fragmente, Nr. 42 und 108. Ders.: Athenäums-Fragmente, Nr. 106, 238 und 247. K. W. F. Solger: Erwin. Vier Gespräche über das Schöne und die Kunst, 4. Gespräch. G. W. F. Hegel: Vorlesungen über die Ästhetik, in: Werke, Bd. 13, S. 93 ff. A. Schopenhauer: Die Welt als Wille und Vorstellung, Ergänzungen zum 1. Buch, 8. Kap. S. Kierkegaard: Über den Begriff der Ironie (1841), Frankfurt/M. 1975. I. Strohschneider-Kohrs: Die romantische Ironie in Theorie und Gestaltung, Tübingen ²1977. B. Allemann: Ironie und Dichtung, Pfullingen ²1969. U. Japp: Theorie der Ironie, Frankfurt/M. 1983. *K. L.*

Japanische Ästhetik. In Anlehnung an das westliche Verständnis wird Ästhetik in Japan heute als Wissenschaft definiert, die „das Wesen und die verschiedenen Formen des Schönen empirisch oder metaphysisch erforscht, und die die ästhetischen Phänomene der Kunst und der Natur zum Gegenstand hat" (Daijirin). Der entsprechende Begriff *Bigaku*, d. h. Wissenschaft des Schönen, ist eine Übersetzung des deutschen Wortes Ästhetik im Sinne von Baumgarten und wurde im 19. Jh. eingeführt. Einen klassischen Begriff für Ästhetik gibt es nicht. Zwar stellte man auch in früheren Jahrhunderten Betrachtungen über das Schöne an, doch waren diese in den Buddhismus, Konfuzianismus und Shintoismus eingebunden.

Die Strömung, die sich am stärksten auf die schönen Künste auswirkte, war der Zen-Buddhismus. Sein Einfluß erstreckte sich ebenso auf die Teezeremonie, den Gartenbau, die Kalligraphie, wie auf das Blumenstecken, den Schwertkampf und das Bogenschießen. Die japanischen Begriffe für diese Disziplinen enthalten größtenteils das Wort für Weg, *dō*. Das Ziel des Zen ist es, durch Meditation zur Erleuchtung zu gelangen, und *dō* soll der Weg zur Erleuchtung sein. Die Ideale gipfeln in den kunsttheoretischen Begriffen *wabi* und *sabi*: dem Streben nach einem Sich-Selbst-Genugsein, nach der Befreiung vom Außen, durch die man zum Inneren findet und das Wesen aller Dinge erkennt.

Die Ästhetik in der klassischen Literatur läuft auf eine Metaphysik hinaus, die nach dem Wesen des Schönen fragt. Als repräsentative Autoren sind Zeami Motokiyo, der über das Nō-Theater schrieb, oder Hattori Doho und Fujiwara Teika zu nennen, die über Haiku- und Wakadichtung schrieben. Nach deren Verständnis sollte ein Waka (bzw. Tanka) den Stil „unergründlichen Nachhalls", „feiner Angemessenheit", „bezaubernder Schönheit" und „tiefer Gesinnung" in sich tragen.

Mit der Öffnung des Landes nach Westen in der zweiten Hälfte des 19. Jh. kamen auch westliche Ideen nach Japan. Nishi Amane, der Vater der westlichen Philosophie in Japan, betrachtete Ästhetik neben Logik, Psychologie, Philosophiegeschichte und positivistischer Philosophie als Teilbereich der Philosophie. Er übersetzte Ästhetik zuerst als *Zembigaku*, d. h. Wissenschaft des Guten und des Schönen, oder mit *Kashuron*, d. h.

Fragen des guten Geschmacks. Der bedeutende Literat Mori Ogai übersetzte es mit *Shimbigaku*, d. h. Wissenschaft von der Wertschätzung des Schönen.

1899 wurde der erste Lehrstuhl für Ästhetik an der Universität Tokio eingerichtet und von Otsuka Yasuji besetzt. 1917 verfaßte Abe Jiro sein Buch *Bigaku*, in dem er die philosophischen Ideen von Theodor Lipps darstellt. Zu Beginn des 20. Jh. verstand man Ästhetik noch als Gebiet der Erkenntnistheorie. Gegenwärtig ist sie ein Hauptbestandteil der Kunstwissenschaften bzw. der Kunstphilosophie.

Lit.: A. Berliner: Der Teekult in Japan, Leipzig 1930. H. Hammitzsch (Hg.): Japanhandbuch, Wiesbaden 1981. Toshihiko und Toyo Izutsu: Die Theorie des Schönen in Japan, Köln 1988.

Ch. G.

Kalokagathie   ↑ Moralisch-Schöne, das

Karikatur. Die K. (ital. *caricare*: überladen, übertreiben) bildet die Wirklichkeit auf eine verzerrte Weise ab, um mit den Stilmitteln der Vereinfachung und Übertreibung die Fehler und Schwächen von Menschen, die Paradoxie von politischen Situationen oder die Mängel von künstlerischen Werken zum Ausdruck zu bringen und sie gleichzeitig dem Spott und Hohn preiszugeben. Mit ihrem tendenziösen Grundcharakter bildet die K. ein Mittel der Kritik und der politischen (oder ästhetischen) Auseinandersetzung. Beheimatet ist sie vor allem in der Malerei, Grafik und (Photo-)Montage, bei Hogarth, Daumier, A. Weber und Heartfield, bei C. Poth, M. Marcks, Deix u. a., aber auch in der Literatur. Ihre Nähe zum Journalismus tritt in Zeitschriften wie dem *Simplizissimus*, dem *Kladderadatsch* oder der *Titanic* zutage oder in der sog. Kleinkunst des Kabaretts (Hildebrand, Polt, Zimmerschied u. a.). Die Übergänge der Satire (Swift, Heine) oder der Typen-Komödie (Shakespeare, Moliere, Brecht u. a.) zur literarischen K. sind fließend.

Gegenstand der ästhetischen Reflexion ist die K. vor allem seit dem Ende des 18. Jh. (Floegel, Winckelmann, Wieland): Goethe beschreibt sie als eine mit Verstand und Vorsatz vollzogene „Abweichung von der Harmonie" der Schönheit. Aufgrund ihrer individualisierenden (nicht idealisierenden) Darstellung steht die K. in der Nähe des ↑ Charakteristischen. Hegel begreift sie als „Überfluß des Charakteristischen" und damit als Form des ↑ Häßlichen. Die Ästhetik des 19. und 20. Jh. behandelt die K. teils systematisch, als Umschlag des Häßlichen ins ↑ Komische (Rosenkranz u. a.), teils empirisch, (wirkungs-)psychologisch (Lipps, Volkelt u. a.).

Lit.: G. W. F. Hegel: Vorlesungen über die Ästhetik, in: Werke, Bd. 13, S. 35 f. K. Rosenkranz: Ästhetik des Häßlichen. J. Volkelt: System der Ästhetik, 3. Bd., Kap. 18. B. Lynch: A History of Caricature (1927), Detroit 1974. Th. Heuss: Zur Ästhetik der Karikatur, Stuttgart 1954. M. Melot: Die Karikatur. Das Komische in der Kunst, Stuttgart 1975. R. Grimm: Zwischen Satire und Utopie. Zur Komiktheorie und zur Geschichte der europäischen Komödie, Frankfurt/M. 1982.   K. L.

Kategorien, ästhetische. Ä. K. bezeichnen unterschiedliche Phänomene, wie ihre Synonyme erkennen lassen: ästhetische Grundgestalten (Volkelt), Modifikationen (E. v. Hartmann), Werte (Ingarden), Qualitäten (Beardsley), Begriffe (Sibley). Jeder Ausdruck steht nicht nur für eine andere Auffassung, sondern auch für eine andere Erklärung des Phänomens. Das Problem, um das es bei den ä. K. geht, besteht darin, ob bestimmte Ausdrücke, die in ästhetischen (Geschmacks-)Urteilen verwendet werden, wie schön, erhaben, interessant, langweilig, romantisch, malerisch, kitschig usw. etwas Gemeinsames voraussetzen, durch das sie sich von sinnlich wahrnehmbaren Qualitäten (wie rot, laut, sauer, warm usw.), von sittlichen (gut, böse), religiösen (heilig, profan), logischen (falsch, richtig) und anderen Klassen von Eigenschaften unterscheiden –, und wenn sie etwas Gemeinsames voraussetzen, worin es besteht und wodurch sich die ä. K. voneinander unterscheiden.

Das Problem der ä. K. tritt schon in der Antike auf, als Platon zwischen verschiedenen Arten des Schönen unterschied, Aristoteles vom Vergnügen an der Darstellung von ↑ Häßlichem und Ekelhaftem sprach, Pseudo-Longinos schließlich eine umfassende Theorie des ↑ Erhabenen entwickelte. Aber erst in der Neuzeit, als sich die ästhetische Problematik zu verselbständigen und zunehmend zu differenzieren begann, wurde die Theorie von den ä. K. zu einem obligatorischen Lehrstück der Ästhetik. Während Kant sich noch auf die beiden Grundbegriffe Schönheit und Erhabenheit beschränkte, Solger sie um ↑ Anmut und Würde, ↑ Komisches und ↑ Tragisches ergänzte und Hegel sie geschichtsphilosophisch konkretisierte, haben Kantianer (W. T. Krug) und Hegelianer (Vischer, Köstlin) die Frage nach dem Einheitsprinzip und den Differenzierungsgesetzen der ä. K. systematisch zu entwickeln begonnen. Der abstrakt-logische Rigorismus jedoch, der bei der Unterscheidung der Kategorien angewandt wurde, widersprach der Vieldeutigkeit und den Grenzen der Sprache sowie den sozial und geschichtlich bedingten Unterschieden der Geschmacksbildung, so daß sich um die Jahrhundertwende das Problem auf die Frage nach Einheit und Differenz einiger Grundkategorien beschränkte (Dessoir: das Schöne, Erhabene, Tragische, Häßliche und Komische), von einzelnen Denkern wie Croce und Collingwood schließlich als Pseudoproblem abgelehnt wurde. Durch die Einschränkung der Ästhetik auf die Kunstphilosophie verlor es sein sachliches Fundament.

Es bedurfte der Wiedergewinnung des Problems der ästhetischen Erfahrung, damit es wieder faßbar wurde. Das Einheitsprinzip aller ä. K. und damit zugleich das oder die Kriterien ihrer generellen Abgrenzung von sinnlichen, sittlichen, religiösen K. muß in den konstitutiven Merkmalen des Ästhetischen gesucht werden. Sie reichen jedoch nicht aus, das Problem zu entfalten. Es bedarf zusätzlich einer kultivierten Sensibilität für die Wahrnehmung von Differenzqualitäten in der konkreten Erfahrung, damit die ä. K. über die ab-

strakte, rudimentäre Bestimmung als einer unmittelbar mit einer sinnlichen Wahrnehmung verbundenen Lust (Fechner) hinaus einen Gehalt annehmen können, durch den sie zur Unterscheidung von Grundtypen der ästhetischen Erfahrung und zur Bestimmung von Grenzen ihrer Anwendbarkeit fähig werden. Zwischen dem das Gemeinsame stiftenden Prinzip einerseits und der unendlichen Mannigfaltigkeit einzelner Erfahrungen von Kunstwerken oder anderen ästhetisch wirksamen Objekten andererseits bilden sich die ä. K. aus, die eine je spezifische Vermittlung von Einheit und Mannigfaltigkeit darstellen und untereinander gewisse Unter- und Überordnungsverhältnisse sowie gewisse Ähnlichkeiten erkennen lassen.

Die ästhetische Erfahrung, in der alle ä. K. ihr gemeinsames Fundament haben, gliedert sich in einige nicht weiter rückführbare Grundgestalten, die einen relativ deutlich umrissenen Erlebnisgehalt haben. Dessoir hat z. B. fünf K.-, Volkelt vier K.-Paare angeführt (das Schöne und Charakteristische, Anmutige und Reizende, Erhabene und Rührende, Komische und Tragische). Diese Erlebnisgehalte sind wie eine Gestaltqualität ablösbar von der Situation, in der sie auftreten, und stellen sich als ähnliche Erlebnisgehalte in anderen Situationen wieder her. Sie lassen sich nicht allein auf psychologische Erlebnisbedingungen reduzieren, ebensowenig allein auf objektive (z. B. Form-)Verhältnisse, sie beruhen vielmehr auf bestimmten Korrelationen von subjektiven und objektiven Faktoren. Untergeordnete K.

entstehen, wenn sich die Grundtypen unter dem Einfluß von subjektiven oder objektiven Faktoren zu modifizierten Gestalten abwandeln, etwa das Komische durch stärkere Inanspruchnahme des Verstandes in das Witzige und weiter in das ↑Satirische, ↑Groteske usw., während sich unter dem verstärkten Einfluß moralischer Haltungen aus dem Erhabenen das Feierliche, Majestätische, Pathetische usw. entwickeln kann. Sosehr sich auch die ä. K. ihren Kerngehalten nach voneinander unterscheiden lassen, so wenig sind scharfe Abgrenzungen möglich; es gibt Mischformen von entgegengesetzten Gehalten, wie das Tragikomische, und bestimmte Umschlagphänomene, etwa vom Erhabenen ins Lächerliche.

Die ästhetischen Grundgestalten sind indifferent gegenüber der Unterscheidung zwischen Natur- und Kunstschönheit, liegen ihr also logisch voraus, und können in beiden Bereichen fortgebildet werden. Unterschiedliche Arten von Naturschönheit haben Kant zur Unterscheidung zwischen dem Dynamisch- und dem Mathematisch-Erhabenen geführt. Durch bestimmte englische Romane wurde im 18. Jh. die K. des Humoristischen ausgebildet; auf den Gestaltungsprinzipien einzelner Kunstgattungen beruhen K. wie das Plastische, Malerische, Lyrische, auf bestimmten Epochenstilen K. wie das Manieristische, Surrealistische, doch läßt sich letztlich nicht entscheiden, ob diese ä. K. als Folge oder als Voraussetzung der Kunstgattungen und Stile aufzufassen sind, in denen sie sich paradigmatisch manifestieren. Läßt sich im Entstehen neuer Erlebnisqualitäten eine gewisse Geschichtlichkeit der ästhetischen Erfahrung erkennen, so auch in der Abwandlung der Erlebnisgehalte, die den ä. K. zugeordnet werden. Die Erhabenheit eines Sonnenaufgangs wurde z.B. von den Griechen mit mythologischen, von christlichen Denkern mit biblischen Konnotationen erlebt; eine ästhetische Hermeneutik hätte die Aufgabe, zwischen den invariablen und den historisch bzw. kulturell variablen Gehalten der ä. K. zu unterscheiden und ihren jeweiligen epochen- oder gesellschaftsspezifischen Gehalt zu bestimmen.

Lit.: G. Th. Fechner: Vorschule der Ästhetik. E. v. Hartmann: Philosophie des Schönen, Leipzig 1886. M. Dessoir: Ästhetik und allgemeine Kunstwissenschaft, Stuttgart 1906. J. Volkelt: System der Ästhetik, 2. Bd. R. Ingarden: Erlebnis, Kunstwerk und Wert, Tübingen 1969. F. Sibley: Ästhetische Begriffe, in: W. Henckmann (Hg.): Ästhetik, Darmstadt 1979, S. 230–S. 265. A. Souriau: La notion de catégorie esthétique, in: Revue d'Esthétique 19 (1966), S. 225–S. 242. M. C. Beardsley: What is an Aesthetic Quality? in: Ders.: The Aesthetic Point of View, Ithaca/London 1982, S. 93–S. 110. R. Lind: A Microphenomenology of Aesthetic Qualities, in: Journal of Aesthetics and Art Criticism 43 (1984/85), S. 393–S. 403.
W. H.

Katharsis (griech.) bedeutet Reinigung, auch im medizinischen und (psycho-)hygienischen Sinn. Ob nun die Künste, vor allem Theater, Tanz und Musik, einen kathartischen Effekt bewirken (können) und welcher Art dieser sei, das ist seit Platon und Aristoteles ein ungelöstes Problem.

In Platons Idealstaat ist nur die Kunst zugelassen, die staatstragend ist, d. h. der moralischen Reinigung und Versöhnung dient. Alle „mimetische" Kunst wird als kalkulierte Täuschung der Vernunft durch oberflächliche Reizung und Verführung der Sinne ausgeschlossen. Die wahre K. leistet nur die Philosophie in der Aussöhnung von göttlicher und menschlicher Welt. Bei Aristoteles sind Kunst und Staat dagegen getrennt. Die von ihm – nicht nur im Fragment seiner *Poetik* – erörterte K. hat mit der individuellen Seelenhygiene zu tun, für die u. a. die richtig und gut gemachte Tragödie sorgen kann, weil sie durch die Erzeugung von *eleos* und *phobos* (d. h. Mitleid und Furcht oder Jammer und Schauder) von widrigen Gefühlen und anstößigen Leidenschaften reinigt, durch Spannung und Entspannung lustvolle Erholung bewirkt.

Sowohl Platons normativer als auch Aristoteles' funktionaler Begriff der K. haben bis heute in der Debatte um die „Wirkungen" der Künste auf Individuum und Gesellschaft eine Rolle gespielt. So bedeutete K. etwa für Corneille die moralische Stärkung des Charakters durch Abschreckung, durch Mäßigung, Lenkung oder Zerstörung der Leidenschaften, für Lessing dagegen die Entwicklung der tugendhaften Fertigkeiten durch das dialektische Zusammenspiel von Mitleid (mit dem Helden) und Furcht (vor dem gleichen Schicksal). Im 19. Jh. gewinnt die wissenschaftliche Deutung der K. als Therapie an Gewicht: K. sei die Abreaktion von Affekten, Läuterung der Seele, Stärkung der Vernunft (Lipps,

Gomperz, Volkelt, Petsch) oder – seit Freud – die Befreiung von psychoanalytisch ermittelten Leiden mit Hilfe der Künste. Unter den Autoren der Gegenwart hat sich vor allem Brecht mit der Idee der K. befaßt. Sein episches Theater sollte ausdrücklich nicht-aristotelisch, nicht auf Einfühlung angelegt, nicht psychohygienisch sein, sondern – wie bei Platon oder Schiller – eine (Geschichts-)Theorie bzw. Philosophie vermitteln, die zu verändertem Handeln und schließlich zu gesellschaftlichem Fortschritt führe. Dieser „Negation der K." (Thiele) dient Brechts gezielte Verfremdungstechnik, die nicht lustvolle Entspannung, sondern Nachdenken und schließlich rationale Einsicht bewirken soll.

In der Diskussion der kurz- oder mittelfristigen Wirkungen der Massenmedien – vor allem der Darstellungen von Gewalt und Sexualität – bezeichnet der Begriff der K. heute eine empirische Hypothese, die bislang allerdings weder eindeutig bestätigt noch widerlegt werden konnte.

Lit.: Aristoteles: Poetik, Kap. 6. G. E. Lessing: Hamburgische Dramaturgie, 75.–78. Stück. G. Lukács: Die Eigenart des Ästhetischen, Kap. 10/II und III. B. Brecht: Schriften zum Theater, in: Gesammelte Werke, Frankfurt/M. 1967, 15. Bd., S. 228 ff. H. Zumkley: Aggression und Katharsis, Göttingen 1978. M. Thiele: Die Negation der Katharsis. Zur Theorie des aristotelischen Begriffs als ästhetisches Phänomen, Düsseldorf 1982. M. Schenk: Medienwirkungsforschung, Tübingen 1987. *W. K. K.*

Kitsch (ungesicherte Etymologie; mundartlich *kitschen:* Schmutz zusammenscharren, eilig und billig verkaufen; möglicherweise auch von engl. *sketch* Skizze) ist der Sammelbegriff für ästhetisch minderwertige Produkte des ↑Designs, des Kunsthandwerks und der Kunst. Nach seinen Inhalten läßt sich religiöser K. (Devotionalien, Friedhofsengel), Andenken-K. (Souvenirs etc.), Reklame-K. (Verpackung, Werbespots) oder Einrichtungs-K. (Nippes, Gartenzwerge etc.) unterscheiden. Innerhalb der Kunst finden sich kitschige Darstellungen in der Literatur (Liebes-, Frauen-, Arztroman etc.) und im Film (Familien-Serial, Heimatfilm), in der Malerei (röhrender Hirsch, badende Frau), in der Musik (Operette, sog. volkstümliche Musik) und sogar in der Architektur (Taj-Mahal-Imitationen etc.). Oft wird der K. bewußt als K. produziert, wie z.B. bei der materialfremden, verniedlichenden Nachbildung von Kunstwerken (Mona Lisa, Turm von Pisa). Oft verbirgt er sich aber auch unter dem Anspruch authentischer Kunst.

Die Minderwertigkeit des K. beruht nicht in erster Linie (wie der Dilettantismus) auf dem Mangel an künstlerischer Technik. Er arbeitet zwar mit Surrogaten, Stereotypen oder Klischees, verfügt aber oft über große Virtuosität und technische Perfektion (z.B. in Musik und Film). Die Minderwertigkeit des K. beruht auch nicht in erster Linie (wie die epigonale oder eklektizistische Kunst) auf dem Mangel an Originalität, sondern auf der Verfälschung der Wirklichkeit. Das Fundament des K. ist die Lüge; seine Intention ist nicht die Wahrheit, sondern die Illusion, nicht die Darstellung der Wirklichkeit, sondern die Wiedergabe von

Tagträumen oder Phantasien, in denen der ersehnte Zufall, das Wunder zur Realität wird. Im K. wird eine Gegenwelt zum Alltag abgebildet, eine Welt des Glanzes und des Reichtums, in der die Bedürfnisse nach Glück, Liebe, Erfolg, Anerkennung, nach dem großen Erlebnis etc. eine scheinhafte Befriedigung finden.

Eine nur subjektive Begründung des K. durch den ihm zugrunde liegenden schlechten Geschmack ist insofern fragwürdig, als der ↑Geschmack relativ ist: Zum einen kann eine als K. verworfene Stilrichtung (wie früher z.B. der Jugendstil) zu anderen Zeiten als Kunst anerkannt sein. Zum anderen können selbst große Kunstwerke vom „K.-Menschen" (Broch) auf Gefühlsseligkeit reduziert und als K. rezipiert werden.

K. ent-täuscht nicht, d.h. er erschüttert die Täuschungen nicht, die sich die Menschen über sich und ihre Welt machen, sondern affirmiert sie. An die Stelle der Erkenntnis und der ↑Katharsis treten Rührung, Sentimentalität und Happy-End, an die Stelle der ästhetischen ↑Distanz tritt die Identifizierung des Publikums mit den Helden. Vorformen des K. gibt es z.Z. des Manierismus (Muschelgrotten etc.). Seine volle Entfaltung erfährt er aber erst in der ↑Massenkultur, in der er – auf den (ungebildeten) Geschmack des Massenpublikums zugeschnitten – serienmäßig produziert und auf den Markt gebracht wird. Für Courths-Mahler bestand die große Welt noch in der „guten Gesellschaft" der Aristokratie, für Hollywood besteht sie in der Welt der „oberen Zehntausend", in der sich die standhafte Sekretärin ihren Millionärssohn angelt.

Lit.: H. Broch: Dichten und Erkennen, Zürich 1955, S. 295–S. 350. L. Giesz: Das Phänomen des Kitsches, in: H. Friedmann u. a. (Hg.): Deutsche Literatur im 20. Jh., Heidelberg ⁴1961. H. Lützeler: Viel Vergnügen mit dem Kitsch, Freiburg 1983. H. Pross (Hg.): Kitsch. Soziale und politische Aspekte einer Geschmacksfrage, München 1985.
K. L.

Klassifikation (Einteilung, Systematisierung) der Künste bezeichnet den Versuch, die Mannigfaltigkeit der Künste gemäß ihren Grundbestimmungen aus einem einzigen Grundbegriff der Kunst abzuleiten und zu zeigen, ob und inwiefern die verschiedenen Kunstgattungen einen gesetzmäßigen Zusammenhang darstellen, worin ihre wesentlichen Unterschiede, aber auch die Möglichkeiten ihres Zusammenwirkens bestehen, welche Produktionen noch zur Kunst, welche nicht mehr dazu gehören, welche Künste jeweils maßgebend sind in der Bestimmung des Kunstbegriffs einer Epoche oder eines Volks, welche Künste bedeutungslos geworden sind bzw. wiederbelebt werden sollen (↑ Kulturpolitik). Die K. der Künste sowie die sich an sie anschließende ↑ Gattungstheorie hat die Aufgabe, die Grundmerkmale zu bestimmen, durch die sich die unendlich vielen, unterschiedlichen Kunstwerke und künstlerischen Aktivitäten zu Gruppen von verwandten Erscheinungen und schließlich zu letzten, nicht mehr aufeinander rückführbaren Klassen vereinigen lassen.

Das Problem der K. hat sich erst seit dem 19. Jh. zu der heutigen allgemeinen Form und Frageintention herausgebildet. Zwar ist schon seit Platon und Aristoteles zwischen einzelnen Kunstgattungen hinsichtlich des Gegenstands, der Mittel und der Wirkung unterschieden worden, aber es hatte sich noch kein umfassender Kunstbegriff gebildet, der die Grundlage jeder K. darstellt. Die vergleichende Analyse von Künsten wie Musik, Tanz, Malerei, den Gattungen der Dichtkunst diente in der Antike zugleich der Beurteilung des gesellschaftlichen, pädagogischen und moralischen Nutzens oder Schadens der Künste (Horaz, *aut prodesse aut delectare*) sowie der Abgrenzung zwischen den musischen und den mechanischen, handwerklichen Künsten *(artes liberales – artes mechanicae)*. In der Renaissance ging es außerdem vor allem um die Frage, welcher Kunstgattung, der Dichtung oder der Malerei, der höchste Rang zuzusprechen sei, wofür eine vergleichende Analyse und Bewertung ihrer Darstellungsmittel und -gegenstände erforderlich war *(ut pictura poiesis)*. Bei Lessing dient die Unterscheidung zwischen der simultanen Darstellung der Raumkünste und der sukzessiven Darstellung der Zeitkünste zugleich der Sonderung der wesensgemäßen Aufgaben der Kunstgattungen sowie der Kritik an Fehl- und Mischformen. Mit der Konsolidierung des Systems der fünf Hauptgattungen der Kunst (Architektur, Plastik, Malerei, Musik, Poesie), die erst im 18. Jh. erfolgte (Kristeller), und mit den zur gleichen Zeit hervortretenden Versuchen zur Bestimmung eines einheitlichen und umfassenden Kunstbegriffs mußte sich das Problem der K. verallgemeinern und präzisieren. Kant stellte mit der Einteilung der Künste in die redenden, bildenden und die Künste des schönen Spiels der Empfindungen (Musik) bloß einen Versuch auf, den er aus der Analogie der Künste mit dem sprachlichen Ausdruck herleitete. Er nahm auch die traditionellen Fragen der Verbindung einzelner Künste zu einem gemeinsamen Werk (Oper, Theater) und des Vorrangs einer Kunstgattung vor den anderen auf, aber ohne systematisches Interesse. Dies wurde erst im deutschen Idealismus bei Schelling, Solger, Krause, Hegel, Vischer maßgebend. Die Darstellung des „Systems der Künste" wurde zu einem wesentlichen Lehrstück der wissenschaftlichen Ästhetik, das die im Begriff der Kunst angelegte Entfaltung zu den fünf Kunstgattungen im Fortgang von den abstrakteren zu den konkreteren Gattungen (Architektur, Plastik, Malerei, Musik, Poesie) als gesetzmäßig und vollständig zu erweisen hatte. Die „Einteilung" der Künste, die willkürlich herausgegriffenen abstrakten Gesichtspunkten und Zweckmäßigkeitsüberlegungen folgte, wurde ersetzt durch die strengen Ansprüche einer dem Wesen der Kunst gehorchenden Systematik, in die Hegel außer der Frage nach dem Vorrang auch die Frage nach der Führungsrolle einzelner Kunstgattungen in der fortschreitenden Realisierung des Wesens der Kunst in der Weltgeschichte aufnahm und damit ein bis heute nachwirkendes Paradigma aufstellte.

Der konstruktive Rigorismus der idealistischen Systeme der Künste ließ sich angesichts der vermehrten und differenzierten systematischen und historischen Kenntnisse, die die Kunstwissenschaften und die Völkerkunde im 19. und 20. Jh. erbrachten, nicht aufrechterhalten. Nicht nur der Faktenpositivismus der Historiker, sondern auch die Entwicklung der modernen Kunst, die an der Aufhebung der gattungsbestimmenden Grenzziehungen arbeitete, ließ die Aufgabe einer K. der Künste um so mehr als obsolet erscheinen, als sich auch die traditionellen Kunstgattungen über ihre Differenzen hinweg miteinander „verfransten" (Adorno) und sich die Grenzen zwischen Kunst, Nicht- und Antikunst auflösten. Da aber Entgrenzungen nur durch die Grenzen erkennbar werden, die sie aufheben, ist eine K., die den gesamten Kunstbereich innerhalb der sich fortschreitend differenzierenden modernen Gesellschaft sichtbar macht und auf der Grundlage eines umfassenden aktuellen Kunstbegriffs die virulenten Momente identifiziert, an denen sich die Entgrenzungsaktionen artikulieren, sehr viel wichtiger als in früheren Zeiten. Da heute immer mehr anerkannt wird, daß die Grenze zwischen Kunst und anderen institutionalisierten Formen des gesellschaftlichen Lebens nicht auf ahistorischen Prinzipien der Kunst beruht, sondern geschichtlichen Veränderungen unterliegt, kann die K. der Künste auch nicht mehr allein nach kunstimmanenten Kriterien bestimmt werden, sondern muß auf diejenigen Faktoren in der gesellschaftlichen Entwicklung Rücksicht nehmen, die an der Ausbildung der

Kunstsphäre sowie an ihrer Erweiterung oder Verschiebung mitwirken.

In der Regel berücksichtigt die K. eine Mehrzahl von Faktoren, wobei von einfachen zu komplexeren Gesichtspunkten fortgeschritten wird. Als die einfachsten und allgemeinsten sind die Gesetzmäßigkeiten des Materials angesehen worden, in dem sich das Kunstschaffen manifestiert. So unterscheiden sich grundsätzlich die räumlichen (bildenden), zeitlichen (Musik), räumlich-zeitlichen (Tanz, Schauspiel) und sich in der Phantasie manifestierenden (Literatur) Gattungen voneinander, denen auf seiten des Rezipienten spezifische Formen der Wahrnehmung entsprechen (visuelle, auditive, audiovisuelle, innerlich vorstellende Auffassung). Da diese Gesichtspunkte das Spezifische der Kunst nur einseitig und abstrakt berühren, haben Theoretiker wie Volkelt, Souriau, Kagan Kombinationen von mehreren Gesichtspunkten zusammengestellt, die sowohl die Grundgesetze der äußeren, sinnlichen als auch der inneren, geistigen Dimension der Kunstwerke berücksichtigen. So unterscheidet Volkelt aus der Perspektive der Psychologie des Kunstschaffens auf der sinnlichen Seite zwischen optischen, akustischen, optisch-akustischen und Phantasieanschauungen erzeugenden Gesetzen, auf der geistigen Seite die bildhaften und nicht-bildhaften Gehalte. Seit Hegel sind schließlich Versuche gemacht worden, bestimmte Phantasietypen zu unterscheiden, die je spezifische Formen der künstlerischen Vermittlung zwischen Innerem und Äußerem konstituieren, wodurch die K. der Künste in die Lehre von den allgemeinsten Stiltypen übergeht. Hegel unterschied zwischen der symbolischen, klassischen und romantischen Kunstform, denen am vollkommensten jeweils die Architektur, die Plastik und die romantischen Kunstgattungen der Malerei, Musik und Poesie entsprechen. Nietzsche unterschied zwischen den Gattungen des ↑apollinischen und des dionysischen Kunsttriebs sowie den Formen, in denen beide zusammenwirken (Tragödie). Die „synthetischen" (Oper, Schauspiel, Film), aber auch die „einfachen" Kunstgattungen sind von einer ↑Aufführung abhängig, so daß zwischen den darstellenden und den reproduzierenden Künsten unterschieden worden ist; im 20. Jh. hat die Aufführung selber bereits den Charakter einer künstlerischen Leistung angenommen. Gemäß der gesellschaftlichen Funktion läßt sich zwischen „freien" und „zweckgebundenen" Künsten (Werbung, Unterhaltung, Bildung, Propaganda) unterscheiden. Die „synthetischen" und sich „verfransenden" Gattungen, die vielfach erst aufgrund der Materialien und Medien der modernen Technik möglich geworden sind (↑visuelle Kommunikation) sowie die Auflösung des Werkbegriffs in der modernen Kunst stellt die K. der Künste vor Probleme, die noch nicht hinreichend in Angriff genommen worden sind.

Lit.: J. Volkelt: System der Ästhetik, 3. Bd., S. 378 ff. E. Souriau: La correspondance des arts. Élements d'esthétique comparée (1947), Paris 1969. Th. Munro: The Arts and Their Interrelations (1949), Cleveland 1967. P. O. Kristeller: The Modern System of the Arts

(1951/52), in: Humanismus und Renaissance, 2. Bd., München 1976. Th. W. Adorno: Die Kunst und die Künste, in: Parva Aesthetica, Frankfurt/M. 1967, S. 158 ff. M. Kagan: Vorlesungen zur marxistisch-leninistischen Ästhetik, Berlin 1971, S. 194 ff. E. Pracht (Red.): Ästhetik heute, Berlin-Ost 1978, S. 469 ff.   *W. H.*

Klassische, das. Das K. (von lat. *classicus:* zur höchsten Steuerklasse gehörend) wurde bereits im 2. Jh. n. Chr. vom Steuerrecht auf Schriftsteller von höchstem Rang (Homer, Cicero, Horaz) übertragen. Im 18. und 19. Jh. wurde der für die k. Autoren der Antike vorbehaltene Begriff auch auf neuzeitliche Dichter, Künstler, Komponisten und Philosophen angewandt. Die Klassiker der nationalen Traditionen werden in der Regel zu einem Kanon zusammengefaßt, dessen Aneignung den Kern der Bildung ausmacht.

Der Begriff des K. umfaßt wie die Werke, von denen er abgeleitet wird, normative und geschichtliche Momente. Werke, denen k. Geltung zugesprochen wird, gehören einer vergangenen Periode an. Sie bilden den Höhepunkt einer Entwicklung und haben eine Mustergültigkeit erreicht, die für die folgenden Generationen als ↑Norm gilt. Urbild des K., an dem sich alle anderen messen oder gemessen werden, ist die attische Antike. Die vor allem von Tragödie, Lyrik, Plastik und Architektur hergeleiteten Merkmale sind Maß und Harmonie, die die Ausbildung der Teile und ihr Verhältnis zu einem gesetzmäßigen, klar gegliederten Ganzen beherrschen. Dieses Ganze ist durch die Geschlossenheit der Form, plasti-

sche Durchbildung, Objektivität der Darstellung, Erhebung des Besonderen zum Typischen oder Idealen geprägt. Das K. beruht auf dem humanistischen Menschenbild, das von der Weimarer Klassik (Goethe, Schiller) und späteren humanistischen Strömungen wiederbelebt wurde. Die Nachahmung der k. Kunst als (der einzige) Weg, zu vollkommenen, unüberbietbaren Werken zu gelangen (Winckelmann), wird seit dem 19. Jh. als Klassizismus bezeichnet. Als Stilrichtung steht er neben anderen; seine normative Geltung hat sich dementsprechend relativiert, es gilt nicht mehr als sinnwidrig, von Klassikern bestimmter Stilepochen (z. B. des anti-klassischen Manierismus) oder einzelner Kunstgattungen zu sprechen (Klassiker des Romans).

Das K. ist seit dem Beginn der Neuzeit von immer wieder neu sich formierenden Gruppen als Bevormundung des eigenen Wesens und der aktuellen historischen Aufgabenstellung der Kunst empfunden worden. Dem K. wurde schon frühzeitig die Kunstgesinnung der ↑Moderne entgegengesetzt (Perrault), später die der ↑Avantgarde. Dadurch wuchs ihm der Charakter von etwas Abgestorbenem, eines vor den gesellschaftlichen und geschichtlichen Forderungen ins Unverbindliche ausweichenden Ideals zu. Demgegenüber haben Künstler wie Picasso, Brecht, Strawinsky sich der Herausforderung durch die Klassik gestellt und in kreativer Auseinandersetzung die verpflichtende und befruchtende Kraft und die in Aneignungen sich manifestierende Geschichtsmächtigkeit des K. erwiesen. Durch seine sich immer wieder aktualisierende Wirkung erweist sich das K. als ein stets gegenwärtiger Anspruch, die Menschlichkeit des Menschen zu entdecken und in beispielhaften Werken zu bewahren.

Lit.: H. O. Burger (Hg.): Begriffsbestimmung der Klassik und des Klassischen, Darmstadt 1972. H. Rüdiger: Klassik und Kanonbildung, in: Komparatistik. Aufgaben und Methoden, 1973, S. 127 ff. R. Bockholdt (Hg.): Über das Klassische, Frankfurt/M. 1987. *W. H.*

Komische, das. In seinen Erscheinungsformen reicht das K. vom gemütvoll-versöhnlichen ↑ Humor über den intellektuell-aggressiven ↑ Witz und die doppelbödige ↑ Ironie bis zum vernichtenden, zynischen Sarkasmus. Entsprechend vielfältig sind die evozierten Wirkungen des mitfühlenden Vergnügens, des befreienden Lachens, der höhnischen Schadenfreude etc. Ohne ausschließlich an bestimmte Gattungen gebunden zu sein, ist das K. (der Situation, des Charakters oder Konflikts) vor allem in der Dichtung und im Film (Komödie, Satire, Parodie), aber auch in der Malerei (↑ Karikatur) und in der Musik (Scherzo, Capriccio) zu Hause.

Die Grundstruktur des K., von dem auch seine bezwingende Wirkung ausgeht, besteht erstens auf dem Kontrast oder der „Inkongruenz" des Vollkommenen, Unendlichen und des Unvollkommenen, Endlichen (Solger, Schopenhauer), wobei sich die k. Wirkung immer am Endlichen, Realen, d. h. an den „Fehlern" (Aristoteles), den Schwächen oder Mißständen entzündet. Zweitens beruht das K. auf der Entlarvung des Unvollkommenen oder Häßlichen, das durch Lachen bloßgestellt und kritisiert wird (Lessing). Drittens kommt die Wirkung des K. durch die Plötzlichkeit und Überraschung zustande, in der das Nichtige zu Fall gebracht oder eine gespannte Erwartung in Nichts aufgelöst wird (Kant, Hartmann).

Hegel begründete das K. geschichtsphilosophisch, als ästhetischen Ausdruck des gesellschaftlichen Verfalls, in dem die objektive Sittlichkeit ihre verbindende Kraft verloren hat und das Subjektive die Vorherrschaft übernimmt. So etwa spiegeln die Komödien des Aristophanes die Auflösung der Polisdemokratie, der *Don Quijote* des Cervantes die des mittelalterlichen Rittertums wider. In der Ästhetik des Hegelianismus dominiert dagegen das (ungeschichtliche) systematische Interesse an einer Metaphysik des Schönen, die das K. als Negation des ↑ Erhabenen und beide als „Momente" des Schönen auffaßt. Vischer, der in dieser Hinsicht die Bestrebungen Jean Pauls, Solgers u. a. fortsetzt, bestimmt das K. als „deutlich gemachtes Erhabenes", als Zerstörung des Großen, Ernsten und Würdigen durch die Tücke des Banalen.

Im Anschluß an die Psychoanalyse wurde insbesondere die Wirkungsweise des K. untersucht: seine Durchbrechung von Tabus, seine indirekte Befriedigung verbotener Triebregungen und die damit verbundene individuelle und soziale Ventilfunktion des K. (Freud, Grotjahn u. a.).

Lit.: Aristoteles: Poetik, Kap. 2 und 5. I. Kant: Kritik der Urteilskraft, § 54. G.

E. Lessing: Laokoon oder Über die Grenzen der Malerei und Poesie, 23. Abschnitt ff. Jean Paul: Vorschule der Ästhetik, § 28. K. W. F. Solger: Vorlesungen über die Ästhetik. A. Schopenhauer: Die Welt als Wille und Vorstellung, 3. Buch § 13. G. W. F. Hegel: Vorlesungen über die Ästhetik, in: Werke, Bd. 15, S. 527 ff. F. Th. Vischer: Über das Erhabene und Komische. N. Hartmann: Ästhetik. M. Grotjahn: Vom Sinn des Lachens. Psychoanalytische Betrachtungen über den Witz, den Humor und das Komische, München 1976. R. Jurzik: Der Stoff des Lachens. Studien über Komik, Frankfurt/M. 1985. A. Horn: Das Komische im Spiegel der Literatur, Würzburg 1988. *K. L.*

Kommentarbedürftigkeit. Die K. speziell der Malerei hat sich nach Gehlen ergeben, nachdem in ihrer Entwicklung von der ideellen Kunst der Feudalzeit über die realistische Kunst des Bürgertums bis zur abstrakten Kunst des industriellen Zeitalters schrittweise die symbolischen und semantischen Ebenen der künstlerischen Darstellung aufgegeben worden sind. Die Anschauung, durch die abstrakte Kunst um die gegenständlich-begrifflichen Gehalte gebracht, verlangt die Rückerstattung der Sinnbezüge in einem Medium außerhalb der Werke, d. h. durch die Kommentarliteratur. Sie reicht von den Programmschriften der Künstler über die Kunstkritik bis zu psychologischen, soziologischen und philosophischen Analysen. Die Kommentarliteratur ist als ein wesentlicher Bestandteil der abstrakten Kunst aufzufassen, doch bleibt die Verbindlichkeit der Zusammengehörigkeit von Kunst und Kommentar unbestimmt. Spezifische Aufgaben der

Kommentarliteratur sieht Gehlen in der Rechtfertigung des Souveränitätsanspruchs der abstrakten Malerei, in der Erklärung ihrer Verfahrens- und Wirkungsweise, in der Bestimmung der Aufgabe der Malerei in der modernen Gesellschaft und ihrer Stellung im System der modernen Kultur.

Lit.: A. Gehlen: Zeit-Bilder. Zur Soziologie und Ästhetik der modernen Malerei.
                                                         W. H.

Komposition ↑ Form

Konsumästhetik bezeichnet jene Techniken oder Theorien, die sich auf die ästhetische Ausstattung von Waren, auf die psychologische Wirkung dieser Ausstattung, auf den Konsumenten und auf den erzielten (ökonomischen) Erfolg richten.

Zur K. gehört erstens das ↑ Design, die ästhetische Gestaltung des Warenkörpers selbst (Farbgebung, ornamentale Verzierung, Material, Formgebung). Kleider, Möbel, Autos, Haushaltsgeräte, Büroartikel etc. werden nicht nur unter dem Gesichtspunkt der Nützlichkeit, sondern auch nach Maßgabe der Schönheit bzw. der Gefälligkeit produziert. Zweitens die Präsentation der Ware: Neben die traditionelle Auslage in Schaufenstern oder auf dem Verkaufstisch (Dekoration) und der verführerischen Verpackung wird die Präsentation vor allem von der Werbung übernommen. Ihr Ziel ist es, die Produkte durch entsprechende Image-Ausstattung, durch den Zuschnitt auf die Bedürfnisse bestimmter Zielgruppen oder manipulative Techniken der Suggestion, der Faszination etc. für eine möglichst große Konsumenten- und Käuferschicht attraktiv zu machen. Hervorzuheben sind insbesondere die Tendenzen zur Sexualisierung der Ware sowie die Versuche, durch Waren bzw. deren Konsum andere und gesellschaftlich oftmals verwehrte Bedürfnisse nach Anerkennung, Geborgenheit etc. zu befriedigen (Duhm). Zur K. gehört drittens die ↑ Mode, d. h. der Wandel des Designs und der Präsentation, der sich am Wandel des ↑ Geschmacks oder des Zeitgeistes teils orientiert, teils diesen Wandel auch selbst hervorbringt.

Ein Ursprung der K. liegt in der „Arts and Crafts"-Bewegung (vgl. Schlieker), die – wie später der „Werkbund", das Bauhaus u. a. – eine gleichermaßen handwerklich und ästhetisch befriedigende Ausrichtung der industriellen Massenproduktion anstrebte. Im Begriff der Warenästhetik (Haug) dagegen wird die K. als Symptom einer am Tauschwert orientierten Produktion kritisiert, deren ökonomische Funktion in der Behauptung gegenüber konkurrierenden Angeboten und der Verwertung des Kapitals besteht. Das erzieherische und humane Anliegen, das dem Programm einer auch nach den Gesetzen der Schönheit formierten „Lebenswelt" zugrunde liegt, pervertiert in dem Maße, in dem der Gebrauchswert der Waren durch Verwendung von Surrogaten, verminderte Qualität und durch raschen modischen Verschleiß abnimmt. Die ausschließlich am „schönen Schein" und schnellen Konsum orientierte „Wegwerfgesellschaft" treibt Raubbau an den Ressourcen der Natur und erstickt in den von ihr produzierten Müllbergen.

Lit.: H. Read: Kunst und Industrie. Grundsätze industrieller Formgebung, Stuttgart 1958. G. Dorfles: Gute Industrieform und ihre Ästhetik, München 1964. W. F. Haug: Kritik der Warenästhetik, Frankfurt/M. 1971. Ders. (Hg.): Warenästhetik. Beiträge zur Diskussion, Weiterentwicklung und Vermittlung ihrer Kritik, Frankfurt/M. 1975. D. Duhm: Ware und zerstörte Zwischenmenschlichkeit, Köln ²1984. B. Meurer: Industrielle Ästhetik. Zur Geschichte und Theorie der Gestaltung, Gießen 1983. R. König: Menschheit auf dem Laufsteg. Die Mode im Zivilisationsprozeß, München u. a. 1985. A. Schlieker: Theoretische Grundlagen der „Arts and Crafts"-Bewegung, Bonn 1986.   *K. L.*

Kontemplation (von lat. betrachten) gilt in der neuzeitlichen Ästhetik, besonders seit Kant und Schopenhauer, als die eigentlich ästhetische Wahrnehmung von Kunstwerken und anderen ästhetischen Phänomenen. In der kontemplativen ↑ Einstellung bleiben die Realitätsbezüge des Objekts (Kausalbezüge) und des betrachtenden Subjekts ausgeklammert – die sinnliche Wirkung des Objekts, die theoretischen und praktischen Interessen –, die ästhetische Betrachtung geschieht „ohne alles Interesse" (Kant, auch schon Shaftesbury), das Objekt wird allein um seiner Erscheinungsweise willen betrachtet (↑ Schein). Vischer hat genauer, wenn auch paradox von einem „Interesse ohne Interesse" gesprochen. Die klassische Formulierung der K. findet sich bei Schopenhauer: In der K. falle die gewöhnliche Betrachtung der Dinge nach ihrem Wo, Wann, Warum, Wozu fort, das reine Wesen der Dinge werde unmittelbar erfaßt, so daß der Geist selbstvergessen in Anschauung versinke und zu einem reinen, willen-, schmerz- und zeitlosen Subjekt der Erkenntnis werde. Nietzsche hat den Allgemeingültigkeitsanspruch der K. auf die Welt der apollinischen Kunst (↑ Apollinische und Dionysische, das) reduziert und die reine Rezeptivität der ästhetischen K. als „Weibsästhetik" kritisiert. Demgegenüber hat schon die spekulative Ästhetik (Solger, Vischer) den aktiven Charakter der ästhetischen ↑ Erfahrung herausgestellt, was – modifiziert und einseitig akzentuiert – von der ↑ Rezeptionsästhetik wiederholt wird.

Lit.: A. Schopenhauer: Die Welt als Wille und Vorstellung (1819/44), 3. Buch. F. Th. Vischer: Kritik meiner Ästhetik (1866), in: Kritische Gänge, 4. Bd., München 1922. F. Nietzsche: Die Geburt der Tragödie aus dem Geist der Musik. *W. H.*

Konvention ↑ Tradition

Kosmetik ↑ Mode

Kosmische Ästhetik ist die Reflexion des Schönen und der Kunst im „Erfahrungshorizont" des Kosmos (Oelmüller). Ihr Ursprung fällt in die Zeit des Hellenismus, in der die antike Polis als Bezugspunkt allen Lebens, aller Philosophie und Kunst untergeht. An ihre Stelle tritt nun der Kosmos, in dessen Mittelpunkt die Erde steht und der ein Ganzes von Sichtbarem und Unsichtbarem, Vergänglichem und Ewigem umschließt,

in dem der Mensch aufgrund seiner Doppelnatur als Leib und Seele eine neue, ausgezeichnete Stellung besitzt. Dem Zufall seiner Geburt nach ist er Bürger Athens oder Roms, seinem Wesen nach aber ist er Bürger des Kosmos, Kosmopolit.

Für die k. Ä. ist Schönheit nicht an die sinnliche Wahrnehmung von Kunst oder Natur gebunden. Das Erste Schöne, an dem alle andere Schönheit nur teilhat, ist vielmehr der göttliche *Logos*, d. h. die Idee, die der gestaltlosen Materie Form verleiht und die Ordnung des Kosmos begründet (Platon, Plotin). Die sinnliche Schönheit der Kunst ist nicht auf die Muße oder Erziehung des Polisbürgers gerichtet, sondern bezweckt die Erhebung der Seele. Durch sie sollen Liebe und Sehnsucht zu höheren, geistigeren Formen der Schönheit (Tugend, Gerechtigkeit etc.) geläutert werden. Der Kosmos, das Werk Gottes, ist selbst das größte „Kunstwerk". Die vom Menschen hervorgebrachte Kunst ist nicht die ↑ Mimesis menschlicher Handlungen (wie bei Aristoteles), sondern die Mimesis des Kosmos und der ihm zugrunde liegenden Ideen. Skulptur, Bild oder Drama repräsentieren somit die göttliche Vernunft. Sie versöhnen den Betrachter mit den Zufällen, Zweckwidrigkeiten und Häßlichkeiten seiner eigenen, empirischen Existenz.

Eine besondere Bedeutung innerhalb der k. Ä. besitzt die Musik. Sie wird als Nachahmung der Sphärenharmonie gedeutet, die nach der Lehre des Pythagoras durch den Umlauf der Planeten um die Erde entsteht. Cicero erhebt die Harmonie der

Sphären zum Maßstab nicht nur der Kunst, sondern auch der Politik. Beide müssen nach Zahlen und Proportionen gebildet sein, die im Kosmos vorgebildet sind, und verbinden damit das Irdische mit dem Himmlischen.

Seit der Säkularisierung der Ästhetik z. Z. der Renaissance und der Aufklärung hat die k. Ä. an Bedeutung verloren. Nachwirkungen finden sich vor allem innerhalb der Musiktheorie (Kepler, Schelling), aber auch in verschiedenen Werken der Malerei (Goldhintergrund in der Ikonenmalerei als Präsenz des Kosmos), der Literatur (Klopstock, Herder, Hölderlin u. a.) oder der Musik selbst (vgl. Schavernoch). Die Affinität der antiken Kosmos-Vorstellungen mit der jüdisch-christlichen Schöpfungs- und Erlösungsreligion liegt der Affinität der k. Ä. mit der ↑ theologischen Ästhetik zugrunde, die die Welt als Präsenz der „Herrlichkeit" Gottes interpretiert (v. Balthasar).

Die neueren Versuche P. Mongrés, A. N. Whiteheads, F. Auerbachs u. a., die Ästhetik in der Kosmologie, d. h. im Übergang vom Chaos zum Kosmos zu begründen, wurde insbesondere von jenen Theoretikern aufgegriffen, die das Ästhetische „exakt", also quantitativ zu bestimmen versuchen. Auf der Grundlage der Thermodynamik wird hier das Schöne als Verhältnis von *Ektropie* und *Entropie,* d. h. als Verhältnis von Ordnung und Unordnung begriffen. Alle Schönheit geht damit letztlich aus der Überwindung des Chaos hervor, beruht auf den Relationen und Gesetzmäßigkeiten des Kosmos und läßt sich bis in die statistischen Wahrscheinlichkeiten des atomaren Bereichs hinein nachweisen. In einer solchen, die Subjektivität ausschaltenden und ganz auf die moderne Physik gegründeten k. Ä. sieht Bense eine der Traditionen und Quellen der ↑ Informationsästhetik.

Eine neue Aktualität besitzt die k. Ä. auch in Teilen der ↑ ökologischen Ästhetik. Weizsäcker definiert Schönheit als „Mitwahrnehmung des Lebensnotwendigen", d. h. der Weltseele, der natürlichen Harmonie, ohne die der Mensch nicht leben kann. Auch Mayer-Tasch spricht dem Schönen die Aufgabe zu, das Lebensfördernde und Lebensfeindliche zu erspähen und kenntlich zu machen. Gegen die Subjekt-Zentrierung der Ästhetik Kants u. a. gerichtet, entwirft er den Begriff einer „ganzheitlichen" Ästhetik, die auf der Wiedereingliederung des Menschen in „kosmische Rhythmen und Ordnungen" beruht.

Lit.: Cicero: Vom Gemeinwesen, Zürich ²1960, Kap. VI, S. 16–S. 19. Plotin: Enneaden I, 6 und V, 8,1. Seneca: Philosophische Schriften, Leipzig 1924, 3. Bd., 1. Teil, 65. Brief. C. F. Weizsäcker: Im Garten des Menschlichen, München 1977. H. Schavernoch: Die Harmonie der Sphären. Die Geschichte der Idee des Welteneinklangs und der Seelenstimmung, Freiburg u. a. 1981. M. Bense: Aesthetica. Einführung in die neue Aesthetik, S. 284 ff. W. Oelmüller/R. Dölle-Oelmüller/N. Rath (Hg.): Diskurs: Kunst und Schönes, Paderborn u. a. 1982, S. 38 ff. P. C. Mayer-Tasch: Ein Netz für Ikarus. Über den Zusammenhang von Ökologie, Politik und Ästhetik, München 1987.   *K. L.*

Kreativität ist allgemein das Vermö-

gen, neuen, unbekannten Herausfor-
derungen zu begegnen und neue Probleme angemessenen Lösungen zuzu-
führen. Im engeren Sinn ist K. das
Vermögen schöpferischer Produktion. Ihre Voraussetzungen sind ein
hohes Maß an Sensibilität gegenüber
allen Veränderungen der Wirklichkeit sowie die Fähigkeit, erlernte und
zur Routine verhärtete Techniken
oder Verhaltensweisen zu revidieren
und den veränderten Bedingungen
anzupassen. K. ist im täglichen Leben ebenso erforderlich wie in der
Politik, der Wissenschaft und bei der
Lösung technischer Probleme. In der
Kunst überschneidet sich der Begriff
mit dem der ↑ Originalität.

Platon erklärt den schöpferischen
Akt ganz aus dem ↑ Enthusiasmus, in
dem der inspirierte Künstler zum
Medium und „Dolmetscher" der
Gottheit wird. Goethe stellt der
höchsten, „dämonischen" Produktivität der Inspiration eine zweite,
menschliche Produktivität zur Seite,
der er die Aufgabe der Ausführung
zuschreibt. Die auf Selbstanalysen
von Wissenschaftlern und Künstlern
gestützte moderne Psychologie hat
den kreativen Prozeß in mehrere
Phasen untergliedert: die Inkubation
der Gärung und Ahnung, die Illumination oder Inspiration des entschei-
denden, blitzartigen Einfalls, die Ex-
plikation der langwierigen, mühevol-
len Durchführung und die Verifikation der abschließenden Überprüfung
(Ulmann, Seiffge-Kreuke).

In Kritik dieser ganz auf das Subjekt konzentrierten Sichtweise betont
Bloch (wie vor ihm schon Goethe
oder Hegel) die objektive, geschichtliche Bedingtheit des künstlerischen

(bzw. allgemein kreativen) Prozesses.
Zum einen ist K. selbst eine geschichtlich erworbene Fähigkeit des
Menschen (als Gattungswesen), zum
anderen beruht die Inspiration letztlich auf dem „Auftrag der Zeit", der
vom kreativen Künstler nur wahrgenommen und exemplarisch ausgeführt wird.

Lit.: Platon: Ion, 532 b–535 a. J. P. Ek-
kermann: Gespräche mit Goethe, III,
11. 3. 1828. E. Bloch: Prinzip Hoffnung, Kap. 15. G. Ulmann (Hg.): Kreativitätsforschung, Köln 1973. J. Seiffge-
Kreuke: Probleme und Ergebnisse der
Kreativitätsforschung, Bern u. a. 1974.
Th. Morgan: Die Grundlagen der Kreativität und der Künste, Wiesbaden 1982.
H. Kraft (Hg.): Psychoanalyse, Kunst
und Kreativität heute, Köln 1984. E.
Neumann: Künstlermythen. Eine psy-
cho-historische Studie über Kreativität,
Frankfurt/M. u. a. 1986.   *K. L.*

Kritik ↑ Kunstkritik

Kulinarische Ästhetik ist die Lehre
von den Genüssen des Essens und
Trinkens und der „Tafelfreuden", die
der umstrittenen „Ästhetik der niederen Sinne" (Geschmack, Geruch, Tastsinn) zugerechnet wird. Die k. Ä. wird
von der „normalen" Ästhetik, die sich
auf die beiden höheren Sinne des Auges und Ohres beschränkt, oft zusammen mit dem ästhetischen ↑ Genuß
verurteilt (Brecht, Adorno). Die wichtigsten Gründe gegen sie sind, daß sie
kein dauerhaft bestehendes Werk zu
schaffen vermag und daß die k. Rezep-
tionsorgane keine künstlerische Komposition, sondern nur den unmittelbaren Reiz wahrnehmen können. Dieser
Kritik liegt eine Kunstphilosophie zugrunde, die noch keinen Zweifel am

Werkbegriff kennt und die die universale ästhetische Dimension der (auch nicht-künstlerischen) Erfahrung verkennt. Voraussetzungen für die Anerkennung der ästhetischen Aspekte von Essen und Trinken sind, daß dabei erstens keine unmittelbaren Bedürfnisse befriedigt werden, sondern ein verfeinerter Genußsinn, daß zweitens Eß- und Trinkwaren auf vielfältige Weise zubereitet, serviert und verzehrt werden können, wobei der ästhetischen Gestaltung ein großer Spielraum bleibt, und daß drittens Zubereitung, Anrichtung und Verzehr Gegenstand einer ästhetischen Wahl und Beurteilung sein können. Das ästhetische Vergnügen an Essen und Trinken ist von Alter, gesellschaftlichem Stand, Zeit und Ort weitgehend unabhängig (Brillat-Savarin). Es ist nicht, wie bei den meisten anderen Künsten, ein subjektiv-einzelnes, sondern ein geselliges Vergnügen, das seine weithin ausstrahlenden Höhepunkte in großen Festessen findet, die in der Literatur, auf Gemälden und in Berichten gerühmt werden. Analog der ↑ Aufführung eines Schauspiels, bedürfen sie einer umsichtigen und vielfältigen Vorbereitung, für deren Realisierung Fachleute der Gastronomie und Designer engagiert werden. Kunstvoll ausgerichtete Festessen mit rhetorischer, musikalischer, tänzerischer Unterhaltung können zu Gesamtkunstwerken verfeinerter Lebensfreude werden, durch die eine Wiederherstellung der Ganzheit des Menschen (zwar nicht auf apollinischer, wohl aber) auf bacchantischer Ebene möglich ist – wobei freilich nicht selten die Übergänge zu Völlerei, Sauf- und Sexualorgien fließend sind.

Von den in der Regel eher konservativen nationalen und regionalen Eß- und Trink-Traditionen, von denen die Kulturanthropologie berichtet, unterscheidet sich qualitativ die höhere Gastronomie. Die „Kochkunst" bereichert und verfeinert sie durch Erfindungen neuer Gerichte oder neuer Geschmackskompositionen. In unserer Zeit der Fast-Food-Ketten, des Food Design, der Stehempfänge und Arbeitsessen unterliegt die k. Ä. einer zunehmenden Standardisierung, wenn auch durch eine vielfältige Literatur für Hobby-Köche, Weinkennerschaft, Tafel-Dekoration und für den Feinschmecker-Tourismus (Guide Michelin) die individuelle Geschmacksbildung gefördert werden und gehobene Ansprüche an diesen Teil der Lebenskunst eine größere Verbreitung finden. Doch ist der Schritt über den Amateur-Status hinaus teils an erhebliche Geldmittel, teils an das heute selten gewordene Ethos eines echten Lebenskünstlers gebunden.

Lit.: K. F. v. Rumohr: Geist der Kochkunst (1822), Frankfurt/M. 1966. A. Anthus: Vorlesungen über Eßkunst (1835), Bern 1962. J. A. Brillat-Savarin: Physiologie des Geschmacks (1863), Reprint Leipzig 1983. St. Mennell: Die Kultivierung des Appetits. Die Geschichte des Essens vom Mittelalter bis heute, Frankfurt/M. 1988 (Lit.). L. Moulin: Augenlust und Tafelfreuden. Essen und Trinken in Europa – eine Kulturgeschichte, Steinhagen 1989 (Lit.).
W. H.

Kult. Unter K. (lat. Pflege) versteht man in der Theologie, Religionswissenschaft und Ethnologie die von einer Gemeinschaft praktizierten Formen der Verehrung des Göttlichen. In der Gegenwart hat sich daneben ein säkularisierter Begriff von K. eingebürgert, der die unkritische, oft Moden oder Trends begleitende Verehrung und Imitation von Leitfiguren aus Film, Sport, Politik oder Showgeschäft bezeichnet. K. in diesem Sinn stellt eine von der Kleidung über die Verhaltensweisen, Emotionen bis in die Weltanschauung reichende Uniformierung des Lebens einer Gruppe von „Eingeweihten" (Fans) dar, die sich von der Lebensweise der „anderen" abgrenzt oder vor ihnen in Szene setzt.

Die Riten der religiösen K. haben sich stets der Künste bedient (Tanz, Gesang, Theater), um den Praktizierenden, der Gemeinde, einen unmittelbaren Kontakt mit dem Göttlichen zu ermöglichen, doch stellen die K. nicht die einzigen Formen des „Umgangs mit Göttlichem" (Kerényi) dar. Ob die Einführung und Ausübung von K. auf den schöpferischen Geist des Menschen zurückzuführen ist, dem dadurch zugleich eine magisch-religiöse Dimension zuerkannt würde, oder auf den offenbarten Willen der Götter; ob das künstlerische Vermögen eine wesentliche oder nur eine sekundäre Funktion des kultischen Verhaltens ausmacht, ist umstritten und läßt sich nicht generell für alle K. entscheiden. Vor der Begründung der Kunst als autonomer Institution ist ihr durch den K. Zeit, Ort und Funktion im gesellschaftlichen Leben angewiesen worden. Inhalt und Form der Künste waren davon abhängig, ob sie bei einem Hochzeitsfest oder Totenkult, bei einem Fruchtbarkeits- oder Opferritus

mitzuwirken hatten und dabei der Verlebendigung der überlieferten Mythen und Riten dienten oder sie überhaupt erst schufen. In der durch die kirchlichen Lehren und Glaubenstraditionen bestimmten Liturgie der Gottesdienste wirkt sich die kultische Funktion der Kunst auch heute noch aus. Die Emanzipationsbewegung der Kunst in der Neuzeit hat einen bedeutenden Teil der ursprünglichen Verbindungen von Kunst und Leben aufgelöst, was teils durch eine Rückbesinnung auf den Ursprung der Kunst im kultischen Fest kompensiert werden sollte (Kuhn), teils zur These vom Substanzverlust der Kunst in der Neuzeit geführt hat (Sedlmayr: *Verlust der Mitte*). Im 20. Jh. traten in verschiedenen Bereichen Wiederbelebungsversuche des K.ischen zum Zweck der emotionalen Gemeinschaftsbildung oder Gefolgschaftsbindung auf. Die Kirchen experimentierten mit neuen Liturgieformen (Jazz, Spirituals, Tanz), in der Politik diente der Führer- oder Personen-K. sowie die massenpsychologisch geschickten Inszenierungen großer Parteitage der emotionalen Identifikation des Volkes mit seinen Führern, im Bereich des kulturellen Lebens und der Pop-Kultur dienen Festivals (Film- und Rock-Festivals, Wagner-, Karl-May-Festspiele) ebenso der sozialen Identifikation wie der Belebung des Markts. Die zunehmende Verflachung des K.-Begriffs ermöglichte es einzelnen Künstlern und Kunstrichtungen, pseudo-archaische Opferrituale und Mysterienspiele als kultische Kunst auszugeben.

Lit.: G. Mac Gregor: Aesthetic Experience in Faith and Freedom, London 1947. K. Kerényi: Umgang mit Göttlichem, Göttingen 1955. A. Kirchgässner: Die mächtigen Zeichen. Ursprünge, Formen und Gesetze des Kultes, Basel 1959. K. Goldammer: Die Formenwelt des Religiösen, Stuttgart 1960. H. Kuhn: Die Ontogenese der Kunst, in: W. Henckmann (Hg.): Ästhetik, Darmstadt 1979, S. 71 ff. M. Fuhrmann (Hg.): Terror und Spiel. Probleme der Mythenrezeption, München 1971. H. Belting: Bild und Kult, München 1990.
W. H.

Kultur (lat. *colere:* bearbeiten, pflegen) ist die Gesamtheit der Fähigkeiten, Leistungen, Einrichtungen etc., durch die sich der Mensch vom Tier unterscheidet bzw. durch die er im Laufe der Geschichte über seinen Naturzustand hinausgewachsen ist. Zuerst wurde der Begriff von der Pflege des Bodens *(agricultura)* auf die Pflege des Menschen *(cultura animi)*, d. h. die Ausbildung seiner leiblichen und geistigen Kräfte, seiner Tugenden etc. (Cicero, Pufendorf), übertragen, dann von der Vervollkommnung des Individuums auf die Vervollkommnung der Völker bzw. der Menschheit (Herder, Kant) ausgeweitet, auf die Verwirklichung von Freiheit und Humanität. Im engeren Sinne umfaßt K. (als Gegenbegriff zur technischen, administrativen Zivilisation) nur die sog. „höhere" K. des Geistes (Sprache, Religion, Kunst, Wissenschaft etc.).

Zum einen kann K. als Prozeß gefaßt werden, d. h als Akt der nicht durch das Spiel (Huizinga), sondern durch die Arbeit vermittelten Selbsterzeugung des Menschen (Marx), zum anderen als Struktur, als geronnene Ordnungs- und Deutungsform, mit deren Hilfe die geschichtliche Wirklichkeit identifiziert und in Sinnzusammenhänge eingeordnet wird (Simmel, Rothacker). Vom theoretischen Begriff, der die K. vor allem auf die Vermittlung geistiger Muster, Werte und Orientierungen festlegt, unterscheidet sich der praktische Begriff, der in der K. vorrangig ein handlungs-orientierendes Normensystem (Malinowski) oder die Erweiterung entlastender Institutionen (Gehlen) erblickt.

Die Lebensphilosophie (Nietzsche, Dilthey) definiert K. als Identifikation bzw. Repräsentation von Gruppen oder Völkern. Neben der gemeinschaftsbildenden, integrierenden Kraft der K. wird darin auch die Möglichkeit der Ausgrenzung sichtbar. K. impliziert nicht nur die Aufhebung von Grenzen, die Vervollkommnung der Volks-K.en und ihres Zusammenwachsens zur Welt-K. (Anerkennung der Menschenrechte etc.). Sie kann auch Grenzen verfestigen: durch den Chauvinismus nationaler K.en, die Exklusivität ständischer K.en oder durch Elite-Bewußtsein gegenüber der aufkommenden ↑Massenkultur.

Nach dem Bruch mit der Aufklärung und ihrem Vertrauen in die unendliche Vervollkommnungsfähigkeit des Menschen gewinnen K.-relativismus und K.-pessimismus die Oberhand. Teils wird die K.-entwicklung biologistisch als Zyklenbewegung (Spengler u. a.), teils geradezu als Verfall gedeutet (Jaspers, Heidegger). Freud sieht in ihr Ursachen eines wachsenden „Unbehagens". Adorno und Horkheimer diagnostizieren den

Umschlag des Fortschritts in Regression, der Beherrschung der Natur in die zunehmende Beherrschung und Manipulation des Menschen. Dagegen steht gegenwärtig die Utopie einer (auf einer befriedeten Natur und einer neuen Ordnung der Weltwirtschaft beruhenden) „multikulturellen Gesellschaft", in der die Angehörigen der verschiedensten K.en sich nicht nur tolerieren, sondern unter Wahrung ihrer kulturellen Eigenständigkeit auch zusammenleben und arbeiten.

Lit.: J. G. Herder: Ideen zur Philosophie der Geschichte der Menschheit. I. Kant: Idee zu einer allgemeinen Geschichte in weltbürgerlicher Absicht. K. Marx/F. Engels/W. I. Lenin: Über Kunst, Kultur und Ästhetik. G. Simmel: Philosophische Kultur, Potsdam ³1923. O. Spengler: Untergang des Abendlandes, München ⁵²1923. E. Cassirer: Was ist der Mensch? Versuch einer Philosophie der menschlichen Kultur, Stuttgart 1960. E. Rothacker: Probleme der Kulturanthropologie, Bonn 1948. S. Freud: Das Unbehagen in der Kultur, Frankfurt/M. 1953. A. Gehlen: Urmensch und Spätkultur, Bonn 1956. B. Malinowski: Eine wissenschaftliche Theorie der Kultur, Frankfurt/M. 1975. M. Horkheimer/ Th. W. Adorno: Dialektik der Aufklärung (1947), Frankfurt/M. 1971. H. Marcuse: Kultur und Gesellschaft, 2 Bde. F. Steinbacher: Kultur. Begriff, Theorie, Funktion, Stuttgart 1976. C. Leggewie: Multi-kulti. Spielregeln für die Vielvölkerrepublik, Berlin 1990.   *K. L.*

Kulturindustrie ↑ Massenkultur

Kulturpolitik umfaßt die Gesamtheit der Grundsätze, Ziele, Aufgaben und Maßnahmen von Staat, Städten, Kommunen, Kirchen, Gewerkschaften, Parteien, gesellschaftlichen Klassen (Bürgertum, Proletariat), aber auch von internationalen Institutionen (UNESCO) zur planmäßigen Pflege, Förderung und Neugestaltung der ↑ Kultur. Der K. liegt heute ein weiter Begriff von Kultur zugrunde, der nicht nur Kunst und Literatur umfaßt, sondern auch Lebensformen, Grundrechte des Menschen, Wertsysteme, Traditionen, Glaubensrichtungen, Erziehung und Ausbildung, Wissenschaft, Technik und Sport.

Der Sache nach läßt sich von K. schon Jahrtausende vor der Bildung des Ausdrucks im 19. Jh. sprechen. Zu ihr gehörten die Maßnahmen zur Verherrlichung, aber auch zur Zerstörung des Ruhms der Könige bzw. Dynastien in Ägypten (Errichtung bzw. Zerstörung von Monumentalplastiken und Pyramiden) und in anderen frühgeschichtlichen Staaten, das Mäzenatentum von Stadtstaaten und Herrscherhäusern im klassischen Griechenland, die Kunst- und Kulturpolitik der römischen Könige und Kaiser, der Päpste und Bischöfe, der absolutistischen Monarchien in Europa, des Adels und der Bürgerschaft einzelner Städte, bis seit dem 19. Jh. die wichtigsten kulturpolitischen Funktionen von der Schulbildung über die Gründung und Erhaltung von kulturellen Institutionen (Theater, Museen, Bibliotheken) bis zur Unterstützung von Künstlern und Schriftstellern mehr und mehr in die Hand des Staates übergingen. Die Zentralisierung und weltanschaulich-politische Gleichschaltung der K. im „Dritten Reich" führte nach 1945 zu einer Politik der Dezentralisierung der K. und zur Verankerung der freien Entfaltung von Kunst und Wissenschaft im Grundgesetz.

Die K., früher als Vereinigung von scheinbar Unvereinbarem wie Kultur und Politik, Geist und Macht kritisiert, wird heute in den westlichen Staaten, die sich als „Kulturstaaten" verstehen, als wesentlicher und unveräußerlicher Bestandteil der Gesamtpolitik aufgefaßt. Bereits die Kosten, die für die Erhaltung und Förderung von Erziehung, Wissenschaft und Kunst aufgebracht werden müssen, zwingen den Staat zur Entfaltung einer für das Ganze des kulturellen Lebens verantwortlichen K. Die Rahmenbedingungen sind im Grundgesetz festgelegt (Unantastbarkeit der Würde des Menschen, freie Entfaltung von Kunst und Wissenschaft, Persönlichkeitsschutz, Kulturhoheit der Länder usw.), erfordern aber angesichts der wirtschaftlichen, technologischen, sozialen, politischen, weltanschaulichen, künstlerischen Entwicklungen eine ständige Überprüfung der kulturpolitischen Aufgabenstellungen und Maßnahmen, damit nicht nur das kulturelle Leben erhalten bleibt, sondern auch von den Bürgern angenommen wird. Unter der Ägide der UNESCO (Weltkonferenzen in Venedig 1970, in Mexiko 1982) hat sich die „kulturelle Demokratie" als international anerkannter Grundsatz der K. herausgebildet. Er beruht auf der Anerkennung des Menschenrechts auf Kultur und fordert die Ermöglichung der Teilnahme aller Menschen am kulturellen Leben. Er fordert die Überwindung des Unterschieds zwischen höherer und niedrigerer Kultur (bzw. von Elite- und Volks- oder Massenkunst) und die Aufhebung der kulturellen Diskriminierung von Teilen der Bevölkerung (Jugendlichen, Frauen, Behinderten, Alten, völkischen oder sozialen Minderheiten). Als zentrale Aufgabe der K. der letzten Jahre hat sich die Förderung der „kulturellen Identität" nicht nur der Nation gegenüber anderen Nationen erwiesen, sondern auch die von Regionen, religiösen, sozialen, ethnischen Gruppen innerhalb des eigenen Landes. Die kulturelle Identität soll den Bürgern nicht vom Staat oder von der Kirche aufgezwungen werden (Grundsatz der Nichteinmischung), sondern aus der kulturellen Aktivität der Bürger entstehen. Die kulturelle Identität, in der das Selbstverständnis einer Gruppe von Menschen zum Ausdruck kommt und Tradition und Innovation einen Ausgleich finden, widerspricht nicht dem Grundsatz des kulturellen Pluralismus, weder in innenpolitischer noch in außenpolitischer Perspektive. In Übereinstimmung mit der UNESCO bestehen die allgemeinen Ziele der K. in der Entfaltung der Würde des Menschen, in der Humanisierung der Lebensverhältnisse in Arbeit und Umwelt, in der Anerkennung des Andersseins der Mitmenschen und der Verbesserung des gegenseitigen Verständnisses, in der Bewahrung des kulturellen Erbes der Völker als Glieder der einen Menschheit und in der Förderung aller Bestrebungen zur Erhaltung des Friedens.

Lit.: M. Abelein (Hg.): Deutsche K. Dokumente, Düsseldorf 1970. K. Fohrbeck/A. J. Wiesand (Hg.): Der Künstler-Report. Musikschaffende, Darsteller/Realisatoren, Bildende Künstler/Designer, München 1975. Dt. UNESCO-Kommission, Weltkonferenz über Kulturpolitik, Mexico 1982, München 1983. M. C. Cummings/R. S. Katz (Hg.): The Patron State. Government and the Arts in Europe, North America, and Japan, New York 1987. *W. H.*

Kunst (griech. *techne*, lat. *ars*). Der Begriff K. wird im deutschen Sprachgebrauch erst seit 1270 verwendet und löst das bis dahin gebräuchlichere „List" (Wissen, Kennen) ab. „K." zielt wortgeschichtlich auf die spätantiken Begriffe *scientia* und *ars*. Der Begriff der K. wird in Abgrenzung zur ↑Wissenschaft und ↑Religion (sowie zur Natur und zum Leben) entfaltet und mit ↑Wahrheit in Verbindung gebracht.

Die Antike begreift K. als handwerkliche Fertigkeit und schreibt ihr eine abbildende (Mimesis) und eine bildende Funktion zu. Alle K. – so Homer – rührt von den Göttern her, die Dichter vermitteln sie an die Menschen (*Ilias* XV, 410ff.). Platon stellt sie in einen ontologischen Kontext. Die Wahrheit der Dinge, auf die es allein ankommt, wird von der abbildenden K. verfehlt, da sie am ↑Schein haftet und nur „hohle Schattenbilder" produziert. Sie ist nicht imstande, „Menschen zu bilden" und hat im Staat (polis) daher keinen Platz. Der Wert der Dichtung entscheidet sich daran, ob sie göttlich inspiriert ist oder ihren Stoff bloß im Menschlichen sucht (*Politeia*, 10. Buch). Für Aristoteles ist K. eine spezifisch menschliche Fähigkeit. Er versteht darunter ein poietisches, d. h. ein hervorbringendes Verhalten zur Welt, das mit Vernunft verbunden, lehr- und erlernbar ist und Handwerk wie abbildende K. gleichermaßen betrifft (*Nikomachische Ethik*, 6. Buch, Kap. 4 u. 7). Diese arbeitet allgemeine Züge heraus, stellt den Menschen idealisiert, realistisch oder satirisch dar und bezieht daraus ihre Wirkung (↑Katharsis). Das Absurde, d. h. Bilder, die der Natur widersprechen (z. B. ein Venuskopf auf einem Pferdehals), sind – so Horaz (*Ars poetica*, Vers 1–24) – von der K. ausgeschlossen.

Das Mittelalter setzt K. in eine Analogie zur Schöpfung der Welt durch Gott und entwickelt eine Schönheitsmetaphysik, die an die ursprünglich platonisch bestimmte Idee der ↑Schönheit anknüpft, die Cicero (*Orator*, § 8 – § 10.) an das Mittelalter weitergab. Die K.praxis des Mittelalters hat auf diesem Hintergrund eine religiöse Funktion.

Das neuzeitliche K.verständnis geht auf die Verklammerung von K. und Schönheit in den Kunsttheorien der italienischen Frührenaissance (Bellori, Alberti, Vasari) zurück (Henrich, vgl. Rötzer). Demzufolge werden die bildenden K. aus dem Verband der Handwerkskünste (*artes mechanicae*) herausgelöst (↑Klassifikation). Aufgrund der Idee des Schönen, die der Künstler in sich trägt, und gemäß den Regeln der K.praxis (Auswahl, Proportion, Perspektive) findet die sonst verborgene, wahre Ansicht des Wirklichen in ihren Werken einen Ausdruck. Bezeichnungen wie *belles lettres* oder „schöne Wissenschaften", *beaux arts* oder „schöne Künste", die seit dem 18. Jh. gebräuchlich werden (vgl. Grimm), bringen den hervorragenden Stellenwert der Schönheit zur Geltung.

Der K.begriff wird weiter durch die Bestimmung des Vergnügens (*pleasure, plaisir*) geprägt, die im Zusammenhang mit einer neuen Wertschätzung der ästhetischen ↑Einstellung im Gegensatz zum logisch-wissenschaftlichen Weltverhältnis wichtig wird (z.B. Shaftesbury, Hutcheson). Aufgrund der Wirkung, die sie durch Nachahmung der schönen Natur ausübt, wird K. als Inbegriff der Künste aufgefaßt (Dubos, Batteux).

Die Bestimmungen der Schönheit und des Vergnügens werden im Kontext der philosophischen Ästhetik mit einer der K. zugeschriebenen Erkenntnisfunktion verbunden. Baumgarten begreift K. als sinnliche Erkenntnis (*cognitio sensitiva sive repraesentatio*). Die Wahrheit der K. wird durch die intellektuelle Wahrheit ergänzt. Kant macht in systematischer Abgrenzung der (vom Broterwerb) freien, schönen K. vom Handwerk und von der Wissenschaft die ↑Autonomie der K. geltend. Im Hinblick auf ihre Wirkung (ästhetischer ↑Genuß) prägt er den Begriff der „ästhetischen K. als schöner K."

Die Bindung der K. an das Schöne und die Unvergleichbarkeit neuer K. mit einer Schönheitsnorm, die an der damals bekannten Antike orientiert war, führt zur Einsicht in die ↑Geschichtlichkeit der Kunst (Winckelmann, Schiller) und später auch zu einer Modifizierung des Begriffs der Schönheit als Prinzip der K. (das ↑Charakteristische, das ↑Interessante).

Die ästhetische Bestimmung der K. gipfelt darin, daß die Vermittlung des

Endlichen mit dem Unendlichen zum zentralen Thema wird (F. Schlegel, Novalis, Wackenroder, Schelling, Solger) (↑Symbol). Als Ausdruck der Selbst- und Welterfahrung des Menschen wird sie für Schelling zum Organon der Philosophie. Hegel stellt sie an die Seite von Religion und Wissenschaft. Sie ist „für den Sinn des Menschen aus dem Sinnlichen entnommen" und hat den Zweck, „das Göttliche" oder Absolute ästhetisch zu repräsentieren. Hegel begreift sie in dieser Hinsicht als Pantheon der Künste, das sich in der Weltgeschichte vollendet. K. befriedigt das Bedürfnis des Menschen, sich gegenständlich zu werden in bezug auf eine ihn übersteigende Realität, das Absolute. Diese Funktion erfüllte sie vorzüglich in der griechischen Antike, der Zeit der „K.religion". Im Lauf der Geschichte des Geistes wurde die K. von anderen Formen menschlicher Selbstverständigung, von der christlichen Religion und der neuzeitlichen Wissenschaft, überflügelt (↑Ende der K.).

Die metaphysische Dimension der K. wird auch in der Abkehr vom Absoluten und der Hinwendung zum Leben festgehalten, sei es, daß ihr eine kompensatorische, das Leiden am Leben erträglicher machende Funktion zugeschrieben wird (Schopenhauer), sei es, daß sie gerade nicht als „Quietiv", sondern als „Stimulans" des Lebens aufgefaßt wird (Nietzsche, vgl. Jähnig).

Im 19. Jh. wird der ästhetische K.begriff aus der Bindung an das Schöne gelöst (Vischer) und auch das ↑Häßliche einbezogen (Rosenkranz). Seither wird K. vornehmlich aus nicht-metaphysischen Perspektiven erörtert (↑Methoden der Ästhetik) oder unter dem Eindruck ihrer geschichtlichen Entwicklung im Rahmen der neu etablierten Literatur-, Musik- und Kunstwissenschaft dargestellt. Materialistisch wird K. als Moment des ideologischen Überbaus (Lukács) oder als „Vorschein" einer besseren Welt begriffen (Bloch). Demgegenüber beschreibt Heidegger K. noch einmal als Ort der Wahrheit. Gadamer versteht sie als Spiel und Fest.

Die Struktur der modernen K. (vgl. Biemel) wie auch das Selbstverständnis der Künstler (vgl. de Vries) erfordern eine Erweiterung, wenn nicht gar eine Auflösung (Wellershoff) des überkommenen K.begriffs. Bereits Benjamin machte die Veränderung des K.charakters durch die Reproduktionstechniken geltend. Die vervielfältigte Bild-, Ton- oder Sprachk. führt zum Verlust ihrer Aura, d.h. zum Verlust ihrer alltags- und praxisfernen Einzigkeit. Im Anschluß an Wittgenstein wird das Sprechen über K. thematisiert (↑analytische Ästhetik), ihre Verfahren bzw. Techniken als Sprachen aufgefaßt (Goodman) oder ihre Stellung in der Lebenswelt (Dewey) bzw. ihr Stellenwert im Alltag untersucht (Danto).

Zur Bestimmung ihres Standortes schreibt Marcuse der K. ein kritisches Potential zu und erhofft von ihr die Förderung einer „neuen Sensibilität". Adorno unterstreicht ihre nichtaffirmative Funktion. Beide beziehen sich dabei auf die ästhetische Form, den Stil, der einen Gegenstand zum Kunstwerk macht (ästhetischer ↑Gegenstand). Angesichts des Verlustes eines metaphysischen Sinns, der die traditionelle Bestimmung der K. getragen hat, sucht Adorno ihren Begriff in den Künsten selbst auf. Die Gattungen „verfransen" sich, sie unterscheiden sich durch die Bezogenheit auf ihre Materialien voneinander – „als Antithesis zur Empirie dagegen ist die Kunst eines". Der K. heute wird in dieser Hinsicht eine Kompensationsfunktion in der hochtechnisierten Welt zugeschrieben (Marquard) und ihre anästhetische Komponente einer Konsumästhetik entgegengesetzt (Welsch). Ob die Kategorie des Erhabenen (Lyotard), die in der ↑Postmoderne-Diskussion geltend gemacht wird, zu einem neuen K.begriff beitragen kann, ist noch offen.

Lit.: A. G. Baumgarten: Aesthetica, § 17 und § 424. I. Kant: Kritik der Urteilskraft, § 44. J. u. W. Grimm: Deutsches Wörterbuch (1873), Darmstadt 1984, 5. Bd., Art. Kunst. Th. W. Adorno: Die Kunst und die Künste, in: Ohne Leitbild. Parva Aesthetica, Frankfurt/M. 1967. W. Biemel: Philosophische Analysen zur Kunst der Gegenwart, Den Haag 1968. G. de Vries (Hg.): Über Kunst. Künstlertexte zum veränderten K.verständnis nach 1965, Köln 1974. H. Marcuse: Die Permanenz der Kunst. N. Goodman: Sprachen der Kunst. Ein Ansatz zu einer Symboltheorie, Frankfurt/M. 1973. D. Jähnig: Welt-Geschichte. Kunst-Geschichte, Köln 1975. D. Wellershoff: Die Auflösung des Kunstbegriffs, Frankfurt/M. 1976. A. Paus (Hg.): Kunst heute, Graz u. a. 1975. J. Dewey: Kunst als Erfahrung, Frankfurt/M. 1980. A. C. Danto: Die Verklärung des Gewöhnlichen. Eine Philosophie der Kunst, Frankfurt/M. 1984. F. Koppe:

Grundbegriffe der Ästhetik, Frankfurt/ M. 1983, S. 11–S. 115. P. Jaeger/R. Lüthe (Hg.): Distanz und Nähe. Reflexionen und Analysen zur K. der Gegenwart, Würzburg 1983. O. Marquard: Aesthetica und Anaesthetica, Paderborn u. a. 1989, bes. S. 113 ff. F. Rötzer (Hg.): Kunst und Philosophie. Aspekte einer komplizenhaften Auseinandersetzung, Kunstforum Bd. 100, 1989. *U. F.*

Kunsterziehung ↑ Erziehung, ästhetische und künstlerische

Kunstförderung ↑ Kulturpolitik

Kunstgattungen ↑ Gattungstheorie, ↑ Klassifikation

Kunstgeschichte ist das wissenschaftliche Fach, das sich mit der Erforschung der historischen und systematischen Probleme der bildenden Künste und ihrer Geschichte befaßt. Gelegentlich wird die Bezeichnung Kunstwissenschaft gebraucht, jedoch nur im dt. Sprachbereich (vgl. engl. *art history*, franz. *histoire de l'art* und ital. *storia dell'arte*). In Europa ist K. meist auf die Geschichte der westlichen Kunst seit dem Frühchristentum begrenzt, in den USA gehört vielfach auch die Kunst der Antike und der Kulturen der anderen Kontinente zum Fachgebiet *art history*.

Die K. entstand aus den Lebensbeschreibungen der Künstler (Plinius d. Ä., Vasari u. a.), aus den Bilder- und Denkmalbeschreibungen (Philostrat d. Ä. u. a.), aus den Beschreibungen von Städten und aus der Sammlungs- und Interpretationstätigkeit der Antiquare des 16. bis 18. Jh. Mit Winckelmanns *Geschichte der Kunst des Altertums* von 1764 wurde die Stilgeschichte eingeleitet, zu Beginn des 19. Jh. die historisch-philologische Quellenkritik eingeführt. Mit der Errichtung von Lehrstühlen für K. wurde im deutschen Sprachbereich seit der Mitte des 19. Jh. begonnen.

Die Hauptaufgaben der K. sind seither Historiographie und Geographie der Kunst, Künstlermonographien und -biographien, Erforschung der Schriftquellen, Ikonographie und Ikonologie, Erstellung von kritischen Werkkatalogen, Museumskatalogen und Inventaren von Denkmälern, Interpretation von Werken und Zyklen, Analyse der magischen, religiösen und sozialen Funktionen der Kunst und ihrer Präsentation, Bedingungen der Ausbildung und der Kunstproduktion für weibliche und männliche Künstler, Institutionen (Akademien, Kunstschulen, Museen), Rezeption der Kunst. Einige dieser Aufgaben werden kontinuierlich wahrgenommen, andere haben nicht zu jeder Zeit Aktualität. Im 19. Jh. verlagerte sich das Hauptinteresse vom kulturwissenschaftlichen Ansatz (Burckhardt) auf die Formanalyse (Wölfflin), dann auf die Ikonographie und Ikonologie (Warburg, Panofsky), und in jüngster Zeit auf die Analysen komplexer Beziehungen zwischen Form, Funktion, Gebrauch, Interpretation und geschichtlichem Wandel.

Über Museen, Denkmalpflege und Publikationen nimmt die K. wichtige öffentliche Funktionen wahr: Bewahrung der Kulturdenkmäler und Erneuerung des Verständnisses und der Wertschätzung. Gegenüber dem zeitgenössischen Schaffen hat die universitäre K. meist wenig Interesse, so hat sie es auch weitgehend verpaßt, ihren Gegenstandsbereich um Fotografie und Film zu erweitern.

Lit.: Thieme-Becker: Allgemeines Lexikon der bildenden Künstler, 37 Bd.e, Leipzig 1907–1950. The Pelican History of Art, London 1953 ff. Encyclopedia of World Art, 16 Bd.e, New York u. a. 1959–1983. Propyläen Kunstgeschichte, 18 Bd.e, Berlin 1966–1980. G. Bazin: Histoire de l'histoire de l'art de Vasari à nos jours, Paris 1986. H. Belting u. a. (Hg.): Kunstgeschichte. Eine Einführung, Berlin 1988. *O. B.*

Kunstgeschichtliche Grundbegriffe (auch kunstwissenschaftliche G.) sind Abstraktionen der Stilgeschichte. Diese entstand aus der Generalisierung von Formmerkmalen der Kunstwerke und der Einteilung des geschichtlichen Verlaufs in Epochen gleichen Stils (wie Romanik, Gotik, Renaissance, Barock usw.). Um 1900 verstärkte sich die Notwendigkeit, die Kunstwerke nicht nur zu beschreiben und zu klassifizieren, sondern den Stilwandel auch zu erklären. Es ging um den Versuch, die Gesetze einer hypothetischen Kraft hinter den historischen Phänomenen zu erkennen. Damit sollte auch der Kunstgeschichte durch historische Gesetze und Kategorien des Kunstschaffens eine quasi-exakte Grundlage verschafft werden.

Riegl nahm 1901 eine Steuerung der Kunstproduktion durch ein kollektives ↑Kunstwollen an. Schmarsow stellte 1905 ein System von drei komplementären Künsten (Mimik/Plastik – Architektur/Poesie – Malerei/Musik) auf und versuchte, die Entwicklung der Kunst vom Altertum bis zum Mittelalter als gesetzmäßige zu beschreiben. Wölfflin bestimmte 1915 mit fünf Begriffspaaren (das Lineare/Malerische – Fläche/Tiefe – geschlossene/offene Form – Vielheit/Einheit – Klarheit/Unklarheit) die allgemeinen „Sehformen" von Renaissance und Barock. Zugleich versuchte er, den Stilwandel als notwendigen und gesetzmäßigen darzustellen. Panofsky forderte 1925 gegen Wölfflin, die k. G. müßten künstlerischen Grundproblemen a priori entsprechen und dürften nicht empirisch aufgerafft sein. Die gleichzeitige Diskussion der Künstler über Elemente, Grundlagen und Grundbegriffe der Kunst (z. B. van Doesburg 1919 und 1925, Klee 1925, Kandinsky 1926) wurde von der Kunstgeschichte nicht beachtet.

Das Problem der k. G. ist 1925 ad acta gelegt worden und ist nur noch wissenschaftsgeschichtlich von Interesse. Der *circulus vitiosus* des Verfahrens ist offenkundig, die Stilgeschichte hat keinen Vorrang mehr, eine wissenschaftliche Erklärung kann nicht mehr durch Ableitung aus Begriffen und Hypothesen erbracht werden und das wissenschaftliche Ansehen der Kunstgeschichte ist nicht von der Aufstellung von Gesetzen abhängig. Als Formanalysen sind Wölfflins k. G. erfolgreich geworden und haben auch Auswirkungen auf die Literatur- und Musikgeschichte gehabt.

Lit.: A. Riegl: Spätrömische Kunstindustrie (1901), Wien 1927. A. Schmarsow: Grundbegriffe der Kunstwissenschaft, Leipzig-Berlin 1905. H. Wölfflin: Kunstgeschichtliche Grundbegriffe, München 1915 u. ö. *E.*

Panofsky: Aufsätze zu Grundfragen der Kunstwissenschaft, Berlin 1964 u. ö. M. Lurz: Heinrich Wölfflin, Worms 1981.   *O. B.*

Kunstgewerbe ↑ Design, ↑ Volkskunst

Kunstkritik. Das Wort „Kritik" geht auf griech. *kritike techne* zurück und bedeutet die Kunst der Unterscheidung und Beurteilung. Für die neuzeitliche Auffächerung in Literaturkritik, Musikkritik und K. war der philologisch-logische Begriff der Kritik maßgebend, der in der humanistischen Poetik und Rhetorik (Scaliger) und in der philosophischen Methodendiskussion (Descartes, Vico) eine wichtige Rolle gespielt hat. Der englische (↑ New Criticism), französische (critique) und italienische (critica) Sprachgebrauch umfaßt nicht nur die K., sondern bezieht auch die Kunsttheorie, Programmschriften der Künstler sowie die Kunstwissenschaft und ihre Methoden ein (vgl. Venturi). Der deutsche Sprachgebrauch bezieht den Begriff der K. allein auf die wertende Beurteilung von Kunstwerken aufgrund von Maßstäben, die eine Begründung und Überprüfung des Kunsturteils erlauben. Dieser Begriff der K. hat sich seit dem 18. Jh. allmählich herausgebildet. Gefördert wurde die K. durch das Interesse an der griechischen Kunst (Winckelmann *Geschichte der Kunst des Altertums* 1764). Die K. im Sinne einer Kritik der bildenden Kunst entstand zusammen mit der Literaturkritik (Herders *Kritische Wälder*, 1769) und der Theaterkritik (Lessings *Hamburgische Dramatur-*

gie, 1767–1769). Die K. der Romantik, die selbst Kunst sein wollte (F. Schlegel, A. W. Schlegel, Novalis, Wackenroder), nimmt eine besondere Stellung ein (vgl. Benjamin).

Ursprünglich, in der Renaissance, eine Sache von Künstlern, deren Einschätzungen und Urteile durch bestimmte künstlerische Einstellungen geprägt waren (Vasari, Alberti), entsteht die K. im engeren Sinn, als der Künstler im französischen Salon des 18. Jh. sich zum ersten Mal einem breiten Publikum stellen mußte (vgl. Dresdner). Mit Diderots Berichterstattung in den „Salons" (seit 1759) tritt der „Laienkritiker" auf den Plan, dessen Kompetenz allerdings von Künstlern immer wieder in Frage gestellt worden ist und wird (vgl. Fassmann). Die K. der Künstler gewinnt seit Schiller (z. B. *Über das gegenwärtige deutsche Theater*, 1782) und Goethe (vgl. Beutler) in der Moderne bis hin zu Baudelaire (*Curiosités esthétiques*), Valéry oder Kandinsky (↑ Künstlerästhetik) Rang und Einfluß.

Ihre pragmatische Orientierung unterscheidet die K. prinzipiell vom wissenschaftlichen Umgang mit der Kunst, der theoretisch bzw. methodisch orientiert ist (↑ Kunstwissenschaft). Die K. wendet sich an ein Publikum, sie beansprucht, daß ihre Stellungnahme öffentlich gehört wird, und steht im Spannungsfeld von Kunst und Gesellschaft. Das Problem der Bewertung betrifft die Kunst der Vergangenheit ebenso wie die der Gegenwart. Vorurteile, die z. B. auf ein bestimmtes Menschenbild zurückgehen können oder auf eine als Maßstab gesetzte Mustergültigkeit einzelner Kunstepochen, führen oft zu Fehlurteilen. Ideologische Vorgaben kennzeichnen die Rolle der K. während des Dritten Reiches (↑ faschistische Ästhetik) und im dogmatischen Marxismus. Problematisch insbesondere ist die Beurteilung der Werthaftigkeit noch strittiger Kunstwerke, heute vor allem im Bereich der bildenden Kunst. Die Maßstäbe können hier weder vergangener Kunst entnommen werden, noch führen bei der Qualitätsbestimmung eines einzelnen Werkes allgemeine Normen (↑ Form, ↑ Inhalt) weiter. Vom K.er wird ein hohes Maß musischer Sensibilität (↑ Geschmack) verlangt. Um neuer oder auch bisher unbekannter Kunst der Vergangenheit gerecht zu werden, ist er allein auf seine Beobachtungen angewiesen. Beobachtung und Beschreibung gewinnen in der K. methodischen Rang (vgl. Lützeler). Es stellt sich das Problem der sprachlichen Form, in der die K. abgefaßt wird (vgl. Warnke). Dazu gehört auch die philosophische Frage nach den sog. ästhetischen Begriffen, die im kunstkritischen Diskurs maßgebend sind (vgl. Bittner, Pfaff) (↑ analytische Ästhetik).

Lit.: Ch. Beutler (Hg.): Goethes Schriften zur Kunst, Zürich 1954. H. Mayer (Hg.): Meisterwerke deutscher Literaturkritik, 4 Bd.e, Stuttgart 1954–1971. K. Fassmann: Die Kunstkritik der Presse in der Antikritik bildender Künstler, München 1952. H. Read: Die Kunst der Kunstkritik, Gütersloh 1957. R. Wellek: Geschichte der Literaturkritik 1750–1950, Berlin 1977. J. Wulf: Die bildenden Künste im Dritten Reich, Gütersloh 1963. A. Dresdner: Die Entstehung der Kunstkritik im Zusammenhang der Geschichte des europäischen Kunstlebens, München 1968. W. Emrich: Polemik. Streitschriften, Essays, Pressefeuilletons und kritische Essays um Prinzipien, Methoden, Maßstäbe der Literaturkritik, Bonn 1968. S. Jüttner: Die Kunstkritik Diderots, in: Beiträge zur Theorie der Künste im 19. Jh., 1. Bd., S. 13–S. 30. L. Venturi: Geschichte der Kunstkritik (1964) München 1972. W. Benjamin: Der Begriff der Kunstkritik in der deutschen Romantik, Frankfurt/M. 1973. H. Lützeler: Die Kunstkritik, in: Ders: Kunsterfahrung und Kunstwissenschaft. Systematische und entwicklungsgeschichtliche Darstellung und Dokumentation des Umgangs mit der bildenden Kunst, Freiburg/München 1975, 1. Bd., S. 100–S. 242. R. Bittner/R. Pfaff (Hg.): Das ästhetische Urteil. Beiträge zur sprachanalytischen Ästhetik, Gütersloh 1977 (Lit.). M. Warnke: Wissenschaft als Knechtungsakt, in: Ders.: Künstler, Kunsthistoriker, Museen. Beiträge zu einer kritischen Kunstgeschichte, Luzern u. Frankfurt/M. 1979. *U. F.*

Künstler im emphatischen Sinn der schöpferischen Produktion sind bildende K. (Maler, Bildhauer, Architekt), Komponisten und Dichter sowie die Interpreten von Kunstwerken wie Dirigent, Virtuose, Regisseur, Schauspieler, Tänzer, Choreograph etc. Im weiteren Sinne werden auch die Unterhaltungskünstler (Entertainer, Akrobat, Clown etc.), Modeschöpfer, Designer, Werbefachleute (Fotograf, Mannequin) zu den Künstlern gezählt. Unscharf sind die Grenzen zum Kunsthandwerker (Goldschmied, Keramiker etc.).

Die geschichtliche Existenz des K. als eines Menschen, der ausschließlich oder berufsmäßig Kunst schafft, setzt einen bereits fortgeschrittenen Stand der Arbeitsteilung und des gesellschaftlichen Reichtums voraus. Homer, die Flötenspieler der Kybele, die Architekten der Pyramiden oder die Schöpfer der ägyptischen Monumentalplastiken stehen noch mit dem Schamanen, dem Priester und Seher in Personalunion. Platons Begriff des ↑ Enthusiasmus, der den K. als den „Dolmetscher" der Götter darstellt, trägt diesem Umstand Rechnung. Zugleich kann Platons Feindschaft gegenüber der Kunst (als einer doppelten Mimesis) auch als Zeugnis der beginnenden Trennung von Kunst und Religion interpretiert werden. Aristoteles dagegen begreift die Kunst als *techné*. Sie beruht wie auch die anderen, „mechanischen" Künste (Sattler-, Tischler-, Heilkunst) auf einem Machen (*poiesis*), das sich in einem Werk (*ergon*) objektiviert, so daß auch der K. als eine Art Handwerker erscheint. Damit sind bereits in der Antike die Pole des K.-Priesters oder inspirierten Genies bzw. des Handwerkers und Produzenten bezeichnet, zwischen denen sich das (Selbst-)Bild des K. seither bewegt bzw. zwischen deren Extremen zu vermitteln versucht wird (Goethe, Hegel).

Die gesellschaftliche Anerkennung des K. hängt nicht allein von der Qualität seiner Werke ab, sondern auch von deren sozialem Auftrag. Er unterhält den Adel, erzieht die Krieger, umrahmt und schmückt die religiösen und politischen Feste und propagiert die Ziele der Polis. Die Verachtung der körperlichen Arbeit innerhalb der Sklavengesellschaft begünstigt insbesondere den Dichter, der zum geschätzten Gastfreund und Ratgeber avanciert. Maler, Bildhauer

und Baumeister dagegen verbleiben in der Nähe der „Banausen". Man verehrt die Werke, aber verachtet ihre Schöpfer (Seneca).

Während des Mittelalters bleiben die K. größtenteils unbekannt. Sie wirken zum Ruhme Gottes und seiner Statthalter auf Erden innerhalb der Klöster oder der Bauhütten, aus denen sich in den entstehenden Städten die Handwerkerzünfte entwickeln. Im Auftrag des höfischen Rittertums steht der Troubadour; der herumziehende Spielmann belustigt das Volk auf Jahrmärkten und Volksfesten. Erst in der frühbürgerlichen Gesellschaft der Renaissance tritt der K. aus der Anonymität heraus und bildet seine allseitige, kraftvolle Individualität aus (Leonardo, Petrarca). Er wird zum Humanisten und Gelehrten, der auf den Gebieten der Kunstgeschichte, der Perspektive, der Anatomie etc. wissenschaftliche Studien betreibt. Erstmals erscheinen bildender Künstler, Musiker und Dichter sozial gleichrangig; sie unterstehen dem persönlichen Patronat ihres fürstlichen Mäzens. Durch ihre Werke und das Ansehen ihrer Person dienen sie der Macht-Repräsentation der Höfe in Florenz, Ferrara, Mantua und Urbino, später auch des französischen Hofs Ludwigs XIV. (vgl. Hauser).

War die Authentizität des Werks im Mittelalter an Bauhütte oder Werkstatt geknüpft, so verbindet sie sich nun mit dem Namen des K. und gilt als Ausdruck seiner individuellen, unverwechselbaren Persönlichkeit. Ästhetisch spiegelt sich dieser Wandel darin wider, daß der K. als Form-Entbinder begriffen wird, der wie ein *alter deus* (Scaliger), ein zweiter Gott, die Anlagen der Natur vollendet. Die Vorstellung, daß der K. die Form aus dem Stoff befreie, das in der formschwangeren Stoff-Natur angelegte zu Ende führe, wirkt bis in den klassischen Genie-Begriff hinein (Lessing, Kant, Goethe). Noch für Schopenhauer spricht der K. dasjenige rein aus, was die Natur erst stammelt.

Mit dem Verfall des Absolutismus verdrängen die Städte (zunächst die Salons) den Hof als Kulturträger. Städtische Theater, Opernhäuser, Museen werden gegründet, öffentliche Konzerte durchgeführt. Es entstehen (Konzert-)Agenturen, Kunsthandel (für privates Sammlertum), Verlage und Leihbibliotheken (für das neue, bürgerliche Lesepublikum), Privattheater, Reklame- und Rezensionswesen etc. Zum einen wird der K. frei von persönlicher Abhängigkeit, vom Geschmack seines Mäzens oder den Repräsentationswünschen des Hofs. Er verwirklicht nun seine eigenen ästhetischen, ganz auf die Kunst bezogenen Vorstellugen (↑ L'art pour l'art). Zum anderen wird er abhängig von den sachlichen Beziehungen des Marktes und den Bedürfnissen eines anonymen Publikums. Nicht selten ist der „unversorgte, selbständige K." (König, Silbermann) gezwungen, nebenher einem Brotberuf als Lehrer, Bibliothekar, Kopist etc. nachzugehen oder das elende Leben eines Bohemiens in Kauf zu nehmen. Erst die Generation um 1830 (Balzac, Heine, Daumier etc.) kann, bedingt auch durch die Entwicklung neuer technischer Reproduktionsverfahren (Lithographie) und die Ausbreitung des Zeitschriftenwesens, ihre Existenz als K. sichern.

Um die gleiche Zeit (in Deutschland 1837) wird das geistige Eigentum erstmals durch Urheberrechte geschützt. Mit der Entstehung einer demokratischen, bürgerlichen Öffentlichkeit wird die Stimme der K. zum Politikum, zur Fürsprache oder Anklage, zur Aufklärung oder Kritik. Der K. wird zum „Ideologen", zum Sprachrohr politischer Interessen und Propagandisten sozialer Ideen, dem der Staat durch Zensur Grenzen setzt (vgl. Ott). Gegenüber dem Publikum ergeben sich (der Möglichkeit nach) extreme Stellungen: einerseits Isolation, geistiger Aristokratismus und Verachtung der Masse; die ↑ Avantgarde schließt sich in Zirkeln zusammen, die ihre Anerkennung in Provokation und Skandal sucht. Andererseits Auslieferung an den Publikumsgeschmack – Trivialliteratur, Unterhaltungsmusik, ↑ Kitsch.

Unter den Bedingungen der Massendemokratie weitet sich der Kunstmarkt zur „Kulturindustrie" (Adorno) aus, die die kulturellen Bedürfnisse einer Gesellschaft versorgt, die mehr und mehr auf ihre ↑ Freizeit hin orientiert ist. Film- und Schallplattengesellschaften, Rundfunk- und Fernsehanstalten, Konzertagenturen, große Kunsthändler, Werbeindustrie, Verlage etc. eröffnen neue Tätigkeitsfelder. Sie nehmen K. unter Vertrag und lancieren Kunstwerke und Kunstrichtungen. Der Autor wird zum „Produzenten" (Benjamin), der seine Interessen in Berufsverbänden und innerhalb der Gewerkschaft durchzusetzen versucht. Oftmals tritt der produktive K. in den Schatten des Interpreten, des Stars, der das Werk im Rampenlicht der Öffentlichkeit präsentiert. Neben dem Markt existiert aber auch ein breitgefächertes System von Subventionen, Förderprogrammen, Stipendien, Preisen, die teils vom Staat, teils von Parteien, Kirchen, Verbänden, Stiftungen etc. finanziert werden und damit eine Art neues Mäzenatentum darstellen.

Lit.: R. König/A. Silbermann: Der unversorgte selbständige Künstler, Köln 1964. S. Ott: Kunst und Staat. Der Künstler zwischen Freiheit und Zensur, München 1968. H. Read: Art and Alienation, New York 1969. R. D. Herrmann: Der Künstler in der modernen Gesellschaft, Frankfurt/M. 1971. A. Hauser: Sozialgeschichte der Kunst und Literatur, München 1983. M. Warnke: Hofkünstler. Zur Vorgeschichte des modernen Künstlers, Köln 1985. *K. L.*

Künstlerästhetik. Unter dem Begriff der K. werden alle (Selbst-)Deutungen oder Reflexionen von Künstlern über Kunst zusammengefaßt. Im Gegensatz zur philosophischen Ästhetik ist die K. bei fließenden Übergängen (Schiller, Jean Paul, Sartre u. a.) weniger begrifflich und systematisch als aphoristisch, spontan und in Briefen, Rezensionen, Ausstellungstexten, Vorworten, Essays etc. verstreut. Ihre vorwiegend subjektive Perspektive und ihr normativer Charakter tendieren dazu, die eigenen Maßstäbe zu verallgemeinern und das Schaffen der anderen daran zu messen. Nicht selten verdankt die K. individuellen schöpferischen Krisen ihr Entstehen.

Einerseits kann die ästhetische Reflexion des Künstlers dem Kunstwerk als Programm vorangehen, andererseits kann sie ihm als Erläuterung folgen. Sie kann ihm aber auch als kritisches Regulativ zur Seite gestellt werden oder als Kommentar sogar selbst einen Bestandteil des Kunstwerks bilden (vgl. Gehlen). Nach ihrem Inhalt lassen sich vier Kategorien von K. unterscheiden: Erstens (vielleicht als Vorstufe) Überlegungen zu Technik und Materialbehandlung der jeweiligen Gattung, z. B. zur Harmonielehre (Rameau, Schönberg), zur Instrumentationskunde (Berlioz, Strauss), zur Farbenlehre (Runge, Itten) oder zur Behandlung konstruktiver Elemente in der Malerei (Kandinsky). Zweitens die kritische Auseinandersetzung mit anderen Künstlern, Epochen, Stilen oder Techniken, z. B. Lessings Kritik des französischen Klassizismus oder Heines Kritik der *Romantischen Schule.* Drittens die Darstellung der eigenen künstlerischen Impulse, Absichten oder Formprobleme, z. B. der Briefwechsel Goethes und Schillers oder Strawinskys *Musikalische Poetik.* Viertens programmatische Schriften wie z. B. die Manifeste des Surrealismus (Breton), des Futurismus (Marinetti, Boccioni u. a.) oder die *Charte d'Athènes* (Le Corbusier u. a.).

Der Wert der K. liegt in ihrem intimen Bezug zur künstlerischen Praxis. Sie erlaubt, ein Kunstwerk in seinem Entstehungsprozeß zu verfolgen, oder es an seinem eigenen Anspruch zu messen. Infolge ihrer Subjektivität oder ihrer unreflektierten Vermengung wissenschaftlicher und wertender Aussagen aber läßt sie sich oftmals nicht verallgemeinern und besitzt nur als Symptom oder Programm Erkenntniswert.

Lit.: R. König: Künstlerästhetik als geisteswissenschaftliches Problem, in: Zs. für Ästhetik und allgemeine Kunstwissenschaft 27 (1933). A. Gehlen: Zeitbilder. Zur Soziologie und Ästhetik der modernen Malerei, Teil IX. H. Lützeler: Kunsterfahrung und Kunstwissenschaft, Freiburg-München 1975, 1. Bd., S. 383 ff. *K. L.*

Künstlerische Wahrheit ↑ Wahrheit

Künstlerischer Wert ↑ Wert

Kunst der Geisteskranken ↑ Psychologische Ästhetik

Kunstphilosophie ↑ Ästhetik

Kunstsoziologie ↑ Soziologie der Kunst

Kunstwerk. Der Begriff K. soll die notwendigen und hinreichenden Merkmale umfassen, die ein K. ausmachen, er soll es abgrenzen von natürlichen, handwerklich oder industriell hergestellten Dingen sowie von Instrumenten zu religiösen, politischen, moralischen, pädagogischen Zwecken, und diese allgemeinen Merkmale sollen weder trivial sein noch die tiefgreifenden Unterschiede nivellieren, die zwischen den Werken der verschiedenen Kunstgattungen (↑ Gattungstheorie), Kunststilen (↑ Stil) und aufgrund der ↑ Einzigartigkeit zwischen den einzelnen K. überhaupt bestehen. Während die ↑ analytische Ästhetik bestreitet, daß es einen solchen Begriff geben kann, und traditionelle Kunstphilosophien dasjenige,

was ein einzelnes Werk zu einem K. macht, durch ein einziges Wesensmerkmal zu bestimmen versuchen (↑ Schönheit, ↑ Mimesis), vermehren sich seit Anfang des 20. Jh. Versuche, das K. durch das Zusammenwirken mehrerer Merkmale zu bestimmen, die jedoch nicht alle zugleich in einem Werk gegeben sein müssen. Ein erstes Merkmal, das im Begriff K. selber angelegt ist, ist der Werkcharakter, durch den es sich als von Menschen hervorgebracht darstellt. Dieses Merkmal teilt es allerdings mit Werken aus handwerklicher und industrieller Produktion, während sich gerade das Künstlerische der mit einem Werk verbundenen Planung und Verfügbarkeit zu entziehen scheint. Ein zweites Merkmal ist das sinnlich wahrnehmbare ↑ Material, aus dem das K. besteht bzw. in dem es sich darstellt, das aber für Werke der bildenden Künste eine viel zentralere Rolle spielt als für Werke, die einer ↑ Aufführung bedürfen, oder für Werke, bei denen das Material hinter die eigentliche Kunstwirklichkeit zurücktritt wie die Sprache bzw. der Text in der Erzeugung der fiktiven Welt eines Romans oder das Filmmaterial bei der Vorführung im Kino. Ein drittes Merkmal ist die ↑ Darstellung, die jedoch doppeldeutig das Darstellen als auch das Dargestellte bedeuten kann und bei den nichtdarstellenden Künsten (Architektur, Musik) und in der abstrakten Kunst fehlt. Ein viertes Merkmal ist die ↑ Autonomie, die das K. von allen Verwendungszwecken abgrenzt, die nicht in ihm selbst begründet sind. Das K. schließt aber weder die (über es hinausgehenden) ↑ gesellschaftlichen Funktionen aus noch ist die Autonomie Gewähr dafür, daß ein Werk Kunstcharakter besitzt. Ein fünftes Merkmal, das vielfach für das entscheidende gehalten wird, ist die künstlerische ↑ Form, die aber, abgesehen von der Vieldeutigkeit des Begriffs, in Schablonenhaftigkeit absinken und in „dionysischen", orgiastischen Kunststilen fehlen kann. Ein sechstes Merkmal ist der ↑ Ausdrucks- oder ↑ Symbolcharakter, dessen Gehalte vom Unbewußten über die Gefühle bis zu ideologischen oder religiösen Weltdeutungen reichen können. Keines dieser einzelnen Merkmale reicht aus, das K. zu definieren, ebensowenig ihre Summierung. Das K. stellt vielmehr ein sich aus sich selber aufbauendes komplexes Gefüge dar, in dem all seine unterscheidbaren Elemente, die nach den verschiedenen Merkmalen perspektivisch zusammengefaßt werden können, miteinander so vermittelt sind, daß sie sich gegenseitig bestimmen und aktivieren und daraus eine sich selber organisierende Gesetzmäßigkeit („Stimmigkeit" bei Adorno) hervorgehen lassen, auf der die „organische Einheit" (Osborne) eines einzelnen Werks beruht. Das K. bildet sich so zu einem „Mikrokosmos" aus, dessen ↑ Einheit in allen seinen Teilen wirksam ist, ohne auf einen bestimmten Begriff gebracht werden zu können. Mit einem solchen *je ne sais quoi* („ich weiß nicht, was es ist") grenzt sich das K. als rational uneinholbar von den Begriffen der Ästhetik ab, fordert diese aber auch heraus, seine Nicht-Verrechenbarkeit aufzuweisen.

Lit.: H. Osborne: Aesthetics and Art Theory. An Historical Introduction, London 1968. St. Morawski: Ein Versuch zur Bestimmung des Begriffs „Kunstwerk", in: Zs. für Ästhetik und allgemeine Kunstwissenschaft 14 (1969), S. 145 ff. Th. W. Adorno: Ästhetische Theorie.   *W. H.*

Kunstwissenschaft   ↑ Allgemeine Kunstwissenschaft, ↑ Kunstgeschichte

Kunstwollen. Der Begriff des K. ist von Riegl eingeführt worden zur Erklärung der inneren Einheit der Epochenstile und ihrer teleologischen Entwicklung. Gegen Sempers Rückführung des ↑ Stils auf Material, Technik und Gebrauchszweck ist das K., ähnlich dem Weltgeist bei Hegel, ein durch Religion, Wissenschaft, Staats- und Rechtsform bedingtes schöpferisches Streben einer Epoche, Generation oder auch nur einer Gruppe, das sich gegen die materiellen und funktionalen Faktoren einer Zeit durchsetzt. Das K. folgt einer Entwicklungsgesetzmäßigkeit, die von „haptischer Objektivität", d.h. von plastischer Darstellung, zu „optischer Subjektivität" führt, in der die Darstellung durch den Bezug auf die Sicht eines Subjekts (Licht/Schatten, Perspektive) geprägt ist. Auf diese Weise wird da organologische Modell der Stilentwicklung (Entstehung, Blüte, Verfall) abgelöst durch ein stilimmanentes Modell, was zu einer Aufwertung der Verfallszeiten eines Stils geführt hat. Worringer hat das K. auf die zwei ursprünglichen Kunstbedürfnisse Abstraktion und Einfühlung zurückgeführt, in denen eine unterschiedliche Stellung des

Menschen zur Welt zum Ausdruck komme. Panofsky verstand das K. als den endgültigen letzten Sinn im künstlerischen Phänomen, der nur durch Interpretation als die zugrunde liegende Stilintention erkannt werden kann. Badt hat dagegen das K. als kunstfremd abgelehnt, weil es auf vor- und außerkünstlerischen Gegebenheiten beruhe (Religion, Weltanschauung).

Lit.: A. Riegl: Stilfragen. Grundlegungen zu einer Geschichte der Ornamentik, Berlin 1893. W. Worringer: Abstraktion und Einfühlung, München 1908. E. Panofsky: Aufsätze zu Grundfragen der Kunstwissenschaft, Berlin 1964, S. 33 ff. K. Badt: Raumphantasien und Raumillusionen, Köln 1963. L. Dittmann: Stil, Symbol, Struktur, München 1967. *W. H.*

Kybernetische Ästhetik ↑ Informationsästhetik

Lächerliche, das ↑ Komische, das

Landschaft. Garten und Park, heute vielfach dem Begriff Kulturlandschaft untergeordnet, stellen einen von Menschen gestalteten, begrenzten Teil der Erdoberfläche dar. Gestaltung und Begrenzung kann vielen Zwecken unterliegen, neben den selteneren ästhetischen und künstlerischen Zwecken vor allem dem des Ackerbaus, Bergbaus, der Industrie, Siedlung, des Verkehrs, Sports, Tourismus, der Erholung, der militärischen und politischen Zwecke. Von den geplanten Veränderungen der Erdoberfläche sind die unbeabsichtigten und ungewollten Neben- und Folgewirkungen zu unterscheiden, die sich bis zur Zerstörung der Lebensmöglichkeiten von Pflanzen, Tieren und Menschen ausweiten können. Der Vielfalt und Komplexität von Einfluß- und Veränderungsfaktoren entspricht es, daß L. Gegenstand einer Vielzahl von Natur- und Geisteswissenschaften mit unterschiedlichen theoretischen, praktischen und politischen Zielsetzungen geworden ist.

Die ästhetisch betrachteten und künstlerisch gestalteten L.formen (Garten, Park) bilden den traditionellen Gegenstand der L.ästhetik. Sie läßt sich zwischen Natur-, Technik- und Kunstästhetik einordnen, ohne von ihnen streng abgegrenzt werden zu können. Die „ästhetische L.", die sich einer interesselosen Betrachtung darstellt oder durch (L.s-)Malerei, Dichtung, visuelle Medien (Foto, Film, Fernsehen), touristische Besichtigungen vermittelt wird, macht nur einen Teil des ästhetischen Phänomens der L. aus. Dem Erlebnis der L. liegt letztlich ein Ideal (Arkadien, Paradies) zugrunde, das das Glück einer harmonischen, schuld- und leidlosen Symbiose von Natur und Mensch verspricht. Es kann im Augenblick eines ergreifenden L.erlebnisses empfunden oder in künstlerischer Darstellung vergegenwärtigt werden, es kann sich aber auch im dauerhaften Grundgefühl einer das Leben und die Gemeinschaft erhaltenden Heimatverbundenheit ausdrücken. Die Erfahrung der L. kann sich auf der Seite des erfahrenden Subjekts in die Vergangenheit (Tradition, Geschichte) und in die Zukunft der Mitbewohner und der Menschheit öffnen, wie sich auf der Seite des Objekts die L. auf das Ganze des Kosmos und der Naturmächte öffnen kann. In der Natur- und Stadt-L. schafft sich der Mensch einen Lebensraum, der primär das Produkt und die Voraussetzung der Arbeit ist, aber zugleich eine Lebensqualität erhalten soll, durch die er sich in seinem Lebensraum heimisch fühlt. Im Unterschied zu einer bloß ästhetischen Wahrnehmung der L. mit ihren verschiedenen Qualitäten (schön, erhaben, malerisch, idyllisch usw.) beruht die dem Lebensalltag immanente Erfahrung der Natur- und Stadt-L. nicht auf ↑ Distanz, sondern auf unmittelbarer Teilhabe, beruht nicht allein auf optischen und akustischen Wahrnehmungen, sondern auch auf der Mitwirkung der anderen Sinne, der Lebenserfahrung und dem Lebensvollzug. Die Erlebniswerte einer L. erschließen sich deshalb nicht nur im Spazierengehen (Assunto) oder im Urlaub, sondern können auch den Lebensalltag durchdringen, wenn er mit seiner Umwelt lebendig verwachsen ist. Das latente Glück einer Übereinstimmung von Lebensalltag und (Stadt- oder Natur-)L. kommt oft erst durch seinen Verlust zu Bewußtsein (psychische Leiden, Heimweh). Den vielfältigen Bemühungen um L.schutz auf der Grundlage einer alle Lebensbereiche des Menschen berücksichtigenden Werthierarchie stehen heute noch zu geringe Bemühungen um die Kultivierung der Erfahrungs- und Erlebnisweise der L. zur Seite.

Lit.: J. Ritter: Landschaft. Zur Funktion des Ästhetischen in der modernen Gesellschaft, Münster 1964. R. Assunto: Il paesaggio e l'estetica, 2 Bde., Napoli 1973. M. Smuda (Hg.): Landschaft, Frankfurt/M. 1986. H. Jäger: Entwicklungsprobleme europäischer Kulturlandschaften, Darmstadt 1987 (Lit.)

W. H.

L'art pour l'art (franz. „Kunst um der Kunst willen") bezeichnet die in Kants Definition der Wahrnehmung des Schönen als „interesselosem Wohlgefallen" angelegte und von Cousin (1836) und Gauthier erstmals explizit vertretene Forderung nach einer von allen außerkünstlerischen (moralischen, politischen etc.) Zwekken befreiten Kunst (↑ Autonomie), deren alleinige Aufgabe in der Vollendung ihrer Form besteht.

Die Forderung des L'a. p. l'a. ist bürgerlich und antibürgerlich zugleich (Hauser). Einerseits setzt sie die geschichtliche Auflösung des (feudalen) Mäzenatentums, die Indienstnahme der Kunst durch die (Unterhaltungs-, Repräsentationsetc.) Bedürfnisse ihrer Auftraggeber und damit die allgemeine Zugänglichkeit, die Demokratisierung und den ↑ Warencharakter der Kunst voraus. Andererseits protestiert sie gegen das Nützlichkeitsdenken des Bürgertums und sträubt sich gegen ihre ökonomische Verwertung.

Im Kampf gegen Ideologie und Moral des Bürgertums (Flaubert, Baudelaire) und den erstarrten Klassizismus der Akademie (impressionistische Malerei) besaß das Programm einer Kunst um der Kunst willen eine gegen höfisch-aristokratische oder kirchliche Bevormundung gerichtete, emanzipatorische Funktion (Scheffler, Cassagne). Nach 1848 (Rimbaud, Mallarmé), vor allem seit Beginn des

20. Jh. (O. Wilde, George, Benn, Pound, Valéry, d'Annunzio u.a.) wendet sich die dem L'a. p. l'a. verpflichtete Literatur aber von allen sozialen und politischen Problemen ab. In der Kunst wie in der Kunstgeschichte (Mythisierung des Künstlertums bei Gundolf, Wolfskehl u.a.) widmete sie sich der Selbstbespiegelung eines esoterischen „Geistesaristokratismus". Ihr Formalismus und weltabgewandter ↑ Ästhetizismus macht sie zur Signatur des Zeitalters der „Sekurität" (Lukács).

Lit.: K. Scheffler: L'art pour l'art, Leipzig 1929. A. Cassagne: La théorie de l'art pour l'art en France, Paris ²1959. G. Lukács: Skizze einer Geschichte der neueren Deutschen Literatur, Neuwied-Berlin 1963, Kap. 3. A. Hauser: Sozialgeschichte der Kunst und Literatur, München 1983, Kap. VI/6 und Kap. VII/1. *K. L.*

Literatur (von lat. *littera*: Buchstabe) bezeichnet zunächst alles Geschriebene und Gedruckte, im engeren, ästhetisch-normativen Sinn aber nur die sog. „schöne" L. Diese läßt sich heute nicht mehr auf die klassischen Gattungen Lyrik, Epik und Drama beschränken, umfaßt vielmehr alle „poetischen Texte", ob diese als in sich geschlossene Werke vorliegen oder ob sie Teile komplexerer Produktionen sind (z.B. Theater, Film, Oper).

Die Begriffe L. und ↑Dichtung (ebenso wie Schriftsteller oder Literat und Dichter) sind nicht mehr eindeutig voneinander abzugrenzen, daher weitgehend austauschbar. Gegenwärtig wird der Ausdruck L. vorgezogen, um sich von belasteten Dichter-

und Dichtungsideologien (besonders der deutschen Tradition) freizumachen und durch eine eher nüchternwissenschaftliche Sicht die Fülle der L.-Phänomene unvoreingenommen erfassen, verstehen und würdigen zu können. L. wird also in einem „erweiterten" Sinn verstanden, sie schließt nicht nur Werke der traditionellen Gattungen – anspruchsvolle ebenso wie anspruchslose, d.h. „triviale" – ein, sondern auch das sog. „schöngeistige" Schrifttum (franz. *belles lettres*), nicht minder aber die zeitgenössischen multimedialen Kunstprodukte und die poetischen Aspekte alltäglicher Kommunikation (z.B. der Werbung, der Massenmedien, der Fachprosa). Bestimmung, Erklärung, Analyse, Klassifikation und Wertung von L. wird daher notwendig zur Aufgabe einer interdisziplinären empirischen ↑L.-wissenschaft, die mit erprobten Forschungs- und Erklärungsmethoden überhaupt erst abgrenzen muß, was in einer Gesellschaft als L. gilt, wie es historisch zu den feststellbaren L.-begriffen kam, was mit L. getan wird und welche Leistungen und Wirkungen damit nachweislich verbunden werden können. Damit sollen ästhetische Kriterien und Maßstäbe literarischer Qualität entdogmatisiert, auf ihre sozialen, kulturellen bzw. historischen Voraussetzungen zurückgeführt und rational diskutier- und kritisierbar gemacht werden.

Lit.: R. Wellek/A. Warren: Theorie der Literatur, Frankfurt/M. 1972. K. W. Hempfer: Gattungstheorie, München 1973. H. Turk (Hg.): Klassiker der Literaturtheorie, München 1977. H. Kreuzer (Hg.): Literaturwissenschaft

und empirische Methoden, Göttingen
1981. S. J. Schmidt: Die Selbstorganisa-
tion des Sozialsystems Literatur im 18.
Jh., Frankfurt/M. 1989.   *W. K. K.*

Literaturästhetik, aus Poetik, Literaturwissenschaft und Ästhetik hervorgegangen, untersucht die ästhetischen bzw. künstlerischen Aspekte
der ↑ Literatur. Diese sind nicht objektiv beschreibbare Eigenschaften,
wie die empirische L. behauptet, sondern entstehen erst aufgrund einer
Wechselwirkung zwischen Text
(oder Vortrag) und Rezipienten. Die
ästhetische Dimension der Literatur
läßt sich aus drei Perspektiven untersuchen: von seiten der Rezeption,
des Werks und der Produktion.

Die rezeptionsorientierte L. untersucht die verschiedenen Leistungen,
die der Rezipient erbringt, um aus
dem literarischen Werk den ästhetischen ↑ Gegenstand zu bilden. Bis ins
20. Jh. beschränkte sich die Untersuchung auf die ästhetische Wahrnehmung, auf Genuß, Geschmack,
(re)produzierende Phantasie, wobei
die Rezeption in der Regel als eine
schwächere Variante des künstlerischen Schaffens aufgefaßt wurde. Im
20. Jh. wurde die eigenständige Leistung der Rezeption anerkannt. Die
phänomenologisch orientierte L. unterscheidet im Rückgriff auf die ↑
psychologische Ästhetik eine Vielzahl von verschiedenen Rezeptionsleistungen (Wahrnehmung, Einstellung, Gefühl, Verstand, Vernunft)
und untersucht ihr idealtypisches Zusammenwirken in der Erzeugung des
ästhetischen Gegenstands aus den
Daten, die das Werk bereitstellt
(Ingarden, Jauß, Iser). Die semioti-

sche L. faßt alle Rezeptionsleistungen
unter dem Begriff der pragmatischen
Zeichenrelation zusammen, die sie als
Decodieren der ästhetischen Information diskutiert und entweder enger an das Werk bindet (Bense) oder
stärker die Undeterminierbarkeit der
Rezeption durch das Werk betont
(Eco). Die marxistisch orientierte L.
ordnet die Rezeptionsleistungen in
den allgemeinen gesellschaftlich-geschichtlichen Prozeß ein, in dem die
Menschen die in ihrer Gattung angelegten ästhetischen Potentiale progressiv entwickeln (Naumann u. a.).
Die Einschränkung der ästhetischen
Rezeptionsthematik auf Fragen des
ästhetischen und künstlerischen
↑ Werts wird den sachlichen Zusammenhängen nicht gerecht.

Die werkorientierte L. untersucht
die Struktur des literarischen Werks
nicht für sich, wie z. B. die strukturale Textwissenschaft, sondern in Hinsicht auf ihre Funktion im ästhetischen Kommunikationsprozeß. Die
phänomenologische L. unterscheidet
verschiedene Schichten des literarischen Werks, mit denen ganz bestimmte Rezeptionsformen korrelieren (Ingarden). Die semiotische und
strukturale L. sieht im ästhetischen
Code oder in den von der normalen
Sprache abweichenden Sprechweisen
die ästhetischen Potentiale angelegt.
An traditionellen Denkmodellen
orientieren sich die Versuche, die ästhetische Seinsweise des Werks unter
Kategorien wie Schönheit, Schein,
Ironie, die von literarischen Gattungen bestimmten Typen ästhetischer
Wirkung (das Komische, Tragische
usw.) oder die im Werk angelegten
Bedingungen ästhetischer Herme-

neutik zu bestimmen („begreifen, was mich ergreift", Staiger).

Die produktionsorientierte L. untersucht das künstlerische Schaffen daraufhin, inwiefern es durch natürliche Anlagen (Genie, Originalität), durch tiefenpsychologisch bedingte Phantasie (Sublimation von verdrängter Triebenergie, Archetypen), durch bestimmte Ausdrucksformen (z.B. introvertiert–extravertiert) oder künstlerische Intentionen die Werkstruktur und die Rezeptionsweisen bestimmt.

Lit.: R. Ingarden: Vom Erkennen des literarischen Kunstwerks, Tübingen 1968. E. Staiger: Die Kunst der Interpretation, München 1971. M. Bense: Einführung in die informationstheoretische Ästhetik, Reinbek 1969. U. Eco: Das offene Kunstwerk, Frankfurt/M. 1973. M. Naumann u.a.: Gesellschaft, Literatur, Lesen, Berlin-Weimar 1973. W. Iser: Der Akt des Lesens, München 1976. H.-R. Jauß: Ästhetische Erfahrung und literarische Hermeneutik, Frankfurt/M. ⁴1984. P. V. Zima: Literarische Ästhetik. Methoden und Modelle der Literaturwissenschaft, Tübingen 1991. *W. H.*

Literaturwissenschaft. Der Begriff der L. ist seit den 40er Jahren des 19. Jh. belegt und mit der deutschen Tradition der Germanistik bzw. Deutschen Philologie verbunden. Im angelsächsischen oder romanischen Bereich rangiert die „kritische" Auseinandersetzung mit Literatur und Dichtung vor der „wissenschaftlichen", und diese wird oft sogar als unsinnig oder zumindest uninteressant abgelehnt.

Trotz monumentaler und epochemachender Leistungen (Editionen, Bibliographien, Lexika, Handbücher usw.) hat die L. bis heute keine allgemein anerkannte Gegenstandsbestimmung und Methodologie gefunden. Ihre Geschichte und Gegenwart ist gekennzeichnet durch „Krisen" und „Methodendiskussionen". Inhaltlich umfaßt die L. ein vielfältiges Spektrum von Aktivitäten in mehr oder minder engem Zusammenhang mit dem, was als „Literatur" oder „Dichtung" (vor-)eingegrenzt wird: Textkritik, Editionstechnik, Poetik, historiographische und vergleichende Darstellung von Gattungen, Schulen, Stoffen und Einflüssen, Autorenbiographien, Interpretationen einzelner Werke, Untersuchung ihrer Entstehung, Verbreitung und Wirkung etc. Als akademische Disziplin grenzt sich die L. ab von der philosophischen Ästhetik, von der Sprachwissenschaft und – im deutschen Sprachraum – von der (auf die Tagespublizistik konzentrierten) Literaturkritik.

Bis in die Zeit nach dem 2. Weltkrieg dominierte in der L. die an einem ideologisch bestimmten Kanon klassischer Meisterwerke orientierte Literaturgeschichte, -auslegung und -verwertung. Diese diente verschiedenen, z.B. nationalpädagogischen, geistesgeschichtlichen, positivistisch-biographischen oder hermeneutisch-verstehenden Zielen. Die (ideologie-)kritische Aufarbeitung der deutschen L., die Reflexion ihrer Methoden und die Prüfung ihrer gesellschaftlichen Voraussetzungen und Funktionen haben inzwischen zu intensiven Bemühungen um ein neues Paradigma der L. geführt. Ein Schwerpunkt liegt dabei auf der Soziologie der literarischen Produktion und Rezeption, ein anderer auf interdisziplinären Ansätzen, die auch strukturalistische, psychoanalytische, linguistische oder mathematisch-statistische Verfahren der Analyse und Modellbildung zu nutzen suchen. Den bislang umfassendsten Entwurf einer empirischen L. als Theorie literarischen Kommunikationshandelns hat S. J. Schmidt vorgelegt.

Lit.: E. Wellek: A History of Modern Criticism 1750–1950, 6 Bd.e, London 1955–1986. G. Reiß (Hg.): Materialien zur Ideologiegeschichte der deutschen Literaturwissenschaft, 2 Bd.e, Tübingen 1973. H. Göttner: Logik der Interpretation, München 1973. J. Strelka: Methodologie der Literaturwissenschaft, Tübingen 1978. F. Nemec/W. Solms (Hg.): Literaturwissenschaft heute, München 1979. N. Groeben: Rezeptionsforschung als empirische Literaturwissenschaft, Tübingen ²1980. S. J. Schmidt: Grundriß der empirischen Literaturwissenschaft, 2 Bde. Wiesbaden 1980/82. H. Kreuzer (Hg.): Literaturwissenschaft und empirische Methoden, Göttingen 1981. G. Watson: The Literary Critics, London 1986. H. Schlaffer: Poesie und Wissen. Die Entstehung des ästhetischen Bewußtseins und der philologischen Erkenntnis, Frankfurt/M. 1990.   *W. K. K.*

Lust ↑ Sinnlichkeit, ↑ Genuß, ästhetischer

Lyrische, das ↑ Gattungstheorie, ↑ Literatur

Magie ist eine auf rituellen Praktiken beruhende Zauberkunst, durch die primitive Stämme übersinnliche Kräfte in Dienst zu nehmen versuchen, um mit ihrer Hilfe natürliche Vorgänge wie z. B. Fruchtbarkeit, Witterung, Genesung zu beeinflussen. Der M. liegt das vorkausale Denken der Analogie zugrunde, d. h. der Glaube, daß das Abbild mit dem Urbild durch geheimnisvolle Kräfte verbunden sei und Gleiches auch Gleiches bewirken oder hervorbringen könne. Frazer unterscheidet zwischen nachahmender M. und Übertragungs-M. Die eine will durch das Abbild (z. B. der Höhlenmalerei) den wirklichen Büffel bannen, durch die Imitation den Regen herbeiführen oder im Kriegstanz die Vernichtung des Feindes vorwegnehmen. Die andere glaubt, daß das, was einem stofflichen Gegenstand zugefügt wird, auf die Person wirkt, die dieser Gegenstand symbolisiert. Im sog. Namenszauber verleiht die Kenntnis des Namens Gewalt über seinen Träger (Rumpelstilzchen-Motiv).

Lukács interpretiert die M. als „Keimform" der Kunst und der Religion, deren Affinität im Anthropomorphisieren der natürlichen und gesellschaftlichen Kräfte besteht. Wie die Kunst ist auch die M. ein mimetisches Gebilde, das das wirkliche Geschehen möglichst genau abbildet, zur Ganzheit abrundet und dabei auf seine wesentlichen Linien, Bewegungen und Vorgänge konzentriert. Wie in der Kunst besteht ein Hauptinteresse der M. in der Wirkung, d. h. in der Evokation, die zum organisierenden Prinzip der Mimesis erhoben und durch Retardierung oder Straffung der wirklichen Abfolge möglichst gesteigert wird.

Die doppelte Evokation der M., die einerseits auf die Beeinflussung der transzendenten Mächte und ander transzendenten Mächte und andererseits auf die Stärkung des menschlichen Selbstbewußtseins gerichtet ist, entwickelt sich in verschiedene Richtungen. Im ekstatischen Tanz etwa lockert der Tanzende seine Bindung an die Realität und glaubt in einer Art Manie oder „Wahnsinn" (Platon) mit der Gottheit selbst in Verbindung zu treten. Soweit dagegen das Mimetische überwiegt und die evokative Wirkung auf den Menschen bezogen ist, wird die M. zur Vorläuferin der Kunst.

In dem Maße, in dem sich die Kunst verselbständigt, streift sie ihre magischen, später auch ihre religiösen Züge ab. Vor allem verliert sie die unmittelbare praktische Zielsetzung, durch die die M. in das Leben der Primitiven eingebunden ist. Auch nach der Verselbständigung der Kunst behält die künstlerische Abbildung aber oftmals magische Züge, etwa im Heiligenbild durch die imaginierte Anwesenheit Gottes oder in der „Aura" des Kunstwerks und seiner Singularität. Wiederholt wurde daher versucht, den magischen oder Kult-Charakter der Kunst als ein übergreifendes Faktum bzw. als ein Wesensmerkmal der Kunst überhaupt darzustellen (Sedlmayr u. a.). Dagegen hat bereits Goethe einen entschiedenen Trennungsstrich zwischen Religion und Kunst gezogen. Für Lukács vollzieht sich die „Befreiung" der Kunst von der Religion (nach der Überwindung der avantgardistischen Rückfälle in die ↑ Allegorie) in der Tradition des ↑ Realismus. Für Benjamin wird der „Kultwert" des Kunstwerks im Zeitalter seiner technischen Reproduzierbarkeit endgültig durch den „Ausstellungswert" überwunden.

Lit.: J. Ennemoser: Geschichte der Magie (1844), Wiesbaden 1966. J. G. Frazer: Der goldene Zweig, Reinbek 1989. W. Benjamin: Das Kunstwerk im Zeitalter seiner technischen Reproduzierbarkeit. H. Sedlmayr: Verlust der Mitte (1948), Berlin 1985. G. Lukács: Die Eigenart des Ästhetischen, Kap. 5. B. Malinowski: Magie, Wissenschaft und Religion, Frankfurt/M. 1973. H. Biedermann: Handlexikon der magischen Künste von der Spätantike bis zum 19. Jh., Graz ³1986. *K. L.*

Malerei ist eine der bildenden Künste neben Architektur, Skulptur, Kunstgewerbe und Design, Fotografie und Film (↑ Gattungstheorie). Malen kann als jene Tätigkeit umschrieben werden, die in der Anbringung von Pigmenten auf eine Oberfläche besteht. Die Ziele sind Herstellung von Bildern, Dekoration von Flächen und Körpern, Schmuck von Objekten. Die Unterscheidung zwischen handwerklicher und künstlerischer, dekorativer (angewandter) und freier M. ist nur historisch möglich. Technisch ist nach Art der Bindemittel zwischen M. (Kalkbindung, Tempera, Öl, Kunstharze) und Zeichnung (trockene oder fette Haftung, Gummi arabicum) zu unterscheiden. In der Einteilung Wand-, Glas-, Buch- und Tafel-M. wird die Art des Bild- bzw. Farbträgers berücksichtigt. Nach dem Präsentationsort kann man zwischen öffentlicher und privater M., nach den Themen zwischen sakraler und profaner M. unterscheiden.

Im Bild erhalten Phantasien, Lebewesen, Ereignisse oder Dinge sichtbare Gegenwart und/oder erfahrbaren Ausdruck. Im kultischen (magischen und religiösen) Gebrauch wird dem Dargestellten im Bild eine Art realer Präsenz verliehen. Von dieser magischen Kraft des Bildes ist eine Spur im Porträt erhalten geblieben. Das Erscheinenlassen von etwas, das nicht da ist, das Sichtbarhalten von Vergangenem oder Vergehendem und die Überwältigung der Betrachter waren aber auch für Bilder mit künstlerischer Funktion und in anderen Gattungen wie dem Historienbild und der Landschaft wichtig. Die Nachahmung (die Wiederholung der Ansicht) war für die Übung und die Dokumentation vorgesehen, blieb aber fast stets der Erfindung untergeordnet. Für das kultische Bild im Christentum wurde häufig ein nichtnatürlicher Ursprung beansprucht. In den Bildern mit künstlerischer Funktion wurden die Mittel der Darstellung bis zum Beginn des 20. Jh. transitiv verwendet, d.h. die Bilder machten etwas anderes als sich selbst sichtbar. In der nicht-darstellenden Malerei ist das anschauliche Objekt das Bild selbst, es erlangt als Kunstobjekt wiederum eine magische Funktion.

Lit.: E. H. Gombrich: Art and Illusion, New York 1960. J. Derrida: La Vérité en Peinture, Paris 1978. R. Wollheim: Painting as an Art, Princeton N. J. 1987. D. Freedberg: The Power of Images, Chicago 1989. H. Belting: Bild und Kult, München 1990.   *O. B.*

Malerische, das. Das M. als ästhetische ↑ Kategorie wurde im 18. Jh. in der italienischen *(pittoresco)*, französischen und englischen *(picturesque)* Theorie der Malerei entwickelt und später in Deutschland rezipiert. Ur-

sprünglich bezeichnete das M. eine Darstellungsweise, wie sie für die Landschafts- und Genremalerei typisch war: abwechslungsreiche Landschaften, tiefer Hintergrund mit effektvollen Kontrasten, plastisch dargestellte, interessante Menschengruppen. Die Vielfalt des Dargestellten sollte lebhafte Ideenassoziationen wecken und ein ästhetisches Gefühl zwischen dem harmonisch-ruhigen, entspannenden Eindruck des Schönen und dem überwältigenden Eindruck des Erhabenen hervorrufen. – Das M. in einem mehr subjektiven Sinn beruht auf einer ungewöhnlichen Sicht der Wirklichkeit, durch die ihre Kontraste auf eine ästhetisch genießbare Weise sichtbar gemacht werden. In einem mehr objektiven Sinn beruht das M. auf den fremdartig-bunten Eigenschaften einer unvertrauten, zum Teil exotischen, aber nicht bedrohlichen Wirklichkeit oder Randzonen des gesellschaftlichen Lebens. Im 19. Jh. tendierte das M. zur Darstellung von wildromantischen Landschaften, abenteuerlich-fremdartigen oder idyllischen Lebenswelten (Zigeuner, Hirten, Fischer), erfuhr aber im 20. Jh. durch die Fotografie teils eine Aufwertung (Kemp), teils eine massenhafte Verbreitung und Vermarktung in Werbung und Touristik.

Das M. wird auch als Stilkategorie verwendet. In der Schule Hegels bezeichnete es den Übergang von der klassischen Kunst in die Phase der Auflösung und Verweichlichung, analog zu Winckelmanns Theorie von der Entwicklung des schönen zum reizenden Stil. Bei Schmarsow und Wölfflin bezeichnet das M. im

Gegensatz zum plastischen, deutlich abgrenzenden „linearen" Stil der Renaissance die Seh- und Darstellungsweise des Barock: Auflösung der Konturen und Grenzen in ein Zusammenfluten von Farbübergängen und Hell/Dunkel-Tönen.

Lit.: A. Schmarsow: Zur Frage nach dem Malerischen, Leipzig 1896. H. Wölfflin: Kunstgeschichtliche Grundbegriffe (1915), Basel ¹³1963. W. J. Hipple Jr.: The Beautiful, the Sublime, and the Picturesque in 18th Century British Aesthetic Theory, Carbondale 1957. W. Kemp: Foto-Essays zur Geschichte und Theorie der Fotografie, München 1978, S. 102 ff.   *W. H.*

Manier ↑ Stil

Manieristische, das. Der ursprüngliche Epochenbegriff des Manierismus (für die Malerei zwischen Renaissance und Barock, d. h. zwischen ca. 1520 und 1650) wurde im Anschluß an die Forschungen von Dvořák, Panofsky und Curtius zum allgemeinen Stilbegriff bzw. zur ästhetischen ↑ Kategorie ausgeweitet. In dieser Allgemeinheit bezeichnet das M. subjektive, antiklassische Ausdrucksformen, vor allem in der Malerei (Parmigianino, Arcimboldi, Greco u. a.) und in der Dichtung (Concettismus, Gongorismus, Marinismus u. a.). Als übereinstimmende Merkmale lassen sich die Verzerrung der Proportionen und Perspektiven, das Interesse am Problematischen und Komplexen, die Übersteigerung der Wirklichkeit ins Bizarre, Groteske und Phantastische nennen. Immer wiederkehrende Motive sind Träume, Wahnsinn, Pansexualität, Labyrinthe

oder Untergangsvisionen. Seine ästhetische Rechtfertigung erfuhr die m. Kunst in den Traktaten Graciáns, Tesauros und F. Zuccaris.

Mit seiner Verbindung von Rebellion und Weltflucht, von Anklage und Angst, von Zerrissenheit und elitärer Grundhaltung ist das M. der künstlerische Ausdruck krisenhafter Gesellschaftszustände oder niedergehender Geschichtsepochen. Er ist im Hellenismus Alexandriens (ca. 350–150 v. Chr.), in der silbernen Latinität Roms (ca. 14–138), im ausgehenden Mittelalter (der eigentlichen Zeit des Manierismus), in der Romantik (E. T. A. Hoffmann, Poe) oder in der modernen Kunst des Jugendstils, des Surrealismus (Dali, Magritte) oder des absurden Theaters anzutreffen.

Gegenüber der früher üblichen Abwertung des M. als Krisen- und Niedergangssymptom, als des „Kranken" im Gegensatz zum „Gesunden" (Goethe), erfreut sich das M. im 20. Jh. einer allgemeinen Aufwertung. Hocke interpretiert es als eine wiederkehrende Konstante der europäischen Kunstentwicklung, die dem Klassischen gleichrangig ist. Hauser sieht im Manierismus den „Ursprung" der modernen Kunst und Literatur.

Lit.: M. Dvořák: Kunstgeschichte als Geistesgeschichte, München 1924. E. Panofsky: Idea. Ein Beitrag zur Begriffsgeschichte der älteren Kunsttheorien (1924), Berlin ²1961. E. R. Curtius: Europäische Literatur und lateinisches Mittelalter (1948). Bern ⁹1978. K. P. Lange: Theoretiker des literarischen Manierismus, München 1968. A. Hauser: Der Ursprung der modernen Kunst und Literatur. Die Entwicklung des Manierismus seit der Krise der Renais-

sance, München 1979. G. R. Hocke:
Die Welt als Labyrinth. Manierismus in
der europäischen Kunst und Literatur,
Reinbek ²1987. M. Praz: Der Garten
der Sinne. Ansichten des Manierismus
und des Barock, Frankfurt/M. 1988. J.
Shearman: Manierismus. Das Künstli-
che in der Kunst, Frankfurt/M. 1988.

K. L.

Marxistisch-leninistische Ästhetik
ist die auf der Grundlage des dialektischen und historischen Materialismus
entwickelte Ästhetik. Da Marx und
Engels selbst keine Ästhetik ausgearbeitet haben, setzte sich der Begriff
der m.-l. Ä. erst in den 30er Jahren
des 20. Jh. durch, nachdem Lifschitz
die über das Gesamtwerk verstreuten
Äußerungen zu Kunst und Literatur
zusammengetragen hatte und Lukács
damit begann, diese Äußerungen in
ihrem Zusammenhang zu interpretieren. Als Lenins Beitrag zur m.-l. Ä.
läßt sich – neben den Forderungen
der Parteilichkeit (↑Tendenz) und
der ↑Volkstümlichkeit – vor allem
die Widerspiegelungstheorie anführen, mit deren Hilfe der antike Begriff der ↑Mimesis materialistisch gedeutet und aufgehoben wird.

Zum theoretischen Kernbestand
der m.-l. Ä. gehört erstens die radikale Geschichtlichkeit der Betrachtungsweise, die nicht nur die Kunst,
sondern schon Sinnlichkeit, Genuß-
fähigkeit, Bedürfnis nach Schönheit
etc. in ihrer Genesis, d. h. als Produkt
der Geschichte begreift, in der sich
der Mensch durch seine Arbeit als
Mensch selbst hervorbringt. Wie die
Arbeit stellt auch das ästhetische
Verhalten eine Form der ↑Aneig-
nung der Wirklichkeit dar. Zweitens
begreift die m.-l. Ä. die Kunst als

Form der ↑Ideologie, des (geistigen)
Überbaus, der die Konflikte der ökonomischen und sozialen Basis widerspiegelt und damit (bewußt oder unbewußt) Ausdruck bestimmter Klasseninteressen ist, zugleich aber, indem er das Bewußtsein und die Einstellungen der Menschen ändert,
auch auf die Basis zurückwirkt. Innerhalb dieser (dialektischen) Determination wird der Kunst nur eine
„relative" Autonomie (Engels) zugestanden. Über die methodischen
Grundlagen hinaus ist die m.-l. Ä.
vor allem durch die Forderung des
↑Realismus charakterisiert, die mit
der Hochschätzung Shakespeares,
Balzacs, Tolstois u. a. verbunden ist.
Als realistisch gilt die Wiedergabe typischer Charaktere unter typischen
Umständen. Die Wirklichkeit soll in
ihrer geschichtlichen Entwicklung
abgebildet werden. Daher ist Realismus auch „Tendenzkunst": nicht im
(Kantschen) Sinne eines der Kunst
von außen aufgesetzten Sollens, sondern als Abbild der realen, geschichtlichen Tendenzen.

Von paradigmatischer Bedeutung
ist insbesondere die Kritik an Lassalles *Sickingen*-Drama und seiner über-
historischen Konzeption des ↑Tragi-
schen. Unter Berufung auf Goethes
Götz und Hegels *Antigone*-Interpre-
tation definieren Marx und Engels
das Tragische als geschichtliche Notwendigkeit. Der Untergang des Helden repräsentiert den Untergang seiner Klasse. Daneben entwerfen sie
am Beispiel Th. Müntzers einen
zweiten Begriff des Tragischen: das
notwendige Scheitern des zu früh gekommenen Revolutionärs (vgl. Lukács).

Auch jenseits der orthodoxen Darstellungen der m.-l. Ä. (John, Kagan, Pracht u. a.) und ihres Einflusses auf die Kulturpolitik des realen Sozialismus (Shdanow) hat sich ihr methodischer Ansatz als äußerst fruchtbar erwiesen: sowohl für das künstlerische Schaffen Gorkis, Majakowskis, Brechts, Eislers, Prokofieffs u. a, als auch für die philosophische Ästhetik. Der (weiteren) Tradition einer marxistischen Ä. lassen sich Benjamin und die ↑Frankfurter Schule (Adorno, Marcuse), Sartres Flaubert-Analyse und die Kritik der Waren- und ↑Konsumästhetik (Haug, Bischoff u. a.) zurechnen. Als eigenständige Fortentwicklung der (engeren) m.-l. Ä. dagegen sind vor allem die utopische Ästhetik Blochs und das ästhetische Werk von Lukács zu nennen.

Lit.: K. Marx/F. Engels: Über Kunst und Literatur. M. Lifschitz: Karl Marx und die Ästhetik, in: Ders.: Die dreißiger Jahre. Ausgewählte Schriften, Dresden 1988, S. 212–S. 467. G. Lukács: Die Sickingendebatte zwischen Marx, Engels und Lassalle, in Werke, Bd. 10, Neuwied-Berlin 1969. Ders.: Die Eigenart des Ästhetischen. E. John: Probleme der marxistisch-leninistischen Ästhetik, Halle 1967. F. J. Raddatz (Hg.): Marxismus und Literatur. Eine Dokumentation in 3 Bd.en, Reinbek ³1974. E. Bloch: Ästhetik des Vorscheins, 2 Bde. Frankfurt/M. 1974. M. Kagan: Vorlesungen über die marxistisch-leninistische Ästhetik, Berlin ²1974/75. S. S. Prawer: Karl Marx und die Weltliteratur, München 1983. E. Fischer: Von der Notwendigkeit der Kunst, Frankfurt/M. ²1985. H. Marcuse: Die Permanenz der Kunst. E. Pracht (Hg.): Ästhetik der Kunst, Berlin 1987.
K. L.

Maß ↑ Birkhoffsche Formel, ↑ Form

Massenkultur bezeichnet die unter den Verhältnissen der (westlichen) Massendemokratie durch Rundfunk- und Fernsehanstalten, Verlage, Schallplattenkonzerne, Filmgesellschaften, öffentliche Museen, Agenturen, Reisegesellschaften etc. teils öffentlich-rechtlich, teils privatwirtschaftlich organisierte Kultur. Zum einen beruht die M. auf dem (durch die wachsende Produktivität der Arbeit ermöglichten) Anstieg der ↑Freizeit und des relativen Wohlstands, der allen Gesellschaftsklassen den Zugang zur Kultur eröffnet. Zum anderen beruht sie auf dem ↑Warencharakter der kulturellen Güter, die damit allgemein erwerbbar und nicht mehr das Privileg bestimmter Klassen sind.

Die M. zeichnet sich durch die Vielfalt ihres Angebots und die damit gegebenen Wahlmöglichkeiten aus. Ihr Ziel ist die Befriedigung aller kulturellen Bedürfnisse, die sich sowohl qualitativ (Kunst, Wissenschaft, Reisen, Sport etc.) als auch nach Alter, Bildungsniveau etc. voneinander unterscheiden lassen. Allerdings ist die M. auch durch eine starke Tendenz zur Uniformierung und zur Senkung des geistigen Niveaus gekennzeichnet: Erstens werden ihre Angebote auf Standards hin ausgerichtet, die eine serienmäßige, technische Produktion erlauben, so daß regionale wie nationale Differenzen und Eigenheiten zunehmend eingeebnet werden. Das Neue, Ungewohnte, das auch ein geschäftliches Risiko darstellt, bleibt oft ausgeschlossen, statt dessen werden Filme, Romane, Musikstücke aus erprobten Klischees zusammengesetzt. Zweitens bleiben die Qualitäts-Ebenen strikt voneinander getrennt (E- und U-Kunst etc.). Die vollständige Befriedigung der Bedürfnisse fixiert die Bedürfnisse zugleich, d.h. sie erzieht und entwickelt die Bedürfnisse nicht. Drittens setzt sich auf fast allen Ebenen die Tendenz zu Unterhaltung und Entspannung durch.

Adorno, Löwenthal u.a. sehen die politische Funktion der M. vor allem in der Verwaltung der Freizeit und der Manipulation des Menschen über seine Arbeitszeit hinaus. Die „Kulturindustrie" schafft Ersatzbefriedigungen, fördert die Flucht aus dem Alltag, erzieht zu konformistischen Verhaltensweisen, läßt Phantasie und Spontaneität verkümmern und stabilisiert die bestehenden Herrschaftsverhältnisse. Andererseits muß allerdings auch hervorgehoben werden, daß die M. für sehr viele Menschen den Zugang zu einer Realität ermöglicht, die ihnen sonst verschlossen wäre. Sie erweitert den Bildungs- und Erfahrungshorizont, bereichert das Leben und schafft damit auch die Voraussetzungen zu Kommunikations- und Kritikfähigkeit (Hauser, Bischoff).

Lit.: W. Benjamin: Das Kunstwerk im Zeitalter seiner technischen Reproduzierbarkeit. H. Marcuse: Über den affirmativen Charakter der Kultur, in: Kultur und Gesellschaft, 1. Bd. A. Hauser: Methoden moderner Kunstbetrachtung, München 1970, S. 365 ff. Th. W. Adorno/M. Horkheimer: Dialektik der Aufklärung (1947), Frankfurt/M. 1971, S. 108 ff. D. Prokop: Massenkultur und Spontaneität, Frankfurt/M. 1974. J. Bischoff/K. Maldaner (Hg.):

Kulturindustrie und Ideologie, 2 Bd.e, Hamburg 1980/82. L. Löwenthal: Literatur und Massenkultur, Frankfurt/M. 1990.   *K. L.*

Material im engeren Sinne ist der Werkstoff der Künste, im erweiterten Sinne alles, was Wider- und Gegenstand der künstlerischen Gestaltung ist.

M. oder Werkstoff kann alles sein, was einer künstlerischen Idee objektive Existenz im Raum und/oder Zeit verleiht und sie intersubjektiv vermittelbar macht: Stein, Holz, Metall für Architektur und Plastik, Farben und Flächen für Malerei, Töne für Musik, Sprache für Literatur, der menschliche Körper für Tanz und Theater. Das M. kann nur selten unmittelbar der Natur entnommen und in den künstlerischen Gestaltungsprozeß eingebracht werden. Im Laufe der Geschichte sind zunehmend M.ien entwickelt und verwendet worden, die durch handwerkliche und technisch-industrielle Arbeitsprozesse hergestellt werden: Marmor, Bronze, Edelmetalle, Porzellan, Glas, Beton, Kunststoff, Musikinstrumente, Foto- und Film-M., elektronische Medien für Video und Fernsehen. Das M. kann deshalb nur in beschränktem Maße als eine ontologische Kategorie des natürlichen Seins aufgefaßt werden (N. Hartmann), überwiegend ist es ein gesellschaftlich-geschichtlich bedingtes Produkt, das außer den M.eigenschaften auch den Stand der technischen Entwicklung zum Ausdruck bringt.

Die idealistische und die Formästhetik betrachten das M. nur als Trä-

ger der künstlerischen Idee, der vollständig hinter der Objektivierung der
Idee verschwinden soll. Demgegenüber hat das M. seit alters vor allem
in der religiösen Kunst eigenen Ausdruckswert und Symbolgehalt behalten (Gold, Edelsteine). Durch die
empirische Kunstforschung (Semper)
und die Rückkehr zu einem „materi-
algerechten" künstlerischen Schaffen
differenzierte sich das Verständnis
für verschiedene künstlerische Funktionen des M.: außer der Objektivie-
rungsfunktion die Aufrechterhaltung
der Spannung zwischen Form und
M., das Hervortreten oder die Verselbständigung von bestimmten M.ei-
genschaften, bzw. deren illusionistische Auftragung (Holz- oder Steinef-
fekte). Die Aufnahmefähigkeit des
M. für künstlerische Ideen nimmt ein
breites Spektrum von beinahe belie-
biger Gestaltbarkeit (Metall, Gips,
Beton) über die gattungsbedingte Erhaltung der M.form (menschliche
Gestalt im Tanz und Theater, Ge-
wächse in der Gartenkunst) bis hin
zur künstlerisch beabsichtigten Zu-
rücknahme jeglicher Umgestaltung
(*Minimal Art, Objet trouvé*) ein. Die
moderne Kunst zeigt, daß der Begriff
des M. nicht mehr allein nach seinen
vor-künstlerischen Eigenschaften,
sondern auch in seiner konkreten Beziehung zu den künstlerischen Techniken und Intentionen zu bestimmen
ist. M. umfaßt die Gesamtheit der
Gegebenheiten, mit denen sich der
Künstler gestaltend und umgestal-
tend auseinandersetzt, auch künstlerische und geistige Gegebenheiten
(Formkonventionen, Symbolgehalte,
geschichtliche oder religiöse Überlieferungen), so daß es dialektisch als

das antithetische Moment jedes
künstlerischen Aktes aufzufassen ist,
das auf spezifische Weise in der Synthese des Kunstwerks erhalten bleibt
(Adorno, Eco).

Lit.: R. Odebrecht: Werkstoff und ästhetischer Gegenstand, in: Zs. für Ästhetik u. allgemeine Kunstwissenschaft
29 (1935), S. 1 ff. N. Hartmann: Ästhetik, S. 82 ff. Th. W. Adorno: Ästhetische Theorie. U. Eco: Einführung in
die Semiotik, München 1972. *W. H.*

Materialästhetik. Unter dem Begriff
der M. werden die Programme und
Reflexionen der (zumeist marxi-
stisch-orientierten) ↑ Künstlerästhetiken von Brecht, Eisler, Piscator,
Heartfield, Grosz u. a. zusammengefaßt. Er entstand unter dem Einfluß
Tretjakows, Majakowskis und Eisen-
steins und entwickelte sich in Opposition zu den Bestrebungen anderer
(ebenfalls marxistisch orientierter)
Künstler wie Seghers, Becher oder
Wolf. Auswirkungen auf die philosophische Ästhetik finden sich bei Benjamin und Adorno.

Das vorrangige Interesse der M.
gilt der Entwicklung, d. h. der Differenzierung des künstlerischen ↑ Materials (also nicht der Gestaltung des
↑ Typischen). Ihr Ziel ist die durch
neue Techniken, Darbietungsformen,
Medien etc. vermittelte „Revolutio-
nierung der Rezeptionsebene" (Mittenzwei), durch die das Publikum zu
einem „eingreifenden Denken"
(Brecht) bewegt werden soll. Die
hierfür neu entwickelten Formen
sind das Lehrstück, die politische Revue, das Massenlied, das Plakat, die
Fotomontage etc.

Der M. zugrunde liegt die Vorstellung einer Einheit von künstlerischer und politischer ↑ Avantgarde, von Materialrevolution und Gesellschaftsrevolution. Zum einen sollte der Künstler auf der Höhe der Materialentwicklung, d. h. der „künstlerischen Produktivkräfte" stehen, die durch die Überwindung der Tonalität (Wiener Schule), die Formen des inneren Monologs, der Montage, der Dokumentation (Joyce, Dos Passos, Döblin u. a.), die Vermischung der Kunstgattungen, die neuen Druck- und Reproduktionsverfahren der Fotografie, des Films etc. vorgezeichnet waren. Zum anderen sollte er auf der Höhe der geschichtlichen Bewegung stehen, d. h. seine Kunst in den Dienst der Volksfront gegen den Faschismus bzw. für die Kommunistische Partei stellen. Revolutionäre der Kunst (wie z. B. Schönberg) waren politisch oft konservativ, politische Revolutionäre (wie z. B. Lenin) dagegen ästhetisch in konservativen Mustern befangen. Diese Kluft sollte durch die M. und ihre Verbindung von fortgeschrittener künstlerischer Technik und fortgeschrittenem politischen Bewußtsein überwunden werden.

Lit.: B. Brecht: Schriften zum Theater, in: Gesammelte Werke, Frankfurt/M. 1967, 15.–17. Bd. H. Eisler: Materialien zu einer Dialektik der Musik, Leipzig 1973. W. Mittenzwei: Brecht und die Schicksale der Materialästhetik, in: Dialog 75. Positionen und Tendenzen, Berlin 1975. G. Mayer: Weltbild – Notenbild. Zur Dialektik des musikalischen Materials, Frankfurt/M. 1978.   *K. L.*

Mathematische Ästhetik ↑ Methoden der Ästhetik

Medienästhetik. Der ursprünglichen Wortbedeutung nach kann jedes Mittel künstlerischer Gestaltung (Farbe, Ton, Wort) als Medium bezeichnet werden. Im engeren Sinn bezieht sich der Ausdruck auf die in den Massenmedien verwendeten technischen Mittel des Radios, Fernsehens, Films, Videos, Computers etc. Die M. sieht ihre Aufgabe darin, diese unterschiedlichen Mittel der Informationsverbreitung oder Kommunikation auf ihre künstlerischen Möglichkeiten hin zu untersuchen, d. h. generell dem Verhältnis von Kunst und Technik in der ↑ Massenkultur nachzugehen.

Die Massenmedien unterscheiden sich von den herkömmlichen ästhetischen Gestaltungsmitteln erstens dadurch, daß sie sich, wie der Name bereits nahelegt, an ein prinzipiell unbeschränktes, nicht auf einen bestimmten Ort festgelegtes Publikum wenden. Zweitens sind sie in der Lage, ihre Botschaften beliebig oft zu wiederholen. Sie sind also in räumlicher wie zeitlicher Hinsicht „freier" als ihre traditionellen Vorläufer. Drittens setzt die Nutzung der Massenmedien ein höheres Maß an Arbeitsteilung, an technischer Vorbildung und Zusammenarbeit (einschließlich der damit verbundenen Kosten und Kompromisse) voraus. Insofern wird der künstlerische Inhalt der Massenmedien mehr als bei den traditionellen Medien durch die Technik bestimmt: Das Kunstwerk verliert seine „Aura" (Benjamin). Dies dürfte auch Künstler wie Paik, Beuys oder Warhol angeregt haben, sich praktisch und theoretisch mit Massenmedien zu beschäftigen.

Von ganz unterschiedlichen Positionen her haben sich die kybernetische bzw. informationstheoretische Ästhetik (Bense, Moles), die semiotische Ästhetik (Eco, Barthes) oder die verschiedenen Spielarten der marxistischen Kunsttheorie (Brecht, Adorno) mit medienästhetischen Phänomenen beschäftigt. Sie stimmen in der These überein, die McLuhan in der prägnanten Formel „Das Medium ist die Botschaft" ausdrückt. Strittig bleibt vor allem, ob dieser Sachverhalt im Sinne einer Erweiterung menschlicher Wahrnehmungfähigkeit positiv oder aufgrund der manipulativen Potentiale der Medien eher kritisch bewertet wird. Zur einen Seite neigen die angelsächsischen Kunsttheoretiker (neben McLuhan auch Buckminster-Fuller), zur anderen die kontinentaleuropäischen Kulturphilosophen (wie z. B. G. Anders).

Neue Impulse erhielt die Auseinandersetzung um den Einsatz von Massenmedien im ästhetischen Kontext durch das Aufkommen der Computerkunst. Deren fundamental neuer Charakter veranlaßte den französischen Kultursoziologen Baudrillard dazu, vom „Anfang des Zeitalters der Simulation" zu sprechen (↑ Postmoderne). Das Medium ist nicht mehr das Mittel, durch das die Wirklichkeit wahrgenommen und abgebildet wird, sondern durch das sie beliebig erzeugt werden kann.

Lit.: J. A. Walker: Art in the Age of Mass-Media, London 1983. F. A. Kittler: Medien, Opladen 1987. F. Rötzer (Hg.): Kunstforum Nr. 97/98, Köln 1988/89. S. Zielinski: Audiovisionen, Reinbek 1989. *Th. W.*

Medizinische Ästhetik. Die m. Ä. bemüht sich theoretisch und praktisch um eine menschenwürdige Wiederherstellung des Erscheinungsbildes und der Glieder- und Organfunktionen beim kranken, verletzten oder mißgebildeten Menschen. Die Grenzen zur Schönheitsmedizin oder kosmetischen Chirurgie sind fließend. Ästhetische Richtlinie für die operativen Maßnahmen ist die Beseitigung der auffälligen, physische und psychische Leiden verursachenden Abweichungen vom normalen Erscheinungsbild der Menschen. Das „Normale" kann außer der Anatomie auch von der bildenden Kunst und der Kunsttheorie bestimmt sein, in der Antike z. B. durch Polyklets Speerträger und durch die Theorie von Harmonie und Symmetrie in Beziehung auf die menschliche Gestalt, aber auch durch gesellschaftlich und modisch bedingte Schönheitsvorstellungen. Die Entwicklung der modernen plastischen Chirurgie erlaubt eine Anpassung vor allem des Gesichts an modische Schönheitsbilder, die durch die Medien Attraktivität gewonnen haben. Die Vorherrschaft des jugendlichen Schönheitsideals wird allmählich durch eine Lehre von den Schönheiten aller Altersstufen des Menschen eingeschränkt.

Lit.: D. R. Millard: The Principles and Art of Plastic Surgery, London 1957. J. M. Converse: Reconstructive Plastic Surgery, 2 Bde., Philadelphia 1964. H. Gelbke: Die Bedeutung des Ästhetischen im Bereich des Lebens und der Medizin, in: Deutsches Ärzteblatt 47 (1970), S. 3526 ff. G. Pfeifer (Hg.): Die Ästhetik von Form und Funktion in der Plastischen und Wiederherstellungschirurgie, Berlin 1985. *W. H.*

Mehrdeutigkeit, Ambiguität, in der Logik ein Mangel an Klarheit und Eindeutigkeit, bezeichnet in der Ästhetik die Eigenschaft von Kunstwerken oder künstlerischen Prozessen, mehrere Deutungen zuzulassen, die sich zwar widersprechen, aber nicht gegenseitig widerlegen können.

In der antiken Rhetorik hat bereits Quintilian ein bewußtes Spielen mit vorder- und hintergründigem Wortsinn zugelassen, Cicero und andere haben der Dichtung Unerschöpflichkeit zugesprochen. Zu den historischen Vorstufen der M. gehört auch die mittelalterliche Lehre vom vierfachen Wortsinn der Hl. Schrift – dem wörtlichen, allegorischen, moralischen und anagogischen – sowie die idealistische Theorie vom Kunstsymbol, das in begrenzter Form eine unerschöpfliche Bedeutung verkörpere (Goethe). Im 20. Jh. gewann der Begriff der M. in der ↑ semiotischen Ästhetik, in der ↑ Hermeneutik und der ↑ psychologischen Ästhetik eine grundlegende Bedeutung. Als Terminus hat er sich nicht durchgesetzt; Vieldeutigkeit, Polyfunktionalität, Multivalenz, Offenheit u. a. sind konkurrierende Begriffe mit zum Teil abweichender Bedeutung. Gelegentlich wird M. noch in dem eingeschränkten Sinn von Doppeldeutigkeit (alternativ gültige Bedeutung) verwandt (Beardsley).

Der Einführung des Begriffs durch W. Empson (↑ New Criticism) liegt das Interesse zugrunde, die Dunkelheit und Vieldeutigkeit poetischer Rede theoretisch kontrollierbar zu machen. In Abgrenzung von einem einfachen logischen Behauptungssatz zählte er sieben Typen von Ambigui-tät auf, u. a. metaphorische Rede, Sinnzusammensetzungen aus verschiedenen Wörtern, widersprüchliche Aussagen, doch blieb die Frage nach der inneren Einheit eines Gedichts und damit die künstlerische Bedeutung der Ambiguität unthematisiert. Von psychoanalytischer Seite haben Kris und Kaplan eine Verallgemeinerung der M. auf alle Kunstgattungen durchzuführen versucht, indem sie die M. auf den künstlerischen Schöpfungsakt zurückführten und mit Hilfe der Diskurstypen von Morris (↑ semiotische Ästhetik) eine den gesamten künstlerischen und nichtkünstlerischen Kommunikationsprozeß umfassende Symboltheorie entwickelten: Disjunktive, additive, konjunktive, integrative und projektive Arten von M. kämen in fast allen Diskurstypen vor, für den ästhetischen Diskurs seien dagegen expressive und dekorative M. charakteristisch. Bei Eco wird M. zum konstitutiven Merkmal ästhetischer Botschaft überhaupt. „Botschaft" schließt die Auflösung des Werkbegriffs ein. M. bezeichnet nicht ein objektives Merkmal von Kunstwerken, sondern die Struktur einer Kommunikation, die sowohl von der Kreativität des Künstlers als auch von der des Rezipienten abhängt.

Lit.: W. Empson: Seven Types of Ambiguity (1930) London ³1970. A. Kaplan/E. Kris: Psychoanalytical Explorations in Art, London 1953, S. 243 ff. M. C. Beardsley: Aesthetics, New York 1958. T. Tashiro: Ambiguity as Aesthetic Principle, in Dictionary of the History of Ideas 1, New York 1968, S. 48 ff. U. Eco: Das offene Kunstwerk, Frankfurt/M. 1973.   *W. H.*

Metapher (griech. *metaphorá*) bedeutet wörtlich „Übertragung": Bestimmte Merkmale eines Gegenstands werden einem anderen zugewiesen. So gelangt man z. B. vom
Kern einer Frucht zum „Kern" einer
Stadt, eines Problems etc. In der antiken Rhetorik zählt die M. zu den
sog. *Tropen*, d. h. zu den „uneigentlichen", bildlichen Ausdrucksmitteln,
mit denen eine Rede verlebendigt,
anschaulich und fesselnd (oder aber
auch dunkler) gemacht werden kann.
Die M. wird dort zwar als „verkürzter Vergleich" (Quintilian) umschrieben, ihre Mannigfaltigkeit wird damit
aber nicht angemessen erfaßt und im
einzelnen auch nicht präzise bestimmt. So ist die M. weder eindeutig
von verwandten Tropen wie *Synek-
doche, Metonymie* oder *Ironie* abzugrenzen noch ist sie befriedi-
gend z. B. nach Inhaltsbeziehungen
(belebt-unbelebt, Teil-Ganzes) oder
formalgrammatischen Aspekten (Ge-
nitiv-M., Verbal-M.) zu klassifizieren.

Gegen die nach wie vor verbreitete
Auffassung, die M. sei nur eine Sub-
stitution des „eigentlichen" Ausdrucks durch einen anderen, also lediglich eine gekünstelte oder manie-
rierte Abweichung vom „normalen"
Sprachgebrauch, betont bereits Aristoteles, daß durch die M. etwas
Neues, dem Gegenstand Eigentümli-
ches erfaßt werden könne und ihre
meisterhafte Anwendung ein Zeichen
des Genies sei. Dieser Auffassung der
M. – erst der häufige Gebrauch führt
zur „toten" oder „verblaßten" M.
(z. B. „Nagelbett", „Baumkrone"
etc.) – hat sich die Ästhetik der Aufklärung (Vico, Hamann, Herder,

Humboldt) ebenso angeschlossen wie
die moderne Sprach- und Literatur-
philosophie, die Linguistik und die
Literaturwissenschaft.

Die M. ist folglich ein in allen
Sprachbereichen wirksames, also kei-
neswegs nur auf Dichtung be-
schränktes Verfahren der Bedeu-
tungs- bzw. Erkenntnisgewinnung
und -vermittlung. Im Gegensatz etwa
zum Klischee, zum Stereotyp oder
zur Phrase stellen produktive M. Beziehungen zwischen Gegenständen
der Wahrnehmung, des Denkens und
Urteilens überhaupt erst her, ja führen zu ihrer kreativen „Interaktion".
Solche Kreativität zeigt sich im Witz
des sog. „Volksmunds" ebenso wie
in den Sprachschöpfungen der Werbung, der Wirtschaft, Politik oder
Wissenschaft. Die literarische M. ist
hiervon kategorial nicht verschieden.
Sie unterliegt lediglich den spezifischen Traditionen und Normen
von literarischer Produktion wie Rezeption und somit der entsprechenden Kritik („kühne", „schiefe", „ge-
mischte" M.).

Lit.: H. Lausberg: Handbuch der literarischen Rhetorik, München ²1973. A.
Haverkamp (Hg.): Theorie der Metapher, Darmstadt 1980. J.-P. van Nop-
pen u. a.: Metaphor. A Bibliography of
Post 1970 Publications, Amsterdam
1985. H. Hülzer: Die Metapher. Kom-
munikationssemantische Überlegungen
zu einer rhetorischen Kategorie, Münster 1987. G. Kurz: Metapher, Allegorie, Symbol, Göttingen ²1988. *W. K. K.*

Methoden der Ästhetik. Der Metho-
denbegriff ist in der Ästhetik nicht
im exakten wissenschaftlichen Sinn
zu fassen. Er hat die weite Bedeutung
eines Weges, der zu einem bestimm-

ten Ziel führt. Die M. eröffnen Wege und Zugänge zum Verständnis der Kunst und der Künste als dem herausragenden Bereich der ästhetischen Erfahrung. Die methodischen Aspekte sind mit Fragen verknüpft, die die Leistungsfähigkeit der ↑Sinnlichkeit für eine spezifisch ästhetische bzw. künstlerische Erfahrung und Deutung der Welt betreffen. Die philosophische Ästhetik (↑Geschichte der Ästhetik), die das künstlerische Selbst- und Weltverständnis auslegt, impliziert eine metaphysisch bzw. ontologisch orientierte Hermeneutik (Baumgarten, Schelling, Hegel). In diesem Problemhorizont unterzieht Kant die ästhetische Urteilsfähigkeit einer methodischen, d.h. transzendentalphilosophisch legitimierten Kritik. Auf die Anwendung einer Methodenlehre, „wie sie vor der Wissenschaft vorhergeht", verzichtet er ausdrücklich. Das ästhetische Urteil ist „nicht durch Prinzipien bestimmbar". Gleichwohl sind der Künstler, der Produzent von Kunst wie der Rezipient auf diese Urteilsfähigkeit angewiesen, d.h. auf eine „Kultur ihrer Gemütskräfte", ihrer Sensibilität. Diesen Sachverhalt, der methodisch unter verschiedenen Gesichtspunkten beschrieben werden kann, begreift Schiller als ästhetische ↑Erziehung.

Seit dem Ende des 19. Jh. konzentrieren sich die M. auf Fragen, die mit der Entstehung bzw. der Konstitution von Kunstwerken und mit den Bedingungen ihrer Rezeption zusammenhängen. In Verbindung mit neu etablierten Einzelwissenschaften (Psychologie, Soziologie, Psychoanalyse, Sozialgeschichte, Kunst- und Literaturwissenschaft) werden die methodischen Ansätze der philosophischen Ästhetik aufgenommen, differenziert, erweitert, oft auf Einzelfragen zugespitzt und prinzipiell antimetaphysisch gewendet (vgl. Halder). Das Faktum der Kunst wird in der nachidealistischen Ästhetik z.B. – im Kontext des Neukantianismus – als Bewußtseinsleistung des Menschen erklärt und untersucht (Cohen, Bolzano). Es wird als Dokumentation des Lebens verstanden und – unter weltanschaulichen Vorgaben – ausgelegt (Dilthey) (↑Hermeneutik) oder – unter ethischen bzw. ethnologischen Vorgaben – als soziales Faktum analysiert (Guyau, Proudhon, Taine). Die Rezeption von Kunst wird im Rückgriff auf die Psychologie als spezifische Leistung der menschlichen Sensibilität, seiner Empfindungsfähigkeit erklärt und untersucht (↑Einfühlungsästhetik). Dem spekulativen Ansatz einer „Ästhetik von oben" setzt Fechner methodisch eine „Ästhetik von unten" entgegen. Fechner untersucht die Bedingungen der Wirkung von Kunstwerken experimentell psychologisch; er versucht nachzuweisen, daß der ästhetische ↑Genuß schöner Formen auf einer psychologischen Gesetzmäßigkeit beruht. Fechners Untersuchungen weisen voraus auf Aspekte der heutigen Kunstpsychologie (Schurian; vgl. Schuster, Beisl) (↑psychologische Ästhetik).

Diese methodischen Ansätze haben den „Partikularismus der Methodenbegriffe" (Henrich) vorbereitet, der sich nach 1945 in der Ästhetik entwickelt hat. Der Partikularismus entspricht den unterschiedlichen

Theoriegrundlagen der gegenwärtigen Kunsttheorien (vgl. Henrich/Iser). Der hermeneutische Ansatz leistet nicht allein die Problematisierung einer Auslegung des Kunstwerks im Blick auf seine sinnstiftende Bedeutung für das menschliche Leben (Gadamer) (↑existentialistische Ästhetik). Durch ihn sind Ästhetiken so verschiedener Denkrichtungen geprägt wie z. B. die ↑marxistisch-leninistische Ästhetik, die ↑theologische oder auch die ↑weibliche Ästhetik. Metaphysisch eingebunden ist die Auslegung des Kunstwerks, die sich im Wege eines Verstehens vollzieht, das in der Anschauung gründet (Perpeet). Die an Husserl orientierte phänomenologische Methode, die das Kunstwerk als intentionalen Gegenstand beschreibt, wird in literaturästhetischen und kunstphilosophischen Untersuchungen verfolgt, die der materialen Konstitution von Kunstwerken gelten (Ingarden) (ästhetischer ↑Gegenstand) oder den Bedingungen der ästhetischen ↑Einstellung nachgehen (↑Rezeptionsästhetik). Die sozialgeschichtliche Perspektive kennzeichnet die soziologische Ästhetik und, in Verbindung mit der Hermeneutik, auch die Ästhetik der ↑Frankfurter Schule. Weitere Schwerpunkte der gegenwärtigen Diskussion der M. sind durch heutige Fragestellungen einer ästhetischen Theoriebildung vorgegeben (vgl. Henckmann). Der einzige Versuch, die Ästhetik tatsächlich wissenschaftlich exakt zu begründen, knüpft an die mathematisch fundierte Informationstheorie an (↑Informationsästhetik). Besser gerecht werden dem Phänomen der Kunst und den Problemen, die es aufgibt, allerdings andere methodische Ansätze, insbesondere die Auffassung des Kunstwerks als Zeichenprozeß (↑semiotische Ästhetik), seine Analyse als Ensemble von Werten (Mukařovský) (↑strukturalistische Ästhetik) oder unter sprachkritischen Gesichtspunkten (↑analytische Ästhetik).

Lit.: A. Hauser: Methoden moderner Kunstbetrachtung, München 1958. A. Halder: Kunst und Kult. Zur Ästhetik und Philosophie der Kunst in der Wende vom 19. zum 20. Jh., Freiburg/München 1964. W. Perpeet: Das Sein der Kunst und die kunstphilosophische Methode, Freiburg/München 1970. W. Henckmann (Hg.): Ästhetik, Darmstadt 1979. Henrich/W. Iser: Theorien der Kunst, Frankfurt/M. 1982. W. Schurian (Hg.): Kunst heute, Stuttgart 1991 (Lit.).   *U. F.*

Mimesis. Durch die Vermittlung Ciceros und des lat. Begriffs *imitatio* wird M. traditionellerweise mit Nachahmung (der Natur) übersetzt, obwohl diese Übersetzung nur einen Teilaspekt trifft. Ebenso bedeutet M. Vorführung, sinnliche Vergegenständlichung, Darstellung des Wahrscheinlichen oder Antizipation des Möglichen. In dieser Bedeutung ist M. für die antike Ästhetik das grundlegende Prinzip der Kunst.

Platon begreift die ganze äußere Natur als M. Eigentliche Wirklichkeit besitzen nur die ewigen, abstrakten Ideen; die natürlichen Erscheinungen haben nur insofern Anteil an der Wirklichkeit und sind auch nur insofern erkennbar, als sie die Ideen sinnlich vergegenständlichen. Als Abbild der Natur ist die Kunst M.

zweiter Ordnung, M. der M. Sie steht auf einer geistig niederen Stufe, unterhalb der Natur; daher auch ihre Geringschätzung durch Platon.

Dem Wesen der Kunst angemessener und auch geschichtlich einflußreicher ist Aristoteles' Begriff der M. Er beherrscht die Poetik des Barock und der Aufklärung (Boileau, Gottsched u.a.), die Auseinandersetzung um die Vorzüge des französischen oder englischen Dramas (Lessing) und die klassische Ästhetik (Goethe, Schiller). Auch für Aristoteles beruhen die Künste auf M., nicht auf der M. der Ideen, sondern auch derjenigen der Wirklichkeit. Ihre Unterschiede entstehen durch das Medium der Nachahmung (Farbe, Form, Stimme, Rhythmus, Wort), durch die verschiedenen Gegenstände oder durch die Art und Weise der Nachahmung (z. B. Bericht oder unmittelbare Darstellung).

Hegel kritisiert das Prinzip der Nachahmung und setzt an seine Stelle das ↑ Ideal, die Wiedergeburt der Schönheit aus dem Geist. Hauptpunkt seiner Kritik ist, daß durch (formelle) Nachahmung die Wirklichkeit nur „zum zweiten Male gemacht", also „wiederholt" würde, die Kunst infolgedessen nur Täuschung und somit überflüssig sei. So berechtigt diese Kritik als Kritik einer „naturalistischen", bloß detail-getreuen Nachahmung ist, so wenig trifft sie den eigentlichen Begriff der M. Zum einen nämlich ist die M. schon für Aristoteles nicht auf die einzelnen, empirischen Fakten, sondern auf das Allgemeine, Typische gerichtet, zum anderen bleibt sie nicht der bloßen Wirklichkeit verhaftet (wie die Ge-

schichtswissenschaft), sondern bildet auch das Wahrscheinliche bzw. Mögliche ab. Tschernyschewski akzeptiert infolgedessen Hegels Kritik nur als Kritik der Nachahmungstheorien des 17. und 18. Jh. Zugleich rekonstruiert er den Begriff der M. auf materialistischer (Feuerbachscher) Grundlage. „Reproduktion" der Wirklichkeit ist für ihn nicht nur Abbildung, sondern zugleich Erklärung und Bewertung der Wirklichkeit.

Im 20. Jh. ist M. ein Schlüsselbegriff der Ästhetik Adornos wie auch der von Lukács. Für Adorno steht M. im Gegensatz zu Herrschaft bzw. Verfügung. Das mimetische Verhalten erkennt das andere an, ohne es beherrschen zu wollen. Im Gegensatz zum kategorialen Zugriff der Wissenschaft (wie auch zum technischen Verfügen über die Natur) bleibt das Konkrete, Singuläre und Individuelle in der Kunst bewahrt. Bei Lukács verbindet sich der (im Sinne der materialistisch-dialektischen Widerspiegelungstheorie interpretierte) Begriff der M. mit dem des ↑ Realismus. Einerseits entwickelt er den Begriff der künstlerischen M. geschichtlich aus den Vorformen mimetischen Verhaltens im ↑ Alltag und in der ↑ Magie, andererseits grenzt er ihn systematisch gegen weitere Formen der M. (vor allem gegen die wissenschaftliche Widerspiegelung der Wirklichkeit) ab. Mit der zugleich sinnlich-einzelnen wie geistig-allgemeinen Abbildung gesellschaftlicher Zustände werden auch die realen Tendenzen abgebildet, die zur Aufhebung dieser Zustände führen. Insofern beinhaltet M. die Antizipation einer zukünftigen Wirklichkeit (und

schließt damit den Begriff der Parteilichkeit mit ein).

Lit.: Platon: Der Staat, 597b–598d.
Aristoteles: Poetik. G. E. Lessing:
Hamburgische Dramaturgie, vor allem
30.–34. und 69.–70. Stück. G. W. F.
Hegel: Vorlesungen über die Ästhetik,
in Werke, Bd. 13, S. 64ff. N. G.
Tschernyschewski: Die ästhetischen
Beziehungen der Kunst zur Wirklich-
keit. H. Koller: Die Mimesis in der An-
tike, Bern 1954. E. Auerbach: Mimesis,
Bern-München ⁵1971. Th. W. Adorno:
Ästhetische Theorie, S. 86ff. G. Lu-
kács: Die Eigenart des Ästhetischen,
Kap. 1–6. F. Tomberg: Mimesis der
Praxis und abstrakte Kunst, Neuwied
1968. H. Feldmann: Mimesis und
Wirklichkeit, München 1988. M. Jür-
gens: Moderne und Mimesis. Vorschlag
für eine Theorie der modernen Kunst,
Münster 1988.   *K. L.*

Mode definiert sich als der jeweilige
Tages- oder Zeitgeschmack. Zum einen ist sie durch Vielfalt und Differenzierung charakterisiert, die der
Differenzierung der Anlässe (Arbeit,
Urlaub, Feste etc.) oder der individuellen Stimmungen entspricht. Zum
anderen ist sie einem raschen Wechsel unterworfen, der sie als ein auf
kurze Dauer begrenztes Schönheitsideal erscheinen läßt. Vom individuellen ↑Geschmack unterscheidet
sie sich durch ihre Allgemeinheit
und Verbreitung, vom künstlerischen
↑Stil durch ihre engere zeitliche Begrenzung. Ursprünglich war M. auf
das äußere Erscheinungsbild des
Menschen beschränkt, auf Kleidung,
Frisur, Kosmetik, Schmuck etc. Später erstreckte sie sich auf das gesamte
Warenangebot, d. h. auf das ↑Design
von Geschirr, Möbel, Elektrogeräten

etc., schließlich auch auf Lebens- und
Verhaltensweisen (Hobbys, Eßge-
wohnheiten, Urlaubsgestaltung), auf
künstlerische und geistige Interessen
(Schlager, Bestseller etc.).

Sozialpsychologisch drückt die M.
zwei einander entgegengesetzte Verhaltensweisen aus: die Tendenz zur
sozialen *Anpassung* und *Uniformierung*, d. h. zur modischen Präsentation der Dazugehörigkeit, und die
Tendenz zur sozialen *Unterscheidung* und *Distanzierung*, d. h. zur
Präsentation oder „Inszenzierung"
(Braacke u. a.) der individuellen Besonderheit. Indem sie den Anschluß
an Gleiche fördert, besitzt die M.
eine verbindende, indem sie andere
ausschließt, eine trennende Funktion.

Als Teil der ↑Konsumästhetik entwickelte sich die M. mit der Waren-
produktion, d. h. mit jenen ökonomischen Verhältnissen, in denen vorrangig für den Tausch (nicht für den
Gebrauch) und für die Produktion
von Mehrwert (nicht für die Befriedigung der Bedürfnisse) gearbeitet wird
(Haug). In Antike und Mittelalter
waren modische Veränderungen der
Kleider den herrschenden Klassen
vorbehalten. Handwerker und Bauern hatten ihre traditionelle, relativ
unveränderte Tracht. Bis ins 18. Jh.
machte die Kleidung, durch sog.
Kleiderordnungen reglementiert,
klassen- und schichtspezifische Unterschiede deutlich. Erst die bürgerliche Gesellschaft, die sich mit der
Französischen Revolution durchsetz-
te, eröffnete allen Teilen der Bevölkerung den Zugang zur M. (König).

Unter den heutigen Bedingungen
schlägt die grundgesetzlich verbürgte
Freiheit der M. tendenziell in Zwang

um. Selbst der Protest gegen sie (abgetragene Jeans, Omas Röcke etc.) werden vermarktet und selbst zur M. (Nostalgie). Die fortlaufenden Veränderungen der M., ihre reklamemäßige Darbietung in Bild und „Sprache" (Barthes) begünstigen einen Konsum, der nicht aus den „materiellen" Bedürfnissen der Menschen entspringt. Einerseits werden – auf Waren verschoben und durch die M. vermittelt – menschliche Bedürfnisse nach Sicherheit, Geborgenheit, Anerkennung etc. befriedigt, deren wirkliche Befriedigung zunehmend verwehrt bleibt (Duhm). Andererseits beschleunigt die wechselnde M. den „moralischen" Verschleiß der Gebrauchswerte der Waren. Mit der M. der vergangenen Saison ist kein soziales Prestige mehr zu gewinnen. Beides fördert den Absatz; Schönheit ist zum Faktor der ökonomischen Kalkulation geworden.

Lit.: M. Curtius/W. D. Hund: Mode und Gesellschaft, Frankfurt/M. 1971. F. Gunn: The Artificial Face. A History of Cosmetics, New York 1973. D. Duhm: Ware und zerstörte Zwischenmenschlichkeit, Köln ²1974. W. F. Haug (Hg.): Warenästhetik. Beiträge zur Diskussion, Weiterentwicklung und Vermittlung ihrer Kritik, Frankfurt/M. 1975. H. Brost: Kunst und Mode, Stuttgart u. a. 1984. R. König: Menschheit auf dem Laufsteg. Die Mode im Zivilisationsprozeß, München u. a. 1985. R. Barthes: Die Sprache der Mode, Frankfurt/M. 1985. M. v. Boehm: Die Mode, München ³1986. D. Braacke u. a.: Jugend und Mode. Kleidung als Selbstinszenierung, Opladen 1988. *K. L.*

Moderne. Der Begriff der M. ist nur grob zu fixieren und von Aporien

durchzogen. Weder bezeichnet er eine historisch genau datierbare Epoche, noch läßt sich aus ihm ein konsistenter Normenkanon ableiten. Trotzdem wird der Begriff der M. in epochaler wie in normativer Hinsicht verwandt. Am ehesten ist M. mit jener umfassenden gesellschaftlichen und geistigen Bewegung zu assoziieren, die zu Beginn der Neuzeit in Europa einsetzt. Das Kernstück dieser „sozialen M." ist der Verlust der religiös fundierten Heilsgewißheit und die dadurch erzwungene radikale Neubestimmung des menschlichen Selbstverständnisses. Erstmals wird die Zukunft als prinzipiell offen, aber auch als kontingent erfahren. Daraus resultiert die kritisch-krisenhafte Struktur des modernen Bewußtseins. An die Stelle der Einheitlichkeit der göttlichen Schöpfung tritt die strikte Trennung von planendem, vernünftigem, menschlichem Subjekt und „natürlichem", vor allem quantitativ bestimmtem Objekt.

Die Entwertung der Tradition und die Verflüssigung fester Sinnbezüge teilt auch die „ästhetische M.". Galten seit der Renaissance die Kunstwerke der Antike als vorbildhaft und als Garanten ästhetischer Wahrheit, so entzündet sich mit der *Querelle des anciens et des modernes* (1687) der Streit um die Verbindlichkeit klassischer Kunst. Dem überzeitlichen Schönen *(beauté universelle)* wird ein zeitgebundenes Schönes *(beau relatif)* zur Seite gestellt. Damit wird zwar die gegenwärtige Kunst aufgewertet, im gleichen Zug aber verschwinden die „objektiven" Maßstäbe der antiken Tradition. Es entsteht ein zentrales Dilemma spezifisch moderner Ästhetik: Wie kann Kunst unter normativen Gesichtspunkten noch beurteilt werden, wenn von der historischen Relativität der Werke auszugehen ist?

Die Kunsttheorien seit dem Ende des 18. Jh. lassen sich als Versuch interpretieren, auf dieses Dilemma eine befriedigende Antwort zu finden. Hegels Lösung ist der Satz vom ↑Ende der Kunst: In der M. hat die Kunst aufgehört, das höchste Bedürfnis des Geistes zu sein; Kunst wird in Philosophie aufgehoben. Diametral entgegengesetzt besteht die romantische Ästhetik (F. Schlegel) darauf, daß nur noch die Kunst dem diskontinuierlichen Charakter der M. und der modernen Zeiterfahrung zu entsprechen vermag. Diesem Ansatz entsprechen die Kategorien des ↑Fragmentarischen, der ↑Allegorie oder der ↑Ironie. Signifikant für die M. erscheint hier die Gegenüberstellung der als entfremdet und zerfallen angesehenen Realität und der sich im Werk manifestierenden, individuellen Erfahrung.

Neben der Romantik ist auch der ↑Realismus als Paradigma der ästhetischen M. anzusehen. Durch detailgetreue Wiedergabe soll ein zutreffendes Bild der (widersprüchlichen) Gegenwart gezeichnet werden (Heine, Balzac, Stendhal). Baudelaire dagegen faßt – unter Aufnahme der romantischen wie der realistischen Tendenz – die beiden Stränge der Modernität im Horizont einer sich permanent überholenden Aktualität zusammen. Er bestimmt einerseits das Schockierende, das ↑Häßliche und ↑Groteske als einen festen Bestandteil moderner Kunst, um dadurch andererseits die Kunst vom idealistischen Anspruch „ästhetischer Wahrheit" zu befreien. Für Baudelaire gewinnt das moderne Kunstwerk Dauerhaftigkeit, weil es sich im Kreislauf der ↑Mode erhält. Dergestalt mit dem Banalen und Alltäglichen verbunden, tritt die Form in den Mittelpunkt der modernen Kunst (↑L'art pour l'art, ↑Ästhetizismus). Aus ihr resultiert sowohl die Fülle der möglichen Formen als auch die ästhetische Eigenwertigkeit des einzelnen Werks. Insgesamt weist die künstlerische M. die Tendenz zur permanenten Innovation auf, welche, über die diversen ↑Avantgarden des 20. Jh. vermittelt, letztlich in die ↑Postmoderne mündet.

Lit.: H. U. Gumbrecht: Modern, Modernität, Moderne, in: Historisches Lexikon zur politisch sozialen Sprache in Deutschland, 4. Bd., Stuttgart 1978. P. Bürger: Prosa der Moderne, Frankfurt/ M. 1986. H. R. Jauß: Studien zum Epochenwandel der ästhetischen Moderne, Frankfurt/M. 1989.   *Th. W.*

Modifikationen des Schönen ↑Kategorien, ästhetische

Moralisch-Schöne, das. Der Begriff des M.-S. hat sich im 18. Jh. als Übersetzung des griechischen Begriffs der Kalokagathie eingebürgert. *Kalokagathie* (griech. *kalós:* schön und *agathós:* gut) heißt wörtlich das „Schön-Gute". In der Verbindung von Schönheit und Sittlichkeit stellte sie das Ideal der *paideia,* der Erziehung zu körperlicher und geistiger Tüchtigkeit im Dienste der Gesellschaft dar. Shaftesbury greift den Begriff des M.-S. auf und vermittelt ihn an die Aufklärer in Frankreich (Diderot, Rousseau) und Deutschland (Lessing, Herder, Wieland, Schiller). Auf ihn geht auch der Begriff der ↑ schönen Seele zurück, deren äußere Anmut die sittliche Vollkommenheit widerspiegelt. Für die Erkenntnis und Beurteilung des Schönen und Guten nimmt Shaftesbury die Existenz eines einzigen Organs an, des sog. *moral sense*.

Das frühe Bürgertum hat die moralische Verantwortung der Kunst wiederholt hervorgehoben. Renaissance-Künstler und -Theoretiker wie Dürer oder Alberti haben Moral *(virtú)* und Schönheit zu einer Einheit verschmolzen. Am Vorabend der Französischen Revolution wandte Diderot das Prinzip des M.-S. polemisch gegen die Kunst des Feudalismus. Umgekehrt vernachlässigte das späte, „geistes-aristokratisch" gewordene Bürgertum das sittliche zugunsten des ästhetischen Moments („Immoralismus" des ↑ L'art pour l'art). Stärker noch als die Antike verknüpfte Schiller die Schönheit mit dem Ziel der moralisch-politischen bzw. der ästhetischen ↑ Erziehung. Bei ihm nimmt das M.-S. den Charakter eines moralischen „Sollens" an. Künstlerische Schönheit wird nicht mehr als ↑ Mimesis eines (in der Eudämonie der Polis verwirklichten) gegenwärtigen, sondern als Vorwegnahme eines zukünftigen Guten verstanden. Die ästhetische Bildung des Individuums soll der Humanisierung der Gesellschaft den Weg bereiten.

Lit.: Platon: Der Staat, 400a–402d. A. A. C. Shaftesbury: Characteristics of Men, Manners, Opinions, Times etc. F. Schiller: Über Anmut und Würde.

Ders.: Über die ästhetische Erziehung des Menschen in einer Reihe von Briefen. F. Tomberg: Mimesis der Praxis und abstrakte Kunst, Darmstadt-Neuwied 1968, Kap. 1.   *K. L.*

Museum bezeichnete in der Antike einen den Musen geweihten Ort mit Bibliothek und Sammlungen (z.B. *museion* in Alexandria). P. Giovio gebrauchte das Wort erstmals 1539 wieder für seine Sammlungen in Como. Ein Saal bzw. ein Durchgangsraum mit meist einseitiger Befensterung, der Statuen oder Bilder enthielt, wurde seit etwa 1500 in Frankreich und Italien *Galerie* genannt. Im Norden wurden die Sammlungen von Kunst- und Naturwerken in Kunst- bzw. Wunderkammern untergebracht. Die Sammlungstätigkeit beseitigt die ursprüngliche Funktion der Artefakte und definiert sie neu als Kunstwerke.

Die Museen, Galerien und Kabinette waren zumeist in privatem Besitz von Adel oder Bürgertum, doch konnten sie besichtigt werden. Vor 1800 waren öffentliche Sammlungen den Universitätsbibliotheken oder den Bibliotheken angegliedert, deren Errichtung Luther 1524 von den Städten gefordert hatte. Der allgemeine Zugang zum Kunstbesitz (des Fürsten) wurde im Zeitalter der Aufklärung verlangt. Bei den Bibliotheken war er seit etwa 1600 vermehrt eingerichtet worden. In Rom wurde 1734 das *Museo Capitolino* für das Publikum geöffnet, in Florenz vermachte 1739 die letzte der Medici die Sammlungen der Stadt, 1750 wurde in Paris ein Teil des königlichen Kunstbesitzes öffentlich zugänglich gemacht. Die Französische Revolution verbreitete durch das *Muséum Français* und das *Muséum des Monuments Français* die Idee des nationalen Besitzanspruchs auf Kunstwerke.

Ab 1750 wurde der Museumsbau eine wichtige architektonische Aufgabe (1745 königliche Galerie Dresden, 1753 und 1754 Preisaufgaben der Architekturakademie in Paris, 1769–1777 Kassel, *Museum Fridericianum*, 1773–1780 Rom, *Museo Pio-Clementino* usw.). – Die Schenkung von Sammlungen und die Einrichtung von Kunstmuseen und -galerien war seit dem 18. Jh. häufig mit der Erwartung verbunden, die Künste zu fördern, den jungen Künstlern Muster bereitzustellen und dem Sammler Unsterblichkeit zu sichern. Private Museen sind bis heute eng mit dem Mausoleum verknüpft. Die Museumskritik des späten 19. Jh. richtete sich gegen die Bevormundung durch die Beispiele wie auch gegen die Mortifizierung der Werke. Die wichtigsten Aufgaben des M. sind heute Erhaltung und Restaurierung, wissenschaftliche und didaktische Erschließung der Werke und Dokumentation zeitgenössischen Kunstschaffens.

Lit.: A. S. Wittlin: The Museum, its History and its Task in Education, London 1974. V. Plagemann: Das deutsche Kunstmuseum 1790–1870, München 1967. W. Prinz: Die Entstehung der Galerie in Frankreich und Italien, Berlin 1970. G. Bott (Hg.): Das Museum der Zukunft, Köln 1970. D. Davis: The Museum Transformed. Design and Culture in the post-Pompidou Age, New York 1990.   *O. B.*

Musik ist die künstlerische Gestaltung des (nicht semantisch) Hörbaren in der Zeit mit dem Basiselement Ton bzw. Geräusch. Hieraus leiten sich sämtliche musikalische Parameter (Tonhöhe, Dauer, Klangfarbe etc.) sowie ihre Kombinationen untereinander (Melodie, Harmonie, Rhythmus, Metrum etc.) ab. Ihr Ursprung wird in der emotionalen Lautgebung (Schreien, Klagen, Rufen, vgl. C. Stumpf), dann in der Gestaltung der Sprache (Rousseau, Herder), im Nachvollzug rhythmischer Vorgänge beim Gehen, Händeklatschen oder Arbeiten (K. Bücher), in der Nachahmung tierischer Laute und ihrer Entwicklung zum Lock- und Liebesruf (Darwin) gesehen oder auch nach dem ontogenetischen Gesetz in Beziehung zu frühkindlichen Lallmelodien gesetzt. In China und in Ägypten ist entwickelte musikalische Betätigung seit dem 3. Jahrtausend v. Chr. nachgewiesen und diente dort insbesondere magischen und kultischen Zwecken. Funde von Knochenpfeifen (Signalfunktion?) oder Schwirrhölzern belegen aber eine weit ältere Existenz der M. (bis 200 000 v. Chr.).

Im Altertum wurde der M. göttlicher Ursprung zugewiesen (Hesiod betrachtet die M. als Inbegriff musischen Vermögens, als Geschenk Apollons an die Menschen). Hinzu trat bald die wissenschaftlich messende Aneignung des Klingenden („Erfindung" der M. durch Pythagoras, so bei Iamblichos), aber auch die Festlegung eines Grundtons durch neu installierte Dynastien im alten China weist auf ordnende Erfassung des Tonraums. Die Dichotomie von musischem und rationalem Prinzip (Seele – Verstand) bestimmte maßgeblich, mit durchaus wechselnden Gewichtungen, die abendländische M.-entwicklung (Adornos *Philosophie der Neuen Musik* läßt z. B. in der Gegenüberstellung von Schönberg und Strawinsky ebenfalls dieses Verhältnis anklingen). Hieraus erwuchs die Frage nach dem Wesen der M. in ihrem Verhältnis zur Welt: als Natur-Nachahmung (u. a. Programm-M.), Abbild göttlicher Harmonie, Ausdruck der Empfindung, autonome, sich selbst genügende Struktur (absolute M.). Die M. zeigte sich, je nach den gesellschaftlichen Anforderungen an sie, anpassungsfähig an alle genannten Richtungen, ebenso an Postulate ihrer Unterordnung (unter den Text etc.) oder der Etablierung eines in sich stimmigen und ästhetisch tragfähigen Bezugsystems, einer autonomen Logik.

Das Abendland eroberte der M. (unter Zurückdrängung von magischen und mythischen Komponenten) wesentliche neue Dimensionen in der Etablierung der Mehrstimmigkeit (ab Ende des 9. Jh. *Musica Enchiriadis*), was zu einer Klärung und Rationalisierung der horizontalen (Tonhöhen) sowie vertikalen (Zeitdauer) Verhältnisse führte (Notenschrift als „Partitur"). Dies ermöglichte polyphone Techniken (Höhepunkt: M. der Niederländer) und schließlich die Ausbildung der Homophonie mit konkret faßbarer Emotionalisierung der Sprachmittel (Dur-Moll-Dualität) sowie eine ordnende Erfassung des Zeitverlaufs (Metrum, Takt). Erst im 20. Jh. kam es zu einer Aufhebung (Zwölfton-

techniken, Vierteltonsysteme, Emanzipation des Geräuschs, Serialismus, graphische Notation, Einbeziehung des Zufalls, elektronische Musik), heute mit der Tendenz zu einer Universalisierung der Sprachmittel, mit Hinwendung zu „verschütteten" musikalischen Erfahrungsbereichen. Die Dialektik von Emotion und Ratio, von Empfindung und zählendem Messen scheint freilich von all diesen Expansionsversuchen unberührt. Sie ruht im erklingenden Ton und seiner Wirkung auf das Subjekt selbst.

Lit.: K. G. Fellerer: Die Musik im Wandel der Zeiten und der Kulturen, Münster 1948. H. Scherchen: Vom Wesen der Musik, Winterthur 1946. Th. W. Adorno: Philosophie der Neuen Musik, Frankfurt/M. 1975. F. Blume: Was ist Musik? Kassel 1959. C. Dahlhaus/H. H. Eggebrecht: Was ist Musik? Wilhelmshaven 1985.   R. S.

Musikästhetik. Die M. fragt nach dem Stellenwert der Musik innerhalb der Künste sowie nach Kriterien ihrer Bewertung beim Vergleich einzelner Werke. Die griechische Antike legte hierfür die Basis. Bei Platon ist der ethische Aspekt vorherrschend, er schätzt die Musik und ihre Ausdrucksmöglichkeiten nach ihrer Brauchbarkeit für ein intaktes Staatsgebilde ein, scheidet zwischen nützlicher und schädlicher Musik. Aristoteles hingegen sieht die musikalische Betätigung als Reflex (Mimesis) auf unterschiedliche Bedürfnisse, nach Unterhaltung sowie Bildung der Gefühle und des Geschmacks (↑ gesellschaftliche Funktion). Das christliche Mittelalter ist vom idealistischen Abbildcharakter der Musik (göttliche

Harmonie) und von der Auseinandersetzung über schädliche Einflüsse durch das Musizieren (Sinnlichkeit) bestimmt. Nach der Aufklärung, die in der musikalischen Gestalt grundsätzlich ein Abbild von *Affekten* (Affektenlehre) sah, richtete man das Augenmerk auf die Einordnung der Musik innerhalb der Künste. Kant weist ihr in der Gegenüberstellung von Schönem und Angenehmem eine nachgeordnete Rolle zu (wegen der Nähe zum nur Angenehmen). Hegel unterstreicht die verschiedenen Verbindungsstränge der Musik zu anderen Künsten (Architektur, Poesie) und hebt als Dilemma hervor, daß die Bewegung in ihre „eigentliche Region", das reine Tönen, zugleich eine Emanzipation von einem Inhalt hervorbringe. Schopenhauer schließlich räumt der Musik eine Sonderstellung ein, da sie unmittelbares Abbild des Willens selbst sei. Hegels Entgegensetzung führte im 19. Jh. zu zwei extremen Positionen: Musik als sich selbst genügendes Spiel (Hanslick) und Musik als Trägerin einer außermusikalischen Programm-Idee (Autonomie- bzw. Heteronomieästhetik). Lösungsversuche in dieser bis heute fortwirkenden Auseinandersetzung versuchten Lukács (Musik als ↑Mimesis der Mimesis) und Adorno (Diskussion des musikalischen ↑Materials).

Lit.: F. Gatz: Musikästhetik in ihren Hauptrichtungen, Stuttgart 1929. D. Zoltai: Ethos und Affekt, Berlin 1970. C. Dahlhaus: Musikästhetik, Köln 1967.   *R. S.*

Musikwissenschaft. Der wissenschaftliche Umgang mit Musik, d.h.

mit den Phänomenen des Klingens, ist wesentlich älter als der Forschungsbereich, der heute mit Musikwissenschaft bezeichnet ist. 1863 forderte F. Chrysander für sie im Vorwort zum ersten *Jahrbuch für musikalische Wissenschaft* das Recht zu wissenschaftlicher Selbständigkeit. Hiermit wurde nur eingelöst, was in der Praxis bereits vollzogen war: Ab 1843 hatte man in London zum erstenmal den Versuch einer Gesamtausgabe gewagt, nämlich der Werke Händels, ab 1851 erschien in Leipzig die Bach-Gesamtausgabe. Die wissenschaftlichen Tätigkeiten in diesem Umfeld schufen die Basis für die heutige Musikwissenschaft.

Schon im 6. Jh. v. Chr. hatten sich die Pythagoreer, fußend auf Erkenntnissen der kleinasiatischen und ägyptischen Kulturkreise, dem Phänomen des Klingens insbesondere in seinem Verhältnis zur Zahl zugewandt, bald wurden diese Ansätze durch Aristoteles (empirische Betrachtungsweise) oder durch Platon und Plotin (ethischer Ansatz) erweitert. In dieser Tradition stand zu Beginn des 6. Jh. der Theoretiker Boethius, der in fünf lateinischsprachigen Büchern die griechische Musikreflexion zusammenfaßte. Im Mittelalter zählte die Wissenschaft der Musik *(Ars musica)* zu den *Septem artes liberales*, den Sieben freien Künsten. Man suchte die musikalische Wirkung mit der christlichen Philosophie in Einklang zu bringen (Augustinus) und das Klingen als Abbild der Schöpfung zu begreifen *(musica mundana, musica humana, musica instrumentalis)*. Eine praxisbezogene wissenschaftliche Tätigkeit erarbeitete Formen der musikalischen Aufzeichnung (zunächst Tonhöhenfragen, dann Probleme der Dauer) und untersuchte Phänomene des Zusammenklingens (Verfasser der *Musica Enchiriadis,* Guido von Arezzo, Franco von Köln, Jakobus von Lüttich). Schon ab Ende des 15. Jh. trat das Bedürfnis nach lexikalischer Zusammenfassung der Erkenntnisse in den Vordergrund (Tictoris: *Terminorum musicae diffinitorium,* Praetorius: *Syntagma musicum,* 1615), die in der Aufklärung einen abschließenden Höhepunkt fand (in Frankreich *Dictionnaire de musique,* de Brossard 1703 und J.-J. Rousseau 1767, in Deutschland J. G. Walther 1732, J. Mattheson 1740, J. G. Sulzer 1771–1774, E. L. Gerber 1790/92 und schließlich das *Musikalische Lexikon* von H. Chr. Koch, 1802).

In unserem Jh. weitete sich das musikwissenschaftliche Betätigungsfeld beträchtlich aus. Zu den editorischen Problemstellungen traten (vor allem im Umgang mit alter Musik) Fragen der Notation sowie der musikgeschichtlich-stilistischen Einordnung (H. Riemann, J. Wolf). Erstes Trägerorgan war die *Vierteljahresschrift für Musikwissenschaft* seit 1885. Probleme musikalischer Deutung (↑ Hermeneutik) legten die Basis für ein Einbeziehen musikästhetischer, -philosophischer, -psychologischer sowie -soziologischer Fragestellungen (H. Kretschmar: *Führer durch den Konzertsaal,* 1887–1890; A. Schering, H. Schenker). Heute wird die M. ergänzt durch Akustik, Musikethnologie sowie Musikpädagogik – nach einer Aufstellung von Dräger – in fünf Bereiche gegliedert:

1) Musikgeschichte, 2) Systematische M. (erweiterte akustische und hörpsychologische Fragestellungen), 3) Musikalische Volks- und Völkerkunde, 4) Musiksoziologie und 5) Angewandte M.

Lit.: F. Chrysander: Vorwort und Einleitung zum Jahrbuch für musikalische Wissenschaft I, Leipzig 1863. G. Adler: Umfang, Methode und Ziel der Musikwissenschaft, Vierteljahresschrift für Musikwissenschaft I, Leipzig 1885. E. Bücken (Hg.): Handbuch der Musikwissenschaft, 10 Bd.e, Wildpark-Potsdam 1927–1934. H. Husmann: Einführung in die Musikwissenschaft, Heidelberg 1958. C. Dahlhaus: Grundlagen der Musikgeschichte, München 1977.
R. S.

Muße ↑ Freizeit

Mythos (griech. Wort, Rede, Erzählung, Fabel). In der Frühstufe aller Kulturen finden sich Mythen, die in Erzählungen und Bildern Ursprung, Sinn und Ziel von Welt und menschlicher Existenz symbolisch darstellen, kollektive Erfahrungen sinnstiftend aufarbeiten und Orientierungsmodelle geben. Je nach Thematik lassen sich *kosmogonische* Mythen (Ursprung der Welt), *theogonische* Mythen (Ursprung der Götter), *aitiologische* Mythen (Erklärung bestimmter Naturphänomene) u. a. unterscheiden. In der abendländischen Geistesgeschichte gerät der M. in seiner Vieldeutigkeit, Irrationalität, seiner überwiegend zyklischen Zeitvorstellung seit Platon und Aristoteles in Gegensatz zum Logos als dem Prinzip der rationalen Vernunft.

Dichtung und Kunst sind von Anfang an Gestaltungsformen des M.

und nach dem Versiegen mündlicher Erzähltradition die wichtigsten Überlieferungsträger; altorientalische Götter- und Helden-Mythen aus dem *Gilgamesch-Epos* wirken als Motive noch bis in die islamische Miniaturmalerei weiter, indo-europäische Mythen finden sich in den Epen von Island *(Edda)* bis Indien *(Rigveda, Mahabharata)* wie in der frühen indischen Plastik, altägyptische Mythen in Schriften, Plastiken und Reliefs, altchinesische in kultischer Malerei und Dichtung. In Europa ist vor allem die griechische Mythologie eine unerschöpfliche Quelle künstlerischer Themen und Motive, dargestellt in den homerischen Epen, den Tragödien, in Plastik, Reliefkunst und Vasenmalerei; die römische Kunst hat sie adaptiert und weitergeführt. Im Mittelalter bricht die Überlieferung zwar nie ganz ab, aber erst die Renaissance bringt mit der Wiederbelebung der antiken Kunst auch eine – profanierte – Wiederbelebung der Mythen, deren Bedeutung für alle Zweige der Kunst bis heute nicht abreißt. Jede Epoche rezipiert, deutet und gestaltet die mythologischen Themen neu; im Barock überwiegt der repräsentative, im Rokoko der erotisch-spielerische Aspekt, der rebellisch aufbegehrende im Sturm und Drang *(Prometheus)*, der anthropologisch-symbolische in der Klassik. Vom 18. Jh. an tritt neben die griechische auch die nordische Mythologie. Zudem entstehen neue Mythen um Faust, Don Juan, Robinson Crusoe, die wesentliche Tendenzen, Wünsche, Träume und Gefährdungen ihrer Zeit symbolisieren. Im Gegenzug zum Rationalismus der Auf-

klärung sieht die Romantik im M. eine umfassendere, die Vernunft übersteigende Weltdeutung und fordert eine „neue Mythologie" (Novalis, Schlegel, Schelling), die sich in der Kunst offenbart. Nietzsche entdeckt hinter der ↑ „apollinisch" hellen, individualistischen griechischen Mythologie einen „dionysischen", orgiastisch dunklen Urgrund aus Grauen, Rausch und Tod. Die Mythendeutung der Tiefenpsychologie als Ausdruck verdrängter Wünsche (Freud) oder Archetypen des kollektiven Unterbewußten (C. G. Jung, Kerényi) stellt mit ihrem neu postulierten Wahrheitsgehalt eine verstärkte Herausforderung an die Kunst dar. Daneben drängt die Moderne aus ihrem Orientierungsverlust zu Ersatzmythen, „Mythen des Alltags" (Barthes), die Scheintotalität und Orientierung anbieten. Der Begriff M. wird beliebig gedehnt und auf alles irrational Faszinierende angewandt. Literatur und Kunst der ↑ Moderne und ↑ Postmoderne setzen sich sowohl mit diesen Phänomenen wie auch immer wieder mit den archaischen Mythen europäischer wie außereuropäischer Kulturen auseinander. Nach Blumenbergs interessanter, wenn auch umstrittener These beruht diese anhaltende Faszination des M. auf dem Moment der Distanz und Freiheit, die im Erzählen, im Bild gegenüber dem sprachlosen Schrecken vor einer übermächtigen Wirklichkeit gewonnen wird.

Lit.: R. Barthes: Mythen des Alltags, Frankfurt/M. 1964. M. Fuhrmann (Hg.): Terror und Spiel. Probleme der Mythenrezeption, München 1971. H. Blumenberg: Arbeit am Mythos,

Frankfurt/M. 1979. K. H. Bohrer (Hg.): Mythos und Moderne, Frankfurt/M. 1983. P. Kemper: Macht des Mythos – Ohnmacht der Vernunft?, Frankfurt/M. 1989.   *G. H.*

Nachahmung ↑ Mimesis

Naive, das. Das N. ist der Inbegriff des Natürlichen, Kindlichen, Unverbildeten, Volkstümlichen, dessen reinsten Ausdruck die klassische deutsche Ästhetik (Winckelmann, Herder u. a.) in der Kunst der Antike erblickte. Seit Behalji-Merin hat er sich auch als Sammelbegriff für künstlerisches Laienschaffen, vorwiegend für Autodidakten auf dem Gebiet der Malerei (H. Rousseau, Vivin, Piroschmanaschwili u. a.) eingebürgert.

Zentral steht der Begriff bei Schiller, der das N. (oder Klassische) der antiken Dichtung dem ↑ Sentimentalischen (oder Modernen) entgegensetzt. Das N. ist „ganz Natur", insbesondere als Gegenstand des sentimentalischen Interesses, d. h. rückblickend, von einer Warte aus, in der die Natur „verloren" ist und wieder „gesucht" werden muß. Anders als bei Rousseau soll bei Schiller das N. allerdings nicht durch Rückkehr zur verlorenen Natur, sondern durch Fortschritt zu einer neuen, durch Reflexion vermittelten Naivität wiedergewonnen werden. Daß Schillers Begriff nicht nur eine Epoche (die Antike), sondern einen Typus der Dichtung (das ↑ Klassische) bezeichnet, geht aus der Reihe der Dichter hervor, die er ihm zuordnet: Sie umfaßt außer Homer und Sophokles auch Dante, Cervantes, Shakespeare, Sterne und Goethe. Erst F. Schlegel faßt das N. konsequent geschichtlich und damit den Gegensatz des N. und Sentimentalischen als den Gegensatz von klassisch-antiker und romantisch-moderner Dichtung.

Unter den Bedingungen der ↑ Massenkultur erleidet das N. einen Funktionswechsel, es wird zur „Einfältigkeit" des Kulturkonsumenten bzw. zur „naiven Gefügigkeit" des Künstlers. Stellte für Schiller, Schelling u. a. Naivität den Grundcharakter des Genies dar, so wird es nun zum Ausdruck der Bereitwilligkeit, mit der sich Konsument und Produzent dem Interesse der „Kulturindustrie" unterordnen (Adorno).

Lit.: I. Kant: Kritik der Urteilskraft, § 54. F. Schiller: Über naive und sentimentalische Dichtung. F. Schlegel: Über das Studium der griechischen Poesie. F. W. J. Schelling: Philosophie der Kunst, § 67 und § 68. Th. W. Adorno: Ästhetische Theorie, S. 499 ff. O. Bihalji-Merin: Die Naiven der Welt, Stuttgart 1971.   *K. L.*

Naturästhetik. Die N. untersucht die ästhetischen Qualitäten der toten und lebendigen Natur. Konzeption und Anspruch der N. hängen wesentlich ab vom zugrunde liegenden Begriff der Natur. Die idealistische N. hat die Natur als das noch-nicht-geistige Prinzip des Seins aufgefaßt, aus dem nur durch Zufall etwas Schönes entstehe; primär stehe sie unter dem unentrinnbaren Zwang blinder Gesetze (Kausalität, Erhaltung und Reproduktion des Lebens), denen unterschiedslos Schönes und ästhetisch Indifferentes unterworfen sind. Die Natur befolge in ihren Hervorbringungen kein eigenes Schönheitsideal, sondern reproduziere blindlings in Tausenden von Exemplaren ihre Arten und Gattungen toten und lebendigen Seins. Wegen der Zufälligkeit der einzelnen Naturschönheiten, der stereotypen Produktionsweise und der Gleichgültigkeit gegenüber dem Schönen und Nichtschönen sei das Naturschöne prinzipiell dem Kunstschönen unterlegen, und wenn es wahrgenommen werde, verdanke es seine Schönheit nicht der Natur, sondern dem betrachtenden Geist. Die eingehendste Erörterung des Naturschönen unter idealistischen Prämissen findet sich in der Ästhetik von F. Th. Vischer. In der gleichen Epoche wurde die Natur im ganzen wie im einzelnen jedoch auch als Kunstwerk Gottes aufgefaßt (Weiße, Krause), so daß sie als das absolute Vorbild jeder menschlichen Kunsttätigkeit gelten konnte. Jedes noch so geringfügige Naturwesen stelle eine dem Menschen nur unvollkommen zu entschlüsselnde Realisierung einer göttlichen Idee dar. Es verkörpere eine geheimnisvolle Symbolik, die durch eine theologische ↑ Hermeneutik ausgelegt sein wolle.

Vischer lehnte später die N. ab, weil sie nur ein Anwendungsfall der ästhetischen Anschauung sei. Mit seiner Selbstkritik stellt er den Übergang zur psychologischen N. dar, die das Naturschöne ganz auf die Gesetze der subjektiven Erfahrung zurückführt. Da sich Schönheit aufgrund der freien Phantasieanschauung des Subjekts konstituiere, gebe es keinen prinzipiellen Unterschied zwischen Kunst- und Naturschönheit. Bei beiden ist die Realitätserfahrung ausgeklammert, beide erfordern eine freischöpferische Tätigkeit in der Auffassung des Gegebenen. Die Kunstschönheit erleichtert allerdings die ästhetische Wahrnehmung, weil der Künstler die störenden Elemente, von denen der Naturbetrachtende absehen muß, beseitigt hat. Der Unterschied zwischen Natur- und Kunstschönheit wurde allein auf die Gehalte zurückgeführt, die der Betrachtende der Natur zuschreibt: Ursprünglichkeit und Unverfälschtheit, verschwenderischer Formenreichtum, festgefügte Gesetzmäßigkeit und Wahrheit der Erscheinungen. Die assoziierten Begriffe oder Ideale sind der menschlichen Lebenserfahrung oder der Naturwissenschaft entlehnt und unterliegen dadurch veränderlichen sozialen und wissenschaftsgeschichtlichen Bedingungen. Das tritt noch viel stärker in Erscheinung, wenn das Naturschöne als Korrektiv oder Entlastung gegenüber den Zwängen des Berufslebens oder der Künstlichkeit, Unechtheit, Verlogenheit der sozialen Verhältnisse gesucht und empfunden wird.

Die N. untersucht wie die allgemeine Ästhetik nicht nur die ↑ Schönheit, sondern auch andere ästhetische Werte. Die ↑ Erhabenheit (des Gebirges, des gestirnten Himmels) scheint primär eine Kategorie der N. zu sein, ebenso die ↑ Anmut (z. B. der Bewegung einer Katze), andere, wie das ↑ Tragische, scheinen primär der Kunstästhetik anzugehören, das ↑ Komische (Affen), ↑ Häßliche (Kröten), Ekelhafte (Kadaver) findet sich in beiden Bereichen. Analog zum System der Künste läßt sich auch eine Systematik des Naturschönen entwerfen. Sie kann sich auf die Einteilung in anorganische und organische Natur mit den beiden Bereichen der pflanzlichen und der tierischen Natur stützen, wobei die Schönheiten dieser Bereiche jeweils in Abhängigkeit von ihren Grundgesetzen zu bestimmen sind. Sie kann sich aber auch auf die anschaulichen Grundelemente Wasser (Meer, Fluß), Erde (Gebirge, Ebene), Feuer (Sonne, Blitz) und Luft (Wolken, Äther) stützen und die von ihnen bedingten Schönheitsformen bestimmen. Solche Systematisierungen sind nicht bloße Spielereien des logischen Ordnungsbedürfnisses, sondern dienen der Erweiterung und Differenzierung der ästhetischen Erfahrung der Natur. Vischer, Carrière und andere haben noch das geschichtlich Schöne hinzugefügt – die ästhetischen Aspekte von historischen Ereignissen wie den großen Völkerwanderungen, Eroberungen, Schlachten, aber auch die Mannigfaltigkeit der menschlichen Rassen, ihrer Sitten und Gebräuche. Der ästhetische Ausstellungswert, den eine Gesellschaft vergangenen oder gegenwärtigen geschichtlichen Ereignissen beimißt, ist ablesbar am Stil ihrer Präsentation in Völkerkundemuseen, Fotobänden, Folkloreveranstaltungen, Fernsehberichten usw.

Die Systematisierungen des Naturschönen lassen allerdings nicht erkennen, daß einige Arten von Naturschönem den anderen in der Neuzeit deutlich bevorzugt worden sind: einige Blumenarten, Tierarten, die menschliche Gestalt nach Altersstufen und Geschlecht („Anmut der

Frau", „Würde des Mannes"), vor allem aber die ↑ Landschaft. Früher wurde sie im wesentlichen als ein optisches Phänomen aufgefaßt, das durch distanzierende Einstellung gegenüber den realen (wirtschaftlichen, militärischen) Funktionen ästhetisch konstituiert wurde. Der Bauer hinter dem Pflug, der Senn auf der Alm, der Netzflicker am Strand konnten so nach Maßgabe des ↑ Malerischen als Lokalkolorit ästhetisch vereinnahmt werden, gestützt auf die Theorie, daß die Eingeborenen einer Landschaft ihre alltägliche Umgebung und Arbeitswelt nicht zu einem ästhetischen Schauspiel verfremden können. Vielfach haben in der Tat erst die Fremden den ästhetischen Wert von Landschaften entdeckt. Der im Wechsel der Tages- und Jahreszeiten, der sozialen und wirtschaftlichen Veränderungen flüchtige Reiz von Landschaften wurde in Malerei und Dichtung festgehalten, was zu der These geführt hat, daß die Naturschönheit erst durch die Kunst geschaffen werde. Dabei werden aber die Kunstkenntnisse der Touristen überschätzt und sowohl die Unterschiede der Landschaftsauffassung der verschiedenen Maler als auch die Unterschiede zwischen gemalter und selbsterlebter Landschaft verkannt. Heute verläuft die schönheitsermöglichende Distanz mitten durch die Erfahrung der Umwelt, da das Bewußtsein von der globalen Gefährdung der Natur die Abhängigkeit des Menschen und aller Lebewesen von und die Verwobenheit mit ihr tiefer erleben läßt – nicht als herrlich wie am ersten Tag, sondern wie vielleicht am letzten. Die moralischen Implikationen der

Naturschönheit, die Kant bereits hervorgehoben hat, werden heute von der ↑ ökologischen Ästhetik als Verantwortlichkeit für die Aufrechterhaltung bzw. Wiederherstellung eines harmonischen Verhältnisses zwischen Natur und Gesellschaft aufgefaßt.

Lit.: F. Th. Vischer: Ästhetik oder Wissenschaft des Schönen, 2. Bd. G. Lukács: Die Eigenart des Ästhetischen, Kap. 15. Th. W. Adorno: Ästhetische Theorie. H. Böhme: Für eine ökologische Naturästhetik, Frankfurt/M. 1989. M. Seel: Eine Ästhetik der Natur, Frankfurt/M. 1990.   *W. H.*

Neue, das ↑ Wert, ästhetischer und künstlerischer

New Criticism. Der Begriff, von J. Springarn 1910 zum erstenmal verwendet, wird durch J. C. Ransoms 1941 erschienenes Buch *The New Criticism* zum Sammelbegriff für eine literaturkritische Bewegung in den USA. Sie entwickelte sich seit den 20er Jahren in Opposition zur herrschenden positivistisch-soziologischen Literaturwissenschaft. Der N. C. sieht im literarischen Kunstwerk ein von äußeren Einflüssen und sogar der Autorintention abgelöstes autonomes Gebilde, das nur in seiner Eigengesetzlichkeit begriffen werden kann. Er entwickelt aus jeweils verschiedenen Ansatzpunkten eine streng werkimmanente Interpretationslehre *(close textual reading)*, die eine genaue, möglichst objektive und umfassende Analyse aller sprachlichen Elemente des literarischen Kunstwerks anstrebt. Über die Untersuchung des Einzelwerks hinaus

geht es dem N. C. um die Bestimmung der Differenzqualität der dichterischen Sprache, die eine komplexere Erkenntnis *(knowledge)* als Alltags- und Wissenschaftssprache vermittelt. Über die denotative Dimension der Sprache *(structure)* hinaus gewinnt die konnotative Dimension *(texture)* in der Dichtung besondere Bedeutung; beide treten in eine bewußt organisierte Spannung *(tension)* zueinander. Brooks versteht Dichtung als dramatische Struktur, die vor allem durch die Stilmittel Ironie und Paradox die konträren Kräfte zur Einheit bindet. Alle Figuren des uneigentlichen Sprechens wie ↑ Metapher, Metonymie, ↑ Symbol usw. sind für den künstlerischen Text besonders aufschlußreich. – Zu den wichtigsten Vertretern gehören J. C. Ransom, C. Brooks, W. Empson, A. Tate, R. P. Blackmur, R. P. Warren, die sich wiederum auf Anregungen der Dichterkritiker T. S. Eliot, W. B. Yeats, E. Pound u. a. stützen.

Lit.: U. Halfmann: Der amerikanische New Criticism, Frankfurt/M. 1971. R. Weimann: New Criticism und die Entwicklung der bürgerlichen Literaturwissenschaft, München 1974. R. Lüthe: New Criticism und die idealistische Kunstphilosophie, Bonn 1975.   *G. H.*

Norm (lat. Regel, Maßstab, Vorschrift). Der Begriff N. wird in der Ästhetik und Kunsttheorie hauptsächlich in einem werttheoretisch-deskriptiven und in einem präskriptiven Sinn verwendet. Im deskriptiven Sinn bezeichnet N. einen Maßstab oder ein Ideal, an dem sich das Kunstschaffen orientiert, an dem ein bestimmtes Kunstwerk teilhat und nach

dem in Geschmacksurteilen der ästhetische oder künstlerische ↑Wert
eines Gegenstandes oder Werkes bestimmt wird. Die Untersuchung von
n.geleitetem Kunstschaffen oder
Kunstbeurteilen ist rein theoretisch
ausgerichtet und stellt selber keine
N.en auf, noch favorisiert oder legitimiert sie die N.en, deren Wesen, Gehalt und Geltungsgründe sie zu bestimmen sucht. Sie unterscheidet
zwischen allgemein geltenden N.en
und individuell sich manifestierenden
„Werten", zwischen N.en mit absolutem Geltungsanspruch und tech-
nisch-hypothetischen N.en, deren
Geltung von bestimmten Zwecken
abhängt. N.en sind in einem bestimmten ↑Kunstwollen oder ↑Stil
fundiert, manifestieren sich in den
einzelnen Werken und den korre-
spondierenden Werturteilen und
können, müssen aber nicht explizit
formuliert sein. Die Formulierung
und Rechtfertigung der N.en ist Aufgabe einer „normativen Ästhetik",
die als solche noch nicht normativ im
präskriptiven Sinn zu sein braucht.
Normative Ästhetiken im nicht-prä-
skriptiven Sinn sind z.B. die idealistischen Ästhetiken von Solger, Schelling, Hegel, Vischer und anderen. Sie
stellen N.en bzw. Kunstgesetze auf,
die beanspruchen, für den Kunst-
oder Schönheitsanspruch eines jeden
Werkes konstitutiv zu sein; werden
diese N.en verletzt, verkannt oder
abgelehnt, erlischt der Kunstanspruch, ohne daß daraus die Be-
kämpfung einer von den N.en abweichenden Kunstpraxis oder Geschmacksbildung folgen müßte.

Im präskriptiven Sinn dagegen bezeichnet N. eine Vorschrift, die vom
Künstler oder Kunstkritiker zu be-
folgen ist. Polyklets Kanon war eine
solche Norm, die für das bildnerische
Schaffen der Antike verbindlich war,
während Platons strenge N.en gegenüber dem Inhalt und der Form der
musischen Künste schon bei Aristoteles Gegenstand der Kritik wurden.
Wenn Aristoteles in seiner *Poetik* die
Regeln aufstellte, nach denen eine
Dichtung Vollkommenheit erreicht,
dann sind dies N.en im rein theoretischen bzw. hypothetischen Sinn,
doch können sie auch im präskriptiven Sinn verwendet werden. Dichter,
Kunstkritiker, Ästhetiker, Politiker,
die N.en im präskriptiven Sinne aufstellen, suchen einen Kunststil durchzusetzen und andere zu bekämpfen –
wie im Streit zwischen den Antiqui
und Moderni, Klassik und Romantik,
traditioneller Kunst und Avantgarde,
sozialistischem Realismus und Formalismus usw. Vor allem in solchen
Auseinandersetzungen wird das Problem akut, ob N.en eine absolute
oder nur eine historisch bedingte
Geltung beanspruchen können und
ob es überhaupt angemessen ist, individuelle Kunstwerke auf nivellieren-
de abstrakte N.en zu beziehen. Solange sich Menschen zu einer gemeinsamen, als wertvoll empfundenen und aufrechterhaltenen Lebensform bekennen, in der ihre kulturelle
Identität begründet ist, wird sich
auch ihr Kunst- und Schönheitsgefühl in N.en zum Ausdruck bringen.

Lit.: J. Volkelt: System der Ästhetik, 1.
Bd., S. 291 ff., 3. Bd., S. 447 ff. J. Muka-
řovský: Kapitel aus der Ästhetik,
Frankfurt/M. 1970, S. 35 ff. E. Pracht
(Red.): Ästhetik heute, Berlin 1978, S.
323 ff.   *W. H.*

Objekt, ästhetisches ↑ Gegenstand, ästhetischer

Obszöne, das. Als obszön (lat. *caenum:* Schmutz, Kot) bezeichnet man die künstlerische Darstellung und ästhetische Wahrnehmung von sexuellen Praktiken, Perversionen und ihren Auswirkungen nicht zum Zweck sexueller Reizung (Pornographie), sondern zur Vergegenwärtigung eines psychologisch und anthropologisch wesentlichen Bereichs des menschlichen Lebens („erotischer Realismus", Kronhausen). Je mehr das Sexuelle vom moralischen oder religiösen Empfinden einer Gesellschaft tabuisiert wird, desto stärker wird seine Darstellung als Schock und Provokation empfunden und durch Zensur und Strafe verfolgt. Demgegenüber beansprucht die künstlerische Darstellung des Sexuellen eine aufklärerische, sozialkritische, sogar moralisierende Funktion (Aristophanes, de Sade, Grosz), feiert bis ins Orgiastische hinein die Macht des Sexuellen (priapische Literatur und Malerei) oder stellt es in seiner vernichtenden, rücksichtslosen Gewalt dar (Bataille). Die natürliche oder künstlich gesteigerte bzw. pervertierte Wirkung des Sexuellen wird künstlerisch oft durch ein Übermaß ornamentaler (Beardsley), satirischer, komischer, grotesker Darstellungsmittel aufgefangen oder in eine wuchernde Metaphorik übersetzt, um es in einen umfassenderen menschlichen Erfahrungshorizont einzubinden. Die ästhetische Wirkung des O. hängt von den bestehenden gesellschaftlich-geschichtlich bedingten Erfahrungsgrenzen und Sittlichkeits-

vorstellungen ab, die es nicht allzu weit überschreiten darf, so sehr es sich auch den Schock der Tabuverletzung zunutze macht. In geselligmäßigter Form modifiziert sich das O. zum Frivolen und Pikanten, in Verbindung mit Vergewaltigung, Schuld, Angst, Tod kann es dagegen tragische Dimensionen annehmen.

Lit.: A. Kaplan: Obscenity as an Esthetic Category, in: Law and Contemporary Problems 20, 1955, S. 544–S. 559. E. und Ph. Kronhausen: Pornographie und Gesetz, Stuttgart 1963. P. Gorsen: Das Prinzip Obszön, Reinbek 1969. P. Michelsen: The Aesthetics of Pornography, New York 1971. P. Gorsen: Sexualästhetik. Zur bürgerlichen Rezeption von Obszönität und Pornographie. Reinbek 1972. J. Huer: Art, Beauty, and Pornography, New York 1987.

W. H.

Offene Form ↑ Form, ↑ Mehrdeutigkeit

Ökologische Ästhetik. Die ö. Ä. ist eine Fortsetzung der klassischen ↑ Naturästhetik auf der Basis eines neuen Naturverständnisses. Natur wird nicht mehr, wie seit dem Beginn der Neuzeit vorherrschend, als das dem Menschen Gegenüberliegende betrachtet, sondern als der „anorganische Leib" (Marx), nicht mehr als der Gegenstand wissenschaftlich-technischer Beherrschung und ökonomischer Ausbeutung, sondern als der Lebensraum des Menschen. Das Anliegen der ö. Ä. ist die Kritik der bestehenden Naturzerstörung wie die Gestaltung einer an ökologischen Maßstäben orientierten, humanen Lebenswelt.

Die klassische Naturästhetik widmete sich der Beurteilung der Naturschönheit durch den gebildeten, zivilisierten *Stadtmenschen*, für den die Natur einerseits etwas Äußeres (außerhalb der Stadtmauern Liegendes) blieb, andererseits das utopische Gegenbild seiner entfremdeten gesellschaftlichen Existenz darstellte (Kant, Adorno). Die ö. Ä. und ihre Beurteilung der Natur dagegen beruht auf dem Menschen als *Naturwesen*. Sie verdankt ihre Aktualität nicht dem Leiden an der Gesellschaft, sondern dem Leiden an der Natur, deren Zerstörung auf den Menschen zurückschlägt. Die klassische Naturästhetik reduzierte die Sinnlichkeit des Menschen weitgehend auf ihre Erkenntnisfunktion, d.h. auf ihre Funktion, Daten für Urteile zu beschaffen. Für die ö. Ä. hingegen ist Sinnlichkeit im weiteren Sinn die Weise der „Befindlichkeit" des Menschen in seiner Umgebung. Ihre Hauptkategorie ist daher, zumal sich Naturzerstörung der unmittelbaren Wahrnehmung oft entzieht, nicht die Schönheit, sondern das „Wohlsein" des Menschen (Böhme).

Paradigma der ö. Ä. ist die Landschaftsgärtnerei. Der englische (im Gegensatz zum französischen) Garten stellt weder eine der Natur aufgezwängte Form dar, noch beruht er auf einem bloßen Gewährenlassen der natürlichen Gestaltungskräfte. Er ist statt dessen Kunst und Natur zugleich, die schöpferische Verwirklichung dessen, was der Natur gemäß und als Möglichkeit in ihr angelegt ist.

Theoretische Anknüpfungspunkte der ö. Ä. bilden alle Ansätze, die das neuzeitliche, subjektzentrierte Naturverständnis transzendieren. Dazu zählen Adornos Begriff der ↑Mimesis, der das andere in seiner Eigenart anerkennt, ohne über es verfügen zu wollen, Marcuses Begriff des Natursubjekts, der die Eigenständigkeit und Selbsttätigkeit der Natur hervorkehrt, oder Blochs Begriff der *Allianztechnik* als Gegenbegriff zu einer Technik, die die Natur beherrscht wie eine „Besatzungsarmee im Feindesland".

Gegenstand der ö. Ä. ist jedoch nicht nur die Natur selbst. Im Rahmen seiner auf den Kosmos natürlicher Kreisläufe gerichteten Sichtweise weitet Mayer-Tasch den Begriff der ö. Ä. auch auf die Kunst aus, d.h. auf jene Werke der Malerei (von Cézannes *Bahndurchbruch* bis zu den Bildern von B. Frahm, K. Vogelsang, H. Stuchlitz u.a.)) und der Literatur (von Ibsens *Menschenfeind* bis zu den Romanen von Horx, *Es geht voran*, und von Mander, *Wüstungen*, sowie Teilen der gegenwärtigen Naturlyrik), in denen die ökologische Krise behandelt oder eine Kritik des „neuzeitlichen" Wachstums-, Fortschritts- und Profitdenkens geleistet wird.

Lit.: P. C. Mayer-Tasch: Ein Netz für Ikarus. Über den Zusammenhang von Ökologie, Politik und Ästhetik, München 1987. G. Böhme: Für eine ökologische Naturästhetik, Frankfurt/M. 1989. M. Seel: Eine Ästhetik der Natur, Frankfurt/M. 1990.   *K. L.*

Ökonomieprinzip. Das Ö. erklärt ästhetische Wirkungen dadurch, daß die wahrgenommenen Natur- oder Kunstobjekte bei einem Minimum von Energieaufwand in Wahrnehmung und Verstehen ein Maximum von Lust hervorrufen. Kraftsparende Merkmale des Objekts sind vor allem Einheitlichkeit, ↑Symmetrie, ↑Proportion, ↑Rhythmus, die sinnliche Wahrnehmung, emotionale Reaktion und gedankliche Verarbeitung erleichtern. Avenarius und Mach sahen hierin eine allgemeine Gesetzmäßigkeit der menschlichen Einstellung zur Welt, die nicht spezifisch ist für ästhetische Objekte. Nichtsdestoweniger wird das Ö. seit Fechner (↑Elementarästhetik) vor allem in der biologisch-sensualistischen Ästhetik (Müller-Freienfels) und in verschiedenen Varianten der ↑psychologischen Ästhetik als ein grundlegendes Erklärungsprinzip aufgefaßt. In der ↑Informationsästhetik kehrt es unter dem Begriff der ästhetischen Information wieder, der das Verhältnis von Ordnungsrelationen zur Menge konstitutiver Elemente eines Objekts bezeichnet (Bense).

Lit.: R. Müller-Freienfels: Psychologie der Kunst, 2. Bd., Berlin 1912, S. 16 ff. M. Bense: Aesthetica. Einführung in die neue Ästhetik. F. Koppe: Grundbegriffe der Ästhetik, Frankfurt/M. 1983, S. 96 ff. *W. H.*

Ordnung ↑Form

Organische Einheit ↑Einheit in der Mannigfaltigkeit

Originalität bezeichnet die Einzigartigkeit und Neuheit eines Kunstwerks, seines Inhalts und seiner Form. Kraft seiner O. ragt ein Werk aus der Tradition der Kunstgeschichte heraus, stiftet (wie die Epen Homers, die Tragödien Sophokles', die Sinfonien Mozarts und Beethovens u. a.) neue Gattungen und setzt über Epochen hinweg Maßstäbe. In diesem Sinne ist etwa der *Faust* ein „inkommensurables" Werk (Goethe) oder Dantes *Göttliche Komödie*, die sich allen traditionellen Einordnungen und Bewertungen entzieht (Schelling).

Neben dieser emphatischen Bedeutung bezeichnet O. auch die Unverwechselbarkeit des Künstlers, seine ↑Kreativität und Fähigkeit, bisher Ungesagtes oder Ungesehenes auszudrücken, die ihn vom Epigonentum der bloßen Imitation ebenso unterscheiden wie vom Eklektizismus, der viele Einflüsse aufnimmt, ohne sie zu etwas Eigenem und Einheitlichem zu verschmelzen.

Nach der Anonymität des Künstlers im Mittelalter wird die Forderung nach O. erst in der Renaissance und vor allem seit der Aufklärung vorherrschend (vgl. Mortier). Mit dem ↑Warencharakter der Kunst wird die O. zugleich zum Markenzeichen des Künstlers. Allerdings droht nun die O. nach der entgegengesetzten Seite auszuarten, nämlich zur individuellen Manier und zum Effekt, die insbesondere im 20. Jh. auf Sensation und Wirkung berechnet sind. Der Zwang zur O. unterwirft die Stilrichtungen der modernen Kunst dem raschen Wechsel der ↑Mode.

Polemisch gegen das „Originalgenie" und das Aufspreizen seiner Subjektivität gerichtet, definiert dagegen schon Hegel die wahre O. als das vollständige Aufgehen des Künstlers in der Objektivität und dem Leben des Stoffs. Auch für Goethe sind originelle Werke nicht das Verdienst einzelner – ihnen wird nur die Energie und Ausdauer der Aneignung, Verarbeitung und Verdichtung zugesprochen –, sondern das Resultat, das aus dem Zusammenwirken ganzer Epochen entsteht.

Lit.: I. Kant: Kritik der Urteilskraft, § 46. J. P. Eckermann: Gespräche mit Goethe, 12. 5. 1825 und 17. 2. 1832. F. W. J. Schelling: Über Dante in philosophischer Beziehung, in: Werke, 5. Bd., S. 152 ff. G. W. F. Hegel: Vorlesungen über die Ästhetik, in: Werke, Bd. 13, S. 380 ff. R. Mortier: L'orginalité, un nouvelle catégorie esthétique au siècle des lumières, Genf 1982.   *K. L.*

Ornament (lat. *ornare:* schmücken) heißt Verzierung, Schmuck oder Dekor. Es tritt in der Literatur (rhetorische Figuren, Tropen) ebenso auf wie in der Musik (Triller etc.). Seine typische Ausprägung aber findet sich im Kunsthandwerk, in der Verzierung von Geschirr, Stoffen, Waffen etc., in den bildenden Künsten und in der Verzierung von Bauwerken (Fassaden, Stuckdecken etc.). Das O. entspringt dem Bedürfnis, die Dinge des täglichen Gebrauchs nicht nur zweckvoll, sondern auch schön zu gestalten und ihnen damit den Stempel des Menschlichen aufzudrücken. Mit seinen frühesten Ausbildungen im Jungpaläolithikum gehört es zu den ersten Formen ästhetischer Gestaltens. Ursprünglich bestand es aus geometrischen Formen (Linie, Kreis, Spirale, Mäander etc.), die aneinandergereiht oder symmetrisch aufeinander bezogen wurden. Später, in der ägyptischen und griechischen Kultur,

wurden vegetabile Formen bestimmend (Lotos, Palmette, Akanthus). Aus dem nördlichen Europa schließlich ist das Tier- oder Menschen-O. überliefert.

Die verwendeten Motive werden den Erfordernissen des O. entsprechend umgeformt. Kennzeichnend ist vor allem ihre Abstraktheit; die lebendige Vielfalt der Motive wird auf abstrakte Schemata reduziert bzw. zu prägnanten Formen stilisiert. Kennzeichnend ist weiterhin die „Weltlosigkeit" des O. (Lukács): Die Motive werden aus ihrer natürlichen Umwelt isoliert und nach geometrischen Gesichtspunkten miteinander verbunden. Charakteristisch ist auch die dienende Rolle des O.: Als Schmuck und Verzierung ist es stets an einen Träger gebunden, dem es eingemeißelt (Architektur), als plastische Form aufgelegt (Beschläge), aufgemalt oder aufgedruckt (Keramik, Buchdruck), eingestickt (Textilien), eingeschnitzt oder -gelegt (Möbel, Intarsien) ist. Einerseits ordnet sich das O. so der Struktur oder der Funktion seines Trägers unter, andererseits akzentuiert es dessen ästhetische Wirkung, indem es Flächen gliedert und belebt oder praktische Zwecke verdeutlicht.

Unter dem Einfluß des O. entwickelte sich im 20. Jh. insbesondere der Jugendstil, aber auch die Plakatkunst und verschiedene Richtungen der Avantgarde (vgl. Hofmann). Revue- und Sportdarbietungen, in denen der individuelle Teilnehmer in der Anonymität des Ganzen untergeht, haben Kracauer veranlaßt, vom „O. der Masse" zu sprechen, in dem er den ästhetischen Reflex der kapitalistischverkürzten Rationalität wiedererkennt. Bestimmt wurde die ästhetische Diskussion des O. vor allem durch die Auseinandersetzung um den Funktionalismus und seine Parole „O. ist Verbrechen" (Loos). Bloch wirft dem Purismus der funktionalen Gestaltungsweise „Utopiefeindschaft" vor. Adorno u. a. weisen darauf hin, daß mit dem Verzicht auf das O. der Verlust von Menschlichkeit einhergeht. Der nur materialgerechte, kahle, unverzierte Bau, das auf seine konstruktiven Elemente reduzierte Möbelstück etc. stehen dem Heimisch-Werden des Menschen in seiner Welt entgegen (Raulet).

Lit.: A. Riegl: Stilfragen. Grundlegung zu einer Geschichte der Ornamentik, Berlin 1893. E. Bloch: Der Geist der Utopie (1923), Frankfurt/M. 1985, S. 20f. S. Kracauer: Das Ornament der Masse (1927), in: Schriften, Bd. 5,2, Frankfurt/M. 1990, S. 57ff. G. Lukács: Die Eigenart des Ästhetischen, Kap. 4/III. H. Th. Bossert: Ornamente der Völker, 3 Bd.e, Tübingen 1955/59. K. Hofmann: Neue Ornamentik. Die ornamentale Kunst im 20. Jh., Köln 1970. H. H. Holz: Vom Kunstwerk zur Ware, Neuwied-Berlin 1972, Kap. 8. M. Müller: Die Verdrängung des Ornaments. Zum Verhältnis von Architektur und Lebenspraxis, Frankfurt/M. 1977. G. Raulet: Natur und Ornament. Zur Erzeugung von Heimat, Darmstadt u. a. 1987. F. L. Kroll: Das Ornament in der Kunsttheorie des 19. Jh., Hildesheim u. a. 1987.   *K. L.*

Parteilichkeit ↑ Tendenz

Pathetische, das. Das P. ist der ästhetische Ausdruck des *Pathos* (griech. Leiden, Leidenschaft), das

den Menschen bewegt, seinen Handlungen zugrunde liegt und auf die Empfindung und das Pathos anderer Menschen einwirkt. Die erschütternde oder begeisternde Wirkung des P. kann von der Musik (Beethovens oder Tschaikowskys *Pathétique*) ebenso ausgehen wie von monumentalen, imposanten Werken der Architektur und der bildenden Kunst. Im eigentlichen Sinne aber ist es in der Literatur (Rhetorik, Oden-Dichtung, Tragödie) beheimatet.

Aristoteles setzt das *Pathos* dem *Ethos* entgegen, die momentane Leidenschaft dem bleibenden Charakter und den Gewohnheiten des Menschen. Die *Poetik* nennt das Pathos, die Darstellung des Leidens, neben *Peripetie* und Entdeckung als den dritten Bestandteil des ↑ *Mythos*, d. h. der Tragödien-Handlung, die auf die Evozierung von Furcht und Mitleid ausgerichtet ist. Von der Rede erwartet Aristoteles außer sachlicher Richtigkeit und situativer Angemessenheit auch, daß sie pathetisch sei, d. h. auf die Leidenschaften wirke und den Zuhörer bewege. – In seiner Zwischenstellung zwischen Ästhetik und Ethik nimmt der Begriff des P. eine zentrale Stelle in Schillers Theorie des Erhabenen und Tragischen ein. Nicht die starken Affekte des Schmerzes, der Furcht etc. sind für ihn pathetisch, sondern deren Überwindung. Indem es sowohl das Leiden und die Leidenschaft als auch den Sieg der Vernunft und der Pflicht über sie darstellt, erfüllt das P. die „beiden Fundamentalgesetze" aller tragischen Kunst. – Fern allen Sollens und aller Intention auf eine ästhetische Erziehung des Menschen faßt dagegen Hegel das Pathos als das „hauptsächlich Wirksame" und den „eigentlichen Mittelpunkt" der Kunst auf; in ihm gehen die allgemeinen, bewegenden Kräfte (das „Göttliche") mit den individuellen Zwecken und Absichten der handelnden Menschen eine dialektische Synthese ein.

Der pathetische Mensch auf der Bühne ist in dreifacher Hinsicht erhaben: durch seine räumliche Stellung vor einem Publikum, durch seine soziale Stellung im Dramen-Geschehen (Corneilles Barocktragödien, Schillers Geschichtsdramen) und dadurch, daß er seiner Zeit voraus ist und im Namen einer zukünftigen Gesellschaft spricht (Revolutionsdrama). Er ist bewegt von dem, was sein soll, und seine Bewegung ist gegen das Bestehende gerichtet (Staiger). Sein Pathos, das ihn oft idealtypisch, als „Sprachrohr" einer Idee und damit psychologisch undifferenziert erscheinen läßt, drückt sich in seiner Sprache ebenso aus wie in seinem Gestus und Habitus. Selbst ganz von der Idee der Freiheit, der Gerechtigkeit, des Glaubens etc. oder von dem Gefühl der Freude oder des Schmerzes überwältigt, versucht er, sein Gegenüber mitzureißen und damit die ästhetische Distanz zu durchbrechen.

Das in der Überlegenheit einer vernünftigen Moral und dem Bewußtsein einer bürgerlich-menschheitlichen Mission gründende Pathos der Klassik (Schiller, Beethoven, Hölderlin) wurde von der romantischen ↑Ironie verdrängt. Im späteren 19. Jh. weicht die auf die Zukunft gerichtete, „Millionen umschlingende" Perspektive dem affirmativen „Pathos der Distanz" (Nietzsche,

George-Kreis), einer aristokratischen Abgrenzung gegenüber der verachteten Masse. Blieb für das P. während des auf Sachlichkeit und wissenschaftliche Positivität orientierten Realismus und Naturalismus kaum ein Platz, so erlebte es in der gefühlsbewegten, theatralischen „O Mensch"-Lyrik des Expressionismus eine zeitweilige Renaissance. Vollends diskreditiert wurde es durch das hohle Pathos der demagogischen Propaganda des Faschismus und Stalinismus. Einen neuen, auf die Utopie einer nicht-entfremdeten Gesellschaft gegründeten Aufschwung dagegen erlebt das P. im Zuge der neuen sozialen Bewegungen. In deren Verlauf allerdings schlug das Pathos des sozialen Fortschritts und der sozialen Gerechtigkeit um in das Pathos der Betroffenheit und der existentiellen Bedrohung der Menschheit durch die ungelösten globalen Probleme.

Lit.: Aristoteles: Poetik, Kap. 11. F. Schiller: Über das Pathetische. G. W. F. Hegel: Vorlesungen über die Ästhetik, in: Werke, Bd. 13, S. 301 ff. F. Nietzsche: Der Antichrist, Nr. 43. E. Staiger: Grundbegriffe der Poetik, Zürich ³1956, S. 144 ff. W. Keller: Das Pathetische in Schillers Jugendlyrik, Berlin 1964.

                                                      K. L.

Pathos ↑ Pathetische, das

Performance ↑ Aufführung

Persische Ästhetik. Die Ästhetik als eine eigenständige Disziplin ist in der persischen Geistesgeschichte nicht anzutreffen. Um die Stellung der Ästhetik und deren Verständnis in Persien adäquat zu erfassen, ist es nötig, sie im Kontext der allgemeinen persischen Geisteshaltung zu betrachten, denn es hieße die Essenz ästhetischer Weltanschauung der Perser verfehlen, würde man versuchen, sie mit den im 18. Jh. in Europa ausgebildeten ästhetischen Kategorien zu erfassen.

So, wie es bei den orientalischen Kulturen oft anzutreffen ist, bevorzugt auch die persische Geisteshaltung meist eine unmittelbare, erlebnismäßige Wirklichkeitsaneignung. Die abstrakt-erdachten Konstruktionsweisen der Wirklichkeit werden oft als Verdunklungen der Unmittelbarkeit des Menschen zur Welt angesehen und vermieden. So wendet sich z. B. Gazali (1059–1111), der große Philosoph, nach jahrelanger Beschäftigung mit Philosophie von dieser ab und widmet sich dem Versuch, der Wahrheit durch das Medium des Gefühls und innerer Erfahrung nahezukommen. Dschalaloddin Rumi (1207–1273), der Mystiker, verwirft in seinen Gedichten den rationalen Versuch der Dialektiker, das Göttliche und Absolute diskursiv zu erfassen. Daß persische Denker oft Kunst und Dichtung als zuständiges Mittel der Veranschaulichung ihrer Gedanken empfunden haben, entspringt der Einsicht, daß die erlebnismäßige Apperzeption der Wirklichkeit sich angemessen in einer künstlerischen Gestalt artikulieren läßt.

Zarathustra (630–553 v. Chr.) wählt zur Vermittlung seiner ethisch-religiösen Lehre eine dichterische Ausdrucksform, die sogenannten *Gathas* (Gesänge). Hafiz (ca. 1325–1390), der Philosoph und Lyriker, und Omar Chaijam (ca. 1045–1122),

der skeptische Denker, stimmen miteinander trotz ihrer weltanschaulichen Diversität in der dichterischen Mitteilungsart ihrer Gedanken überein.

Infolgedessen wird die Ästhetik nicht als abstrakte Reflexion über Schönheit und Kunst, sondern vielmehr im Sinne einer Denk- und Lebensweise begriffen. Sie wird damit zur Form des Nachdenkens über die Wirklichkeit und der Begegnungsweise des Menschen mit dem Kosmos. Der Phänomenbereich der Ästhetik beschränkt sich sodann nicht mehr allein auf Kunst, sondern umkreist das gesamte Leben.

Eine solche Kanonisierung des Erlebens als eines konstitutiven Merkmals künstlerischer Wahrnehmung sowie die Universalisierung des Ästhetischen in der persischen Geisteshaltung wäre in etwa mit den Positionen von Hölderlin, Schiller, Nietzsche und insbesondere Dilthey vergleichbar, der das Erleben dem Vorgang des Verstehens zugrunde legt.

Von diesem uneingeschränkten Verständnis des Ästhetischen zeugt die Tatsache, daß die ästhetischen und ethischen Wertprädikate bei persischen Denkern oft nicht konsequent auseinandergehalten werden. Ferdausi (ca. 940–1020 oder 1026) z. B., der Nationalepiker Persiens, verwendet für das Prädikat „schlecht" die ästhetische Kategorie „häßlich". Rumi bedient sich zur Qualifikation der höchsten Wahrheit und ihrer Erscheinungen der ästhetischen Kategorie „schön". Als wichtigste Kriterien des spezifisch künstlerischen Schaffens können Harmonie, Gleichgewicht und Betonung der

Form genannt werden, welche u. a.
den Denkmälern und Felsengräbern
Alt-Persiens (wie Persepolis und
Nahschi-Rustam) sowie den erhalte-
nen Bildwerken und Reliefs zu ent-
nehmen sind, welche durch ihre Erhabenheit und Monumentalität sowie
ihre Würde und Feierlichkeit wirken.
Anders als die bildende Kunst beruht
die traditionelle Musik der Perser auf
dem Prinzip der Innerlichkeit und einer aller Weltlichkeit enthobenen
Spiritualität, das sich bis heute aufrechterhalten hat.   Das moderne
Kunst- und Schönheitsverständnis im
Iran ist durch spannungshafte Oszil-
lation zwischen persischer Kunsttra-
dition und europäischen Kunstauffassungen gekennzeichnet.

Lit.: E. Herzfeld: Iran in the Ancient
East, London-New York 1941. F. Sar-
re: Die Kunst des alten Persiens, Berlin
1922. O. G. Wesendonk: Das Weltbild
der Iraner, München 1933.   *M. G.*

Phänomenologische Ästhetik. Die
ph. Ä. ist unter dem Einfluß von
Husserl Anfang des 20. Jh. entstanden und hat sich je nach Auffassung
der Phänomenologie zu einer Vielzahl von Interessenrichtungen und
Spielarten – hauptsächlich in
Deutschland, Frankreich und Italien
– entwickelt. Grundlegend ist die
Methode der phänomenologischen
Reduktion, die einen beliebigen Un-
tersuchungsgegenstand von allen traditionellen und lebenspraktischen
Nebenbedeutungen oder Vorurteilen
befreien will, um dasjenige freizule-
gen und zu analysieren, was das Wesen einer Sache in Beziehung auf die
diesem Wesen entsprechenden Be-
wußtseinsakte (Wahrnehmung, Ge-

fühl, Denken, Wollen etc.) ist. Diese
„Intentionalität", d. h. die Korrelation von Akt und Gegenstand, ist das
eigentliche Untersuchungsfeld der
Phänomenologie. Husserls Ruf „zu
den Sachen selbst" führte zu einer
Abwendung von jedem relativisti-
schen Psychologismus zugunsten einer strikt objektzugewandten Forschung. W. Conrad entwickelte
1908/09 eine umfassende Theorie
vom „ästhetischen Gegenstand", der
als Objekt des ästhetischen Genusses
von den realen Bedingungen, unter
denen er erscheint, zu unterscheiden
ist. Geiger untersuchte 1913 die bei
Conrad zu kurz gekommenen Wesensmerkmale des ästhetischen Genusses. Die Unterscheidung zwischen Oberflächen- und Tiefenwir-
kung der Kunst führte er in einem
Aufsatz 1927 weiter aus (*Die Bedeutung der Kunst*, München 1976). R.
Ingarden entwickelte zunächst für
die Literatur (*Das literarische Kunstwerk*, Halle 1931), dann auch für andere Kunstgattungen (*Untersuchungen zur Ontologie der Kunst*, Tübingen 1962) eine Ontologie, nach der
sich das Kunstwerk aus mehreren
Schichten aufbaut (↑Schichtenlehre),
stellte dem einzelnen Artefakt die
Mannigfaltigkeit seiner „Konkretisationen" durch die Rezipienten gegenüber und führte eine prinzipielle Unterscheidung zwischen ästhetischem
und künstlerischem ↑Wert durch
(*Erlebnis, Kunstwerk und Wert*, Tübingen 1969). M. Heidegger führte
die Phänomenologie auf eine ↑Her-
meneutik des Seins des Seienden zurück. In dem Aufsatz *Der Ursprung
des Kunstwerkes* (1936) legte er das
Wesen des Kunstwerks als „Streit

zwischen Erde und Welt" aus. W. Biemel geht in seinen Interpretationen moderner Kunst von der Lebensweltproblematik des späten Husserl aus (*Philosophische Analysen der Kunst der Gegenwart*, Den Haag 1968). In Frankreich knüpfte der junge Sartre in seinen phänomenologischen Analysen der Einbildungskraft an Husserl an, während M. Dufrenne Anregungen Schelers zu einer differenzierten Philosophie der ästhetischen Erfahrung ausarbeitete (*Phénoménologie de l'expérience esthétique*, 2 Bd.e, Paris 1953), sich später aber einer naturphilosophischen Fundierung der Kunst zuwandte. In Italien versuchte A. Banfi eine Vermittlung zwischen Husserl und der Transzendentalphilosophie herzustellen, die ihm eine uneingeschränkte, durch keinerlei Vorurteile reduzierte Anerkennung der Komplexität und des Reichtums der ästhetischen Erfahrung gewährleisten sollte (*Vita dell' arte*, Milano 1947). D. Formaggio nahm Motive der ↑ allgemeinen Kunstwissenschaft auf, indem er sich vor allem der Frage der künstlerischen Erfahrung und der künstlerischen Techniken zuwandte (*L'idea di artisticità*, Milano 1962). Auswirkungen der Phänomenologie zeigen auch die ↑ strukturalistische und die ↑ Rezeptionsästhetik.

Lit.: W. Ziegenfuß: Die phänomenologische Ästhetik, Leipzig 1928. G. Scaramuzza: Le origine dell'estetica fenomenologica, Padova 1976. Z. Konstantinović: Phänomenologie und Literaturwissenschaft, München 1973. S. Zecchi: La fenomenologia dopo Husserl nella cultura contemporanea, Firenze 1978. N. Krenzlin: Das Werk 'rein für sich'. Zur Geschichte des Verhältnisses von Phänomenologie, Ästhetik und Literaturwissenschaft, Berlin 1979. *W. H.*

Phantasie (griech. *phantasia*, lat. *imaginatio*, von Paracelsus mit *Einbildungskraft* ins Deutsche übersetzt) ist das Vermögen, sich Dinge vorzustellen, die real nicht vorhanden sind. In der Ph. können reale Phänomene vergrößert oder verkleinert, Vorgänge, die nur bruchstückhaft gewußt werden, ergänzt und vervollständigt oder verschiedene Elemente zu neuen, imaginären Wirklichkeiten kombiniert werden. Erstens stellt die Ph. eine (intuitive) Synthese aus sinnlichen Bildern und abstrakten Begriffen dar, zweitens verbindet sie reproduktive Gedächtnis- und Erinnerungsleistungen mit produktiven Um- und Neuschöpfungen, drittens vermittelt sie zwischen in der Vergangenheit gewonnenen Erfahrungen bzw. Erkenntnissen und gegenwärtigen (wie zukünftigen) Transferleistungen.

Im allgemeinen ist Ph. überall dort anzutreffen, wo unter ungewohnten Voraussetzungen neue Probleme bewältigt werden müssen, im Alltag wie in der Politik, in der Wissenschaft wie in der Technik. Im speziellen ästhetischen Sinn bezeichnet Ph. das „allgemeine Vermögen zur künstlerischen Produktion" (Hegel). Dazu gehört die Fähigkeit der Erfindung und Gestaltung lebendiger, plastischer Figuren, Handlungen und Situationen ebenso wie die Verwendung und Fortentwicklung des künstlerischen Materials. Zu unterscheiden ist insbesondere zwischen der wirklichkeits-überspringenden

Ph. des sog. Phantastischen, der abstrakten Utopie oder der Science-fiction und der „Ph. für die Wahrheit des Realen" (Goethe). Deren Anliegen ist nicht die Erschaffung neuer Realitäten, sondern die Erfindung von Bildern, Fabeln etc., die die gegebene Realität in ihren wesentlichen Zügen wahrer zum Ausdruck bringt, als dies in der bloßen Wiedergabe empirisch-vorhandener Bilder und Geschehnisse möglich wäre.

Die psychologische Ableitung der Ph. aus der Not bzw. aus der Kompensation einer nicht befriedigenden Wirklichkeit findet sich erstmals bei Tschernyschewski. Freud behandelt die Ph. zusammen mit dem Spiel (der kindlichen Form der Ph.) und dem Traum (der unterbewußten Form der Ph.) und führt sie auf die Existenz ehrgeiziger oder erotischer Wünsche zurück, die, nachdem sie der Zensur durch das Realitätsprinzip zum Opfer gefallen sind, in Form von Tagträumen befriedigt werden. Der Begriff der Ph. als bloßer Mangelerscheinung („der Glückliche phantasiert nicht") umfaßt aber nur einen Teilbereich und wird ihrer produktiven Funktion in allen Bereichen des Lebens bei weitem nicht gerecht. Mit der Reduktion der Ph. auf ihre regressive Form, die sich nur an der Vergangenheit orientiert und die Zukunft nach dem Muster infantiler Erfahrungen gestaltet, verliert sie auch ihre progressive Funktion als „objektive Ph." (Bloch), die auf die Antizipation des Möglichen und die Verwirklichung konkreter Utopien gerichtet ist.

Charakteristisch für die Gegenwart sind die verschwindenden Grenzen zwischen Fiktion und Realität. Anders als es die Studentenrevolte von 1968 auf ihre Fahnen geschrieben hatte, ist die Ph. an die Macht gekommen: in Gestalt der von den Medien produzierten imaginären Wirklichkeit. In dem Maße, in dem das Imaginäre die Stelle der Realität vertritt, wechselt die Ph. ihre Rolle und tritt nun umgekehrt in der Gestalt der „Geistesgegenwart" (Kamper) auf.

Lit.: I. Kant: Anthropologie I, § 26. F. Schiller: Über naive und sentimentalische Dichtung. J. P. Eckermann: Gespräche mit Goethe, 25. 12. 1825 und 27. 1. 1930. G. W. F. Hegel: Vorlesungen über die Ästhetik, in: Werke, Bd. 13, S. 363 ff. N. G. Tschernyschewski: Die ästhetischen Beziehungen der Kunst zur Wirklichkeit. S. Freud: Der Dichter und das Phantasieren, in: Studienausgabe, 10. Bd., Frankfurt/M. 1969, S. 171 ff. J. P. Sartre: Das Imaginäre. Phänomenologische Psychologie der Einbildungskraft, Reinbek 1971. E. Bloch: Prinzip Hoffnung, Kap. 15. E. Fischer: Lob der Phantasie. Späte Schriften zu Kultur und Kunst, Frankfurt/M. 1986. D. Kamper (Hg.): Macht und Ohnmacht der Phantasie, Darmstadt-Neuwied 1986. Ders.: Zur Geschichte der Einbildungskraft, Reinbek 1990.   *K. L.*

Phantastik ist eine Art der künstlerischen Wirklichkeitsdarstellung, in der Realität und Irrealität, Rationales und Irrationales in irritierender Weise miteinander verbunden sind. Die Grundlage der Ph. ist die Abbildung der nach dem jeweiligen Realitätsverständnis einer Epoche oder eines Kulturkreises vorgestellten Wirklichkeit, die in einer allmählichen Zersetzung oft bis zur völligen Verfremdung oder zum katastrophalen Zusammenbruch abgebaut wird. Die Ph. tritt überwiegend in geschichtlichen Perioden des sozialen und politischen Umbruchs und der Krise auf, z. B. im Manierismus, in der Romantik, im Surrealismus. Sie zeigt einerseits einen eskapistischen „reaktionären Zug" (Gustafsson), wenn Wirklichkeit als der Vernunft unzugänglich, unveränderbar dargestellt wird, andererseits einen progressiven Zug als wirklichkeitsverändernde Utopie, wenn Grenzen und Veränderbarkeit der Realitätsprinzipien und Sehweisen der herrschenden Gesellschaft hinterfragt werden. Die Ph. widersetzt sich meist der klassischen Auffassung vom Schönen und stellt ihr eine Ästhetik des ↑ Häßlichen entgegen. Sie berührt sich hierbei mit dem ↑ Manieristischen und dem ↑ Grotesken. Die spezifische Wirkung der Ph. beruht auf ihrer „subversiven Grundhaltung" (Krichbaum/Zondergeld): der unabweisbaren Irritation und Verstörung des Rezipienten, der nie sicher ist, ob es sich um einen Bruch in einer nur fiktiven, deshalb rational erklärbaren Wirklichkeit oder um einen „Riß in der Wirklichkeit" selbst (Caillois) handelt, der an die erkenntnistheoretischen Grundlagen einer Kulturgemeinschaft rührt. Sie tritt vor allem in den darstellenden Künsten auf, in der Malerei (Goyas *Der Koloß*), Literatur (Kubins *Die andere Seite*), Photographie (H. Lists *Lykabettos*) und insbesondere im Film (Kubricks *Clockwork Orange*), der raffinierte technische Mittel zur Unterminierung der gezeigten Realität einsetzen kann.

Lit.: R. Caillois: Au coeur du fantastique, Paris 1965. L. Gustafsson: Über das Phantastische in der Literatur. In: Ders.: Utopien, München 1970. J. Krichbaum/R. A. Zondergeld (Hg.): DuMonts kleines Lexikon der phantastischen Malerei, Köln 1977. T. Todorov: Einführung in die phantastische Literatur, München 1972. J. M. Fischer/ C. W. Thomsen (Hg.): Phantastik in Literatur und Kunst, Darmstadt 1980 (Lit.).   *G. B.*

Pittoreske, das ↑ Malerische, das

Plastik und Skulptur sind gleichermaßen körperliche, d. h. räumliche Darstellungen von Göttern und Menschen, Tieren, Pflanzen oder abstrakten Formen. Ihr Unterschied besteht im verwendeten Material und in der Art des Schaffensprozesses. Die P. wird aus weichem Material (Wachs, Ton, Gips) modelliert, indem der Künstler von innen nach außen fortschreitend Volumen ansetzt. Die Skulptur dagegen wird aus hartem Material (Holz, Elfenbein, Stein) herausgeschnitten, indem der Künstler von außen nach innen Volumen wegnimmt. Dieser Unterschied verliert an Bedeutung, sobald die P. in eine zuvor hergestellte Hohlform in Metall gegossen wird.

Im System der Künste zählt die P. zu den bildenden bzw. zu den Raumkünsten. Sie präsentiert ihren Gegenstand nicht im zeitlichen Nacheinander (wie Dichtung und Musik), sondern im räumlichen Nebeneinander. Trotzdem besitzt auch die Zeit für die P. eine doppelte Bedeutung. Zum einen in der Gestaltung des „fruchtbaren Augenblicks" (Lessing), aus dem der Verlauf der abgebildeten Situation rekonstruiert werden kann. Zum anderen in der Rezeption, die nicht auf das ruhige Betrachten reduziert werden kann, sondern auch den Rundgang und das allseitige Betrachten (Herder) oder das „Erleben" zu wechselnden Tageszeiten und unter wechselnder Beleuchtung (Goethe) mit einschließt.

Wie Winckelmann sieht auch Hegel in der griechischen P. den Höhepunkt und die Vollendung der Kunst überhaupt. Die P. wird zum Inbegriff des ↑ Klassischen, das ↑ Plastische zum Vorbild auch für die anderen Künste. Der geschichtlichen Entwicklung folgend, behandelt Hegel die P. als die Mitte zwischen der symbolischen Kunstform der Architektur, von der sie sich allmählich als eigenständige Form abschält, und der romantischen Kunstform der Malerei, in die sie (über die Zwischenstufen des Haut- und Basreliefs) hineinwächst. Auch nach ihrer Ablösung von der Architektur bleibt die P. in architektonische Räume (Kathedrale, Platz, Garten) eingebettet. Der Malerei steht die P. jedoch insofern nach, als sie die menschliche Individualität mehr in ihrem körperlichen Sein als in ihrem farbenreichen Seelenleben (Empfindung, Entzweiung, innere Konflikte) darstellt.

Geschichtlich läßt sich die P. bis zu den Idolbildern des Jungpaläolithikums zurückverfolgen. Während der ägyptischen Hochkultur entsteht das starre Tier- und Menschenbild, das noch in den Block eingebunden ist. Erst die griechische Kunst schafft die Freifigur *(Apoll v. Tenea, Speerträger)*, die im Kontrapost von Stand- und Spielbein den Ausgleich von Ruhe und Bewegung widerspiegelt.

Individuen, Menschengruppen, Mensch und Tier bilden den Hauptgegenstand der P. auch in der Renaissance *(Gattamelata, Colleoni)* oder im repräsentativen Standbild des 18. und 19. Jh. (Schlüters *Großer Kurfürst*, Rauchs *Friedrich d. Gr.*). Dagegen bringt die christliche Kunst des Mittelalters das Relief (Reliquienschreine, Chorgestühl, Kirchentüren etc.) zur Vollendung bzw. die – zwischen P. und Relief liegenden – Gewändeskulpturen (in *Chartre*, im *Straßburger Münster*) und Flügelaltäre (Riemenschneider, V. Stoß, A. Kraft). Die P. des 20. Jh. bildet neben realistischen (Rodin, Maillol, Barlach) und abstraktiven (Moore, Marini) Menschen-Darstellungen auch die konstruktive P. aus geometrischen Figuren (Smith) und die kinetische, sich bewegende (sogar sich selbst zerstörende) P. (Calder, Rickey, Tinguely) aus.

Lit.: G. E. Lessing: Laokoon oder Über die Grenzen der Malerei und Poesie. J. J. Winckelmann: Geschichte der Kunst des Altertums. J. G. Herder: Plastik. G. W. F. Hegel: Vorlesungen über die Ästhetik, in: Werke, Bd. 14, S. 351 ff. H. Read: The Art of Sculpture, London [2]1961. F. Baumgart: Geschichte der abendländischen Plastik, Köln [2]1966. W. Fuchs: Die Skulptur der Griechen, München [3]1983. G. Pischel: Große Weltgeschichte der Skulptur, Stuttgart u. a. 1983. A. v. Ulmann: Bildhauertechnik des Spätmittelalters und der Frührenaissance, Darmstadt 1984. W. Hautumm: Die griechische Skulptur, Köln 1987.   *K. L.*

Plastische, das. Im Begriff des P. ist

das Gestaltungsprinzip der Plastik zur ästhetischen Kategorie, ihre Vollendung z. Z. der griechischen Antike zum übergreifenden Vorbild und Wertmaßstab der Kunst geronnen. Kennzeichnend für die griechische Plastik ist die Unmittelbarkeit, in der die Wahrheit in der Schönheit, das Geistige im Natürlichen eine sinnliche Präsenz besitzen. Im Gegensatz zur monumentalen Erstarrung der archaischen, ägyptischen Plastik erscheint der Mensch hier in seiner ganzen Lebendigkeit, in der der Leib zum „Auge" der Seele, seine Erscheinung zum Symbol seines geistigen und sittlichen Seins und der Mensch überhaupt zur Vergegenwärtigung des Göttlichen geworden ist.

Die klassische deutsche Ästhetik (Winckelmann, Herder, Goethe) erblickte in der griechischen Plastik die vollendete Darstellung des Menschen und allgemein in der P. den Grundcharakter von antiker Kunst und Poesie. Sie erhob damit das P. zum Synonym des ↑ Klassischen, der Überwindung des Stoffes durch die Form, der Beseelung des Materiellen. A. W. Schlegel, Jean Paul u. a. setzten den plastischen Grundcharakter der klassischen dem malerischen Grundcharakter der modernen Kunst entgegen. Hegel verbindet den Verlust des P. in der modernen, romantischen Kunst überhaupt mit dem Niedergang der Kunst und dem Übergang des absoluten Geistes zu den höheren Stufen der Religion und der Philosophie. Aufgehoben dagegen ist das P. im Begriff des ↑ Besonderen, in dem – insbesondere in der realistischen Kunst Balzacs, Tolstois u. a. – die Vielschichtigkeit und lebendige Wi-

dersprüchlichkeit der Menschen in der ganzen Tiefe ihrer sozialen und historischen Konflikte transparent werden (Lukács).

Lit.: J. J. Winckelmann: Geschichte der Kunst des Altertums. J. G. Herder: Plastik. G. W. F. Hegel: Vorlesungen über die Ästhetik, in: Werke, Bd. 13, S. 228 f., und Bd. 14, S. 351 ff. A. W. Schlegel: Vorlesungen über dramatische Kunst und Literatur. B. Schweitzer: Das Menschenbild der griechischen Plastik, in: Ders.: Zur Kunst der Antike, Tübingen 1963, 2. Bd., S. 7 ff. G. Lukács: Tolstoi und die Probleme des Realismus, in: Ders.: Russische Revolution, russische Literatur, Neuwied–Berlin ²1973, S. 45 ff. *K. L.*

Poesie ↑ Dichtung

Poetik (griech. *poietike techne:* Kunstfertigkeit bzw. Wissenschaft des Machens) bezeichnet die Lehre von der Kunst des Dichtens. Sie erörtert vor allem die Gesetze der Gattungen, der zulässigen Inhalte, des formalen Aufbaus sowie der Sprachgestaltung (Rhythmus, Reim, Strophenbau, Metaphorik). Von ihren Anfängen in der Antike (Aristoteles, Horaz) bis zur Aufklärung des 18. Jh. stand dabei die Vermittlung von praktisch-handwerklichen Verfahren, Regeln und Maßstäben des „richtigen" Dichtens im Vordergrund, wofür die klassische Lyrik, Epik und Dramatik die verbindlichen Normen bot. Mit der Emanzipation der bürgerlichen Kultur beginnen sich Perspektiven der aufgeklärten Vernunft, der natürlichen Moral, des guten Geschmacks u. a. durchzusetzen, bis die Lehre vom Künstler als autonomem Originalgenie jede Regel-P. und somit die Idee der Lehrbarkeit der Dichtkunst endgültig überwindet.

In der Klassik und Romantik beginnt sich die philosophische Reflexion des Wesens von Dichtkunst in der durch Baumgarten, Kant, Schiller, Schelling, Hegel u. a. etablierten Ästhetik selbständig zu machen (↑ Literaturästhetik). Die P. bleibt demgegenüber ein notwendiger Teil der dichterischen Praxis und findet in den Gedanken, Programmen und Kontroversen von Autoren, Schulen oder Bewegungen (↑ Künstlerästhetik) ihren (wenngleich oft nur fragmentarischen) Ausdruck: Erinnert sei an die Diskussion zwischen Goethe und Schiller, an Jean Paul, an die dichtungstheoretischen Reflexionen der Romantiker, an die seit dem späten 19. Jh. zunehmenden Programme des Realismus, Naturalismus, Expressionismus, Surrealismus etc. oder an die Manifeste des Futurismus oder der „konkreten Poesie".

Die Literaturwissenschaft versucht, die P. von einzelnen Autoren oder Werken, von Epochen, Schulen oder Gattungen systematisch darzustellen. Diese Bemühungen zielen auf die Erklärung des dichterischen Schaffensprozesses bzw. der Künstlerpersönlichkeiten und orientieren sich sowohl an verschiedenen philosophischen Systemen (Phänomenologie, Existenzphilosophie, Marxismus u. a.) als auch an empirischen Wissenschaften (Soziologie, Psychologie, Linguistik). Dabei verlagerte sich das Interesse vom Dichter-Subjekt auf die möglichst exakte Analyse, Darstellung und schließlich auch Synthese der Formen und Strukturen poetischer Texte. An die Stelle der Poeto-

logie trat eine allgemeine Text-Theorie, deren Gegenstandsbereich bald erweitert wurde und inzwischen alles umfaßt, was als literarische Kommunikation gelten kann. Die P. wird zur Theorie literarischen Kommunikationshandelns, ob mit Rede und Schrift, ob mit multimedialen Objekten. Sie umfaßt daher heute vielfältige interdisziplinäre Arbeiten zur Erforschung der mannigfaltigen Verfahren literarischer und medialer Textproduktion und Kommunikation, gleichgültig, ob der Schwerpunkt auf den Produktionsverfahren der Autoren, auf den Strukturen der Produkte oder auf deren sozialer Nutzung und (Ver-)Wertung (Rezeption) liegt.

Lit.: W. Höllerer: Theorie der modernen Lyrik, Reinbek 1965. H. Friedrich: Die Struktur der modernen Lyrik, Reinbek ²1966. D. Kimpel/C. Wiedemann/H. Steinecke (Hg.): Theorie und Technik des Romans im 17., 18., 19. und 20. Jh., 4 Bd.e, Tübingen–München 1970/72. B. v. Wiese/P. Seibert/H. Kreuzer (Hg.): Deutsche Dramaturgie, 4 Bd.e, Tübingen–München 1956/74. A. Preminger (Hg.): Encyclopedia of Poetry and Poetics, London 1975. Chr. Küper: Linguistische Poetik, Stuttgart 1976. M. Pfister: Das Drama. Theorie und Analyse, München 1977. B. Allemann (Hg.): Ars Poetica. Texte von Dichtern des 20. Jh. zur Poetik, Darmstadt 1977. S. Marcus: Mathematische Poetik, Frankfurt/M. 1978. B. Hillebrand: Theorie des Romans, München 1980.   *W. K. K.*

Poetische, das. Im Begriff des P. sind – analog zu den Begriffen des ↑ Plastischen, Pittoresken oder ↑ Malerischen – die Ausdrucksmöglichkeiten und das Gestaltungsprinzip einer bestimmten Kunst, nämlich der Poesie, zu einer allgemeinen ästhetischen Kategorie und zum Vorbild für andere Künste erhoben. Das P. kann also nicht nur in der Poesie und ihrer Bildlichkeit (im Gegensatz zur Prosa) in Erscheinung treten, sondern auch in der Malerei (z. B. in der Genre-Malerei oder in der romantischen Landschaftsmalerei), im Film (z. B. des „poetischen Realismus") oder in bestimmten Musikstücken (z. B. in Schumanns *Kinderstücken*).

Allgemein wird poetisch dasjenige genannt, was uns „über die gewöhnliche Wirklichkeit in eine Welt der Phantasie" erhebt (A. W. Schlegel). Diese Erhebung oder Grenzüberschreitung kann die Form der elegischen Rückwendung in eine verlorene Vergangenheit oder die Form der (utopischen) Idylle annehmen. Vor allem aber tritt sie in der stimmungs- und gefühlvollen Überhöhung der Gegenwart auf, in der Verklärung des (einfachen) Lebens. In allen Fällen besteht eine große Affinität zum Traum, zur Sage oder zum Märchen (Novalis).

Wie sich der allgemeine Begriff des Plastischen nicht an der Plastik schlechthin, sondern an der *griechischen* Plastik orientiert, so das P. an einer bestimmten Auffassung der Poesie, nämlich der *romantischen*. Die romantische Poesie begreift sich nicht als Nachahmung oder Erkenntnis der Natur, sondern faßt die Natur oder Wirklichkeit selbst als durch die Phantasie hervorgebracht auf, als Projektion der inneren Natur oder als „Landschaft der Seele" (C. G. Carus). Traum- und Gefühlsseligkeit, Wirklichkeitsferne und abgehobene Harmonie rücken das P. nicht selten in die Nähe des ↑ Kitsches.

Lit.: A. W. Schlegel: Poesie, in: Ders.: Über Literatur, Kunst und Geist des Zeitalters, Stuttgart 1964, S. 95 – S. 105. Novalis: Fragmente und Studien, Stuttgart 1984.   *K. L.*

Politische Ästhetik. Der Begriff p. Ä. bezeichnet die (Selbst-)Darstellung der Politik mit den Mitteln der Ästhetik. Sie umfaßt alle Formen der sinnlichen (künstlerischen) Repräsentation des Staats: Fahne und Nationalhymne, Durchführung von (Militär-)Paraden und Ausrichtung nationaler Feste, architektonische Gestaltung des Regierungssitzes und wirkungsvolle Darstellung der Regierungsarbeit. Ihr Ziel ist es u. a., die Ehrfurcht der Bürger (bzw. den Respekt der Feinde) zu erwecken oder zu festigen. Die ästhetische Präsentation der politischen Parteien mit ihren Emblemen, ihrem Wahlkampfstil oder der Inszenierung ihrer Parteitage steht dagegen mehr im Dienst der Propagierung politischer Ziele, wobei sich die Mittel der Ästhetik mit den Mitteln der Reklametechnik verbinden. In jedem Fall arbeitet die p. Ä. mit den Mitteln der Suggestion und ist auf Massenwirkung bedacht, auf die emotionale Identifikation der Massen mit Staat oder Partei und auf die Bereitschaft, sie zu unterstützen.

In rudimentären Formen entsteht die p. Ä. mit der Entstehung des Staats überhaupt (Krone und Szepter als Insignien der Herrschaft etc.). Im großen Maßstab allerdings beginnt sie erst z. Z. der faschistischen Diktaturen während der 20er und 30er Jahre in Italien und Deutschland. Das Vorbild der altrömischen Aufmärsche und Triumphzüge wird ins Gigantische gesteigert und mit den Mitteln der Massenmedien (Wochenschau, „Volksempfänger" etc.) unterstützt. An die Stelle des überzeugenden politischen Arguments tritt die euphorisierende ästhetische Darbietung, durch die geistige und moralische Widerstände ausgeschaltet und die Individuen zum „Ornament der Masse" (Kracauer) formiert werden. Den Gipfel der Inhumanität findet die p. Ä. in der Apotheose des Krieges durch den Futurismus (Marinetti).

Auf die Ästhetisierung der Politik antworteten Benjamin und andere Theoretiker mit der Politisierung der Ästhetik. Zum einen sollte die nun so verstandene p. Ä. Begriffe entwickeln, die für den Faschismus „vollkommen unbrauchbar" seien. Zum anderen sollte sie einer künstlerischen Praxis den Weg bereiten, die (wie z. B. Brechts anti-aristotelische Dramatik) am Kampf gegen den Faschismus bzw. an der Überwindung der bestehenden Entfremdung orientiert war. In diesem Anliegen treffen sich so verschiedene Theoretiker wie Benjamin und Bloch, Marcuse, Lukács oder P. Weiss.

Lit.: W. Benjamin: Das Kunstwerk im Zeitalter seiner technischen Reproduzierbarkeit. F. J. Raddatz (Hg.): Marxismus und Literatur, Reinbek ³1974, insbesondere 2. Bd. H. Marcuse: Kunst und Revolution, in Ders.: Konterrevolution und Revolte, Frankfurt/M. 1973. F. Tomberg: Politische Ästhetik, Darmstadt–Neuwied 1973. P. Weiss: Die Ästhetik des Widerstands, Frankfurt/M. ²1983. P. Reichel: Der schöne Schein des Dritten Reiches. Faszination und Gewalt des Faschismus, München 1991.   *K. L.*

Pornographie ↑ Zensur

Postmoderne ist eher ein Sammelbegriff für diverse aktuelle Tendenzen der Kunst und der Kulturkritik als ein exakt definierter Epochenbegriff. Ihre inhaltliche Orientierung gewinnt die P. aus ihrem kritischen Verhältnis zur ↑ Moderne. Ist die Moderne durch den Glauben an einen stetigen (wissenschaftlichen, technischen, ökonomischen etc.) Fortschritt gekennzeichnet, so reflektiert die P. vor allem dessen Stagnation.

Auf die Sphäre der Kunst übertragen bedeutet das: Der gegenwärtige Stil- und Formenpluralismus hat die der Moderne zugehörigen Kategorien „avantgardistisch" und „traditionell" bzw. „epigonal" überholt (↑ Avantgarde). An die Stelle der kunstgeschichtlichen Entwicklung tritt das p. Zitat. Besonders augenfällig zeigt das die Architektur (Ch. Jencks, P. Portoghesi). Sie wendet sich von der Bautradition der klassischen Moderne (Bauhaus, „international style") ab, um statt dessen ein vielfältiges, aus allen möglichen Stilrichtungen kompiliertes Bauen zu realisieren.

Die p. „Re-Vision der Moderne" (Hassan, vgl. Welsch) beinhaltet eine fundamentale Kritik an den Prämissen der Moderne, insbesondere der Aufklärung. Lyotard und Baudrillard stellen die genuin moderne Auffassung, daß einzelne Kunstwerke auf theoretische Begriffe fixierbar sind, radikal in Frage. An die Stelle allgemeiner theoretischer Schemata sollte darum eine p. Ästhetik des ↑ Erhabenen und Intensiven treten.

Ihre produktive Seite hat die P. dort, wo sie sich von einem verkürzten Vernunftbegriff verabschiedet. In Obskurantismus dagegen verfällt sie, sobald sie glaubt, die Gehalte der Moderne durch Regression auf prämoderne Formen ersetzen zu können.

Lit.: J. F. Lyotard: Das postmoderne Wissen, Graz–Wien 1986. B. Schmidt: Postmoderne – Strategien des Vergessens, Darmstadt–Neuwied 1986. W. Welsch: Unsere postmoderne Moderne, Weinheim 1987. Ch. Jencks: Die Sprache der postmodernen Architektur, Stuttgart 1988. *Th. W.*

Poststrukturalismus ↑ Postmoderne

Primitive Kunst ↑ Ursprung der Kunst

Prodesse et delectare ↑ Gesellschaftliche Funktion der Kunst

Propaganda ↑ Tendenz

Proportion (lat. Ebenmaß, Verhältnis) ist ein anschaulich-wohlgefälliges Verhältnis von Teilen zu einem Ganzen in Natur, Handwerk, Technik und Kunst. Wie ↑ Symmetrie, ↑ Rhythmus, ↑ Harmonie ist sie ein formales Grundgesetz der Schönheit; die Unterschiede zwischen ihnen sind fließend. Von der Symmetrie, in der Antike vielfach synonym mit P., läßt sich die P. dadurch unterscheiden, daß sie nicht auf einem rationalen Verhältnis beruht, doch gibt es von Anfang an Versuche, die P. auf eine mathematische Formel zu bringen (↑ Goldener Schnitt). Von der Harmonie läßt sich die P. dadurch unterscheiden, daß sie sich nicht auf qualitative, sondern quantitative Ver-

hältnisse bezieht, vom Rhythmus dadurch, daß sie nicht einander zeitlich folgende, sondern räumlich simultan bestehende Elemente betrifft. In der Antike wurde die P. als universales Gesetz aufgefaßt, das das Kleinste wie das Größte beherrscht. In vielen P.slehren und Paradigmata versuchte man, normativ allgemeingültige Muster aufzustellen (Polyklets *Kanon*, Vitruvs Architekturlehre). In der Renaissance, in der Vitruvs Lehre wiederentdeckt wurde, galt P. als Grund der Schönheit überhaupt (Alberti, Dürer). Im Barock kaum mehr berücksichtigt, lebte die P.lehre im Klassizismus wieder auf (Carus, Schadow) und gilt seitdem als ein wesentliches Moment des Klassizismus. Im 20. Jh. gelangte die P.lehre im Bauhaus und bei Le Corbusier („Modulor") zu zentraler Bedeutung. Sie ermöglicht eine praktische Anwendung in Kunst und Technik bis hin zur standardisierten Massenproduktion von Gebäuden, Möbeln, Gebrauchsgegenständen. Die Wahrnehmung der P. als Schönheitsmaß ist auf einen allen Menschen gemeinsamen, untrüglichen Sinn zurückgeführt worden (Zeising), doch ist auch ein modifizierender, mitgestaltender Einfluß der herrschenden Kunststile anerkannt worden, so daß sich das P.gesetz innerhalb bestimmter Grenzen mit den Epochenstilen abwandelt (Panofsky). Die Erklärungen des Wohlgefallens an der P. gehen weit auseinander: Es beruhe auf dem biologisch-natürlichen Trieb nach Übersicht und Ausgewogenheit, auf der Erleichterung, mit Komplexität fertig zu werden, auf dem abstrakten Prinzip der Einheit in der Mannigfaltigkeit oder nur auf der Verinnerlichung von sozialen Normen (Lukács).

Lit.: A. Zeising: Ästhetische Forschungen, Frankfurt/M. 1855. E. Panofsky: Die Entwicklung der Proportionslehre als Abbild der Stilentwicklung (1921), in: Ders.: Aufsätze zu Fragen der Kunstwissenschaft, Berlin 1964, S. 169 ff. M. C. Ghyka: Esthétique des proportions dans la nature et dans les arts (1927), Paris 1987. R. Arnheim: Zur Psychologie der Kunst, Wien 1980, S. 102 ff. G. Lukács: Die Eigenart des Ästhetischen, Kap. 4/II.   *W. H.*

Prosa ↑ Literatur, ↑ Poetische, das

Provokation ↑ Gesellschaftliche Funktion der Kunst

Psychologische Ästhetik. Die p. Ä. versteht sich als empirische Wissenschaft, die die inneren und äußeren Verhaltensweisen untersucht, aus denen Kunst hervorgeht oder die von Kunst und Schönheit hervorgerufen werden. Der Sache nach läßt sie sich bis in die Antike zurückverfolgen (Allesch), doch begreift sie sich als eigenständige Disziplin erst seit der Begründung der experimentellen Ästhetik (↑ Elementarästhetik) durch Fechner Mitte des 19. Jh. Ihre Fragestellungen, Methoden und Ergebnisse sind jedoch so mannigfaltig und uneinheitlich, daß sie nicht als eine gesicherte, fortschreitende wissenschaftliche Disziplin, vielmehr als ein sachlich und geschichtlich unzusammenhängendes Untersuchungsfeld anzusehen ist. Die Grenzen zur philosophischen und soziologischen Ästhetik sind fließend geblieben, die wechselseitigen Anleihen von Begriffen und Konzeptionen so großzügig, daß

die Abgrenzung der p. Ä. von anderen Disziplinen auf Zweckmäßigkeitsüberlegungen hinausläuft. Einige der mannigfaltigen Ansätze haben nachhaltigere Wirkungen hervorgerufen, insbesondere ↑ Einfühlungsästhetik, ↑ Gestalttheorie, experimentelle Psychologie (↑ Elementarästhetik), Psychoanalyse und Behaviorismus (↑ Methoden). Zunehmend konzentriert sich die p. Ä. auf einzelne Kunstgattungen (Musik-, Literaturpsychologie, Psychologie der bildenden Kunst usw.), auf die Pathologie (Kunst der Geisteskranken) und auf die ↑ therapeutischen Funktionen der Kunst. Bevorzugte Problemkomplexe sind das künstlerische ↑ Schaffen und die Wirkungen von Kunst und Schönheit.

Das künstlerische Schaffen wurde in der neuplatonischen Tradition auf göttliche Inspiration, in der aristotelischen Tradition auf eine Technik zur Erzeugung bestimmter psychischer Wirkungen (↑ Katharsis), durch Cicero und andere auf das Zusammenwirken von übernatürlicher Inspiration und technischer Rationalität zurückgeführt. Die Psychologie der Aufklärung stellte natürliche Anlagen heraus, die bei Künstlern über das normale Maß hinaus entwickelt waren: Erfindungsgabe, Begeisterungsfähigkeit, Einbildungskraft. Die Psychologie der Romantik betonte teils die Kräfte des Unbewußten und Irrationalen (Traum, mediale Fähigkeiten, Wahnsinn), teils die göttliche Inspiration und den künstlerischen Kalkül. Mit Nietzsche begannen Versuche zur Typologie des künstlerischen Schaffens: die apollinische Kunst wurde der dionysischen ge-

genübergestellt (↑Apollinische und
Dionysische, das), die introvertierte
der extravertierten (C. G. Jung). Die
symbolischen Gehalte vor allem der
darstellenden Künste wurden als
↑Ausdruck von Erlebnissen und Gefühlen, als Sublimation verdrängter
Triebkonflikte (Freud) oder als Archetypen des kollektiven Unbewußten aufgefaßt (C. G. Jung), wenn
nicht allgemein die symbolschaffende
Kraft (S. K. Langer) oder die Kreativität der Künstler untersucht wurde
(H. Kraft).

Die ästhetische ↑Wahrnehmung
bzw. das Ganze der von Kunst oder
ästhetischen Erscheinungen hervorgerufenen Wirkungen sind einer experimentellen und empirischen Erforschung zugänglicher als die Psy-
che der Künstler. Durch die Isolierung eines direkten von einem assoziativen Faktor versucht man seit
Fechner, kultur- und bildungsinvari-
ante Gesetze der Wahrnehmung zu
finden (Bevorzugung harmonischer
Intervalle, des goldenen Schnitts
etc.). Durch Variation des Erre-
gungspotentials wird die Wahrneh-
mungsschwelle und die Steigerung
des ästhetischen Eindrucks untersucht. In den Bereich des assoziativen Faktors reichen Arbeiten über
die Abhängigkeit der ästhetischen
Wahrnehmung von Persönlichkeits-
faktoren wie Geschlecht, Alter, Intelligenz, Beeinflußbarkeit, Leistungs-
motivation, sozialem und kulturellem
Hintergrund, womit die p. Ä. zur soziologischen und interkulturellen
Kunstforschung beiträgt.

Lit.: C. G. Jung: Psychologische Typen
(1921), Zürich ¹⁰1967. S. K. Langer:
Feeling and Form, New York 1952. H.

Kreitler/Sh. Kreitler: Psychologie der
Kunst, Stuttgart 1980 (Lit.). H. Kraft
(Hg.): Psychoanalyse, Kunst und Krea-
tivität heute, Köln 1984. M. J. Kobbert:
Kunstpsychologie. Kunstwerk, Künst-
ler und Betrachter, Darmstadt 1986.
Chr. G. Allesch: Geschichte der psy-
chologischen Ästhetik, Salzburg 1987
(Lit.). M. Schuster: Psychologie der bil-
denden Kunst, Köln 1990 (Lit.). *W. H.*

Publikum ↑Rezipient

Raumkünste ↑Klassifikation

Rausch ↑Ekstase

Realismus. Als realistisch bezeichnet
man allgemein jede Kunst, die die geschichtliche Realität, also keine mythologischen, religiösen oder allegorischen Gegenstände abbildet. Ihre
Treue zum Detail unterscheidet sie
(im engeren Sinne) von der roman-
tisch-idealisierenden Verklärung, ihre
Konzentration auf die wesentlichen,
typischen Züge der Charaktere, Situationen und Handlungen von der
naturalistisch-fotografischen Abbildung der Wirklichkeit. Das vorrangige Ziel des R. ist nicht die Schönheit,
sondern die Wahrheit und damit die
Erkenntnis der Wirklichkeit.

Als Epochenbegriff (ca. 1850 bis
1880) bezeichnet R. das Zeitalter
Balzacs, Stendhals, Kellers und
Fontanes, Leibs und Menzels. Als
Programm oder Kampfbegriff der
↑Künstlerästhetik (bzw. auch der
Kunstpolitik) ist der Begriff polemisch gegen Romantik und akademische Malerei (Courbet), gegen Surrealismus, Formalismus und abstrakte Kunst (Brecht, Eisler) oder gegen

die „spätbürgerliche Dekadenz" (als
Feindbild des „sozialistischen R.")
gerichtet. Als Stilbegriff schließlich
beschreibt er die Eigentümlichkeiten
realistischer Gestaltung, wobei er alle
Epochen der Literatur- (Shakespeare,
Goethe, Tolstoi, Th. Mann u. a.) und
Kunstgeschichte (Brueghel, Cranach
u. a.) mit einschließt. In dieser Bedeutung wurde der Begriff auch in
die Film- und Musikästhetik übernommen (vgl. Dahlhaus, Grimm/
Hermand). Ganz aus dem traditionellen Verständnis von R. heraus fällt
dagegen der „magische", „fotografische" oder „figurative" R. in der Malerei Chiricos, Happers oder Kleins,
deren Anliegen nicht auf die Wahrheit, sondern auf die Suggestivkraft
der Wirklichkeit (z. B. in der Abbildung von Statussymbolen) gerichtet
ist.

Die in den 70er und 80er Jahren
geführte Diskussion über den Begriff
des R. stand noch weitgehend im
Zeichen der sog. „Expressionismus-
debatte" zwischen Lukács, Bloch,
Brecht u. a. (vgl. Raddatz). Lukács
arbeitet darin vor allem vier Merkmale des R. heraus: Erstens die Gestaltung typischer Charaktere und
typischer Umstände. Zweitens die
Parteilichkeit, die nicht in einem moralisch aufgesetzten Sollen (↑ Tendenz), sondern in der Gestaltung der
realen geschichtlichen Tendenzen
zum Ausdruck kommt (und alle Illu-
sionen über die bestehenden Verhältnisse auflöst). Drittens die Antizipation, die in der Darstellung der Gegenwart zugleich die zukünftige
Wirklichkeit mit aufscheinen läßt.
Viertens die ↑ Volkstümlichkeit, die
an die Bedürfnisse, Traditionen und

Ausdrucksmöglichkeiten des Volks
anknüpft und gleichzeitig versucht,
diese zu verfeinern und zu heben.
Vorschriften oder bewährte Vorbilder einer realistischen Gestaltung
gibt es nicht. Form und Technik sind
den Gegebenheiten der jeweiligen
Wirklichkeit untergeordnet und müssen von diesen aus neu entwickelt
werden.

Lit.: G. Lukács: Probleme des Realis-
mus, in: Werke, Bd. 4–6, Darmstadt–
Neuwied 1967 ff. E. Pracht/W. Neubert
(Hg.): Sozialistischer Realismus – Posi-
tionen, Probleme, Perspektiven, Berlin
1970. F. J. Raddatz (Hg.): Marxismus
und Literatur, Reinbek ⁴1974, 2. Bd.,
S. 7 ff. R. Grimm/J. Hermand (Hg.):
Realismustheorien, Stuttgart u. a. 1975.
C. Dahlhaus: Musikalischer Realismus.
Zur Musikgeschichte des 19. Jh., Mün-
chen 1982. R. C. Cowen: Der poetische
Realismus. Kommentar zu einer Epo-
che, München 1985. R. Brinkmann
(Hg.): Begriffsbestimmungen des litera-
rischen Realismus, Darmstadt ³1987.
                                    K. L.

Redundanz ↑ Informationsästhetik

Reiz ↑ Wahrnehmung, ästhetische

Religion und Kunst stehen seit den
Anfängen einer gesellschaftlichen
Gestaltung des religiösen Lebens in
enger Verbindung. Beide durchliefen
eine vielgestaltige Entwicklung, in
der ihre Verbindung bisweilen eng
bis zur Verschmelzung (sakrale
Kunst), bisweilen gespannt bis zur
Feindschaft war (Bilderverbot im Alten Testament, im Islam, Bildersturm, ↑ Zensur). In der Neuzeit bildete sich in Europa die Überzeugung
aus, daß R. u. K. auf unabhängig

voneinander bestehenden Prinzipien und Verhaltensweisen beruhen, daß die R. auf das Jenseits und das Übersinnliche, die K. auf das Diesseits und das Sinnliche ausgerichtet ist. Innerhalb ihrer Grenzen sollten sie sich autonom entwickeln können, ohne sich gegenseitig zu bevormunden. Dieser tolerante Desintegrationsvorschlag berücksichtigte zu wenig, daß die R. im Diesseits lebt und daß die K. das Transzendente vergegenwärtigen kann, daß sich beide gegenseitig fordern und fördern und daß ihr Verhältnis nicht nach Maßgabe nur einer R. oder Konfession und einer Kunstauffassung beurteilt werden darf. Das geschichtlich und systematisch hochkomplexe Problem wird in einer Vielzahl von Wissenschaften erörtert (in den verschiedenen Theologien und Kunstwissenschaften, in der Kunst- und Religionsphilosophie, in der vergleichenden Religionswissenschaft und der Ethnologie, in der Religions- und Kunstpsychologie sowie den betreffenden Soziologien, in Kulturgeschichte und Symbolforschung). Aber nicht nur untereinander, auch innerhalb der einzelnen Disziplinen werden R. u. K. so kontrovers diskutiert, daß allgemeine Aussagen über das Verhältnis zwischen ihnen mit Vorsicht zu beurteilen sind. Die Probleme komplizieren sich zusätzlich dadurch, daß die Geltung beider Bereiche im 20. Jh. sehr unsicher wurde. Man spricht vom Ende der Kunst und vom Tod der Religion, und in beiden Bereichen wird es zunehmend schwerer, das Echte vom Unechten zu unterscheiden.

Historische Fakten aus zahlreichen Kulturen belegen, daß R. und K. nicht nur von Anfang an (↑Ursprung) gemeinsam in Erscheinung getreten sind, sondern sich in ihren symbiotischen Formen auch gegenseitig gefördert haben: Die R. stellte die K. unter einen absoluten Anspruch und schrieb ihr Inhalte vor, die sie zu höchsten Leistungen herausforderte, während die K. in allen ihren Gattungen die religiösen Gehalte versinnlichte und vergegenwärtigte. Dabei vermochte sich die K. im sakralen Bereich jedoch freier zu entfalten als die R. in der K. – ihre Symbiose ist asymmetrisch, ihre prinzipielle Differenz bleibt trotz der vielfältigen und engen Verbindungsformen gewahrt: Weder will die R. künstlerisch noch die K. religiös aufgefaßt sein. Beide Thesen, die der grundsätzlichen Differenz und die Asymmetrie, sind jedoch im einzelnen in Abhängigkeit vom geschichtlichen Entwicklungsstand und religiös-kulturellen Kontext zu konkretisieren und erheblich zu modifizieren.

Die Frage nach Übereinstimmung und Differenz von R. u. K. ist wesentlich, aber nicht ausschließlich eine Frage der ↑Hermeneutik. Das *Tremendum* und *Fascinosum*, das R. Otto als Gehalte des Heiligen unterschieden hat, läßt sich auch an bestimmten Kunstgattungen bzw. -werken aufweisen, gilt aber nicht für alle. Des weiteren ist zu bezweifeln, daß das Tremendum und Fascinosum der sakralen Kunst noch die gleichen sind, wenn das Werk unabhängig vom ↑Kult in rein ästhetischer ↑Einstellung erfahren wird und nicht vielmehr unterschiedliche Bedeutungen angenommen haben. Ähnliches gilt vom Magischen, Mystischen, Mysteriösen, Majestätischen, Wunderbaren, in denen R. u. K. verschmelzen können. Wird R. auf die Erfahrung einer absoluten Realität und zugleich der eigenen Nichtigkeit reduziert (Tillich), kann zumindest die große, überwältigende, „glaubwürdige" Kunst als religiös aufgefaßt werden. Gegenüber der von den Kirchen geförderten Wiederholung der alten approbierten Bild-, Ton- und Sprachformen wirkte sich die informelle Religiosität, die in der Kunst seit Anfang des 20. Jh. zum Ausdruck gelangte, als provokante Befreiung aus.

Eine andere Gemeinsamkeit kann in der Schöpferkraft des Menschen gesehen werden, die sich in der Durchbildung und Vergegenwärtigung des Heiligen bzw. der Glaubensinhalte als dieselbe zu artikulieren scheint wie in der Kunst, wenn auch wohl nur in derjenigen Kunst, die sich aus göttlicher Inspiration herleitet (*Theia Mania* bei Platon, Raffaels Phantasievision der Mutter Gottes) oder in derjenigen, die Anlaß gibt, das Kunstschaffen in Analogie zur Schöpferkraft Gottes aufzufassen (der Künstler als *alter deus*). Dennoch ist zu fragen, ob die Ausgestaltung des Glaubens und des religiösen Lebens im gleichen Sinne als künstlerische Tätigkeit aufgefaßt werden können und dürfen, wie die Gestaltung eines Kunstwerks. Die asymmetrische Gemeinschaft von R. u. K., die durch Extreme wie die bild- und sinnlichkeitsfeindlichen Religionen einerseits und durch das *L'art pour l'art*-Prinzip der K. (↑Autonomie)

andererseits hinreichend belegt ist, zeigt sich in den monotheistischen Religionen in der absoluten Überordnung der R. über die K., so daß dieser nur eine dienende Funktion zuerkannt wird, z.B. als Mittel der Verkündigung des Worts. Betrachtet man die Asymmetrie von der K. aus, so scheinen zwar die Zeiten unwiederbringlich vorbei zu sein, in denen die Menschen Kunstwerke religiös verehren und anbeten konnten (Hegel), und wenn auch heute noch Andachtsbilder, Ikone, Reliquien als Heiligtümer verehrt werden, dann geschieht dies nicht aufgrund ihres Kunstcharakters. Doch vermag die K., insbesondere die Musik, so machtvolle, vorrationale Wirkungen hervorzurufen, daß neben ihr die Macht der R. verblaßt. Deren (bisherige) Vormachtstellung scheint sich der Entmachtung einer ursprünglichen menschlichen mimetisch-gestalterischen Beschwörungskraft dämonischer Mächte zu verdanken, die auch noch in säkularisierten Geschichtsperioden in Form von K. und künstlerischen Praktiken, aber auch in nicht-künstlerischen orgiastischen oder kultischen Handlungen in Erscheinung treten kann. Wenn zur Rechtfertigung der ursprünglichen religiösen Macht der K. die Inkarnation in Anspruch genommen wird, die wie die K. Versinnlichung des Göttlichen sei, so ist aus dieser strukturellen Analogie weder zu folgern, daß Christus einem Kunstwerk gleichzusetzen sei noch umgekehrt. Die religiöse und die ästhetische Funktion behalten ihre Eigengesetzlichkeit, sobald sie sich aus der archaischen Symbiose ausdifferenziert haben – eine Eigengesetzlichkeit, die einen großen Spielraum gemeinsamer Wirkungsformen frei läßt.

Lit.: R. Otto: Das Heilige (1917), München 1987. M. Eliade: Das Heilige und das Profane, Reinbek 1957. G. van der Leeuw: Vom Heiligen in der Kunst, Gütersloh 1957. J. E. Pfeiffer: The Creative Explosion: An Inquiry into the Origins of Art and Religion, New York 1982. R. Beck u. a.: Die Kunst und die Kirchen, München 1984. J. A. Martin, Jr.: Beauty and Holiness. The Dialogue between Aesthetics and Religion, Princeton 1990. P. Gerlitz/P. Welten/H. Künzl/G. May/R. Volp/G. Wohlfart: Kunst und Religion, in: Theologische Realenzyklopädie XX, Berlin 1990, S. 243 ff. (Lit.). H. Belting: Bild und Kult. Eine Geschichte des Bildes vor dem Zeitalter der Kunst, München 1990. *W. H.*

Reproduktion wird im Bereich der Künste die manuelle oder technische Nachbildung oder Wiedergabe eines Kunstwerks zum Zwecke der Vervielfältigung (auch Fälschung) genannt. Während Kopien und Replikate (originalgetreue Nachbildungen von Bildwerken) die Struktur des Originals gewöhnlich nicht verändern, kann die R. Veränderungen aufweisen (z. B. durch Schnitt- und Montagetechnik bei der Verfilmung). Die Anfänge der R. (Guß, Prägung von Bronzen und Münzen) gehen auf die Antike zurück, die Vervielfältigung von flächigen Vorlagen durch Kupferstich, Radierung und Holzschnitt ist seit dem Mittelalter gebräuchlich und fand ihren ersten Höhepunkt in der R. der Schrift (auch der Noten) durch den Druck. Mit der Erfindung der Lithographie An-

fang des 19. Jh. hatte die R.stechnik eine grundlegend neue Stufe erreicht, die unmittelbar in die Fotografie mündete. Durch die Film- und Tonaufzeichnung (Ende des 19. Jh.) gelang es erstmals, die Zeitkünste der Flüchtigkeit des Augenblicks zu entheben und mittels audiovisueller Aufzeichnung festzuhalten. Vor allem das Fernsehen wurde damit zu einem die ↑ Massenkultur des 20. Jh. wesentlich bestimmenden Faktor. Durch die massenhafte Verbreitung und durch die auf Profit ausgerichtete Vermarktung von Kunst hat sich auch der Umgang mit ihr grundlegend verändert, denn das technisch reproduzierte Kunstwerk ist prinzipiell für jedermann (käuflich) zugänglich geworden. War es ursprünglich aufgrund seines einmaligen Auftretens an einem bestimmten Ort nur durch Minderheiten rezipierbar, so wurde es durch seine Vervielfältigung transportabel, konsumierbar und damit wirtschaftlich verwertbar. Echtheit, Authentizität und die besondere Aura des Kunstwerks, die in der Einmaligkeit des Hier und Jetzt gründen, werden somit durch die R. zerstört: Leonardo da Vincis *Mona Lisa* mannigfach an der Litfaßsäule, Beethovens *Fünfte* initialartig verkürzt aus dem Lautsprecher der Diskothek, Shakespeares *Lear* im Fernseher des häuslichen Wohnzimmers. Der Zusammenhang zwischen reproduzierter Kunst, Kulturindustrie und Gesellschaftsstruktur spiegelt sich somit auch in der durch ein verändertes Rezeptionsverhalten gewandelten ↑ Wahrnehmungssituation, die durch das R.smedium, also durch die zwischen das Kunstwerk und den Rezipienten geschobene Apparatur, entscheidend mitbestimmt wird. Kunstwerk und Rezipient sind dadurch manipulierbar geworden.

Lit.: W. Benjamin: Das Kunstwerk im Zeitalter seiner technischen Reproduzierbarkeit. Jens Thiele: Das Kunstwerk im Film. Zur Problematik filmischer Präsentationsformen von Malerei und Grafik, Bern u.a. 1976. M. Fischer/D. Holland/B. Rzehulka: Gehörgänge. Zur Ästhetik der musikalischen Aufführung und ihrer technischen Reproduktion, München 1986.   *J. L.*

Rezeptionsästhetik nennt sich die von der Konstanzer Schule (W. Iser, H. R. Jauß) seit den 60er Jahren entwickelte Literaturästhetik, die vom hermeneutischen Vorrang des ↑Rezipienten aus allgemeine Fragen des Aufbaus von Kunstwerken, des ästhetischen Werts, der künstlerischen Kommunikation und geschichtlichen Tradierung zu lösen versucht. Sie versteht sich teils als Ergänzung, teils als kritische Gegeninstanz zur Produktions- und Darstellungsästhetik, denen sie ebenso wie der idealistischen Autonomieästhetik substantialistisches Denken vorwirft. Von der ahistorischen (französischen) ↑strukturalistischen Ästhetik setzt sie sich ab durch eine Verabsolutierung der ↑Geschichtlichkeit der Kunst, die sich im Zusammenwirken der drei Instanzen Autor, Werk und Publikum entwickele. Anregungen vom ↑Russischen Formalismus, tschechoslowakischen Strukturalismus, der ↑phänomenologischen Ästhetik Ingardens und der ↑Hermeneutik Gadamers („wirkungsgeschichtliches Bewußtsein") aufnehmend, stellt

Jauß den individuellen Rezipienten mit seinen „Konkretisationen" des Artefakts von objektiv verbindlichen Vorgaben frei, wenn auch die Konkretisationen durch den jeweils herrschenden gesellschaftlichen Umgang mit Kunst, durch Bildungstraditionen und gattungsspezifische Erwartungen vorgeprägt sind. Demgegenüber versteht Iser die Lektüre als einen durch die Appellstruktur des Textes gelenkten Vorgang. Der von Jauß freigesetzte Rezipient wird bei Iser zu einer der möglichen Manifestationen des „impliziten Lesers", der der Werkstruktur inkorporiert ist. Iser spricht deshalb auch vorzugsweise von einer Wirkungs- statt von einer Rezeptionsästhetik. Durch die R. kam es zu einer Rehabilitation der ästhetischen ↑Erfahrung und des ästhetischen Genusses (↑Genuß), den Jauß gegen die anti-hedonistische Ästhetik der ↑Frankfurter Schule verteidigte.

Von dem gelehrt-assoziativen Perspektivenreichtum bei Jauß setzt sich die soziologisch orientierte empirische Rezeptionsforschung ab (Bauer), die künstlerische und ästhetische Werte für statistisch bestimmbare Rezeptions-Größen hält. Die marxistisch orientierte Rezeptionstheorie greift auf die Lehre von der Abhängigkeit des ideologischen Überbaus von den Produktionsverhältnissen und auf Lenins Widerspiegelungstheorie zurück, von der aus auch Lukács das rezeptive Verhalten bestimmte; sie versucht, die gesellschaftlich-geschichtlich bedingten objektiven „Rezeptionsvorgaben" gegen den der „bürgerlichen" R. vorgeworfenen Subjektvismus und Relativismus zur Geltung zu bringen (Naumann u. a.). Die rezeptionsgeschichtliche, weniger die rezeptionsästhetische Betrachtungsweise wirkte sich produktiv auf die ↑ Soziologie der Kunst, auf Kunst-, Musik- und Medienwissenschaft aus.

Lit.: H. Fromm/K. Richter (Hg.): Historizität in Sprach- und Literaturwissenschaft, München 1973. M. Naumann (Hg.): Gesellschaft – Literatur – Lesen, Berlin/Weimar ²1975. P. U. Hohendahl (Hg.): Sozialgeschichte und Wirkungsästhetik, Frankfurt/M. 1974. R. Warning (Hg.): Rezeptionsästhetik. Theorie und Praxis, München 1975. W. Iser: Der Akt des Lesens. Theorie ästhetischer Wirkung, München 1976. H. R. Jauß: Ästhetische Erfahrung und literarische Hermeneutik, Frankfurt/M. ⁴1984. G. Köpf (Hg.): Rezeptionspragmatik, München 1981. G. Kapner: Studien zur Kunstrezeption. Modelle für das Verhalten von Publikum im Massenzeitalter, Wien 1982. W. Kemp (Hg.): Der Betrachter ist im Bild. Kunstwissenschaft und Rezeptionsästhetik, Köln 1985.   *W. H.*

Rezipient. Der R. ist in der zweiten Hälfte des 20. Jh. unter dem Einfluß der ↑ Soziologie der Kunst, der ↑ Rezeptionsästhetik und der Kommunikationswissenschaften (↑ semiotische Ästhetik) an die Stelle des normativ verstandenen kompetenten Kunstbetrachters getreten. Der Begriff des R. läßt eine von Bildungstraditionen und Wertvorstellungen unvoreingenommenere Untersuchung der verschiedenartigen Kunsterfahrungen und ihrer gesellschaftlichen Prägungen zu, ebenso der Vermittlungsformen, die in Institutionen wie dem Schulunterricht, dem regionalen oder nationalen Ausstellungswesen, dem

Schallplattenmarkt, dem Fernsehen usw. bestehen. R. ist jedes individuelle oder institutionelle Subjekt oder Medium, das Kunst nach charakteristischen Selektionskriterien aufnimmt, ggf. verarbeitet und weitervermittelt. Während schon in der Antike zwischen den Kunstverstehenden und den „Kunstblinden" unterschieden wurde, sind in der Neuzeit, verstärkt seit dem 19. Jh., weitere Typen aufgestellt worden: der Enthusiast, Dilettant, Sammler, Kunstkritiker, Ästhet, Kunsthistoriker, Banause, aber auch schon der (eilige) Museumsbesucher und Reisende. Das Typische einer Rezeptionsweise wurde teils biologisch und psychologisch begründet, z. B. als sensorisch-visueller, -auditiver, -motorischer, imaginativ-motorischer, anschaulich-imaginativer, reflektierender Typus (vgl. Müller-Freienfels), teils soziologisch nach Bildungsstufe, Berufsgruppe, gesellschaftlicher Klasse, teils nach dem Grad und der Art des Kunstverständnisses. Frankl hat bereits mehr als zehn Typen unterschieden (Liebhaber, Besteller, Mäzen, Kunsthändler, Kenner, Konservator, Kunsterbe, Kritiker, Kunstpolitiker, Kunstpädagoge, Kunstwissenschaftler, Ästhetiker), die alle ihre spezifischen Interessen, Wahrnehmungsweisen und Verhaltensregulative haben. Adorno ordnete seine soziologischen Typen hierarchisch nach dem Grad ihres Kunstverständnisses, womit zugleich eine Gesellschaftskritik verbunden war. Die empirische Rezeptionsforschung beruht dagegen auf der Anerkennung des kulturellen Pluralismus und Relativismus. Durch ihre Untersuchungen der R. für klassische und populäre Kunst, für Theater, Film, Lyrik usw. schafft sie die theoretischen Voraussetzungen für eine demokratische ↑ Kulturpolitik („Kultur für alle"), die die Kunstversorgung der modernen Massengesellschaft differenzierter zu befriedigen versucht.

Lit.: R. Müller-Freienfels: Psychologie der Kunst, 1. Bd., Berlin 1912. P. Frankl: Das System der Kunstwissenschaft, Brünn/Leipzig 1938, S. 840ff. Th. W. Adorno: Einführung in die Musiksoziologie, Frankfurt/M. 1958. G. Kapner: Studien zur Kunstrezeption. Modelle für das Verhalten von Publikum im Massenzeitalter, Wien 1982.
W. H.

Rhetorik (lat. *ars bene dicendi*) ist die Theorie und Technik der auf Beeinflussung des Adressaten zielenden Kunst der Rede. Die antike Rh. unterscheidet drei Redegattungen: Gerichtsrede *(genus iudiciale),* politische Rede *(genus deliberativum)* und Lob- oder Festrede *(genus demonstrativum).* Besonders die dritte Gattung ist von vornherein eng mit der ↑Poetik verknüpft und für die Entwicklung der Kunstprosa von großer Bedeutung. Für die Erarbeitung einer Rede werden fünf Phasen unterschieden: 1) Stoffsammlung und Auffinden der Argumente *(inventio),* 2) Gliederung *(dispositio),* 3) Formulierung und Ausgestaltung *(elocutio),* 4) gedächtnismäßige Aneignung *(memoria),* 5) wirksamer Vortrag *(promutatio).* Das Finden und Ordnen der Argumente wird durch vorgegebene Topoi *(loci communes)* erleichtert; die Ausgestaltung erfolgt mit Hilfe jenes Arsenals von Formulierungsmöglichkeiten, den Figuren

und Tropen, die als *ornatus* entsprechend der jeweils nach Situation und Sache angemessenen Stillage *(genus tenue, mediocre, sublime)* ausgewählt werden.

Oberstes Ziel der angewandten Rh. ist es, das Publikum für die Sache des Redners zu gewinnen, was sowohl durch lehrhafte Information *(docere),* durch Unterhaltung *(delectare)* als auch durch leidenschaftlichen Appell *(movere)* erreicht werden kann; es werden also Verstand und Gefühl der Hörer angesprochen. Entscheidend für Auswahl und Gestaltung ist das *aptum,* die Angemessenheit nach Gegenstand, Zweck, Adressat und Situation der Rede. Die Rh. ist also in erster Linie pragmatisch orientiert. Ihre Lehre bildet kein starres System, sondern paßt sich den jeweiligen historischen und gesellschaftlichen Bedingungen an.

Die Rh. entstand im 5. Jh. v. Chr. in den griechischen Stadtstaaten in engem Zusammenhang mit der Entwicklung demokratischer Regierungsformen; sie wurde zu einem wesentlichen Bestandteil der Erziehung und in zahlreichen Werken dargestellt (u. a. von Gorgias, Platon, Isokrates, Aristoteles, Theophrast). Von Rom übernommen und weiterentwickelt (Cicero, Quintilian), blieb sie auch im Mittelalter als eine der sieben Künste ein grundlegender Faktor zunächst der geistlichen, dann auch der weltlichen Erziehung und übte einen kaum zu überschätzenden Einfluß auf alle Bereiche der gesellschaftlichen Kommunikation aus, der sich in der Renaissance im Zuge der Wiederbelebung der Antike noch verstärkte. Er blieb bis ins 18. Jh. unvermindert wirksam. Mit dem Aufkommen neuer Wertvorstellungen wie Innerlichkeit, Unmittelbarkeit, Originalität wie auch der ↑ Autonomie der Kunst gerät die Rh. gegen Ende des 18. Jh. zunehmend in Mißkredit, besonders in Deutschland, während in den romanischen und angelsächsischen Ländern die rh. Tradition nie ganz abreißt. Zu Beginn des 20. Jh. entsteht ein neues Interesse an der Rh.: zum einen im Zusammenhang mit der Erforschung der Mittelalter- und Barockliteratur, zum anderen mit der Tendenz der Literaturwissenschaft, ihren Gegenstand mit Hilfe formaler Kriterien zu methodisieren. Viel entscheidender und weitreichender jedoch führt die Frage nach der Manipulation und Manipulierbarkeit des Menschen in der modernen Massengesellschaft zur Aktualisierung der Rh. in Politik, Wirtschaft, Publizistik und Werbung, sowohl als Instrument von Erkenntnis und Kritik *(New Rhetoric)* wie auch als Methode moderner Rednerschulung.

Lit.: H. Lausberg: Handbuch der literarischen Rhetorik, München 1989. J. Dubois u.a.: Allgemeine Rhetorik, München 1974. M. Fuhrmann: Die antike Rhetorik, München 1984. G. Ueding/B. Steinbrink: Grundriß der Rhetorik, Stuttgart 1986. J. Kopperschmidt (Hg.): Rhetorik, 1. Bd.: Rhetorik als Texttheorie, Darmstadt 1990.

G. H.

Rhythmus. Als Rh. (von griech. fließen) bezeichnet man die regelmäßige Wiederkehr gleicher Elemente oder Strukturen innerhalb bestimmter Zeitperioden. Gegenüber dem starren, mechanischen Metrum hat der Rh. einen freieren, fließenderen Charakter. Im Unterschied zur ↑ Symmetrie wird er auf die Zeitkünste, vor allem auf Tanz, Musik, Poesie (Kainz), seit der Antike allerdings auch auf Raumkünste angewandt („Rh. der Säulenordnung"). Rh. bezeichnet eine wohlgefällige Ordnung vor allem in der Gewichtung unterschiedlicher Elemente zueinander, aber auch in der Aufstellung bestimmter Raum- und Zeitmaße, in der Vereinigung von Elementen zu dynamischen Gestalteinheiten, so daß man verschiedene Arten von Rh. unterscheiden kann. Die Wahrnehmung des Rh. erfolgt nicht primär durch die ästhetischen Sinne Auge und Ohr, sondern durch ein dem menschlichen Organismus eingeborenes Bewegungsgefühl (Pulsschlag, Atemrh.) bzw. durch das gesamte Lebensgefühl (Sollberger). Platon sah im Gefühl für Rh. ein Geschenk der Götter, das den Menschen ermögliche, sich in die vollkommene Ordnung des Kosmos einzufügen. Demgegenüber führen materialistische Denker das Gefühl für Rh. auf den gegliederten, dadurch erleichterten und als angenehm empfundenen Arbeitsprozeß zurück. (Bühler, Lukács), in dem sich ein bestimmtes Stadium der gesellschaftlichen Auseinandersetzung mit der Natur auspräge; die sensualistische Ästhetik dagegen führt den Rh. auf das ↑ Ökonomieprinzip zurück (Müller-Freienfels).

Lit.: R. Müller-Freienfels: Psychologie der Ästhetik, Berlin 1912, 2. Bd. S. 40 ff. F. Kainz: Vorlesungen über Ästhetik, Wien 1948, S. 490–S. 526. G. Lukács: Die Eigenart des Ästhetischen,

4. Kap./I. A. Sollberger: Biologische Rhythmusforschung, in: H. G. Gadamer/P. Vogler: Neue Anthropologie, München 1972, 1. Bd., S. 108 ff. (Lit.). W. Seidel: Rhythmus. Eine Begriffsbestimmung, Darmstadt 1976 (Lit.). *W. H.*

Romantische, das. Das R. bedeutete ursprünglich das „Romanhafte" im Sinne der Abenteurer-, Helden- und Liebesromane des 17./18. Jh. und verallgemeinerte sich zum Abenteuerlichen, Legendären, Wunderbaren, Gefühlshaften. Im 18. Jh. wurde der Ausdruck auch auf Landschaften übertragen (idyllisch-sanfte Hügellandschaften, wilde Bergtäler, mittelalterliche, überwucherte Schloßruinen), wodurch er in die Nähe des ↑Malerischen rückte.

In der europäischen Romantik erhielt der Begriff durch die Entgegensetzung zum ↑Klassischen und durch die Aufnahme des Streits um den Vorrang der Antike oder der Moderne eine weltanschauliche und geschichtsphilosophische Bedeutung. Das R. bezeichnete das von allem Autoritätszwang entbundene Subjektive, das Prinzip freier Reflexivität, das Streben nach einer unkonventionellen, antibürgerlichen Vermittlung von Naturtrieb und Vernunfttätigkeit, später die Wiederbelebung und Gestaltung des religiösen Sinns durch den katholischen Glauben, womit die Bewegung der Romantik sich der Restauration anschloß. In der Kunst, besonders in Malerei, Musik und Poesie, wirkte sich das R. als Auflösung der klassischen Gattungsgrenzen und -gesetze aus, als Vereinigung der Künste zu einem unregulierten, allein dem Gesetz der Phantasie gehorchenden ↑*Gesamtkunstwerk*, das zugleich eine neue Form des religiösen Lebens zum Ausdruck bringen sollte. Goethe und Hegel lehnten das Romantische als gesellschaftliche und künstlerische Krankheitserscheinung ab, die die Grenzen zwischen Kunst und Religion nicht zu wahren wisse. Später verloren sich die Konnotationen von religiöser Inbrunst, Wunderglaube, Katholizität wieder, so daß das R. der Inbegriff des Phantasievollen, Gefühlvollen, Träumerischen, Sehnsüchtigen wurde (↑Sentimentale, das).

Lit.: R. Ullmann/H. Gotthard: Geschichte des Begriffs „Romantisch" in Deutschland, Berlin 1927. H. Prang (Hg.): Begriffsbestimmung der Romantik, Darmstadt 1972.   *W. H.*

Russischer Formalismus, literaturwissenschaftliche und ästhetische Bewegung in Rußland von etwa 1915 bis 1930, die vom Moskauer Linguistenkreis um R. Jakobson und der „Petersburger Gesellschaft zum Studium der poetischen Sprache" unter Teilnahme von Sklovskij, Ejchenbaum, Tynjanov u. a. entwickelt und getragen wurde. Der R. F. versucht, auf der Grundlage der Linguistik de Saussures die „Literarizität" sprachlicher Kunstwerke, die Besonderheit der poetischen Sprache gegenüber der Alltagssprache zu bestimmen. Die poetische Sprache erschwert durch verschiedene Verfahren der ↑*Verfremdung* die automatisierte Wahrnehmung der Wirklichkeit (Sklovskij) und lenkt zugleich die Aufmerksamkeit auf die Verfahrensweisen der Sprache selbst. Das Kunstwerk wird in der Frühphase des R. F. als Summe seiner Verfahren bzw. Kunstmittel (Schlüsselbegriff *priom*) angesehen, die in genauen Analysen zunächst überwiegend an lyrischen, dann auch an Erzählwerken herausgearbeitet werden. Später wird mehr der dynamisch-funktionale Systemcharakter eines Kunstwerks betont (Tynjanov), wodurch der R. F. bereits wesentliche Züge der ↑strukturalistischen Ästhetik vorwegnimmt. Jeder einzelne Faktor wird auf das System des gesamten Kunstwerks und dieses wieder auf das übergreifende System der Literatur bezogen. Veränderungen in der Literatur sehen die Formalisten als einen innerliterarischen Prozeß, der nach bestimmten Gesetzmäßigkeiten verläuft. Grundgedanke ihrer Evolutionstheorie ist die „Tradition des Traditionsbruchs", d.h. die Abweichung von der jeweils in jeder Epoche gültigen ästhetischen Norm; durch sie wird die Kunst vor der Automatisierung bewahrt. Der Traditionsbruch kann sowohl aus Innovationen wie aus einem erneuernden Anknüpfen an ältere Traditionen entstehen, woraus sich auch die wechselnde Dominanz von Gattungen *(genres)* in den Epochen erklärt.

Der R. F. hat seine Theorien nie als geschlossenes System, sondern als eine Folge von Arbeitshypothesen angesehen, die jeweils durch neue empirische Erkenntnisse überprüft und korrigiert werden müssen. Unter der Kritik der ↑marxistisch-leninistischen Ästhetik besonders gegen die innerliterarische Betrachtungsweise bezogen die Formalisten auch die Korrelation der literarischen „Reihe" zu außersprachlichen Systemen in ihre Überlegungen ein (Ejchenbaum: *Das literarische Leben*). Unter dem verstärkten politischen Druck konnten sie ab 1930 in der UdSSR ihre Arbeit nicht mehr fortsetzen. Der R. F. wirkte, besonders durch die Vermittlung Jakobsons, wesentlich auf den Prager Strukturalismus (Mukařovský, Trnka, Čizevskij, Trubetzkoy, Wellek u. a.) und auf die polnische Literaturwissenschaft (Kridl, Ingarden u. a.).

Lit.: J. Striedter/W. D. Stempel (Hg.): Texte der russischen Formalisten, 2 Bde., München 1969/72. Victor Ehrlich: Russischer Formalismus, München ⁴1983. H. Günther/K. Hielscher (Hg.): Marxismus und Formalismus. Dokumente einer literaturtheoretischen Kontroverse, München 1973. *G. H.*

Satirische, das. Das S. gehört zur Gattung des ↑Komischen. Es ist direkter, persönlicher und aggressiver als der ↑Witz. Mit den Stilmitteln der karikierenden Verzerrung, der grotesken Überzeichnung oder der ↑Verfremdung werden persönliche Fehler, moralische Schwächen, soziale Mißstände, politische Machenschaften, aber auch Kunstwerke und ihre Autoren (z. B. Literatursatire) angegriffen, bloßgestellt und dem Spott preisgegeben. Die Grundstimmung des S. ist feindselig, seine Absicht das Lächerlichmachen, das entlarvende Kenntlich-Machen.

Schiller stellt die Satire zusammen mit der Elegie und der Idylle als die Hauptformen der modernen, sentimentalischen Dichtung dar (↑Sentimentalische, das), die ihre Wirkung aus dem Kontrast der schlechten

Wirklichkeit mit dem (zukünftigen) Ideal erzielt. F. Schlegel und Hegel behandeln sie als Signum der römischen und damit als Auflösungserscheinung der antiken Kunst überhaupt (bei Horaz, Juvenal u. a.). Vischer sieht sie allgemein in den „Zeiten der Auflösung" beheimatet, also z. B. auch im ausgehenden Mittelalter (v. Hutten, Rabelais u. a.). Hatte die klassische Ästhetik die Satire wegen ihrer Unversöhnlichkeit oft als unvollkommenes „Grenzgebiet" der Kunst gelten lassen, so erfährt sie bei Lukács eine starke Aufwertung. Im S. drückt sich der „heilige Haß" der revolutionären Klasse auf die alte, überlebte Ordnung aus (Voltaire, Heine u. a.), aber auch die Selbstkritik einer Klasse an ihren eigenen Lebensformen (Cervantes, Swift u. a.).

In beiden Funktionen gewinnt das S. im 20. Jh. eine weite Verbreitung: in der Malerei, Grafik oder Fotomontage (Grosz, Dix, Heartfield), in Kabarett und Journalismus *(Simplizissimus, Titanic),* in der realistischen (Brecht, Dürrenmatt etc.) wie in der absurden Literatur (Arabal, Ionesco, Beckett).

Lit.: F. Schiller: Über naive und sentimentalische Dichtung. F. Schlegel: Athenäums-Fragmente. G. W. F. Hegel: Vorlesungen über die Ästhetik, in: Werke, Bd. 14, S. 120 ff. F. Th. Vischer: Ästhetik oder Wissenschaft des Schönen, § 925. G. Lukács: Zur Frage der Satire, in: Werke, Bd. 4, Neuwied–Berlin 1971, S. 83 ff. D. Korzeniewski: Die römische Satire, Darmstadt 1970. J. Brummack: Zu Begriff und Theorie der Satire. Forschungsbericht, in: Dt. Vjhrs. für Literaturwissenschaft und Geistesgeschichte 45 (1971), S. 275 ff. R. A. Müller: Komik und Satire, Zürich 1973. R. Grimm: Zwischen Satire und Utopie. Zur Komiktheorie und zur Geschichte der europäischen Komödie, Frankfurt/M. 1982. C. Reichholf/G. Amanshausers: Ironie und Satire, Stuttgart 1986.   *K. L.*

Schaffen, künstlerisches. K. S. bezeichnet den schöpferischen Prozeß, in dem der Künstler die Wirklichkeit nachahmt bzw. sich und seine Vorstellungen zum Ausdruck bringt und in einem Werk darstellt. Dieser Prozeß kann ästhetisch als Formung begriffen werden, d. h. als Arbeit, in deren Verlauf ↑ Form und ↑ Inhalt fortschreitend zur Übereinstimmung gebracht werden. Das k. S. schließt Auswahl, Konzentration (Verdichtung) und Abrundung des Stoffes ein, die (zielgerichtete) Organisation des Stoffs im Hinblick auf die beabsichtigte Aussage oder auf die Evokation des Publikums. Es vollzieht sich in bestimmtem Material (Farbe, Klang, Sprache etc.) und unter Zur-Hilfe-Nahme bestimmter künstlerischer Techniken.

Die allgemeine Befähigung zum k. S. ist das *Genie,* das Platon als eine Art von „Raserei" oder göttlichem „Wahnsinn" beschreibt. Im ↑ Enthusiasmus ist der Künstler ganz „von Sinnen", „außer sich" und nur noch Medium und Sprachrohr der Gottheit. Auf Platon gehen letztlich alle Ansätze zurück, die den Künstler als einen *alter deus,* einen zweiten Gott, und die Kunst als die Erschaffung einer zweiten Welt betrachten. Zwar wird der Gedanke säkularisiert, so daß an die Stelle Gottes das Wirken der Natur tritt; trotzdem behält das k. S. den Charakter des Unerklärlichen, des „Dämonischen" (Goethe), das sich der menschlichen Verfügung entzieht, oder den des „verborgenen Willens" (Schönberg), der sich dem Künstler aufzwingt und ihn zum Werkzeug einer überindividuellen Kraft macht.

In diesen Zusammenhang reihen sich die Stimulantien ein – Opium, Alkohol etc. –, die den Künstler verstärkt auf den Geist des Schöpferischen einstimmen sollen. Auch die Psychoanalyse geht in ihren Erklärungen auf das nicht der bewußten Kontrolle unterliegende Unbewußte zurück, d.h. auf die unbefriedigten Triebe (Freud) oder allgemein auf das Leiden (Rank) des Künstlers, die sich in der ↑Phantasie und im k. S. in sublimierter Form (Ersatz-)Befriedigungen oder Abhilfe verschaffen.

Eine der Inspiration entgegengesetzte Theorie geht auf Aristoteles' Begriff der Kunst als *poíesis* oder *techné* zurück. Sie faßt das k. S. als ein „Machen", als Arbeit oder als handwerkliche Tätigkeit auf, die nach bestimmten erlernbaren Regeln verläuft. Der Schwerpunkt liegt hier – bei aller Anerkennung auch des Spielerischen oder Experimentellen – auf der nüchternen, rationalen, fast wissenschaftlichen Auffassung des schöpferichen Akts. So etwa vergleicht Poe das k. S. mit dem folgerichtigen Zu-Ende-Denken eines mathematischen Problems, Tolstoi mit dem Versuch im Laboratorium.

Die Gegensätze von Inspiration und Fleiß, von Angeborenem und Erworbenem, Unbewußtem und Geplantem sind sowohl bei Goethe als auch bei Hegel vermittelt und in einer dialektischen Einheit aufgehoben.

Trotzdem bezeichnen sie bis heute extreme Künstler- und Schaffens-Typen: den Typ des intuitiven Künstlers (Mozart, Balzac), der „leicht", überschäumend, manchmal auch konvulsivisch, in Schüben und im Rausch arbeitet, und den Typ des disziplinierten Künstlers (Beethoven, Stendhal, Th. Mann, Mondrian), der regelmäßig, reflektiert, oft mühsam feilend an seinen Werken sitzt.

Unter Verwendung von Selbstzeugnissen von Künstlern und Wissenschaftlern hat die Kreativitätsforschung (Ulmann u.a.) vier Phasen des schöpferischen Prozesses unterschieden: 1) die Präparation (Vorbereitung), 2) die Inkubation (Heranreifen), 3) die Illumination (Erleuchtung) und 4) die Verifikation (Überprüfung). Das Spezifische des k. S. (im Gegensatz zur wissenschaftlichen Forschung) liegt allerdings darin, daß es weniger innerlich, d.h. theoretisch, reflexiv ist, sondern auch die äußere, körperlich-technische Seite des Hervorbringens einschließt. Beide Seiten gehen in den Kunstgattungen verschiedene Verbindungen ein. In der Musik etwa überwiegt die körperlich-technische Seite (was die Existenz von Wunderkindern ermöglicht), in der Dichtung, die Erfahrung und Reife voraussetzt, überwiegt die geistige Seite.

Das k. S. stellt nicht nur ein ästhetisches und psychologisches, sondern auch ein soziologisches Problem dar. Zum einen wegen der „Determination von außen" (Goethe), d.h. wegen des gesellschaftlichen Auftrags (durch den Mäzen oder den Markt) bzw. wegen der Erwartungen, die das Publikum an die Kunst stellt und die die Form des k. S. wesentlich mitbedingen. Zum anderen durch die gesellschaftliche Form, in dem sich das k. S. selbst abspielt: in Gemeinschaft und arbeitsteilig (in Werkstätte oder Bauhütte, in Kooperation von Entwurf und Ausführung, unter Verwendung vorfabrizierter Fertigteile) oder individuell-identifizierbar. Die Produktionen der Malerei, der Dichtung u. a. sind, von Ausnahmen der serienmäßigen Massenproduktion abgesehen, das Werk einzelner. Die Produktionen der Architektur, des Films (Text, Musik, Regie, Ausstattung etc.) wie auch die Interpretation von Kunstwerken (Theater, Konzert) dagegen entstehen grundsätzlich im Zusammenwirken vieler Künstler.

Lit.: Platon: Ion, 532 b–535 a. Ders.: Phaidros, 249 b–250 b. Aristoteles: Nikomachische Ethik, Buch VI. Ders.: Poetik. J. P. Eckermann: Gespräche mit Goethe III, 11. 3. 1828. G. W. F. Hegel: Vorlesungen über die Ästhetik, in: Werke, Bd. 13, S. 44 ff. G. Ulmann (Hg.): Kreativitätsforschung, Köln 1973. M. Curtius (Hg.): Theorien künstlerischer Produktivität, Frankfurt/M. 1976.   *K. L.*

Schauspielkunst ↑ Film, ↑ Theater

Schein, ästhetischer. Der Begriff des ä. S., seit dem 18. Jh. anstelle von ↑ Illusion und Nachahmung verwendet, bezeichnet den spezifischen Modus der Realität von Kunstwerken oder der durch die Kunst dargestellten Wirklichkeit. Seit Platon ist der Maßstab zur Bestimmung des S. die Wirklichkeit, entweder im abwertenden Sinne, daß die Kunst etwas vortäusche oder Lügen verbreite (Platons *Der Staat*, 10. Buch), oder im positiven Sinne, daß sie eine höhere Wirklichkeit (↑ Ideal) als die der Erscheinungswelt oder des alltäglichen Lebens darstelle (Aristoteles, Plotin und die Neuplatonismus). Im Sinne der platonischen Tradition kann auf illusionistische Ambitionen der darstellenden Künste verwiesen werden, von der Scheinarchitektur über die Verwendung der Perspektive, der *trompe l'oeil*-Malerei bis hin zum Fotorealismus, doch leben diese Kunstaufgaben und -stile davon, daß die Leistung der täuschend ähnlichen Wirklichkeitsdarstellung durchschaut wird; ein Wachsfigurenkabinett oder die Potemkinschen Dörfer erheben keinen Kunstanspruch. Schiller spricht vom „aufrichtigen Schein", die Kunst vermittle selber die Maßstäbe, die eine Verwechslung mit der Wirklichkeit unmöglich machen – ausgenommen bei Ungebildeten. Konstitutiv für die Wahrnehmung des S. der Kunst ist die (gebildete) Wahrnehmung, daß sie nicht in der gleichen Weise wie die Realitätswahrnehmung erfolgt. Sie kann durch Wahrung der ästhetischen ↑ Distanz zustande kommen, durch konventionelle gesellschaftliche Abgrenzungen des Kunstbereichs (Theater, Museum, Bilderrahmen usw.), durch das Bewußtsein der eigenen Kreativität in der Hervorbringung des ä. S. (↑ Phantasie) oder andere Grenzziehungen. Über die subjektiven und gesellschaftlichen Grenzziehungen hinaus stellt sich die Frage, auf welchen im ä. S. selber angelegten Faktoren und Gesetzmäßigkeiten er beruht. Die idealistische Ästhetik führt den ä. S. auf die wechselseitige Durchdringung des Sinnlichen und des Übersinnlichen (Geistigen, Seelischen) zurück, wodurch sich alles real Wahrnehmbare an der Kunst aufhebt in der Vergegenwärtigung des Ideellen (↑ Symbol) oder – so die ↑ marxistisch-leninistische Ästhetik – in der objektiven gesellschaftlich-geschichtlichen Tendenz zu einer humaneren Welt (↑ Utopie). Die psychologische Ästhetik führt den konstitutiven Doppelaspekt der Kunst auf den Begriff des ↑ Ausdrucks seelischer Bewegungen, archetypischer Gestalten oder frühkindlicher Triebkonflikte zurück, die ↑ strukturalistische und ↑ semiotische Ästhetik auf den Zeichencharakter des Kunstwerks, der auf das Werk selbst verweist und es so in sich abschließt. Die Versöhnung des Widersprüchlichen läßt die Kunst als eine höhere Welt erscheinen, die Trost spendet in einem entfremdeten Alltagsleben; Nietzsche hat sie als die einzige Rechtfertigung des Daseins aufgefaßt. Tendenzen der modernen Kunst stellen indessen die subjektiv-gesellschaftlichen und die objektiven Grenzziehungen zwischen S. und Wirklichkeit in Frage (Happening, Objet trouvé, Environment), lehnen den zu ökonomischen und politischen Zwecken mißbrauchbaren ä. S. kategorisch ab (↑ Konsumästhetik) und versuchen, den Bereich der Kunst durch andere Kategorien identifizierbar zu machen. Da sich auch die gesellschaftliche Wirklichkeit unter dem Einfluß der Medien mehr und mehr als interessenbedingt interpretierte Wirklichkeit erweist und weder als solche noch im Rückgriff auf transzendente Ideen allgemein-

verbindlichen Maßstabcharakter besitzt, verliert die Kategorie des ä. S. zunehmend an Aussagekraft, trotz wiederholter Versuche ihrer Rehabilitation (Adorno).

Lit.: E. v. Hartmann: Ästhetik. E. H. Gombrich: Kunst und Illusion, Köln 1967. Th. W. Adorno: Ästhetische Theorie. R. L. Gregory/E. H. Gombrich (Hg.): Illusion in Art and Nature, London 1973. W. Oelmüller (Hg.): Ästhetischer Schein, Paderborn 1982.

W. H.

Schichtenlehre. Die S. des Kunstwerks setzt sich kritisch vom Inhalt-Form-Dualismus ab, indem sie im Kunstwerk mehrere Ebenen unterscheidet, die jede für sich über Elemente und Gesetzmäßigkeiten ihrer Verknüpfung verfügt, die nicht im gleichen Sinne auf anderen Ebenen vorkommen. Die Ebenen sind als solche künstlerisch indifferent. Sie stellen ihrerseits Elemente dar, die sich zur organischen Ganzheit des Kunstwerks verbinden können; erst durch die Ausgestaltung und Verbindung der Ebenen in einem Kunstwerk erhalten sie künstlerische Bedeutung.

Die S. ist seit dem Beginn des 20. Jh. in mehreren Varianten entwickelt worden. Für Utitz sind die Schichten die Bedingungen der Gegenständlichkeit des Kunstwerks, durch die es vor der Verflüchtigung in subjektive Impressionen bewahrt bleibt. Er unterscheidet fünf Gegenständlichkeitsbedingungen, die für alle Kunstgattungen und Stile gelten sollen: das Material, die Seinsschicht bzw. die Wirklichkeitsauffassung, das Kunstverhalten, die Darstellungsweise und die

dargestellten Werte. In der ↑ phänomenologischen Ästhetik werden dagegen die Unterschiede der Kunstgattungen und die Aufbaugesetze
stärker berücksichtigt. Die jeweils
niedrigere Schicht ist die Bedingung
für die Realisierung der höheren,
während die höhere die spezifische
Bedeutung der unteren für den Aufbau des Werks bestimmt. Ingarden hat am sprachlichen Kunstwerk
vier Schichten unterschieden (Laut-
schicht, Bedeutungseinheiten, sche-
matisierte Ansichten, dargestellte Gegenständlichkeit), während N. Hartmann in Fortführung seiner Lehre
vom objektiven Geist die Schicht des
realen Vordergrunds (Material) vom
geistigen Hintergrund unterscheidet,
die er je nach Kunstgattung ausdifferenziert – beim sprachlichen Kunstwerk z. B. in sechs Schichten (Laut-
gebilde, Wortbedeutungen, künstlerische Sprache, Darstellung der
Handlungen, der Gefühle, der Charaktere). In der Kunstwissenschaft
dient die Unterscheidung von
Schichten weniger ontologischen als
vielmehr hermeneutischen Zielen.
Panofsky unterscheidet drei Sinne-
benen: Phänomensinn (zugleich
Sach- und Ausdruckssinn), Bedeu-
tungssinn und weltanschaulich-ge-
schichtlichen Dokumentsinn, während Sedlmayr wie Hartmann zwischen einer sensuellen (Form und
Farbe) und einer geistigen Schicht
unterscheiden, die sie im Rückgriff
auf die mittelalterliche ↑ Hermeneutik in wörtliche, allegorische, escha-
tologische und tropologische Bedeutung aufgliedern. Die Gefahr der
Verdinglichung der Schichten sucht
die strukturalistische Ästhetik durch

deren Auflösung in Funktionen zu
vermeiden. Jakobson hat sechs Funktionen der sprachlichen Kommunikation unterschieden, die emotive, refe-
rentielle, poetische, phatische, meta-
sprachliche und konative. Dabei
kann die eine oder andere Funktion
dominieren, doch sind die anderen
Funktionen immer ebenfalls wirksam.

Lit.: E. Utitz: Grundlegung der allgemeinen Kunstwissenschaft (1920),
München ²1972. R. Ingarden: Das literarische Kunstwerk (1931), Tübingen
²1960; N. Hartmann, Ästhetik. E. Panofsky: Aufsätze zu Grundfragen der
Kunstwissenschaft, Berlin 1964, S. 85 ff.
H. Sedlmayr: Epochen und Werke,
Wien 1959, 1. Bd., S. 319 ff. R. Jakobson: Poetik. Ausgewählte Aufsätze
1921–1971, Frankfurt/M. 1979, S. 83 ff.
W. H.

Schmuck ↑ Ornament

Schöne Seele bezeichnet in der Kant-
Schillerschen Ästhetik das Ideal der
Einheit des Schönen und des Guten.
Ihre Harmonie von Sinnlichkeit und
Vernunft, von Pflicht und Neigung
erscheint als Anmut bzw. Grazie.
Ihre vollkommene Verkörperung findet sie in der Heiterkeit, Sanftmut
und Naivität junger Mädchen.
   Der Begriff taucht erstmals (als
alma bella) in der spanischen Mystik
des 16. Jh. auf. Von da wird er zunächst (als *beauty of the heart*) von
Shaftesbury und Richardson übernommen und findet später (als *belle
âme*) Eingang in Rousseaus *Nouvelle
Héloise*. Wieland hat ihn ins Deutsche eingeführt, Schiller hat ihm seine bis heute übliche ästhetische Bedeutung verliehen. Bekannt wurde

der Begriff vor allem durch die *Bekenntnisse einer s. S.* aus Goethes Roman *Wilhelm Meisters Lehrjahre*.

Hegel kritisiert die s. S. wegen ihrer Spannungs- und Kraftlosigkeit: Nur wer nicht handelt und sich allen sozialen Vermittlungen entzieht, kann sich seine reine Moral erhalten. Damit wird die „Schönseelischkeit" (etwa von Goethes Figur des Werther oder Jacobis Figur des Woldemar) zum Inbegriff der Schwäche und der Wirkungslosigkeit.

Lit.: Chr. M. Wieland: Antwort auf die Frage: Was ist eine schöne Seele? (1774). I. Kant: Anthropologie I, § 67. F. Schiller: Über Anmut und Würde. G. W. F. Hegel: Phänomenologie des Geistes, in: Werke, Bd. 3, S. 482 ff. Ders.: Vorlesungen über die Ästhetik, ebd., Bd. 13, S. 312 f. H. Jäger: Naivität. Eine kritisch-utopische Kategorie in der bürgerlichen Literatur und Ästhetik des 18. Jh., Kronberg/Ts. 1975. *K. L.*

Schönheit hängt wortgeschichtlich mit scheinen, glänzen, schauen zusammen und ist ein Schlüsselbegriff der Philosophie überhaupt. Zuerst wird er im Kontext der Metaphysik, der Kosmologie und Theologie verwendet, später erst im Kontext auch der Kunstphilosophie und der Ästhetik. Die Einsicht in die Subjektivität der S.erfahrung führt zur Erweiterung des Begriffs, zu seiner Relativierung und Geschichtlichkeit. In der Moderne wird der Begriff der S. problematisch und verliert zunehmend an Bedeutung.

1) Die Intelligibilität des Schönen. Die Antike nennt umgangssprachlich schön, was positiv bewertet wird, was gefällt, anziehend wirkt, liebenswürdig erscheint oder Bewunderung erregt. Schön heißt das Lebendige, aber auch das Ehrbare oder das Brauchbare. Xenophon nennt einen Mistkorb ungeachtet seines abstoßenden Inhalts allein seiner Nützlichkeit wegen schön. Der philosophische Begriff des S. ist dagegen durch die Unterscheidung von sinnlicher und intelligibler S. geprägt. Platon und Plotin begreifen S. als eine Idee, die der Mensch nur kraft seiner Vernunft zu fassen imstande ist. Was sonst schön heißt, wird so genannt, weil und insofern es Anteil an der Idee der S. hat. Anteil an der Idee der S. aber können Steine und Bäume, Menschen und Götter ebenso haben wie philosophische Kenntnisse, moralische Handlungen oder Tugenden. Es ist die ↑Form der Dinge, die sie vor dem Formlosen, Chaotischen und Häßlichen auszeichnet und auf die Idee ewiger und unveränderlicher S. verweist. Und diese Form ist durch Ordnung, Maß und Proportion bestimmt. S. begegnet uns in der Farbe und in Bildern ebenso wie in Plastiken, in der Musik, in der gebundenen Rede der Dichtung oder im Mythos. Die Gestalt des Menschen bringt in ihrer lebendigen Beseeltheit eine Einheit von Schönheit und Tugend *(Kalokagathía)* zum Ausdruck, die die inwendige, seelische Gestalt aufscheinen läßt und der äußerlichen, körperlichen S. ↑Anmut verleiht.

Die sinnenhafte S. bezieht ihre Dignität aus der anagogischen Funktion: Sie erweckt die Sehnsucht nach dem göttlich Schönen und weist dem Menschen den Weg dorthin. Durch sinnliche S. erschüttert, erhebt der

Mensch (in einem erotischen Aufschwung der Seele) seinen Blick, um in der Idee die lautere und unvermischte S. zu schauen. Die Wirkung der S. wird als geistige Lust gefaßt, die durch die sog. theoretischen Sinne des Auges und des Ohrs vermittelt wird. Durch den Tast-, Geruchs- und Geschmackssinn dagegen werden nur körperliche Eigenschaften wie das Süße, Bittere, Rauhe etc. wahrgenommen (Cicero).

2) Das Schöne als *splendor Dei*, als Glanz oder Schein der Herrlichkeit Gottes. Das Mittelalter hat den platonischen Begriff der S. aufgegriffen und im Horizont seines christlichen Weltverständnisses weiterentwickelt. Unterstrichen wird insbesondere die Objektivität des Schönen. S. ist ein Prädikat Gottes, das seine unüberbietbare Vollkommenheit zum Ausdruck bringt, oder sogar Gott selbst (Pseudo-Dionysos). Gott ist die Ursache der harmonischen Ordnung und des Glanzes aller Dinge und gießt seine Vollkommenheit gleichsam über alles Geschaffene aus (Ulrich v. Straßburg). Wie in der Antike berührt die S. also auch hier nur die Erkenntnisfähigkeit des Menschen. Dinge, die dem Auge gefallen, sind lediglich deshalb schön, weil sie die übersinnliche S. repräsentieren. Thomas v. Aquin nennt drei Kriterien für die S. der natürlichen Dinge, die analog auch für die S. der künstlichen Dinge, der Artefakte, gelten: die Unversehrtheit oder Vollendung (*integritas sive perfectio*), das richtige Maßverhältnis oder die Übereinstimmung der Teile (*proportio, consonantia partium*) und die Klarheit (*perspecuitas, claritas*).

Sinnliche S. ist nicht allein (wie bei Platon und Plotin) ein Erinnerungszeichen an ein göttliches Schönes, vielmehr ist die Welt Metapher der Vollkommenheit Gottes. Die Welt in ihrer S. ist *imago Dei*, Bild Gottes. S. ist ein die Seele zur Erkenntnis erleuchtendes Licht (Johannes Scotus Eriugena). In dieser Weise erfährt der pythagoräische und stoische Gedanke einer Pankalie, einer All-S., eine christliche Wendung. Die Skulptur und die Glasmalerei der gotischen Kathedrale (deren Theorie sich bei Hugo v. St. Viktor findet) sind der lebendige Ausdruck der mittelalterlichen Schönheitstheologie. Sie rückt in Anknüpfung an das Alte Testament auch das Naturschöne in den Blick. Aus der Größe und S. der Geschöpfe wird vergleichsweise ihr Urheber erschaut, ein Urheber, der das Feuer, den Wind, die flüchtige Luft, den Kreis der Gestirne, das gewaltige Wasser und die Leuchten des Himmels geschaffen hat (*Buch der Weisheit* 13, 3 und 5).

3) Die S. der Kunst. Die Verbindung der platonisch-christlichen Theorie des Schönen mit der Theorie der Kunst hat zur Folge, daß seit der italienischen Frührenaissance nun die Kunst als der ausgezeichnete Ort der S. betrachtet wird. In der Kunst-S. erscheint die gleiche Vollkommenheit und Harmonie der Welt, die der Verstand bereits als Zweckmäßigkeit und Gesetzmäßigkeit, d.h. als teleologische Verfassung der Natur erkannt hat. Die Künstlertraktate der Renaissance bestimmen die S. als *idea divina della bellezza*, als göttliche Idee der S., die der Künstler aus sich heraus bildet (Alberti), bzw. als *disegno*

interno, als inneres Bild, das Gott dem Menschen eingibt (Zuccari). Plotin stellte dem Künstler nur beiläufig die Aufgabe, die ideale Ansicht der Dinge gemäß der Idee der S. in seinem Werk zum Ausdruck zu bringen. Für den Theoretiker der Renaissance dagegen macht es wesentlich das „Genie" des Künstlers aus, geleitet von der *divina idea della bellezza,* die wegen ihrer Materialität verborgene S. in den Dingen wieder aufzudecken. Die Oberflächenansicht der Dinge soll (durch Auswahl) ins ursprunghaft Schöne hinein überwunden und alles Unvollkommene in der idealen künstlerischen Form aufgehoben und überhöht werden (Bellori). Diesen normativen Rang eines Ideals der Kunst, das sich in den Begriffen der Einheit, der Ordnung, der Symmetrie oder Klarheit ausdrückt, behält der Begriff der S. bis in die Goethe-Zeit.

Im Kontext der Kunst- und Dichtungstheorie des Barock, der Aufklärung und des Klassizismus wird S. als Nachahmung der „schönen Natur" thematisiert (Batteux). Nachahmen heißt dabei nicht einfach kopieren. Vielmehr sollen durch die Nachahmung der „schönen", vollkommenen Natur neue Eindrücke vermittelt werden, die den Rezipienten aus seiner gewohnheitsmäßigen, alltäglichen Sicht der Dinge und Menschen herausreißt und ihm einen nicht-alltäglichen Genuß bereitet. Diese Wirkung wird, wie schon in der Antike, in der Verwandtschaft des Schönen mit dem Sittlichen gesehen. Sulzer, Mendelssohn, Herder und vor allem Schiller haben von hier aus die ästhetische ↑ Erziehung des Menschen gefordert und begründet.

4) Die Subjektivität des Schönen. Im Kontext der europäischen Aufklärung wird der Begriff der S. auf die Subjektivität des Menschen zurückgeführt. Shaftesbury erklärt das Erlebnis der S. aus dem Geschmack bzw. aus einem ästhetischen Gefühl, das frei von materiellen Interessen ist. Hutcheson führt das ästhetische wie moralische Gefühl auf einen natürlichen inneren Sinn zurück *(moral sense, sense of beauty),* den er gleichermaßen gegen den bloßen Verstand und gegen die bloße Sinnesempfindung abgrenzt. Diderot legt den Begriff der S. in die Idee von Beziehungen *(rapports),* die ein Objekt im Rezipienten erweckt. Burke dagegen gibt die Sinnlichkeit als das Maß der S. an. Unendliche, unermeßliche Weiten etwa (Meer, Gebirge) übersteigen das Maß des sinnlich Erfahrbaren bzw. Schönen und sind deshalb erhaben.

Eine konsequente Subjektivierung erfährt der Begriff der S. auch innerhalb der beginnenden philosophischen Ästhetik. Baumgarten begreift S. zwar noch objektiv als die zur Erscheinung kommende Vollkommenheit der Welt *(pefectio phaenomenon).* Im Gegensatz zu Leibniz und Wolff aber, die die Vernunft als Organ der S. in Anspruch nehmen, ist für ihn die S. und ihre Prädikate (Übereinstimmung, Vollkommenheit, Ordnung, Harmonie) die Angelegenheit eines eigenen, ästhetischen Urteils *(judicium sensitivum).* S. ist an das Sinnfällige, Augenscheinliche gebunden. Sie wird, in der Begrifflichkeit der Rhetorik, an die Übereinstimmung der Bezeichnung und der Verknüpfung der Gedanken gebunden (consensus phaenomenon) und kommt im Reichtum, in sittlicher Größe, in Wahrheit, Klarheit, Überzeugungskraft und Leben des künstlerischen Ausdrucks zum Vorschein.

Kant löst den Begriff der S. von dem der Vollkommenheit ab. Zugleich entzieht er ihn der definitorischen Festlegung. S. ist die schöne Vorstellung von einem Ding und wird durch ein subjektives ästhetisches Urteil artikuliert. Die Eigenart der S.erfahrung beruht auf dem Zusammenspiel von Einbildungskraft und Verstand. Sie wird durch ein Gefühl reflektierter Lust angezeigt, das, jedermann zugänglich und zumutbar, wesentlich kontemplativ ist: interesselos, begrifflos und zweckfrei. Diese Bestimmungen des ästhetischen Urteils bilden eine wichtige Voraussetzung für die ↑Autonomie der Kunst. Zudem verweisen sie auf den transzendentalen Charakter des Schönen, der auch für Kant noch wesentlich ist. Im Schönen der Kunst als dem Symbol des sittlich Guten wie auch im Naturschönen findet der Mensch ein Intelligibles ausgedrückt, das er rational nicht erkennen kann. Die Fähigkeit, S. zu empfinden, ist die hervorragende Eigenschaft der ↑schönen Seele.

5) Die Geschichtlichkeit des Schönen. Die Klassik begreift S. als Einheit von Idee und Erscheinung, von Inhalt und Form. Exemplarisch ist diese S. in der griechischen Kunst, insbesondere in der bildenden Kunst verwirklicht, die das Göttliche in der vollendeten menschlichen Gestalt zur sinnlichen Erscheinung bringt (Winckelmann). Doch ist die griechi-

sche S. an eine (mythologische) Weltdeutung gebunden, die der modernen Welt abhanden gekommen ist. Der Gegensatz von antiker und moderner Schönheit (Homer – Shakespeare u. a.) wird als Gegensatz des ↑Naiven und ↑Sentimentalischen (Schiller) bzw. des Schönen und des ↑Charakteristischen und ↑Interessanten (F. Schlegel) gefaßt.

Einflüsse der platonisch-christlichen Tradition reichen bis zum Begriff der S. als Symbol (Solger), als Absolutem (Schelling) oder als vollendeter Durchformung des Materiellen (Schopenhauer). Hegel setzt das Kunstschöne über das Naturschöne. Er begreift es als ein Resultat menschlicher Tätigkeit, als Wiedergeburt des Schönen aus dem Geiste. Einerseits stellt er die geschichtliche Entfaltung des Schönen (symbolische, klassische, romantische S.) dar, andererseits gilt auch ihm die klassisch-antike S. als eine absolute Norm.

6) Der Auflösungsprozeß des Schönen. In der Moderne erweist sich der Begriff der S. zunehmend als ungeeignet, die Wirklichkeit des Lebens und der Kunst adäquat zu erfassen, auch nachdem er sich (in der nachhegelschen Ästhetik) von Moral und Religion emanzipiert und die Momente des ↑Erhabenen, ↑Komischen, ↑Grotesken etc. und selbst des ↑Häßlichen in sich aufgenommen hat (Vischer, Rosenkranz, später auch Volkelt und Lipps). Nietzsche kritisiert die einseitige apollinische Prägung des traditionellen S.begriffs als Verklärung des Lebens und fordert die Einbeziehung auch des Dionysischen. Bolzano begnügt sich da-

mit, den S.begriff sprachkritisch zu analysieren. In der phänomenologischen Bestimmung der S. als einem ästhetischen Wert (N. Hartmann, Ingarden) oder in Heideggers Deutung der Kunst-S. als eines werkhaften geschichtlichen Dokuments menschlicher Seins- und Welterfahrung bleibt S. auf das Ganze verpflichtet. In der positivistisch ausgerichteten ↑Informationsästhetik andererseits sinkt die S. zu einer meßbaren Größe herab, die auch am technischen Design von Hochhäusern oder Autokarosserien wahrgenommen werden kann (Bense). Zwischen beiden Ansätzen steht die Bestimmung der S. als einer „Ausnahme" der Ästhetik (Lukács) oder die Erörterung ihrer „Fragilität" (Adorno), derzufolge S. nur flüchtig, einem Blitz vergleichbar, aufscheint. S., für Platon eine unsterbliche Idee, ist sterblich geworden. Eine Theorie, die diesem Befund gerecht wird, steht jedoch noch aus.

Ein Diskurs über Kunst und S., der im Erfahrungshorizont der Gegenwart und im Blick auf heutige Kunst geführt wird, könnte Perspektiven neuer philosophisch-wissenschaftlicher Fragestellungen mitberücksichtigen, neben Studien des Strukturalismus (Mukařovský), der Semiotik (Morris, Goodman) und der analytischen Sprachphilosophie (Sibley) auch Arbeiten der Phänomenologie (Ingarden), Psychoanalyse (Marquard) und der Sozialgeschichte (Hauser, Benjamin).

Lit.: Platon: Nomoi, 653 e–655 a. Ders.: Phaidros, 249 d–251 b und 253 c–255 a. Ders.: Symposion, 199 d–212. Plotin: Enneade I, 6. Cicero: De oratore III, 98 und 100. Augustinus: De vera religione XXX. Ders.: De ordine I, 7. Thomas v. Aquin: Summa theologica, I 5,4 und I 39,8. F. Hutcheson: An Inquiry Concerning Beauty, Pref. I, 9–13 und II, 3. D. Diderot: Das Schöne, in: Ästhetische Schriften I, S. 119 ff. E. Burke: Vom Erhabenen und Schönen, III, 1–17. A. G. Baumgarten. Aesthetica, § 14 und §§ 18–20. I. Kant: Kritik der Urteilskraft, §§ 1–22, 42, 49 und 59. J. J. Winckelmann: Von der Empfindung des Schönen in der Kunst. F. Schiller: Kallias oder Über die Schönheit. J. W. v. Goethe: Der Sammler und die Seinigen. A. Schopenhauer: Die Welt als Wille und Vorstellung, Buch III, § 41–§ 45. G. W. F. Hegel: Vorlesungen über die Ästhetik, in: Werke, Bd. 13. E. Panofsky: Idea. Ein Beitrag zur Begriffsgeschichte der älteren Kunsttheorien (1924), Berlin ⁵1985. E. Grassi: Die Theorie des Schönen in der Antike (1962), Köln 1980. R. Assunto: Die Theorie des Schönen im Mittelalter, Köln 1963. U. Franke: Von der Metaphysik zur Ästhetik. Der Schritt von Leibniz zu Baumgarten, in: Studia Leibnitiana Suppl. XIV, Wiesbaden 1975, S. 229 ff. S. J. Schmidt (Hg.): Schön. Zur Diskussion eines umstrittenen Begriffs, München 1976. H.-G. Gadamer: Die Aktualität des Schönen, Stuttgart 1977. C. Borgeest: Das sog. Schöne. Ästhetische Sozialschranken, Frankfurt/M. 1977. K. Bauch: Meinungen über die Schönheit, in: Zs. für Ästhetik und allgemeine Kunstwissenschaft, Bd. 22/1 (1977), S. 5 ff. W. Oelmüller/R. Dölle-Oelmüller/N. Rath (Hg.): Diskurs: Kunst und Schönes, Paderborn u. a. 1982. F. Koppe: Grundbegriffe der Ästhetik, Frankfurt/M. 1983. W. Perpeet: Das Kunstschöne. Sein Ursprung in der italienischen Renaissance, Freiburg–München 1987.   *U. F.*

Schöpferische, das ↑ Kreativität

Semiotische Ästhetik. Die s. Ä.

(griech. *semeion:* Zeichen) untersucht die ästhetischen Phänomene als Zeichen(prozesse) entweder mit Hilfe eines zeichentheoretischen Modells, nach dem die ästhetischen Phänomene analysierbar werden, oder aufgrund der ontologischen Voraussetzung, daß die ästhetischen Phänomene ihrem Wesen nach Zeichen(prozesse) seien. In der Annahme, daß alle Wissenschaften, Künste, Kommunikationsprozesse unter Menschen oder unter Lebewesen überhaupt mit Hilfe von Zeichen zustande kommen, hofft man, durch die Entwicklung einer allgemeinen Semiotik eine universale, einheitliche Wissenschaftssprache zu entwickeln, durch die die Unterschiede zwischen den (erklärenden) Natur- und den (verstehenden) Geisteswissenschaften überwunden werden können. In diesem Sinne weiß sich die Semiotik ebenso dem Szientismus wie der Moderne verpflichtet.

Je nach zeichentheoretischem Grundmodell lassen sich zwei Richtungen unterscheiden: die der triadischen Semiotik von Peirce (*Collected Papers,* 1931 ff.) und die der dichotomischen Linguistik von de Saussure (*Cours de linguistique générale,* 1916). Aufgrund der Semiotik von Peirce entwickelte Ch. Morris eine triadische Ästhetik, die den ästhetischen Gegenstand nach den drei grundsätzlich möglichen Zeichenrelationen untersucht: Die „Semantik" erforscht die Beziehung des ästhetischen Zeichens zu seinen Bedeutungen, die „Syntaktik" die Beziehung des Zeichens zu anderen Zeichen des gleichen oder auch eines anderen Zeichenrepertoires, die „Pragmatik" die Produktions- und Verwendungsweisen des Zeichens durch die zeichengebrauchenden Lebewesen. Bense, Begründer der Stuttgarter Schule, tilgte die behavioristischen Voraussetzungen von Morris' Theorie und formalisierte die triadische Semiotik unter Rückgriff auf die Kybernetik von Shannon und Weaver zur ↑ *Informationsästhetik* mit ihren beiden Disziplinen der semiotischen und numerischen Ästhetik (S. Maser, *Numerische Ästhetik,* 1970), die den Analysen von Objekten, Bildern, Texten mathematische Exaktheit verleihen und als Grundlage einer generativen Ästhetik die Herstellung exakt kalkulierter ästhetischer Objekte (Design, Computerlyrik) erlauben sollte (*Aesthetica,* ²1982). U. Eco hält dagegen an der dreiwertigen Semiotik fest (*Zeichen,* 1977) und zeigte in theoretischen und kunstkritischen Untersuchungen die hohe Anpassungsfähigkeit und hermeneutische Fruchtbarkeit der Semiotik (*Einführung in die Semiotik,* 1972). Die s. Ä. fand Eingang vor allem in die Analysen des Films (Metz), Theaters, der modernen Malerei, des Design, der Architektur und der Medien.

Auf der Grundlage der Linguistik (de Saussure, Jakobson) entwickelte sich die Semiotik sowohl innerhalb des französischen ↑ Strukturalismus als auch in der sowjetischen Schule von Tartu und Moskau in dem Maße, in dem die Sprache als eines neben anderen Zeichensystemen (an)erkannt wurde. R. Barthes suchte die methodologischen Grundbegriffe in seinen *Éléments d'une sémiologie* (1964) zu klären. Die sowjetischen Strukturalisten Lotman, Ivanov,

Uspenskij, Toporov entwickelten nach vielfältigen poctologischen und interpretatorischen Arbeiten seit den 70er Jahren eine alle Bereiche der menschlichen Ausdruckstätigkeit umfassende Kultursemiotik (Eimermacher). Ebenso wie sie hält auch M. M. Bachtin an der dreiwertigen Basislehre fest. In seinen seit den 20er Jahren entwickelten Studien entwikkelte er das Problem der „Intertextualität", die die Wechselbeziehungen eines Textes zu anderen thematisiert (*Die Ästhetik des Wortes*, 1979).

Lit.: Ch. Morris: Ästhetik und Zeichentheorie (1939), in: Ders.: Grundlagen der Zeichentheorie. Ästhetik und Zeichentheorie, München 1972. Ders.: Zeichen, Wert, Ästhetik, Frankfurt/M. 1975. U. Eco: Das offene Kunstwerk, Frankfurt/M. 1973. M. Bense: Semiotische Ästhetik und ihre Semiosen, in: Zs. für Literaturwissenschaft und Linguistik 4 (1974), H. 16, S. 69 ff. H. Schmidt/A. van Kesteren (Hg.): Semiotics of Drama and Theatre, Amsterdam 1984 (Lit.). K. Eimermacher (Hg.): Semiotica Sovietica. Sowjetische Arbeiten der Moskauer u. Tartuer Schule (1962–1973), 2 Bd.e, Aachen 1986 (Lit.). *W. H.*

Sensibilität ↑ Wahrnehmung, ästhetische

Sentimentale, das. Sentimental (engl. empfindsam) nennt man menschliche Verhaltensweisen, Persönlichkeitsstrukturen oder Zustände, die übermäßig von Gefühlen und Stimmungen bestimmt sind. Die Grenzen zwischen dem S. und dem Rührenden, Rührseligen, Empfindsamen, Schwärmerischen sind fließend. Der heute überwiegend abwertend verwendete Ausdruck unterliegt stärker als andere ästhetische Kategorien dem Wandel der sozialen Verhältnisse. Gefühle und Gefühlsausdrucksformen, die zur Zeit des Rokoko, der Empfindsamkeit, des Biedermeier ein gesellschaftlich anerkanntes Moment der individuellen Seelenbildung (↑ schöne Seele), des Freundschaftskultes und der gesellschaftlichen Gefühlskultur ausgemacht haben, werden heute als kitschig, unecht, übertrieben empfunden. Als sentimental gelten heute Gefühle relativ oberflächlicher, sanfter, weicher, „süßlicher" Natur, die sich von den gewaltsamen großen Leidenschaften, den in die Tiefe der Seele greifenden tragischen oder religiösen Gefühlen unterscheiden. In den „Rührstücken", in der Trivialliteratur, Schlagermusik, Idyll-Malerei, im Heimatfilm usw. finden sentimentale Gefühle eine meistens in Charakter und Handlung konventionelle, leichtverständliche Darstellung. Das Rührende kann aber auch als emotionale Reaktion auf die Auflösung verhärteter, inhumaner Verhaltensweisen und Konflikte auftreten und die Empfindung einer wiedergewonnenen Unschuld zum Ausdruck bringen. Umgekehrt droht der habituell gewordene, konventionelle Sentimentalitätsverdacht unserer Zeit zu einer Verödung und Verfälschung auch der echten Gefühle und differenzierteren Seelenregungen zu führen. Die gelegentlichen Rückwendungen zum Ausdruck subjektiver Gefühlslagen in Film, Roman, Lyrik haben den Anti-Sentimentalismus nicht eindämmen können.

Lit.: J. Volkelt: System der Ästhetik, 2. Bd., S. 277 ff. M. Wieser: Der sentimentale Mensch, Stuttgart 1924.   *W. H.*

Sentimentalische, das. Unter dem Begriff des S. faßt Schiller die spezifische Eigenart der modernen Dichtung. Der naive Dichter (Homer, auch Shakespeare, Goethe u. a.) ist noch „ganz Natur", sein Empfinden und Denken bilden eine Einheit, seine Darstellung ist objektiv. Der sentimentalische Dichter hingegen „sucht die Natur", er ist reflexiv, seine Darstellung subjektiv. Damit führt Schiller die *Querelle des anciens et des modernes* unter dem Einfluß der Rousseauschen Entgegensetzung von Natur und (entfremdeter) Kultur fort.

In erster Linie wird das S. durch den Zwiespalt von Ideal und Wirklichkeit und seinen idealischen Grundzug gekennzeichnet. Die Satire (Cervantes, Swift, Fielding, Voltaire) kritisiert die unvollkommene Wirklichkeit im Namen des Ideals. Die Elegie trauert dem verlorenen Ideal, d. h. dem Glück der Jugend, der Liebe oder dem entschwundenen „goldenen Zeitalter" (Haller, Klopstock u. a.) nach. Die Idylle (Geßner u. a.) gestaltet das Ideal als (utopischen) Gegenentwurf zur bestehenden Wirklichkeit. Neben Satire, Elegie und Idylle ist die sentimentalische Dichtung vor allem auch durch die Tendenz zum „Lehrgedicht" charakterisiert.

Im Gegensatz zu F. Schlegel und seiner Unterscheidung des Schönen und ↑ Charakteristischen oder ↑ Interessanten ist der Gegensatz von naiver und sentimentalischer Dich-

tung eher typologisch als geschichtsphilosophisch konzipiert. Trotzdem erwartet Schiller von der (zukünftigen) Kunst die Versöhnung des Gegensatzes und die Verwirklichung einer neuen, reflektierten Naivität auf höherer Stufe.

Lit.: F. Schiller: Über naive und sentimentalische Dichtung. F. Schlegel: Über das Studium der griechischen Poesie. F. W. J. Schelling: Philosophie der Kunst, § 67 und § 68. G. Lukács: Schillers Theorie der modernen Literatur, in: Ders.: Faust und Faustus, Neuwied–Berlin 1967, S. 76 ff. P. Szondi: Poetik und Geschichtsphilosophie, 1. Bd., Frankfurt/M. 1974, S. 149 ff. *K. L.*

Sexualität ↑ Erotik und Kunst, ↑ Obszöne, das

Sinnlichkeit. Im Begriff der S. ist nicht allein die Leistung der äußeren Sinne für Empfindung, Wahrnehmung und Erkenntnis angesprochen, sondern auch das Gefühl, also der durch die Sinne vermittelte innere Zustand des Subjekts. Die Sinne können eine Quelle der Täuschung wie der Erkenntnis sein, und das Gefühl ist durch seine Unbeständigkeit in Fragen der Orientierung problematisch: Aufgrund dieser Einsicht beschäftigt die Frage, welche Rolle und welcher Wert der S. in einem vernünftigen, an wahrer Erkenntnis und moralischer Güte orientierten Selbstverständnis zukommen kann, die Philosophen seit der Antike. Die ästhetische Erfahrung und die Kunst als der Ort der reflektierten S. werden entsprechend ambivalent und kontrovers beurteilt. In der Neuzeit rücken sie zunehmend ins Zentrum der Aufmerksamkeit und erfahren in der Moderne vor allem im Anschluß an die wirkungsmächtige Theorie der S. bei Locke und an die aus der Leibniz-Wolffschen Schule hervorgegangenen Ästhetiken eine deutliche Aufwertung.

Für Platon ist die S. als Element des Leibes nur der dienende Teil der Seele. Die Kunst ist als Nachahmung jederzeit in Gefahr, bloße Sinnestäuschung zu sein. In der Bestimmung durch das rechte Maß bezieht er das Schöne wie auch das Gute und die wahre Erkenntnis auf einen intelligiblen Begriff. Doch in ausdrücklichem Hinweis auf die angenehme Sinnesempfindung, auf Glanz und Liebreiz des Schönen, erkennt er zugleich dessen unabdingbare sinnliche Grundlage an.

Der aristotelischen Bestimmung der sinnlichen Wahrnehmung *(aisthesis)* verdanken wir bis heute den Leitbegriff der Ästhetik. Die Sinne zeigen die Lebendigkeit des Menschen und verbinden ihn innerlich wie äußerlich mit den einzelnen Dingen.

Shaftesbury und die an den Sensualismus anknüpfenden Ästhetiker des 18. Jh. betonen die grundlegende Leistung des auf S. gegründeten ästhetischen und moralischen Gefühls (Hutcheson, Burke, Smith, Home). In diesem Rahmen gehört auch Rousseau, der gegen die Einseitigkeit einer vermeintlich reinen Verstandesaufklärung mit den ursprünglichen Ansprüchen des Gefühls auch den sinnlichen Menschen verteidigt. Zur gleichen Zeit begründet Baumgarten auf der erkenntnistheoretischen Grundlage der rationalistischen Metaphysik die Ästhetik als eine philosophische Disziplin, indem er die Rolle der S. gegen den absoluten Vorrang der Vernunfterkenntnis rehabilitiert. Für ihn leistet die S. eine undeutliche, aber genuine Form von Erkenntnis.

Kant begreift die S. als das Vermögen der Anschauungen. Im Unterschied zur Spontaneität des Verstandes als des Vermögens der Begriffe ist die S. durch Rezeptivität bestimmt. Während den sinnlichen Anschauungen in der Erkenntnis die untergeordnete Rolle des bloßen Materials zukommt, hat die S. in der ästhetischen Einstellung eine eigenständige Bedeutung: Kriterium des Ästhetischen ist das Gefühl der Lust, zu dem es durch das freie Spiel der – stets auf sinnliche Eindrücke bezogenen – Einbildungskraft kommt.

Auf der Grundlage des damit entwickelten Begriffs der S. werden in der Folge dann bei Hegel und in der Romantik, bei Feuerbach, Marx, Nietzsche und bis in die Gegenwart nur noch die Akzente in der systematischen Wertschätzung der S. unterschiedlich gesetzt.

Lit.: Platon: Hippias maior. Ders.: Theaitetos. Ders.: Symposion. Ders.: Timaios. Ders.: Nomoi. Aristoteles: Metaphysik, vor allem 1. Buch. Ders.: Über die Seele. J. Locke: Versuch über den menschlichen Verstand (1690), Hamburg [4]1981. A. A. C. Shaftesbury: Der gesellige Enthusiast. A. G. Baumgarten: Aesthetica. I. Kant: Kritik der Urteilskraft. *B. R.*

Skulptur ↑ Plastik

Sozialistischer Realismus ↑ Realismus

Soziologie der Kunst. Die S. d. K. widmet sich der Erforschung und Darstellung der gesellschaftlichen Verhältnisse, unter denen Kunst im Laufe ihrer Geschichte produziert, distribuiert und rezipiert wird. In ihren Bereich fallen die ökonomischen Grundlagen der Kunstproduktion (Mäzenatentum, ↑ Warencharakter etc.), die gesellschaftliche Stellung und das Ansehen des Künstlers, die ↑ gesellschaftlichen Funktionen der Kunst und ihre politischen Rahmenbedingungen (↑ Kulturpolitik, ↑ Zensur) oder die Zusammensetzung des Publikums und seiner Geschmacksbildung (↑ Rezeptionsästhetik). In einem tieferen und über den äußeren Rahmen hinausgehenden Sinn erforscht die S. d. K. die Sublimierung gesellschaftlicher Inhalte zu ästhetischen Formen und Gattungen.

Der Wert, der den gesellschaftlichen Verhältnissen für die Erkenntnis der Kunst beigemessen wird, ist sehr verschieden und hängt von den methodischen Voraussetzungen ab. Geht man von der ↑ Autonomie der Kunst aus, so bleibt der S. d. K. nur wenig Raum. Ästhetik beschränkt sich wesentlich auf geistes- oder ideengeschichtliche Interpretation, d. h. auf Form- und Stilkriterien. Die sozialen Bedingungen werden ausgeklammert oder bleiben (wie auch biographische, psychologische oder geschichtliche Daten) im Rang zufälliger Begleitumstände, von denen keine Aufschlüsse über das eigentliche Wesen der Kunst erwartet wird (vgl. Welleck-Warren). Aber auch dort, wo die gesellschaftlichen Verhältnisse in den Mittelpunkt gerückt werden, wie in der (wissenssoziologischen) „Sozialgeschichte" der Kunst (Hauser) oder in der (empirischen) Soziologie (König, Silbermann, Fügen), wird in der Regel die Eigengesetzlichkeit der Kunst und ihrer Entwicklung vorausgesetzt, d. h. es wird nicht der Anspruch erhoben, zum immanenten Verständnis der Kunst wesentlich beizutragen.

Geht man umgekehrt von der sozialen Heteronomie der Kunst aus, so bleibt für spezifisch ästhetische Probleme wenig Raum. In positivistisch-naturwissenschaftlicher Weise werden auch Formprobleme lückenlos aus sozialen Ursachen abgeleitet (St. Beuve, Comte u. a.). Besonders deutlich tritt der Kurzschluß von Gesellschaft und Kunst bei Taine oder Guyau in Erscheinung, die die Eigenart von Bildern, Skulpturen, Bauwerken etc. aus der „moralischen Temperatur", d. h. aus den drei Faktoren der Rasse, der historischen Bedingungen und des Milieus ableiten zu können glauben.

Im Gegensatz zu beiden Extremen steht ein Ansatz, der sich an der klassischen deutschen Ästhetik orientiert, die die Eigenständigkeit der Kunst in ihren sozialen Bezügen (als dialektische Einheit beider Seiten), d. h. die ästhetische Form als Ausdruck der Entwicklung des „Geistes" begreift. So interpretieren F. Schlegel oder Hegel z. B. die literarischen Gattungen als Ausdruck ihrer geschichtlichen und gesellschaftlichen Entstehungsbedingungen: das Epos etwa als den künstlerischen Ausdruck des heroischen, den Roman als Ausdruck des bürgerlichen Zeitalters. Der Doppelcharakter der Kunst als *fait social* und als *autonomes* Werk

(Adorno) ist allerdings selbst historisch bedingt und nur aufgrund bestimmter gesellschaftlicher Verhältnisse möglich. Zum einen entwickelt sich die Autonomie der Kunst erst auf der Basis der bürgerlichen Produktionsweise, zum anderen besteht ihre Gesellschaftlichkeit in der Negation der gesellschaftlichen Wirklichkeit (einer Negation, die sie für Adorno, Marcuse u. a. erst kraft der Autonomie ihrer Form zu leisten imstande ist).

Auch für die Konzeption der Lukácsschen Ästhetik ist die Dialektik von Autonomie und sozialer Heteronomie konstitutiv. Ganz in der Tradition von Marx behandelt sie die Kunst als Form der ↑ Ideologie, die nicht nur der Ausdruck sozialer Bedingungen und Interessen ist, sondern auch ihre „relative Selbständigkeit" (Engels) bewahrt (und auf die Gesellschaft zurückwirkt). Ihre grundlegende Dialektik von Kunst und (gesellschaftlichem) Leben grenzt sich nach der einen Seite gegen die (bürgerliche, kantianische) Verselbständigung der Kunst gegenüber dem Leben (↑ L'art pour l'art) ab, nach der anderen gegen die unmittelbare In-Dienst-Nahme der Kunst durch das Leben, wie sie z. B. im Stalinschen Begriff des Schriftstellers als „Ingenieurs der Seele" zum Ausdruck kommt, dessen Aufgabe auf die ästhetische (seelische) Vermittlung von Parteibeschlüssen beschränkt werden soll.

Lit.: H. Taine: Philosophie der Kunst. J. M. Guyau: Die Kunst als soziologisches Phänomen, Berlin 1987. G. Lukács: Schriften zur Literatursoziologie, Neuwied ³1968. Ders.: Die Eigenart des Ästhetischen, Kap. 1. Th. W. Adorno: Einleitung in die Musiksoziologie, Reinbek 1968. Ders.: Ästhetische Theorie, S. 9 ff. und S. 334 ff. N. Fügen: Die Hauptrichtungen der Literatursoziologie, Bonn ²1970. Ders. (Hg.): Wege der Literatursoziologie, Neuwied–Berlin ²1971. A. Silbermann: Empirische Kunstsoziologie, Stuttgart 1973. Ders. (Hg.): Klassiker der Kunstsoziologie, München 1979. P. Bürger: Literatur- und Kunstsoziologie, Frankfurt/M. 1978. A. Hauser: Sozialgeschichte der Kunst und Literatur, München 1983. Ders.: Soziologie der Kunst, München ³1988. L. Löwenthal: Literatur und Massenkultur, Frankfurt/M. 1990.*K. L.*

Spannung kann in einem objektiven und einem subjektiven Sinn verstanden werden. Im objektiven Sinn bezieht sie sich auf den Aufbau eines Kunstwerks, auf die Art und Weise, wie das künstlerische Problem entfaltet wird und eine Lösung findet. Sie kann eine straffe, dicht und dynamisch sich entwickelnde formale Gesamtstruktur bezeichnen, aber auch in Details zur Geltung kommen, z. B. bei der Auflösung einer Dissonanz. Es hängt von der künstlerischen Bildung, den Kenntnissen und der Unterscheidungskraft des Wahrnehmenden ab, wie differenziert die Arten und die Verhältnisse der S. sind, die im Gegenstand noch wahrgenommen werden können. Bei den darstellenden Künsten kann S. in einer unkonventionellen, die Gestaltungspotentiale bis zum Äußersten in Anspruch nehmenden Art zum Ausdruck kommen, den Wechselbezug zwischen künstlerischer Absicht und dem Darstellungsgegenstand auszutragen, die Mannigfaltigkeit heterogener und scheinbar zufällig auftretender Einzelheiten in eine sich mit innerer Notwendigkeit vollziehende Einheitsstruktur zu integrieren. S. im objektiven Sinne gehört zu den grundlegenden künstlerischen ↑Werten (Christiansen).

Im subjektiven Sinn bezeichnet S. die Erregung von (rationaler) Neugier und/oder emotionalem Bedürfnis nach der Lösung eines auf der formalen und/oder inhaltlichen Ebene entstandenen Gegensatzes. S. unterscheidet sich von der Angst durch die innere Sicherheit, daß für den Wahrnehmenden keine wirkliche Gefahr besteht. Sie kann aber so unerträglich werden, daß der Wahrnehmende Augen und Ohren verschließt oder bei Romanen das glückliche Ende vorwegliest, um sich von ihr zu befreien. Weil die Aufmerksamkeit des Wahrnehmenden allein auf die zu erwartenden Ereignisse der Handlung konzentriert ist oder auf einer vollständigen Identifikation mit dem Protagonisten beruht, und zwar in einem Maße, daß jede innere ↑Distanz aufgehoben ist, wird S. von den Formalisten unter den Künstlern, Kritikern und Rezipienten als unkünstlerisch abgelehnt und der Trivialkunst (vor allem den Kriminal- und Horrorgeschichten in Literatur, Film und Fernsehen), dem sportlichen Wettkampf und anderen Formen der „spannenden Unterhaltung" zugeordnet.

Lit.: B. Christiansen: Die Kunst, Buchenau 1909, S. 23 ff. C. Dollerup: The Concepts of ‚Tension', ‚Intensity', and ‚Suspense' in Short-Story Theory, in: Orbis Litterarum 25 (1970), S. 314–S. 337. M. Zuckerman: Sensation Seeking: Beyond the Optimal Level of Arousal, Hillsdale, N. J. 1979.   *W. H.*

Spiel ist eine freiwillige und um ihrer selbst willen verrichtete Tätigkeit. Sie entbehrt aller über ihren Kreis hinausgehenden Zielsetzungen und wird von keiner äußeren Notwendigkeit diktiert. Dadurch unterscheidet es sich von der Arbeit und gehört in den Bereich der Muße, der ↑Freizeit und des Vergnügens.

Sämtliche S. besitzen eine Ordnung. Sie sind räumlich und zeitlich begrenzt und verlaufen nach Regeln, die von allen Mitspielern anerkannt werden. Ihre Grenzen zum ↑Kult, zu rituellen oder religiösen Feiern wie etwa den pythischen oder olympischen S. im alten Griechenland fließen. Allerdings ist das S. (ebenso wie der ihm verwandte Wettkampf oder der ↑Sport) wesentlich im Diesseitigen, Weltlichen beheimatet. Platon und Aristoteles haben bereits den Wert des kindlichen S. für die Erlernung körperlicher oder geistiger Fertigkeiten bzw. für die Ausbildung der Persönlichkeit hervorgehoben. Die Pädagogik (Pestalozzi, Rousseau, Fröbel) wie die moderne Entwicklungspsychologie (Adler, Zulliger u. a.) sind ihnen darin gefolgt und haben den Nutzen des S. (für die soziale Interaktion, für die Ausbildung kombinatorischer u. a. Fähigkeiten etc.) konkretisiert.

Für die Ästhetik hat Schiller den S.trieb klassisch als die Mitte zwischen passiv-aufnehmendem Stoff- und aktiv-beherrschendem Formtrieb definiert: als Versöhnung von Sinnlichkeit und Vernunft, Natur und Freiheit. Der Gegenstand des S.triebs ist die ↑Schönheit, sein Endziel die Freiheit. Nur dort spielt der Mensch, wo er „in voller Bedeutung des Wortes Mensch ist" und nur da ist er „ganz Mensch, wo er spielt". S. und Schönheit werden zum Vehikel der ästhetischen ↑Erziehung, durch die die moderne Entfremdung von Mittel und Zweck, von Arbeit und Genuß aufgehoben werden soll.

Stark von Schiller beeinflußt, erkennt Marcuse in der Herrschaft des S.triebs das „Wahrzeichen einer nicht-repressiven Kultur". Über die Ausbildung einer neuen Sinnlichkeit soll die Tyrannei der („instrumentellen") Vernunft und des Realitätsprinzips durchbrochen und die bestehende ↑Kultur entsublimiert werden. Das S., das Lust- und Realitätsprinzip miteinander versöhnt, wird damit zum Modell einer befreiten, klassenlosen Gesellschaft. Dagegen kritisiert Lukács den Idealismus des Schillerschen S.begriffs. Zwar bleibt auch bei ihm das humanistische Anliegen erhalten: die Integration der menschlichen Persönlichkeit. Das Ziel kann aber nicht durch Ästhetisierung der Wirklichkeit, sondern nur auf dem Wege politischer Praxis verwirklicht werden.

Als fragwürdig erscheint Huizingas Versuch, im S. den ↑Ursprung der Kunst und der Kultur nachzuweisen. Zwar besitzt die Kunst in der Form ihrer Darbietung (Theater, Konzert) wie in ihrer inneren Struktur (Rhythmus, Reim, Rätselcharakter etc.) auch starke spielerische Elemente (vgl. Kowatzki). Die geschichtliche Genesis der Kultur und der Kunst aber kann nur im Zusammenhang mit der Entwicklung der menschlichen Arbeit wirklich begriffen werden. Der utopistischen Annahme, Arbeit selbst werde zum S.

(Fourier, auch Marcuse) hat schon Marx entgegengehalten, daß die Erzeugung von Lebensmitteln immer ein „Reich der Notwendigkeit" bleiben werde. Wirkliche Freiheit in diesem Bereich kann es nur dadurch geben, daß die assoziierten Produzenten die Arbeit rationell (d. h. auch auf eine die Natur nicht zerstörende Weise) regeln und unter ihre gemeinsame Kontrolle bringen.

Lit.: F. Schiller: Über die ästhetische Erziehung des Menschen, vor allem 15. und 23. Brief. G. Lukács: Geschichte und Klassenbewußtsein (1923), Neuwied–Berlin 1970, S. 245 ff. J. Huizinga: Homo ludens. Vom Ursprung der Kultur im Spiel, Hamburg 1956. I. Heidemann: Der Begriff des Spiels, Berlin 1968. H. Marcuse: Triebstruktur und Gesellschaft, Frankfurt/M. 1971, Kap. IX. I. Kowatzki: Der Begriff des Spiels als ästhetisches Phänomen. Von Schiller bis Benn, Bern u. a. 1973. A. Portmann/D. Kamper: Das Spiel in biologischer und philosophischer Sicht, in: Merkur, Bd. 9 (1975). *K. L.*

Sport. Unter dem Begriff des S. werden die verschiedensten körperlichen (und geistigen) Aktivitäten zusammengefaßt, deren Grenzen sowohl zur Arbeit als auch zum ↑Spiel offen sind. Mit der Arbeit verbindet den S. die Anstrengung und die Orientierung an Leistungen, mit dem Spiel der Selbstzweckcharakter, die Orientierung an Regeln, die Freiwilligkeit und das Vergnügen. Nach der sozialen Grundlage lassen sich Breiten- und Spitzen-S., nach der Art der Ausführung Individual- und Mannschaftssport, nach dem erforderten Verhältnis von Schnelligkeit, Geschicklichkeit und Kraft lassen sich

Leicht- und Schwerathletik, nach der Verwendung von Geräten Ruder-, Ball-, Schieß-, Motorsport etc. unterscheiden. Die Motivation zu sportlicher Betätigung liegt entweder im S. selbst (Wettkampf, Bewegungsdrang, Freude an der Überwindung von Schwierigkeiten) oder jenseits des S. (Ehre, Verdienst etc.).

Die enge Verwandtschaft zwischen S. und Kunst liegt zunächst in ihrem gemeinsamen Ursprung in ↑ Kult und ↑ Magie (minoische Stierkämpfe, magische Tänze) sowie in ihrer langen Verwurzelung im religiösen Brauchtum, wie z. B. in den pythischen, isthmischen oder olympischen Spielen (Harris, Weiler). Der griechische *Agon* wurde nicht nur im Fünfkampf (Weitsprung, Wettlauf, Ringen, Speer- und Diskuswurf), sondern auch in philosophischen und künstlerischen Darbietungen (Lieder-, Theateraufführung) ausgetragen. S. (Gymnastik) und Kunst bildeten die Grundbestandteile der griechischen Erziehung (vgl. Platons *Politeia*); auf ihnen und der Harmonie von Leib und Seele beruht das Ideal der *Kalokagathía,* des „Schön-Guten".

Strukturelle Ähnlichkeiten zwischen S. und Kunst bestehen in der starken Affinität beider zum Spiel (Huizinga), in der Konzentration (der Bewegungsabläufe oder der mimetischen Abbildung) auf das Wesentliche, d. h. auf die Knotenpunkte der Bewegungsabläufe und damit auch in der Schönheit (Witt, Whiting u. a.). Die starke emotionale Wirkung, die von beiden ausgeht, ist im Falle des S. körperlich-spontan und abhängig von der Offenheit des Ausgangs, im Falle der Kunst geistig und durch die Form (Retardierung, Steigerung etc.) vermittelt.

Unter den Bedingungen der ↑ Massenkultur hat sich der S. (der aktive wie der Zuschauer-S.) stark gewandelt (Böhme, Wohl, Rütten, Bischoff u. a.). Neben Unterhaltung, Sensation, Nervenkitzel (nach dem römischen Vorbild des *panem et circenses*) erfüllt er verschiedene psychologische und politische Funktionen. Er kompensiert die Bewegungsarmut einer zunehmenden Büro- und Verwaltungsarbeit und erhält die körperliche Leistungsfähigkeit. Er ermöglicht die Abfuhr aufgestauter Aggressionen, organisiert die Freizeit und bietet über den S. hinaus auch die Möglichkeit sozialer Integration. Die Ausrichtung sportlicher Großveranstaltungen wie Fußballweltmeisterschaften oder Olympischer Spiele ist nicht nur ein Mittel staatlicher Repräsentation, sondern (aufgrund von Sponsor-, Werbeverträgen, Fremdenverkehr etc.) auch zu einem erheblichen ökonomischen Faktor geworden.

Lit.: J. Huizinga: Homo ludens. Vom Ursprung der Kultur im Spiel. Hamburg 1956. J. O. Böhme u. a.: Sport im Spätkapitalismus, Frankfurt ²1972. H. A. Harris: Sports in Greece and Rome, London 1972. A. Wohl: Die gesellschaftlich-historischen Grundlagen des bürgerlichen Sports, Köln 1973. H. T. A. Whiting/D. W. Masterson (Hg.): Reading in the Aesthetics of Sport, London 1974. J. Bischoff/K. Maldaner (Hg.): Kulturindustrie und Ideologie, Hamburg 1980, 1. Bd., Abs. 4. G. Witt: Ästhetik des Sports, Berlin 1982. A. Rütten: Sport, Ideologie, Kritische Theorie. Etappen einer unglücklichen Liebe, Frankfurt/M. u. a. 1988. J. Weiler: Der Sport bei den Völkern der Alten Welt, Darmstadt ²1988.   *K. L.*

Stadtbaukunst ↑ Architektur

Stil (von lat. *stilus:* der Schreibgriffel) bezeichnet die subjektive Anwendung bzw. Erzeugung von Regeln des künstlerischen Schaffens. Die Geschichte des ästhetischen S.begriffs beginnt mit der humanistischen Rezeption der antiken Rhetorik und entwickelt ein vielfältiges Spektrum an Bedeutungsvarianten, die heute noch allesamt nebeneinander in Gebrauch sind.

1) Der S.begriff der Renaissance leitet sich her aus dem Konzept der *elocutio* (griech. *léxis*) der griech.-lat. Rhetorik. Gemeint ist damit die Versprachlichung der vom Redner in der *inventio* gefundenen und in der *dispositio* geordneten Gedanken. Die Realisierung der *elocutio* vollzieht sich auf drei Ebenen: a) den Tugenden der Sprachverwendung *(virtutes elocutionis)*: Sprachrichtigkeit *(latinitas)*, Deutlichkeit *(perspicuitas)*, Redeschmuck *(ornatus)* und Angemessenheit an den Redegegenstand und die Redesituation *(aptum)*. Wird die Sprachrichtigkeit von der Grammatik als *ars recte dicendi* gewährleistet, so gehören die drei anderen Tugenden der Rede genuin der ↑ Rhetorik als *ars bene dicendi* zu und liefern so das Fundament für den neuzeitlichen S.begriff. b) Die Arten der Sprachverwendung *(genera elocutionis)*, die sich nach der Redesituation bestimmen – politische Rede *(genus deliberativum)*, Gerichtsrede *(genus iudiciale)*, Lobrede *(genus demonstrativum)* – bilden die Grundlage für die

Unterscheidung von drei S.arten – schlichter S. *(genus humile)*, mittlerer S. *(genus medium)*, erhabener S. *(genus subtile)* –, die sich bis in die Ästhetik des 19. Jh. verfolgen lassen. c) Die Einteilung der Wortfügungsarten – „glatte Fügung", „mittlere Fügung", „rauhe Fügung" – geht ebenfalls in den S.begriff der Neuzeit ein.

2) Nach der Verdammung der S.pluralität im Mittelalter sind es die Humanisten und ihre Vorläufer, die ab dem 14. Jh. die Vielfalt der S. wieder zur Geltung bringen. Dantes „pragmatische" S.definition in *De vulgari eloquentia*: „die stilistische Ausschmückung ist ein Hinzufügen des jeweils einer Sache Angemessenen" eröffnet einen neuen Horizont der S.diskussion, der, von der Rhetorik und ↑ Poetik ausgehend, bald auch die anderen Künste erfaßt: die Musiktheorie des 16. Jh. bildet einen differenzierten Kanon musikalischer S. aus; die bildende Kunst versteht unter S. bereits die „persönliche Handschrift" des Künstlers und bereitet so den S.begriff des 19. Jh. vor.

Bis ins 18. Jh. bleibt S. indessen eine normative Kategorie: Sie bezeichnet die Art des sprachlich-künstlerischen Ausdrucks, die der Darstellung des Wahren angemessen ist. Buffons berühmtes Diktum aus seiner Akademierede im Jahr 1753: „Der S. ist der Mensch selbst" steht noch ganz im Horizont der Verbindung von gutem S. und Erkenntnis der Wahrheit. Dieser S.begriff, der sich auf die Darstellungsweise der Wissenschaft bezieht, findet sich ebenso in der aufklärerischen Stilistik und wirkt bis in die idealistische Ästhetik hinein; so in Goethes Abhandlung über *Einfache Nachahmung der Natur, Manier, Stil* von 1789 und in Hegels Trias von „Manier, Stil und Originalität" – beide begreifen S. als adäquaten künstlerischen Ausdruck für das Wesen der Dinge.

3) Die Buffon-Rezeption des 19. Jh. interpretiert den Topos vom S. als dem „Menschen selbst" im Sinne der zeitgenössischen Genieästhetik: S. ist der einzigartige Ausdruck der Künstlerindividualität, losgelöst von den Richtlinien der normativen Poetik; er offenbart die ganz persönliche, unnachahmliche Physiognomie des Schöpfers, der die Regeln seines Schaffens nicht aus der Tradition bezieht, sondern aus sich selbst heraus setzt. Dieses S.ideal wurde schon von Moritz in seinen *Vorlesungen über den Styl* (1793) gegen die Aufklärungspoetik und ihre These von der Lehrbarkeit der Dichtung in die Diskussion eingeführt. In der romantischen Ästhetik (F. Schlegel, Schleiermacher) wird es zur herrschenden Konzeption.

4) In diametralem Gegensatz zur Konzeption des Individualstils steht diejenige von S. als Eigenart einer Nation, Sprache oder Epoche. Dieses ins Historische gewandte Konzept eines überindividuellen Kollektivstils ist weder normativ orientiert noch produktions- bzw. rezeptionsästhetisch aufgefüllt. An Winckelmanns *Geschichte der Kunst des Altertums* (1763/68) anknüpfend, vollführt die Kunstwissenschaft des ausgehenden 19. und beginnenden 20. Jh. einen rein deskriptiven Umgang mit den Kunststilen der Vergangenheit. Die stilgeschichtliche Forschung, die von der Kunstgeschichte (Riegl, Worringer, Wölfflin) ausgeht und bald auf die Musikwissenschaft (G. Adler) und die Literaturwissenschaft (Walzel, Vossler) übergreift, tritt das Erbe des Historismus des 19. Jh. an, der die Gemeinsamkeit von Epochen und Kulturen problematisierte und versuchte, das je Eigentümliche einer Epoche aus dieser selbst heraus zu erfassen. Der Epochen-S. wird zurückgeführt auf anthropologische Eigenschaften, er gerät zur Funktion einer bestimmen Art zu denken, zu fühlen oder zu handeln. Eine extreme Fassung dieser Konzeption findet sich in den konservativ-reaktionären S.auffassungen, die die Rasse (Günther) oder die aus „Blut" und „Züchtung" gewonnene „Haltung" (Rothacker) als Basis des künstlerischen S. deklarieren.

5) In den Selbstreflexionen der Künstler bildet sich im 19. Jh. ein S.begriff heraus, der sich vom romantischen Individualstil abgrenzt und die weltschöpfende, objektivierende Kraft des S. postuliert. Flaubert bezeichnet S. als eine von den Gegenständen „abgelöste Art, die Dinge zu sehen" und etabliert damit ein künstlerisches Bewußtsein vom S. als einem Blickpunkt auf die Wirklichkeit, der die Welt nicht nur in spezifischer Weise aufnimmt und zur Erscheinung bringt, sondern sie allererst aus sich heraus generiert. Dieses pathetisch verkündete S.ideal läßt sich, von Flaubert ausgehend, über den ↑ Ästhetizismus (Pater, Wilde) und Symbolismus bis hin zur klassischen Moderne (Eliot, Rilke, Benn, Joyce, Proust) verfolgen.

Nietzsche benutzt das genuin ästhetische S.konzept zur Subversion des philosophischen Wahrheitsanspruchs: Subjektivität und Perspektivität der S. erlauben keine unmittelbare Darstellung der einen Wahrheit; die S.arten erzeugen vielmehr eine Pluralität von „Wahrheiten", die unabhängig von jenen keinen Geltungsanspruch besitzen.

6) Im 20. Jh. zeichnet sich – vorangetrieben sowohl durch die historischen Avantgardegruppen als auch durch die zunehmende gesellschaftliche Dominanz der ↑ Massenkultur – eine verstärkte Ausbreitung des S.begriffs im Alltag ab: Sprechen, Handeln, Verhalten schlechthin strukturieren sich nach dem Modus der Stilisierung – als Selektion und Neukombination gesellschaftlicher Codes, als absichtsvolles Bestätigen oder Zitieren von Normen bzw. als bewußter Normverstoß. Die Überführung von Kunst in den Alltag bewirkt eine Ästhetisierung des Lebens; Stilisierung *im* Alltag wird zunehmend zur Stilisierung *des* Alltags (Gumbrecht); die gesellschaftliche Totalität dissoziiert sich in scheinbar autonome Felder, die je eigene „Lebensstile" ausprägen. Ob diese Pluralität der Lebensweisen sich noch als geschlossene „Stilformation" (Rosenberg) beschreiben läßt, scheint zumindest problematisch.

Lit.: M. F. Quintilian: Ausbildung des Redners. G. L. L. Buffon: Discours sur le style (1753), Paris 1939. K. Ph. Moritz: Vorlesungen über den Stil, in: Werke, 3. Bd., Frankfurt/M. 1981, S. 585–S. 756. E. A. Lippmann: Stil, in: Die Musik in Geschichte und Gegenwart, 12. Bd., Kassel u. a. 1965. J. Anderegg: Literaturwissenschaftliche Stil-

theorie, Göttingen 1977. S. Chatman (Hg.): Literary Style. A Symposium, London–New York 1971. W. G. Müller: Topik des Stilbegriffs, Darmstadt 1981. F. Möbius (Hg.): Stil und Gesellschaft, Dresden 1984. H. U. Gumbrecht/K. L. Pfeiffer (Hg.): Stil. Geschichten und Funktionen eines kulturwissenschaftlichen Diskurselements, Frankfurt/M. 1986. *G. Bu.*

Stimmigkeit ↑ Form, ↑ Kunstwerk

Stoff ↑ Inhalt

Struktur bezeichnet das Gefüge von Relationen, durch die die Elemente eines Ganzen miteinander verbunden sind. Hieran sind vier Aspekte hervorzuheben: 1) Das Ganze hat gegenüber den Elementen einen logischen Vorrang; 2) die Elemente sind nicht isoliert zu bestimmen, sondern durch ihre Funktion im Ganzen; 3) die Relationen, die zwischen den Elementen bestehen, sind nicht monokausal aufzufassen, sondern als wechselseitig wirksame Beziehungsverhältnisse; 4) eine S. hat die Tendenz, sich gegenüber Veränderungen einzelner Elemente oder Einwirkungen von außen invariant in ihrer inneren Gesetzmäßigkeit zu erhalten.

Der S.-Begriff drang seit der zweiten Hälfte des 19. Jh. progressiv in die Geisteswissenschaften, hauptsächlich in die Soziologie, Psychologie und Linguistik ein und löste die mechanistische Denkweise ab, die von unabhängig voneinander bestehenden Elementen und monokausalen Beziehungen zwischen ihnen ausging. Der S.-Begriff erfuhr jedoch eine so uneinheitliche Verwendung, daß versucht wurde, ihn durch andere Begriffe zu ersetzen (Synchronie, System, Gestalt), die jedoch dem gleichen Verschleiß ausgesetzt waren. – Wissenschaften, die mit dem S.-Begriff arbeiten, setzen sich zum Teil polemisch von geschichtlichen Untersuchungen ab, denen sie Relativismus und subjektive Willkür vorwerfen. Einige S.-Theorien fassen S. als ontologisches Prinzip, andere als methodologisches Konstrukt auf, das ermöglichen soll, komplexe Gegebenheiten als Gesetzmäßigkeiten zu betrachten. Der französische Strukturalismus spricht von S. nur dann, wenn es sich um abgeschlossene Systeme handelt (Lévi-Strauss). Der tschechische Strukturalismus dagegen faßt die S. als ein dynamisch sich veränderndes System auf, dessen allmähliche geschichtliche Umstrukturierung zu keinem Zeitpunkt als abgeschlossen betrachtet werden darf (Mukařovský). Die Verwendung des S.-Begriffs ist jedoch nicht auf den Strukturalismus begrenzt. In der Kunstwissenschaft hat C. v. Lorck S. als den sichtbaren objektiven Aufbau eines Kunstwerks bestimmt, den er nach Ähnlichkeits-, Identitäts- und Gegensatzbeziehungen untersucht; die S.-„Deutung" habe die Aufgabe, die S. der Weltanschauung des Künstlers oder des Zeitalters zuzuordnen.

Lit.: R. Bastide (Hg.): Sens et usage du terme ,structure' dans les sciences humaines et sociales, Paris 1962. H. Naumann (Hg.): Der moderne Strukturbegriff. Materialien zu seiner Entwicklung, Darmstadt 1973. H. v. Einem: Der Strukturbegriff in der Kunstwissenschaft, in: Abhandlungen der Akademie der Wissenschaft und der Literatur, Geistes- u. sozialwiss. Kl., Mainz 1973, 2, 3 ff.   *W. H.*

Strukturalistische Ästhetik. Zur s. Ä. in einem weiten Sinn kann man alle Theorien rechnen, die das Schöne und die Kunst aus Strukturbeziehungen erklären. In einem engeren Sinn begrenzt sich die s. Ä. auf die Problemdimension der ästhetischen ↑ Erfahrung, während die s. Poetik sich mit den Fragen des Aufbaus von Kunstwerken beschäftigt. Der Strukturalismus hat sich bisher hauptsächlich mit Fragen der Poetik beschäftigt.

Strukturtheorien sind in der Regel antimetaphysisch und antisubstantialistisch ausgerichtet und verstehen sich als empirisch fundierte, hypothetisch-konstruktivistische Theorien, die nicht isolierte Elemente, sondern komplexe, gesetzmäßig organisierte Ganzheiten (↑ Struktur) als methodologische Grundbegriffe verwenden. Da jedoch der Strukturbegriff unterschiedlich verwendet wird (Dilthey, Heidegger, Lévi-Strauss u. a.), haben Strukturalisten (Barthes u. a.) vorgeschlagen, den Strukturbegriff durch eindeutigere Begriffe der Linguistik wie Synchronie-Diachronie, *langue* und *parole* bzw. durch zeichentheoretische Begriffe zu ersetzen. Der Strukturalismus versteht sich in allen seinen Spielarten als *strenge* Wissenschaft.

Für die Poetik/Ästhetik sind vor allem drei Schulen wichtig geworden: der französische, tschechoslowakische und russische Strukturalismus. Der französische geht von der Linguistik de Saussures aus. Er unterscheidet methodisch zwischen systematischen (*synchronen*) und geschichtlichen (*diachronen*) Betrachtungsweisen und versucht, mit den Mitteln der modernen Linguistik (Jakobson, Hjelmslev) bzw. einer allgemeinen Zeichentheorie (Peirce) die Aufbaugesetze komplexer Gebilde (Gedichte, Filme u. a.) zu bestimmen. Paradigmatische Bedeutung für die Analyse von Gedichten hat Lévi-Strauss' und Jakobsons Analyse von Baudelaires *Les Chats* gewonnen (1962). Lévi-Strauss verallgemeinerte die theoretischen Grundlagen zu einer universalen, statischen Bewußtseinstheorie, wonach in geschichtlich und kulturell sehr unterschiedlichen Werken ein und derselbe Geist zum Ausdruck komme (*Anthropologie structurale*, 1958). L. Goldmann gelangte dagegen durch die Übernahme der materialistischen Geschichtstheorie von Lukács zu einem in epochalen Schüben sich wandelnden genetischen Strukturbegriff (*Pour une sociologie du roman*, 1964). R. Barthes, einer der erfolgreichsten Vertreter des Strukturalismus, entwickelte eine allgemeine dichotomische Semiologie, die er in methodologisch reflektierten Analysen der „strukturalen Tätigkeit" in literarischen Texten der Moderne, Mode, Reklame, den „Mythen des Alltags" usw. gegen die historischen Methoden ausspielte. T. Todorov stellte der Poetik die Aufgabe, das einzelne Sprachkunstwerk als Manifestation der allgemeinen Struktur „Literalität" aufzufassen und eine Theorie des poetischen Diskurses zu entwickeln.

Der tschechoslowakische Strukturalismus, wesentlich beeinflußt vom ↑ Russischen Formalismus und später von der Phänomenologie Husserls, geht im Unterschied zum französischen „statischen" von einem dynamischen, funktionalen Strukturbegriff aus, wonach sich konsolidierte Strukturen unter dem Einfluß äußerer gesellschaftlicher und geschichtlicher Faktoren allmählich umgestalten. Der Hauptvertreter, J. Mukařovský, hat in seiner Schrift *Ästhetische Funktion, Norm und ästhetischer Wert als soziale Fakten* (1936) die Grundzüge einer umfassenden ästhetischen Theorie entworfen, die von anderen Mitgliedern der Prager Schule weiter ausgebaut und systematisiert worden sind (Vodićka, Červenka, Chvatík). Im Unterschied zum französischen versucht der tschechoslowakische Strukturalismus eine vollständige Ästhetik zu entwickeln, in der durch die phänomenologische Unterscheidung zwischen Artefakt und ästhetischem ↑ Gegenstand der spezifisch ästhetischen (Wert)-Dimension angemessen Rechnung getragen wird.

Der Hauptvertreter des russischen Strukturalismus, der Literaturwissenschaftler J. Lotman, entwickelte im Anschluß an Russischen Formalismus, Semiotik und Kommunikationswissenschaft zunächst eine Theorie des Kunstwerks als eines Zeichensystems, das die Wirklichkeit modellierend interpretiert (*Vorlesungen zu einer strukturalen Poetik*, 1972), um schließlich die gesetzmäßigen Beziehungen, die sich zwischen Werk, Welt, gesellschaftlichem Umgang mit Kunst entwickeln, in einer differenzierten Kulturtheorie zusammenzufassen, durch die die Kunst als ein System in Systemen, als eine komplexe, spannungsreiche Ganzheit begriffen werden kann, die sich in Wechselwirkung mit anderen Systemen allmählich verändert (*Die Struktur des künstlerischen Textes*, 1973). Ist der tschechoslowakische Strukturalismus überwiegend an der bildenden Kunst orientiert, so der russische an der Literatur. B. A. Uspenskij stellte in seiner *Poetik der Komposition* (1975) den „Standpunkt", von dem aus sich die künstlerische Darstellung entwickelt, in den Mittelpunkt seiner Untersuchungen und vermittelt dadurch formale und inhaltliche Aspekte.

Lit.: H. Blumensath (Hg.): Strukturalismus in der Literaturwissenschaft, Köln 1972 (Lit.). T. Todorov: Poetik, in: F. Wahl (Hg.): Einführung in den Strukturalismus, Frankfurt/M. 1973, S. 105 ff. K. Chvatík: Tschechoslowakischer Strukturalismus. Theorie und Geschichte, München 1981 (Lit.). J. Mukařovský: Kunst, Poetik, Semiotik, Frankfurt/M. 1989. K. Eimermacher (Hg.): Semiotica sovietica. Sowjetische Arbeiten der Moskauer und Tartuer Schule zu sekundären modellbildenden Zeichensystemen (1962–1973), 2 Bd.e, Aachen 1986 (Lit.). K. Chvatík: Mensch und Struktur. Kapitel aus der neostrukturalen Ästhetik und Poetik, Frankfurt/M. 1987.   *W. H.*

Subkultur ist die Kultur unterhalb oder außerhalb der durch Schule und Universität, durch staatliche und gesellschaftliche Organisationen oder durch die „Kulturindustrie" (Adorno) vermittelten und in der Öffentlichkeit repräsentierten ↑ Kultur. Sie umfaßt eigene Lebensstile, Wertmaßstäbe, Kommunikationsformen, Jargons etc. und entwickelt eigene Moden und ästhetische Ausdrucksformen. Die S. stellt in ihren vielfältigen Formen die geistige und moralische Identität von Randgruppen oder Außenseitern der Gesellschaft dar. Dieses Nicht-Integriert-Sein der sozialen Existenz (und damit auch der Kultur) kann durch die Zugehörigkeit zu bestimmten ethnischen oder religiösen Volkskulturen (Gastarbeiter, Asylanten) definiert sein. Es kann aber auch in der Gemeinsamkeit des sozialen Status (als Unterprivilegierter, Bohemien, Student), in der Übereinstimmung nicht-konformer politischer oder moralischer Überzeugungen, im Lebensalter (S. der Jugend) oder sogar im Geschlecht (feministische S.) liegen. Entsprechend scharf oder unscharf lassen sich die sozialen Grenzen der S. bestimmen.

Zum Teil existiert die S. neben der „offiziellen" Kultur, ohne tiefere Berührungspunkte und in eigenen Traditionen gegründet (z. B. die Kulturen der religiösen Diaspora). Zum Teil entsteht sie als Protest gegen die bestehende Kultur (z. B. die Avantgarde, die Kultur der Ökologie-, der Friedens-, der Frauenbewegung) oder versucht, als Gegenkultur eine zukünftige, humane Gesellschaft vorwegzunehmen (wie z. B. in den Kolonien der utopischen Sozialisten, den Landkommunen oder Wohngemeinschaften).

Ästhetisch läßt sich die S. durch ihre neuen Inhalte (Durchbrechung bestehender Tabus, Obszönität, Blasphemie etc.) oder durch ihre neuen Formen des Ausdrucks und der Darbietung charakterisieren. Gegen den herrschenden Geschmack gerichtet, schließt sie das Häßliche und Abstoßende mit ein, verzichtet auf die zeitgemäßen Standards technischer Perfektion und versucht zu schockieren (Dietrichsen u. a.). Gegen die Kultur des „Apparats" oder des „Establishments" sind auch die Darbietungsformen gerichtet (Happening, Straßentheater, Action, Workshop, Rock- und Popfestival etc.).

Trotz aller Verweigerung, allem Protest, aller Betonung der Spontaneität und Eigenständigkeit unterliegt auch die S. dem Prozeß der Assimilation und damit der Alterung (Schwendter). Nicht nur dadurch, daß sich die Kulturindustrie ihrer bemächtigt, ihre Motive, libertären Tendenzen und Ausdrucksformen übernimmt und dem Gesetz ihrer Verwertung unterwirft, sondern auch dadurch, daß der „underground" samt seinen Vertretern (Warhol, Bukowski u. a.) zur anerkannten und geförderten Kultur aufsteigt. Um ihre Identität zu bewahren, bedarf die S. also des ständigen Wandels, der immer neuen Negation des Konformismus, der fortwährenden Verteidigung gegen ihre Auslieferung an das Nützlichkeits- und Verwertungsprinzip der bestehenden Gesellschaft.

Lit.: H. Marcuse: Der eindimensionale Mensch, Neuwied-Berlin 1970. R. Schwendter: Theorie der Subkultur, Köln-Berlin 1971. Th. Roszak: Gegenkultur, München 1973. B. Brock: Ästhetik als Vermittlung, Köln 1977. D. Diederichsen/D. Hebdige: Schocker, Stile und Moden der Subkultur, Reinbek 1983. H. P. Duerr. Traumzeit. Über die Grenze zwischen Wildnis und Zivilisation, Frankfurt/M. 1985. *K. L.*

Symbol (griech. *symbolon:* Zusammengeworfenes, Erkennungszeichen) ist im allgemeinen Sinn alles, was als Zeichen festgelegt oder gedeutet wird. So gibt es eine Symbolik der Farben, Formen, Zahlen, (Edel-)Steine, Pflanzen, Tiere, Gestirne etc. Für die Ästhetik gewinnt das S. erst mit der neuzeitlichen Ablösung des Denkens von festgefügten (magischen, mythischen, religiösen) Weltordnungen an Bedeutung. Seit Shaftesbury, Winckelmann, Herder, Hamann u. a. versteht sich die Kunst nicht mehr nur als Ab- bzw. Nachbildung der Natur oder als gefällige Illustration vorgegebener Wahrheiten, sondern beansprucht, selbst Wirklichkeit und Wahrheit zu vermitteln, wenn nicht gar zu schaffen. Gegenüber der statischen ↑ Allegorie wird das S. zum dynamischen, kreativen Medium der Wahrnehmung und Erkenntnis von sinnlich nicht zugänglichen Erfahrungsbereichen. Der Künstler (als Seher oder Genie) wird folglich zum Mittler zwischen Göttlichem und Menschlichem, Wahrheit und Schein, Idee und Erscheinung. Er macht das Allgemeine, das „Unerforschliche", das Unseh- und Unsagbare „im Abglanz" des S. erfahrbar.

Im antikprofanen Sinne einer pantheistischen Kosmologie (Goethe) erschließt das S. das Wahre (Göttliche), bei den Vertretern einer idealistischen Metaphysik das Absolute oder Irrationale (Schelling, Vischer, Volkelt, Croce), bei empirisch eingestellten Denkern das Allgemein-Menschliche, Naturgesetzliche, Kosmische, Archetypische (Freud, Jung, Ogden/Richards). Das produktive, welt-erschließende S. wird damit zum Maßstab eigentlicher wahrer Kunst.

Die Analyse und Deutung künstlerischer Symbolik hat entsprechend vielfältige Traditionen ausgebildet, u. a. die kunstwissenschaftliche Ikonologie in ihren geistes-, kultur- oder formgeschichtlichen Spielarten (Warburg, Panofsky, Sedlmayr), die Psychoanalyse der Kunst (Freud, C. G. Jung) oder die literaturwissenschaftliche Stoff-, Motiv- und S.-forschung (Frenzel). Besonderen Einfluß auf die Ästhetik haben zuletzt auch die (erkenntnis-)theoretischen Arbeiten zur Zeichentheorie (Semiotik) ausgeübt (Peirce, Cassirer, Bense). Wichtige Anregungen bietet schließlich die der analytischen Philosophie zugehörige S.-theorie von Goodman.

Lit.: B. A. Sörensen (Hg.): Allegorie und Symbol. Texte zur Theorie des dichterischen Bildes im 18. und frühen 19. Jh., Frankfurt/M. 1972. G. Niklewski: Versuch über Symbol und Allegorie, Erlangen 1979. C. K. Ogden/I. A. Richards: Die Bedeutung der Bedeutung, Frankfurt/M. 1974. E. Frenzel: Stoff-, Motiv- und Symbolforschung, Stuttgart ³1970. N. Goodman: Sprachen der Kunst, Frankfurt/M. 1973. M. Bense: Semiotische Prozesse und Systeme, Baden-Baden 1975. G. Bentele/I. Bystrina: Semiotik, Stuttgart 1978. G. Pochat: Der Symbolbegriff in der Ästhetik und Kunstwissenschaft, Köln 1983.
W. K. K.

Symmetrie (griech. Ebenmaß) ist das gleichmäßige (spiegelbildliche) Form- oder Größen-Verhältnis von Teilen in einem Ganzen. In diesem abstrakten, beliebig differenzierbaren Sinn ist S. ein Grundbegriff vieler Disziplinen (Mathematik, Physik, Biologie, Chemie, Ethik usw.), der indifferent ist gegenüber der Unterscheidung zwischen Geistes- und Naturwissenschaften. In der Ästhetik und den Kunstwissenschaften gehört er mit Proportion, Harmonie, Rhythmus zu den elementaren Formbegriffen (↑Elementarästhetik). Er wird vielfach auf die Raumkünste eingeschränkt (D. Frey), wo er eine Ordnungsstruktur unter simultan bestehenden Elementen bezeichnet, im Unterschied zum ↑Rhythmus als Ordnungsbegriff von einander zeitlich folgenden Elementen. Da er aber über die Vermittlung von Zahlenverhältnissen ebensogut auf Musik, Tanz, Poesie anwendbar ist, setzt sich die allgemeine Verwendung für Raum- und Zeitkünste, für Kunst- und Naturschönheit mehr und mehr durch (Wolf, Bochner, Mainzer). In Antike und Mittelalter galt S. als konstitutives Moment von ↑Schönheit insbesondere der Architektur, doch hat bereits Plotin den Einwand der Leblosigkeit und einer bloß mechanischen statt organischen Einheit erhoben. S. wird in den Künsten jedoch nur selten mathematisch rein angewandt, vielmehr wird sie abgewandelt gemäß den Bedingungen ihrer Wahrnehmung: Das Werk muß symmetrisch erscheinen, eine mathematisch exakte S. wirkt spannungslos oder sogar unsymmetrisch. Ende des 17. Jh. wird der normativen S.idee der Antike eine moderne entgegengestellt, die nicht mehr *arbiträr* sein, sondern auf unwandelbaren Gesetzen beruhen soll (Perrault). Als abstraktes Formprinzip hat die S. zum Inhalt eines Werks keine wesentliche Beziehung (Hegel), doch kann sie ihm gegenüber eine positiv oder negativ interpretierende Rolle übernehmen, wie sie für sich genommen in Beziehung auf den Kosmos oder das Chaos einen bestimmten Symbolgehalt besitzt. Durch ihren Ausdruckswert von Ruhe, Gleichgewicht, Gefaßtheit gehört sie eher zum apollinischen als zum dionysischen Schönheitsideal.

Lit.: K. L. Wolf/R. Wolff: Symmetrie. Versuch einer Anweisung zu gestalthaftem Sehen und sinnvollem Gestalten, Münster 1956. W. Kambartel: Symmetrie und Schönheit, München 1972. S. Bochner: Symmetry and Asymmetry, in: Dictionary of the History of Ideas 4 (1973), S. 345–S 353. K. Mainzer: Symmetrien der Natur. Ein Handbuch zur Natur- und Wissenschaftsphilosophie, Berlin 1988. *W. H.*

Synästhesie (griech. Mit-Empfindung) nennt man das psychophysische Phänomen, daß ein Sinnesreiz nicht nur die ihm primär entsprechende Wahrnehmung, sondern zugleich in einem sekundären Sinnesbereich Wahrnehmungen oder Vorstellungen hervorruft. Beim Farbenhören wird mit einer Farbe ein akustischer Ton, beim Tonsehen mit einem Ton oder Geräusch eine Farbe wahrgenommen. Bei Primitiven und Jugendlichen sind die S. häufiger als in hochentwickelten Kulturen und bei Erwachsenen, doch wurde gezeigt, daß ein synästhetischer Faktor in jeder Wahrnehmung enthalten ist (Argelander). Herder und Plessner haben die S. durch die Annahme einer ursprünglichen Einheit aller Sinne zu erklären versucht, die durch die arbeitsteilige Entwicklung der Sinne aufgelöst wurde. Wellek entwickelte eine Theorie der „Ur-S.n", worunter er ursprüngliche, allgemein gültige

Entsprechungen zwischen Qualitäten verschiedener Sinnesbereiche verstand. In der Kunst früher Kulturen lassen sich viele S. nachweisen (z. B. in den altindischen Veden). Im 18. Jh. entwickelte der Abbé Castel auf der Grundlage einer „Musik der Farben" ein Farbenklavier, Telemann eine Augenorgel, die durch Farbmelodien menschliche Leidenschaften zum Ausdruck bringen sollte. Die Romantik versuchte durch S.n den geheimnisvollen Zusammenhang hinter allen Dingen anschaulich zu machen, in dem sich die Grenzen zwischen den Dingen aufheben sollten (Novalis, Tieck, E. T. A. Hoffmann). Synästhetische Korrespondenzen suchte auch das Bauhaus (Kandinsky, Itten) auszuwerten, analoge Tendenzen zeigten sich in der Musik (R. Wagner, Skrjabin, „Song and Light"-Konzerte von Cl. Bragdon) und Dichtkunst (franz. Symbolisten, Expressionismus). Da jedoch die S. große personelle Abweichungen aufweisen, ist nach wie vor umstritten, ob sie auf verallgemeinerungsfähigen Grundlagen beruhen.

Lit.: G. Anschütz: Farbe-Ton-Forschungen, 3 Bde., Leipzig 1927. A. Argelander: Das Farbenhören und der synästhetische Faktor der Wahrnehmung, Jena 1927 (Lit.). A. Wellek: Musikpsychologie und Musikästhetik, Frankfurt/M. 1963, S. 103 ff. L. Schrader: Sinne und Sinnesverknüpfungen, Heidelberg 1969. *W. H.*

System der Künste ↑ Klassifikation

Talent ↑ Künstler

Tanz ist eine Folge rhythmischer Körperbewegungen, deren Verständnis als T.-Sequenz vom jeweiligen sozialen Kontext abhängt. Je nach dem Entwicklungsstand einer Kultur und der gesellschaftlichen Funktion des T. reicht die Skala seiner Formen von der unmittelbaren Lebensäußerung bis zum Kunstwerk. Typisch für den T. sind folgende formale Momente: 1) Gestaltung des Raums durch Bewegung; T. ohne Raumstreben bleibt rhythmisches Bewegungsspiel, 2) rhythmische Gliederung, 3) Ausdruckswerte, z. B. der inneren Bewegtheit, des Tempos, der Phasengliederung oder der charakteristischen Ausdrucksform einer Bewegung und ihrer Dynamik.

Die Aussageformen des T. gliedern sich nach den Gegensätzen des abbildhaften und des absoluten T. Neben Mischformen ist als dritte, davon unabhängige Grundform der symbolische T. zu nennen (z. B. der balinesische Tempel-T.), in dem noch die kleinste Bewegung eine genau abgegrenzte Bedeutung hat. Zu den abbildhaften Formen zählen alle nachahmenden Tänze vom primitiven Kult (Tierzauber) bis zum Choreodrama des sozialistischen Realismus *(Spartakus)* und der Erneuerung des Handlungsballetts im Westen (Cranko/Stolze: *Der Widerspenstigen Zähmung*). Die absoluten T.-Formen stellen Bewegungen selbst dar, leiten ihre Themen aus den formalen Elementen des T. und der Choreographie ab (etwa „Raum", „Leichtigkeit") oder stellen abstrakte musikalische Strukturen dar (Balanchine/Bach: *Concerto barocco*).

Im Laufe der Geschichte haben sich verschiedene T.-stile herausgebildet: der Kult-T., der Volks-T., der ständische Hof-T. (aus dem das Ballett hervorgegangen ist), der bürgerliche Gesellschfts-T., der sportliche Turnier-T. oder der moderne Bühnen-T. Wegen der lückenhaften Überlieferung, nicht zuletzt aufgrund des Fehlens einer verbindlichen T.-schrift, sind die Zusammenhänge zwischen T. und sozioökonomischen bzw. geokulturellen Faktoren, die Verhältnisse zwischen T. und Religion, Spiel und Erotik bis heute weitgehend unerforscht.

Der T. kann ebensosehr absolut, nur als Bewegungsfolge im Raum, als auch im engen Zusammenwirken mit anderen Künsten vorkommen. Am häufigsten ist die Verbindung mit der Musik, wobei das Verhältnis beider Künste wechseln kann von der Rolle der Musik als dienender Unterlage für den Tanz (Limon/Purcell: *The Moor's Pavane*) bis zum gleichberechtigten Gestaltungsanteil von Tanz und Musik (Nijinsky/Strawinsky: *Le Sacre du Printemps*). Im Verhältnis zu Künsten wie Oper und Schauspiel kann der T. eine rein illustrative Funktion ausüben (T.-Einlagen); er kann aber auch mit der bildenden Kunst (Bühnenbild, Lichtregie), Musik und eventuell Literatur in einem ↑ Gesamtkunstwerk zusammenwirken, z. B. in Diaghilews *Ballets Russes*, für das Künstler wie Fokine und Nijinsky, Strawinsky, Picasso und Cocteau zusammenarbeiteten.

Die Rezeption des T. beruht auf der sympathetischen, lustbetonten Teilnahme des Zuschauers an der wahrgenommenen Bewegung, an den motorischen Rhythmen von Kraft und Entspannung. Besonders das klassische Ballett bewirkt die Illusion der Schwerelosigkeit, die Befreiung von der Trägheit und Enge des Körpers.

Lit.: F. Thiess: Der Tanz als Kunstwerk, München 1920. R. Copeland/M. Cohen (Hg.): What is Dance?, New York 1983. F. Sparshott: Off the Ground. First Steps to a Philosophical Consideration of the Dance, Princeton 1988 (Lit.).   G. B.

Technik ↑ Design, ↑ Schaffen, künstlerisches

Tendenz bezeichnet die Verbreitung politischer, moralischer oder religiöser Überzeugungen durch das Mittel der Kunst, d. h. die Unterordnung der künstlerischen Darstellung unter die Zwecke der Propaganda, der Belehrung oder Bekehrung. Der Rezipient soll durch die Kunst zu bestimmten Einstellungen, Verhaltensweisen oder Handlungen veranlaßt werden.

Die ästhetische Diskussion der T. beginnt z.Z. des Vormärz, mit der Kritik an der Goetheschen „Kunstperiode" (Heine) und den restaurativen Tendenzen in der Literatur. Noch unter der Nachwirkung des Kantschen Prinzips der Interesselosigkeit entstand die falsche Alternative von „reiner", „schöner" Kunst und „nützlicher" T.kunst. Auf der einen Seite fordert Freiligrath, der Künstler solle „auf einer höheren Warte, als auf den Zinnen der Partei" stehen, sich also jeder T. enthalten. Auf der anderen Seite heißt Herwegh jede Parteinahme, auch die des Geg-

ners, als Durchbrechung des traditionellen Kunstprinzips willkommen. Heine dagegen verbindet (in Übereinstimmung mit der dichterischen Praxis auch von Aischylos und Aristophanes, von Dante, Cervantes oder Schiller) die ↑ Autonomie einer Kunst um der Kunst willen mit der politischen Parteinahme zu einer dialektischen Einheit. Sein Spott auf die T.-poeten (z. B. im *Atta Troll*) gilt nur der mangelnden künstlerische Qualität oder der Abstraktheit der politischen Stellungnahme.

Im 20. Jh. wurde die Kunst insbesondere bei Piscator, v. Wangenheim, Heartfield, Eisler u. a. als Mittel im politischen Tageskampf eingesetzt. Durch Straßentheater, Fotomontagen, Plakate, Filme oder Politsongs sollte das Publikum zu bestimmten Entscheidungen und Handlungen agitiert werden. Für den Brecht der „Lehrstücke" ist das „gesellschaftlich eingreifende Verhalten" der Zuschauer das letzte Ziel seiner gegen die „Einfühlung" ausgerichteten, nichtaristotelischen Dramen. Adorno dagegen verwirft die T., die Auslieferung der Kunst an außerhalb ihrer selbst liegende Zwecke. Zugleich aber wehrt er sich auch gegen eine absolute Autonomie der Kunst im Sinne des ↑ L'art pour l'art. Allein durch ihre „Funktionslosigkeit", ihr absolutes Nicht-Engagement ist die Kunst wirklich engagiert. Nur so widersteht sie, wie etwa die Dramen Becketts oder die Musik v. Weberns der Verfügbarkeit innerhalb einer gänzlich funktionalen Welt, der Brecht u. a. seiner Ansicht nach noch verfallen sind.

Auch Lukács lehnt die T. ab, die er

als subjektive, moralische Forderung interpretiert, d. h. als Ideal, das vom Künstler an die Wirklichkeit herangetragen wird. An ihre Stelle setzt er den Begriff der Parteilichkeit, d. h. die Abbildung der objektiven Tendenzen. Die realistische Kunst (Balzac, Tolstoi, Th. Mann u. a.) ist parteilich, weil sie die treibenden Kräfte der geschichtlichen Entwicklung darstellt und in der Gegenwart die Zukunft aufscheinen läßt. Damit verletzt die Parteilichkeit weder die (relative) Autonomie der Kunst, noch stellt sie ihre kathartische, politische oder moralische Wirksamkeit in Frage.

Lit.: B. Brecht: Über eine nichtaristotelische Dramatik, in: Gesammelte Werke, Bd. 15, Frankfurt/M., 1967, S. 227 ff. G. Lukács: Tendenz oder Parteilichkeit? in: F. J. Raddatz (Hg.): Marxismus und Literatur, Reinbek ⁴1974, 2. Bd., S. 139 ff. Th. W. Adorno: Ästhetische Theorie, S. 365 ff. *K. L.*

Theater ist die Darstellung des Menschen durch Schauspieler vor einem Publikum. Angesiedelt im Spannungsfeld zwischen fiktiver Spielwelt (Schein) und Realität, vergegenwärtigt es die Identität einer Gesellschaft. Th. berührt Tabus, es imaginiert, illusioniert, spiegelt, irritiert, täuscht, verfremdet, es entwirft Utopien. Durch das „Als ob" des Rollenspiels schafft es eine zweite Realität, die sich mit der Wirklichkeit reibt. Th. ereignet sich dort, wo vereinbart wird, daß mindestens eine Person (auch Stellvertreter-Figur wie im Figuren-Th.) eine Rolle spielt, während andere zuschauen. Charakterisiert durch das triadische Verhältnis von

Spieler, Rolle und Zuschauer, ist Th. ein sich im Hier und Jetzt der zeitlich-räumlichen Einheit entfaltender Kommunikationsprozeß, der durch die Konvergenz von Produktion (↑ Aufführung) und ↑ Rezeption gekennzeichnet ist. Die Rezeption ist somit ein Teilmoment des theatralen Ereignisses selbst, das sich aufgrund seiner auratischen Unmittelbarkeit und seines flüchtigen, transitorischen Charakters einer Reproduktion verschließt. Daß Th. nicht mehr nur als Mittel zum Zweck der Aufführung des Dramas (als dem literarisch fixierten Text) oder der Spielvorlage, sondern als autonome Kunstform verstanden wird, hat dem Theatermachen einen besonderen Stellenwert eingeräumt. Eingebettet in ein System von visuellen (Mimik, Gestik, Maske, Kostüm, Kulisse) und akustischen (Musik, Geräusche) Kodierungen, die mit der Sprache als vornehmstem Träger theatraler Handlung korrelieren, ist die durch das jeweilige sozio-kulturelle Umfeld und die herrschenden ethno-ästhetischen Konventionen bestimmte Aufführung nicht nur vom Dramentext, sondern auch von der Regie abhängig. Dabei ist das Th. durch den übergeordneten Strukturzusammenhang zwischen Institution und Öffentlichkeit mitbestimmt, auch dann, wenn es privat, in sog. Freien Gruppen, organisiert ist. Insofern ist es immer eingebunden in die jeweilige Gesellschaftsordnung, deren hierarchische Struktur durch Architektur und Bühnenform gespiegelt werden kann (Amphitheater der griechischen Polis, Simultanbühne des Mittelalters, illusionistische Guckkastenbühne des höfischen Barock, Abschaffung der Rampe im 20. Jh.). In einer auf Massenkonsum ausgerichteten Freizeit- und „Kulturindustrie" (Adorno) strebten die Reformbewegungen des 20. Jh. nach einer Re-Theatralisierung des Th. unter Rückbesinnung auf seine rituellen und improvisatorischen Ursprünge, damit aber auch auf die bewußte Zerstörung seiner artifiziellen Überhöhung als Gesamtkunstwerk. Neue Formen des Mitspieltheaters (Performance, Happening) bewirkten die Aufhebung der durch die bilaterale Rollenstruktur festgeschriebenen Th.situation, deren Interaktionszusammenhang vor dem Hintergrund gruppendynamischer Zufallsoperationen neu definiert wurde.

Lit.: H. P. Doll/G. Erken: Theater. Eine illustrierte Geschichte des Schauspiels, Stuttgart/Zürich 1985. M. Brauneck/G. Schneilin (Hg.): Theaterlexikon. Begriffe und Epochen. Bühnen und Ensembles, Reinbek 1986. M. Brauneck: Theater im 20. Jh. Programmschriften, Stilperioden, Reformmodelle, Reinbek ²1986. *J. L.*

Theaterwissenschaft ist um 1900 als Theatergeschichte aus der Germanistik hervorgegangen. Den Pionieren der Th. (M. Herrmann, A. Kutscher, H. Dinger, J. Petersen, C. Nissen) gelang es erst nach Gründung von Fördervereinen und Theatergesellschaften sowie durch die Unterstützung von Praktikern (u. a. J. Bab, L. Jessner, M. Reinhardt), das Fach gegen die Widerstände der etablierten Geisteswissenschaften als selbständige Universitätsdisziplin durchzusetzen. 1923 erfolgte die Gründung des er-

sten theaterwissenschaftlichen Instituts in Berlin; Köln, München und Wien folgten. Heute ist die Th. an vielen Universitäten im deutschsprachigen und angelsächsischen Raum (*Drama Departments*) vertreten. Dem Vorwurf des Positivismus begegnete das Fach, dessen Legitimation aufgrund der problematischen Objektivierung des Gegenstands lange Zeit umstritten war, seit den 70er Jahren durch die Anerkennung eines transitorischen Werkbegriffs, der das flüchtige theatrale Ereignis als Kommunikationsprozeß und als polyfunktionales Zeichensystem zum Gegenstand der theoretischen Reflexion erhob. Die Abgrenzung zu der am schriftlich fixierten Dramentext orientierten Literaturwissenschaft war damit vollzogen, ohne daß die Methoden- und Theoriebildung bislang abgeschlossen wäre. Interdisziplinäre Forschungsansätze, die neben den originären Schwerpunkten (u. a. Aufführungsanalyse, Dramaturgie, Regie, Bühnenbild, -technik und -beleuchtung, Semiotik, empirische Rezeptionsästhetik, Publikumsforschung, Theaterästhetik und -kritik, Schauspieltheorie) zu fächerübergreifenden Verbindungen geführt haben (Theaterrecht, -therapie, -pädagogik), die Integration der Film- und Fernsehwissenschaften sowie die verstärkte Berücksichtigung von Musik- und Tanztheater haben erneut Kompetenzprobleme aufgeworfen, durch die eine verbindliche wissenschaftstheoretische Fundierung eher erschwert als begünstigt wird.

Lit.: D. Steinbeck: Einleitung in die Theorie und Systematik der Theaterwissenschaft, Berlin 1970. H. Klier

(Hg.): Theaterwissenschaft im deutsch-sprachigen Raum, Darmstadt 1981. R. Möhrmann (Hg.): Theaterwissenschaft heute, Berlin 1990.   *J. L.*

Theologische Ästhetik ist die Untersuchung und Beurteilung ästhetischer und künstlerischer Phänomene von seiten der Theologie. Dabei ist in erster Linie an die Theologie der beiden großen christlichen Konfessionen zu denken, aber auch an die Wissenschaften anderer Konfessionen und monotheistischer Religionen (russisch-orthodoxer, jüdischer Glaube, Islam).

Die Begründung der Ästhetik im 18. Jh. erfolgte in einer Zeit der Säkularisierung des Schönen und der Ablösung der Kunst von der Kirche. Erste Ansätze zu einer „Theologie der Kunst" (Rosenkranz) in der ersten Hälfte des 19. Jh. sahen sich deshalb an vergangene Zeiten der Gemeinschaft von Kunst und Religion verwiesen, um eine ↑Hermeneutik der religiösen Symbolik mittelalterlicher Kunst (Architektur, Malerei) zu entwickeln oder um die einstige Gemeinschaft wiederherzustellen (Kunst der Nazarener). Versuche zur Begründung einer spezifisch christlichen oder theistischen Ä. blieben ohne größere Resonanz (Chr. H. Weiße, M. Deutinger). Seit dem Beginn des 20. Jh. führte der Neothomismus und die Liturgiebewegung zu einer Belebung der Auseinandersetzung des katholischen Glaubens mit der bildenden Kunst und der Musik, doch blieb das Verhältnis zur zeitgenössischen Kunst kritisch, selbst wenn sich Künstler mit religiösen Problemen auseinandersetzten

(Beckmann, Fr. Bacon, Hrdlicka). Die th. Ä. beider christlichen Kirchen beruhen auf der Überzeugung, daß weder der Glauben noch die diesseitige Existenz des Menschen begriffen werden können ohne Schönheit und Kunst. Sie bemühen sich, im Medium der ästhetischen bzw. künstlerischen Erfahrung eine Vermittlung zwischen Glauben und menschlicher Existenz aufzuweisen. Sie stehen dabei vor der Aufgabe, einerseits eine theologische Rechtfertigung von Kunst und Schönheit zu entwickeln, andererseits eine christlich-religiöse Dimension in der Kunst, insbesondere der zeitgenössischen, aufzuweisen; in beiden Bereichen stößt der Vermittlungsversuch auf den Verdacht der Verfälschung oder einer bloß äußerlichen Reverenz. Der Bereich, in dem es zu einer Begegnung von Kunst und Religion kommen kann, wird unterschiedlich gedeutet. Tillich, auf Schleiermacher zurückgreifend, geht über die Alternative Autonomie-Heteronomie hinaus zu einer Theonomie der Kultur, indem er Kultur und Religion auf ein und denselben innersten Grund der menschlichen Existenz zurückführt. H. U. v. Balthasar begründet seine monumentale theologische Ästhetik auf platonischen und neothomistischen, aber auch auf lutherischen Gedanken, wenn er Schönheit und Kunst auf das Faktum der Inkarnation zurückführt. Für Bahr ist die Inkarnation das Heimisch-Werden Gottes in der Welt, wodurch die profane Welt, nicht bloß die sakrale, prinzipiell für die Kunst freigegeben ist und jede authentische Kunst das Inkarnationsangebot annehme. Van der Leeuw bestimmt auf phänomenologische Weise die Mitte von Kunst und Religion, die die Autonomie der Kunst unangetastet läßt, als das Bild-Gottes-Problem, das in den Künsten Tanz, Drama, Poesie, Bildkunst, Architektur, Musik auf je spezifische Weise Gestalt gewinne. Volp unterscheidet, um die gesamte ästhetisch-künstlerische Dimension auf das kirchliche Leben beziehen zu können, zwischen zwei Ebenen von Kunst: Kunst als Praxisdimension, die vom alltäglichen Lebensvollzug bis zur kirchlich-religiösen Praxis reicht, und die daraus hervorgehende, in Werken kristallisierte Sphäre der hohen Kunst. Das Künstlerische in beiden ist die Gestaltungskompetenz, in der sich Religion und Kunst zu durchdringen vermögen. Für die Untersuchung der komplexen praktisch-kommunikativen und theoretischen Aspekte stützt er sich auf die Semiotik.

Lit.: K. Rosenkranz: Theologie der Kunst (1846), in: Ders.: Studien, 5. Bd. Leipzig 1848. H. U. v. Balthasar: Herrlichkeit. Eine theologische Ästhetik, Einsiedeln 1961–69. H.-E. Bahr: Poiesis. Theologische Untersuchung der Kunst, Stuttgart 1961. G. v. d. Leeuw: Vom Heiligen in der Kunst, Gütersloh 1957. H. Schröer: Ästhetik, in: Theologische Realenzyklopädie I, Berlin 1977, Sp. 566 ff. R. Beck/R. Volp/G. Schmirber (Hg.): Die Kunst und die Kirchen. Der Streit um die Bilder heute, München 1984. A. Grözinger: Praktische Theologie und Ästhetik. Ein Beitrag zur Grundlegung der praktischen Theologie, München 1987.   *W. H.*

Therapeutische Funktion der Kunst. Theorie und Praxis der

Kunsttherapie haben sich in Amerika während der 40er Jahre herausgebildet (vgl. Naumburg). Ihren Ursprung verdankt sie den Untersuchungen Prinzhorns, Jaspers' u. a. über die Bildnerei von Geisteskranken bzw. über den Zusammenhang von künstlerischem Ausdruck und seelischer Verfassung des Menschen. Nach dem Krieg hat sich die Kunsttherapie – zunächst unter amerikanischem Einfluß – auch in Europa zunehmend durchgesetzt, wobei sie nicht nur von verschiedenen (analytischen, humanistischen etc.) Schulen der Psychologie in Dienst genommen, sondern über die Psychiatrie hinaus auch auf vielen Gebieten der (Behinderten-)Pädagogik, der Altenpflege, der (Sozial-)Arbeit mit Drogenabhängigen, Delinquenten u. a. oder in Selbsterfahrungsgruppen eingesetzt wurde (vgl. Schuster).

Wesentlich ist, daß das künstlerische Gestalten für die th. F. d. K. nur ein Mittel darstellt. Ziel der Malerei, der modellierten Darstellung, der musikalischen Interaktion, des Tanzes oder des improvisierten Rollenspiels ist nicht die Produktion von ästhetisch wertvollen Kunstwerken, sondern die Objektivation der eigenen Persönlichkeit. Zum einen soll das Werk, in dem sich Gefühle, Ängste, Gedanken, Erinnerungen etc. sedimentieren, jene Probleme und Konflikte sichtbar machen, die den psychischen Kontrollmechanismen zum Opfer fallen und damit aus der verbalen, bewußten Kommunikation ausgeklammert bleiben. Zum anderen soll es die Kontaktaufnahme des Therapeuten erleichtern oder den Gruppenprozeß in Gang bringen, indem es Hemmungen abbaut und die Gesprächsbereitschaft fördert. Auf die erste Phase des künstlerischen Gestaltens folgt die zweite des therapeutischen Gesprächs, die das geschaffene Werk oder die Erfahrungen des Produktionsverlaufs zum Ausgang nimmt, auf das Bewußtwerden und die Aufarbeitung der Probleme gerichtet ist und damit den eigentlichen Heilvorgang einleitet.

Der Nutzen der Kunsttherapie reicht von der Aufdeckung und Diagnose von Störungen oder Konflikten bis zur Heilung, zumindest zur Abmilderung des Leidensdrucks. In der Arbeit mit Randgruppen der Gesellschaft werden Alte, Behinderte oder Suchtabhängige wieder in kommunikative Prozesse einbezogen und zur Bewältigung ihrer Lebenssituation ermutigt. Vielfach ist die Kunsttherapie aber auch nicht auf die Kompensation von Defiziten gerichtet, sondern auf die Entwicklung des Menschen, d.h. auf die Förderung seiner Reife (beim Kind) oder auf die Selbsterfahrung, die durch künstlerisches Schaffen und reflektierenden Austausch in der Gruppe bereichert wird.

Lit.: H. Prinzhorn: Bildnerei der Geisteskranken, Berlin 1922. K. Jaspers: Strindberg und van Gogh. Versuch einer pathologischen Analyse, Leipzig 1922. M. Naumburg: Dynamically Oriented Art Therapy: Its Principles and Practice, New York 1966. P. W. Rech: Kunst und Therapie, Münster 1982. T. Dalley (Hg.): Kunst als Therapie. Eine Einführung, Rheda-Wiedenbrück 1984. M. Schuster: Kunsttherapie. Die heilende Kraft des Gestaltens, Köln 1986. H. Wadeson (Hg.): Advances in Art Therapy, New York u.a. 1989.   *K. L.*

Tradition (lat. *traditio*) ist die Gesamtheit der geistigen, technischen, institutionellen etc. Überlieferungen. Sie stellt den Entwicklungszusammenhang einer Gesellschaft und ihrer ↑ Kultur dar. Die T. der Kunst als Teilbereich der gesamten T. ist die Kunstgeschichte. Sie bildet den allgemeinen Hintergrund, in den sich das einzelne Kunstwerk einfügt bzw. gegen den es sich abhebt (um so evtl. eine neue T. zu begründen). Die Kunstgeschichte setzt sich ihrerseits aus vielen T. der Gattungen und Genres, der Stile, Materialien, Motive, Weltdeutungen etc. zusammen, so daß das einzelne Kunstwerk als Schnittstelle vieler T. oder auch als Synthese aus T. und Erneuerung bestimmt werden kann.

Der schöpferische Umgang des Künstlers mit der T. unterscheidet sich qualitativ vom begreifenden Umgang des (Kunst-)Wissenschaftlers oder dem leitenden des (Kultur-)Politikers. Im Gegensatz zum Kunstwissenschaftler bzw. zum Philologen, dem die T. als Forschungsgegenstand immer schon vorliegt und der *post festum*, auf die Kenntnis übergreifender Zusammenhänge und auf die Möglichkeit des Vergleichs gestützt, ihre Linien und Schnittpunkte nachzeichnet, verfährt der Künstler spontan und selektiv. Er erzeugt die T. zuallererst, indem er auf verschiedene, heterogene oder sogar verschüttete T. zurückgreift, um seine künstlerische Praxis zu befruchten. Sein Werk stellt eine Einheit aus traditionellen Bindungen und ↑ Originalität dar, wobei allzu starke Bindungen zu Epigonentum oder Eklektizismus führen. Auf der anderen Seite kann aber auch die Originalität die T. nicht überspringen. Selbst der radikalste T.sbruch wie etwa die avantgardistischen Versuche, die „Institution" der Kunst aufzuheben oder die Forderung nach Schließung der Museen und Opernhäuser, vollzieht sich auf dem Boden der T. Häufig manifestiert sich in ihm nur der Rückgriff auf andere, als die zeitlich gerade vorhergehenden T., wie z. B. der Rückgriff auf Jazz, Kirchentonarten, Volksmusik u. a. in der Musik des 20. Jh.

Nicht nur das künstlerische ↑ Schaffen, sondern auch die ↑ Rezeption der Kunst wird von der T. bestimmt. Auch nachdem die Kunst mit der T. gebrochen hat, wie etwa die abstrakte Malerei oder die Dodekaphonie in der Musik, wird sie innerhalb traditioneller Seh- und Hörgewohnheiten oder aufgrund traditioneller Erwartungshaltungen rezipiert (also auf gegenständliche Formen oder auf das Dur-Moll-System bezogen).

Die ↑ Kulturpolitik wählt, je nachdem sie vom Staat, von der Kirche, den Gewerkschaften, einzelnen Parteien oder Verbänden betrieben wird, innerhalb des überlieferten Kulturgutes aus. Sie fördert diejenigen T. die den eigenen Zielen oder Interessen entsprechen: durch finanzielle Unterstützung (Subventionierung, Vergabe von Aufträgen, Stipendien etc.), durch die Erstellung von Lehrplänen und Prüfungsordnungen oder durch eine entsprechende Personalpolitik (Universität, Akademien). Umgekehrt steht die direkte oder indirekte ↑ Zensur zur Unterdrückung unliebsamer T. zur Verfügung. Das Problem der T. als kulturelles „Erbe" wurde in der sog. Expressionismus- oder Realismusdebatte in den 30er Jahren diskutiert (vgl. Raddatz); man stritt darüber, welches (bürgerliche) Erbe von seiten des Sozialismus (Lukács, Brecht u. a.) angetreten werden sollte.

Lit.: A. Hauser: Methoden moderner Kunstbetrachtung, München 1970, Kap. 1. Th. W. Adorno: Ästhetische Theorie, S. 36 ff. H. H. Holz: Vom Kunstwerk zur Ware, Neuwied-Berlin 1972, Kap. 3. F. J. Raddatz (Hg.): Marxismus und Literatur, Reinbeck ³1974, Bd. 2, S. 7 ff. W. Kluxen (Hg.): Tradition und Innovation, Hamburg 1988.

K. L.

Tragische, das. Der Gegenstand des T. ist die Darstellung menschlichen Leidens und Untergangs, die nicht aus einem zufälligen, bedauernswerten Unglück, sondern als notwendige Folge aus der „Schuld" des Menschen, seinem Schicksal, seiner Verfehlung oder seiner geschichtlichen Existenz herrühren. Der Ursprung des T. liegt bei den Griechen vor allem im Konflikt zwischen sittlichen Sphären, z. B. zwischen Staat und Familie *(Antigone, Orestie)*, oder im Widerspruch zwischen dem willentlichen Tun des Menschen und dem, was er, durch sein Schicksal vorherbestimmt, unbewußt vollbringt *(Ödipus)*. Die Wirkung des T. besteht in der ↑ Katharsis, d. h. darin, daß sie „mit Hilfe von Mitleid und Furcht eine Reinigung von eben derartigen Affekten" bewerkstelligt (Aristoteles).

An die Stelle der substantiellen, sittlichen Mächte der Antike tritt in der Moderne die Innerlichkeit und

Partikularität des subjektiven Charakters. Die Gegenspieler der Tragödie besitzen nicht mehr die gleiche Berechtigung (wie z. B. Kreon und Antigone). Statt dessen gründet die tragische Schuld in den Leidenschaften des Individuums (Othello, Hamlet) oder im Aufbegehren des Individuums gegen die bestehende Sittlichkeit (Karl Moor, Wallenstein).

Hegel hat das Verdienst, das T. geschichtlich, als notwendigen Untergang einer im historischen Fortschrittsprozeß überholten Stufe des Geistes begriffen zu haben (z. B Antigone als Repräsentantin des Familienrechts). Allerdings hat das T. für ihn innerhalb der prosaisch-bürgerlichen Verhältnisse seine Daseinsberechtigung verloren. Die nach-hegelsche Ästhetik (Vischer, Hebbel u. a.) aktualisiert zwar den Begriff des T. im Zusammenhang mit den Erfahrungen der Revolution von 1848, zugleich aber entleert sie ihn seines geschichtlichen Gehalts und formalisiert ihn. Lassalle etwa sieht das T. im ewig unversöhnlichen Widerspruch zwischen unendlicher Idee und endlicher Wirklichkeit, zwischen revolutionärer Begeisterung und dem Zwang zur realpolitischen Diplomatie, in dem das Scheitern aller Revolutionen schon angelegt sei.

Auch Marx und Engels verbinden (in ihrer Kritik Lassalles) das T. mit dem geschichtlichen Prozeß. Im Gegensatz zu Hegel aber besitzt das T. insofern Aktualität, als der antagonistischen Gesellschaft der tragische Untergang noch bevorsteht. Tragisch ist für Marx und Engels einerseits der Untergang überlebter Klassen wie z. B. Götz von Berlichingens als eines Repräsentanten des überlebten Rittertums, andererseits aber auch der Untergang des zu früh gekommenen Revolutionärs wie z. B. von Th. Münzer (vgl. Lukács).

Seit Nietzsche ist die geschichtsphilosophische Begründung des T. einer psychologisich-existentiellen Begründung gewichen. Nun wird der „Zustand der Individuation" zur Quelle und zum „Urgrund" allen Leidens, ein Zustand, der in der Sokratischen Philosophie erstmals zum Ausdruck kommt und dessen Aufhebung von der Wiederbelebung des Dionysischen in der Musik (Richard Wagner u. a.) erwartet wird. Jaspers faßt das T. als *condition humaine*, als Erfahrung der Unzulänglichkeit und des Scheiterns und damit als Grunderfahrung des menschlichen Daseins.

Lit.: Aristoteles: Poetik. G. E. Lessing: Hamburgische Dramaturgie. F. Schiller: Über den Grund des Vergnügens an tragischen Gegenständen. G. W. F. Hegel: Vorlesungen über die Ästhetik, in: Werke, Bd. 15, S. 519ff. F. Th. Vischer: Ästhetik oder Wissenschaft des Schönen, § 136 und § 374. F. Nietzsche: Die Geburt der Tragödie aus dem Geist der Musik. W. Benjamin: Ursprung des deutschen Trauerspiels, Frankfurt/M. 1978. K. Jaspers: Über das Tragische, München 1952. G. Lukács: Die Sickingendebatte zwischen Marx-Engels und Lassalle, in: Werke, 10. Bd. Neuwied-Berlin 1969. P. Szondi: Versuch über das Tragische, Frankfurt/M. 1961. K. v. Fritz: Antike und moderne Tragödie, Berlin 1962. V. Sander (Hg.): Tragik und Tragödie, Darmstadt 1971.   *K. L.*

Typische, das. Typisch ist die Erscheinung des Allgemeinen, Wesentlichen oder Gesetzmäßigen. In Psychologie, Soziologie und anderen

Wissenschaften wird mit Hilfe von Typologie oder „Ideal-Typen" (M. Weber) die Vielfalt gleichartiger Phänomene unter abstrakte Begriffe gebracht und damit (wie z.B. die Menschen nach ihrem Körperbau in Kretschmars Konstitutionstypenlehre) geordnet und klassifiziert. Im Gegensatz zur Wissenschaft allerdings ist für die Kunst der Einzelfall konstitutiv. Ihr Ziel ist es nicht, vom Einzelfall zu abstrahieren und ihn unter allgemeine Zusammenhänge zu subsumieren, sondern im Einzelfall selbst zugleich das Allgemeine zum Ausdruck zu bringen. Das T. ist daher die *wesentliche Erscheinung,* die zur Erscheinung gebrachte Einheit des einzelnen und des Gesetzmäßigen.

Aristoteles stellt die Dichtung über die Geschichtschreibung, weil sie allgemeiner und philosophischer als diese ist. Sie erhebt sich über die empirische Faktizität und spiegelt das Mögliche wider, genauer: das „nach den Regeln der Wahrscheinlichkeit oder Notwendigkeit Mögliche". Damit erfaßt sie Wirklichkeit zwar nicht unbedingt in ihrer faktischen Richtigkeit, dafür aber in ihrer inneren Wahrheit. Lessing konkretisiert diesen Gedanken im Hinblick auf die Charaktere des Dramas. In der (Typen-)Komödie besitzen die Figuren (wie z.B. schon die Molièreschen Titel *Der Geizige, Der Misanthrop* etc. anzeigen) ohnehin einen allgemeinen Charakter. Aber auch die Tragödie, die dem Augenschein nach historische Individuen zum Gegenstand hat, ist auf das Allgemeine gerichtet. Sie bringt den Typus – z.B. in Julius Caesar den Tyrannen – zur Anschauung. Diderot begreift dieses

Allgemeine weniger als Charakter, sondern als Stand oder Beruf und damit als gesellschaftliches Verhältnis.

Ebenfalls in der Tradition von Aristoteles stehen Goethes Begriff des Symbols und Hegels Begriff des ↑Besonderen oder des ↑Ideals. Sucht der Dichter zum Allgemeinen das Besondere, so entsteht die Allegorie. Gestaltet er dagegen im lebendigen Besonderen zugleich das Allgemeine, so folgt er der eigentlichen symbolischen Natur der Dichtung. Damit grenzt Goethe (wie später auch Lukács) die wahre Natur der Dichtung gegen zwei Extreme ab: Zum einen gegen den „Naturalismus", der sich mit der fotografisch-getreuen (also un-lebendigen) Wiedergabe von Fakten zufriedengibt, zum anderen gegen den „Idealismus" der Allegorie, die die einzelne Erscheinung mit einer Bedeutung befrachtet, die ihr an sich selbst nicht zukommt und von außen (z.B. von der Religion) aufgepfropft wird.

Schon von Engels wird das T., die „getreue Wiedergabe typischer Charaktere unter typischen Umständen", als Wesensmerkmal der realistischen Kunst begriffen. In dieser Bedeutung nimmt Lukács den Begriff auf. Er konkretisiert ihn, indem er ihn einerseits mit der Geschichte der Ästhetik und andererseits mit der Geschichte der Literatur insbesondere des 19. und 20. Jh. (Balzac, Tolstoi, Th. Mann u.a.) vermittelt und damit verdeutlicht.

Lit.: Aristoteles: Poetik, Kap. 9. J. W. v. Goethe: Maximen umd Reflexionen, Nr. 279 und Nr. 1112. G. Lukács: Über die Besonderheit als Kategorie der Ästhetik, in: Werke, 10. Bd. Neuwied-

Berlin 1969. F. J. Raddatz (Hg.): Marxismus und Literatur, Reinbek ³1974, 1. und 2. Bd.   *K. L.*

Umwelt ↑ Ökologische Ästhetik

Unmittelbarkeit   ↑ Wahrnehmung, ästhetische

Unterhaltung ↑ Freizeit

Urbanistik ↑ Architektur

Ursprung der Kunst. Die Frage nach dem U. d. K. wird je nachdem, was unter dem Wesen der Kunst verstanden wird, auf sehr verschiedene Weise beantwortet. Platon, der die Kunst als Geschenk der Götter und den Künstler als deren Dolmetscher betrachtet, sieht den U. d. K. in der Inspiration, im religiösen „Wahnsinn" oder ↑ Enthusiasmus. Aristoteles dagegen, der die Kunst wesentlich als ↑ Mimesis begreift, sieht ihren U. in der angeborenen Fähigkeit des Menschen zur Nachahmung bzw. am Vergnügen, das ihm das Wiedererkennen des Nachgeahmten bereitet. Prinzipiell lassen sich vor allem drei Ansätze unterscheiden: *Anthropologisch* sind alle Versuche, die den U. d. K. aus der Natur des Menschen erklären – aus seinem Spieltrieb (Schiller, Huizinga), aus dem angeborenen und bereits bei gewissen Tieren ausgeprägten „Schönheitssinn" (Darwin) oder aus dem psychischen Mechanismus der Sublimation bzw. der (Ersatz-)Befriedigung real nicht befriedigter Wünsche in der ↑ Phantasie (Freud). *Ontologisch* ist die Deutung des U. d. K. als dem Wesens-Ur-

sprung, d. h. als dem durchgängig Gleichbleibenden der Kunst. In diesem Sinne wird U. als die Weise des Sich-ins-Werk-Setzens der Wahrheit (Heidegger) oder aber als Religion und festliche Überhöhung (Kuhn, Gadamer) verstanden. Gegen sie bringt Adorno das Argument der Geschichtlichkeit ins Spiel: Kunst ist, „was sie geworden ist" und nicht, „was sie von je soll gewesen sein". Die dritte, *geschichtliche* (oder geschichtsphilosophische) Erklärung des U. d. K. basiert insbesondere auf Hegel. Die dialektische Struktur des Geistes, sein Bedürfnis, sich zu vergegenständlichen und sich in der Vergegenständlichung wiederzuerkennen, ist – materialistisch gewendet – in Marx' Begriff der Arbeit aufgehoben. Zum einen entwickelt der Mensch im Laufe seines „Stoffwechselprozesses mit der Natur" jene Fähigkeiten (Abstraktionsvermögen, handwerkliches Geschick) und Werkzeuge, die die Voraussetzung der künstlerischen Produktion darstellen. Zum anderen ist die „Kunst" in ihren Anfängen unmittelbar in den Arbeitsprozeß verwoben und stellt (als Höhlenbild, Kulttanz etc.) ein „magisches Werkzeug" (Fischer) zur Bewältigung der Natur dar.

Lukács' Begriff des Alltags stellt insofern eine Erweiterung dieses Ansatzes dar, als er neben der Arbeit auch die Kommunikation umfaßt. Alltag und Magie bilden für Lukács nicht nur den U. d. K., sondern auch den Ursprung von Religion und Wissenschaft. Ihre Differenzierung erfolgt im Fortschritt der gesellschaftlichen Arbeitsteilung. Gewinnt die Wissenschaft schon in der Antike und Renaissance ihre Eigenständigkeit, so entwickelt sich die Kunst (infolge ihres Anthropomorphismus) noch lange unter der Hülle der Religion. Im engeren Sinn wird die Frage nach dem U. d. K. damit zur Frage nach den Stationen ihres „Befreiungskampfes", in dem sie sich aus dieser Hülle löst und ihr eigenes (sich ganz im Diesseits verwirklichendes) Wesen entfaltet.

Lit.: Ch. Darwin: Die Abstammung des Menschen (1859/1872), Stuttgart 1966, Kap. 3. M. Heidegger: Der Ursprung des Kunstwerks. J. Huizinga: Homo ludens. Vom Ursprung der Kultur im Spiel, Hamburg 1956. G. Lukács: Die Eigenart des Ästhetischen, Kap. 1–5. H. Kuhn: Schriften zur Ästhetik, München 1966, S. 224 ff. und S. 253 ff., Th. W. Adorno: Ästhetische Theorie, S. 480 ff. G. Bataille: Die Höhlenbilder von Lascaux und die Geburt der Kunst, München u. a. 1984. E. Fischer: Von der Notwendigkeit der Kunst, Hamburg ² 1985, Kap. II. *K. L.*

Urteil, ästhetisches ↑ Geschmack, ↑ Kunstkritik

Utopie (griech. *ou-topos:* nirgendwo) bezeichnet eine andere, virtuelle Wirklichkeit, die der faktischen Realität als Wunsch- oder auch als Schreckbild (Anti-U.) entgegengesetzt wird. In der U. verknüpfen sich so Sein und Sollen, Wirklichkeit und Möglichkeit. Aus der Einbettung der U. in meist geschichtsphilosophische und ethische Prämissen rührt eine ihrer Hauptprobleme her: ihre scheinbar nur behauptete Existenz (abstrakte U.). Dem suchten Theoretiker der U., z. B. Bloch, mit dem Hinweis auf die Wechselbeziehung von

Wunsch und Wirklichkeit entgegenzutreten (konkrete U.). Mit Ästhetik berührt sich die U. dort, wo in Kunstwerken die Möglichkeit eines guten Lebens für alle Menschen vorgebildet wird. Zu unterscheiden ist hier zwischen einer *ästhetischen U.* und der *U. des Ästhetischen,* d. h. zwischen den künstlerischen Darstellungen von U.n und jenem utopischen Gehalt, den die Kunst kraft ihrer Form besitzt. Beide Richtungen traten und treten in der Avantgardekunst der Moderne auf, wobei die U. des Ästhetischen insgesamt dominiert.

Geistesgeschichtlich ist der U.-Gedanke schon früh in theologischen Motiven (Eschatologie), den Staatsromanen der Renaissance und des Barock (Morus, Campanella, Bacon) oder den universal-pädagogischen Entwürfen der Aufklärung (Herder, Kant) nachweisbar. Erst Schiller bezog U. eindeutig auf die Kunst. Sowohl die großen idealistischen Ästhetiken (Schelling, Hegel) als auch die romantische Kunsttheorie F. Schlegels zehrten davon. Mit Beginn der Industrialisierung formt sich der utopische Roman zu einer eigenständigen Gattung (Mercier, Cabet), die als *science-fiction* bis in die Gegenwart reicht. Den weitreichendsten Versuch eine utopische „Ästhetik des VorScheins" zu erstellen, unternahm im 20. Jh. Bloch. Er deutete Kunstwerke als allegorische Wunschbilder der Hoffnung und billigt ihnen dadurch ein wichtige „utopische Funktion" zu.

Lit.: E. Bloch: Geist der Utopie (1918/ 1923). Ders.: Prinzip Hoffnung, Kap. 33 bis 42. K.-H. Bohrer: Der Lauf des

Freitag. Die lädierte Utopie und die Dichter, München 1973. H. Wigmann: Utopie als Kategorie der Ästhetik, Stuttgart 1980. W. Voßkamp (Hg.): Utopieforschung, 3 Bd.e., Frankfurt/M. 1985. B. Schmidt: Kritik der reinen Utopie, Stuttgart 1988.   *Th. W.*

Verfremdung, künstlerisches Verfahren, Vertrautes und Bekanntes fremd, unbegreiflich, wunderbar oder unheimlich erscheinen zu lassen. Im ↑ Russischen Formalismus ist V. das zentrale künstlerische Verfahren schlechthin (Sklovsky), das eine durch gesellschaftliche, sprachliche und künstlerische Konvention automatisierte Wahrnehmung erschwert bzw. aufhebt und den Blick auf das künstlerische Verfahren selber lenkt. Innerhalb der europäischen Literatur- und Kunstgeschichte neigen besonders die antiklassischen Epochen zur V., so Asianismus, Manierismus, Romantik und Moderne. – Für Brechts Theorie und Praxis des epischen Theaters ist V. von zentraler Bedeutung. Sie soll im Gegensatz zum kulinarischen Theater die distanzlose Einfühlung des Zuschauers verhindern und ihn statt dessen zum selbständigen Urteil, zu Kritik und zum Willen zur Veränderung der Gesellschaft erziehen, ohne sein Vergnügen am Theater zu schmälern. „Echte, tiefe, eingreifende Verwendung der Verfremdungseffekte setzt voraus, daß die Gesellschaft ihren Zustand als historisch und verbesserbar betrachtet. Die echten V.-Effekte haben kämpferischen Charakter." (Brecht). – Mittel der V. sind die „V.-Effekte": Unterbrechung der Hand-

lung durch Sprecherkommentar, Songs, direkte Wendungen ans Publikum, Schrifttafeln, Filmprojektionen, Masken, Distanz der Schauspieler zu ihrer Rolle, offene Bühnentechnik Überschreiten der Rampe u. a.

Lit.: V. Sklovsky: Die Kunst als Verfahren (1916), in: Texte der russischen Formalisten, 1. Bd., München 1969. J. Striedter: Transparenz und Verfremdung, in: W. Iser (Hg.): Immanente Ästhetik – ästhetische Reflexion, München 1966. R. Grimm: Verfremdung. Beiträge zu Ursprung und Wesen eines Begriffs, in: Revue de Littérature Comparée 35, 1961. H. Helmers: Verfremdung in der Literatur, Darmstadt 1984. *G. H.*

Versöhnung   ↑ Gesellschaftliche Funktion der Kunst

Visuelle Kommunikation wurde Mitte der 50er Jahre als Alternativbegriff zu ↑ Design und später als zeitgemäßerer Begriff für die gesamte Sphäre der bildenden Kunst proklamiert. Er trägt der Erweiterung der bildenden Künste auf die Massenmedien Rechnung (Film, Fernsehen, Werbung, Comics) und will durch die Thematisierung der Produzenten- und Rezipientenseite des visuellen Kommunikationsprozesses eine kritische Kontrolle ermöglichen, die gegen die Kommerzialisierung des Visuellen und die Entmündigung des Rezipienten durch die Interessen des Kapitalismus gerichtet ist. Die Theorie der v. K. ist eingebettet in die kritische Gesellschaftstheorie (Adorno, Marcuse, Habermas). Sie arbeitet im wesentlichen mit den analytischen Mitteln der Zeichentheorie und will zu einem emanzipatorischen Mediengebrauch erziehen. Sie engagierte sich vor allem in der Kunstpädagogik und strebte die Ersetzung des Kunstunterrichtes durch das Fach v. K. an, das zu einer kritischen Auseinandersetzung mit der modernen Lebenswelt anleiten sollte. Ende der 70er Jahre zeigten sich jedoch wieder Tendenzen zu einer stärkeren Berücksichtigung der „schönen Kunst". Die v. K. sollte sich nun nicht mehr auf die Medien beschränken, sondern auch die „interpersonale K." einbeziehen sowie durch ergänzende Analysen der verbalen K. die ideologische Überformung der v. K. kontrollierbar machen.

Lit.: H. R. Möller: Gegen den Kunstunterricht, Ravensburg 1970. H. K. Ehmer (Hg.): Visuelle Kommunikation. Beiträge zur Kritik der Bewußtseinsindustrie, Köln 1971. H. Hartwig (Hg.): Sehen lernen. Kritik und Weiterarbeit am Konzept visuelle Kommunikation, Köln 1976.   *W. H.*

Volkskunst ist die Kunst des einfachen Volks, insbesondere der Bauern und der Landbevölkerung. Sie steht im Gegensatz zur „Hochkunst" des Adels und des gebildeten Bürgertums und zur „volkstümelnden" Kunst der städtischen Handwerker und Arbeiter. Die Definition der V. als einer eigenständigen „Klassen- und Standeskunst" (Hauser) setzt sich ebenso gegen ihre Mystifizierung als Produkt eines naturhaften überindividuellen „Volksgeistes" (bei Herder und den Romantikern) ab wie gegen ihre Abwertung als eines „Gesunkenen Kulturguts" (Naumann), der den Beitrag des Volks nur als ein „Zersingen" oder „Zerformen" einstuft. Mit der

Kunst der ↑ Naiven (Bihalij-Merin) überschneidet sich die V. insofern, als auch sie von Laien geschaffen wird und keinen Anspruch auf individuellen Ausdruck, fortgeschrittene Materialbeherrschung oder Originalität erhebt. Mit der „primitiven Kunst" urgeschichtlicher Verhältnisse verbindet sie die enge Beziehung zu ↑ Magie und ↑ Religion, die sie oft weniger als Mimesis der Natur denn als Vergegenwärtigung eines Übersinnlichen und Numinosen erscheinen läßt (Legende, Sage).

Die V. kennt im Gegensatz zur „Hochkunst" keine ↑ Autonomie, sondern ist, wie etwa das Arbeits- und Volkslied, der Volkstanz, das Märchen, die Heiligen- und Votivbilder, ganz in den Alltag und das Brauchtum eingebettet. In enger Verbindung mit dem Handwerk (Bauernmöbel und -keramik, Trachten, Web- und Flechtarbeiten etc.) umrahmt und schmückt sie das Nützliche, die Gebrauchsgegenstände. Stilistisch ist sie von einfachen (zweidimensionalen), ornamentalen, fast geschichtslos anmutenden Formen geprägt. Produzent und Konsument lassen sich nicht wie in der „Hochkunst" voneinander trennen. Riegl führt die V. auf den „Hausfleiß" zurück, der „den Begriff des Kapitals nicht kennt" und ganz auf den Gebrauchswert ausgerichtet ist.

Die Einrichtung volkskundlicher Museen (1873 Stockholm, 1885 Kopenhagen, 1889 Berlin) und die technische Reproduktion ihrer Werke hat zu einer breiten Rezeption und Neubewertung der V. geführt (Bringens). Bemerkenswert ist vor allem, daß die V. nicht nur Einflüsse aufgenommen und verarbeitet, sondern auch selbst schöpferische Impulse an die „Hochkunst" (etwa auf den Roman der Romantik, die Musik Kodálys und Bartóks, auf die Malerei des „Blauen Reiters", Kandinskys u. a.) vermittelt hat. Für die realistische Kunst wurde die Forderung der ↑ Volkstümlichkeit erhoben, die, gegen den esoterischen Formalismus der Avantgarde gerichtet, an die Ausdrucksformen des Volks anknüpfen und sie zugleich heben sollte.

Der Niedergang der V. erfolgte mit der Ausweitung der Industrieproduktion und ihres Designs und mit der Ausbreitung der Massenmedien, deren (uniformierter) Formsprache die V. nicht standhalten konnte. Zum anderen wurde die V. selbst vermarktet, für den Tourismus als Souvenir verkitscht und ins Angebot der Massenproduktion aufgenommen (Bausinger).

Lit.: A. Riegl: Volkskunst, Hausfleiß und Hausindustrie (1894), Mittenwald 1978. E. Wechsler: Begriff und Wesen des Volksliedes, Marburg 1913. H. Naumann: Primitive Gemeinschaftskultur, in: Beiträge zur Volkskunde und Mythologie, Jena 1921. H. Th. Bossert: Volkskunst in Europa, Berlin 1926. H. Bausinger: Volkskultur in der technischen Welt, Stuttgart 1961. A. Hauser: Methoden moderner Kunstbetrachtung, München 1970, S. 307 ff. B. Deneke: Europäische Volkskunst, Frankfurt/M.–Berlin 1980. M. Lüthi: Das europäische Volksmärchen. Form und Wesen, München ⁷1981. N.-A. Bringens: Volkstümliche Bilderkunde, München 1982. R. Itzelsberger: Volkskunst und Hochkunst, München 1983. *K. L.*

Volkstümlichkeit ist eine der Hauptforderungen der ↑ marxistisch-leninistischen Ästhetik an die Kunst des ↑ Realismus. Sie bezieht sich auf den Inhalt und auf die Form der Kunst und richtet sich polemisch sowohl gegen die Abgehobenheit der ↑ Avantgarde als auch gegen die Trivialität der Unterhaltungskunst. Ihr Anliegen ist es, die von der kapitalistischen ↑ Massenkultur produzierte Trennung von hoher und niederer, ernster und unterhaltender Kunst aufzuheben. V. heißt nicht, daß die Kunst vom Volk produziert sein muß (↑ Volkskunst), auch nicht, daß sie Zugeständnisse an den bestehenden Geschmack des breiten Publikums machen muß, sondern daß der Künstler mit den demokratischen und revolutionären Traditionen des Volks verbunden ist und in seinen Werken Partei für die Interessen des Volks ergreift. Weiterhin schließt die V. Verständlichkeit mit ein. Der Künstler soll an volkstümliche Rede- und Ausdrucksformen anknüpfen, sie aber zugleich bereichern und verfeinern und somit das geistige und künstlerische Niveau des Volks heben.

Lit.: G. Lukács: Es geht um den Realismus, in: F. J. Raddatz (Hg.): Marxismus und Literatur, Reinbek ³1974, 2. Bd., S. 60 ff. B. Brecht: Volkstümlichkeit und Realismus, ebd., S. 99 ff. M. Kagan: Vorlesungen zur marxistisch-leninistischen Ästhetik, Berlin 1971, S. 477 ff. *K. L.*

Vollkommenheit ↑ Form

Vor-Schein ↑ Schein, ästhetischer

Wahrheit i. e. S. bezeichnet die Richtigkeit von Sätzen. In Frage steht dabei neben der logischen Relation der Begriffe auch ihre Sachhaltigkeit, also der Bezug einer Aussage auf einen Sachverhalt. W. spielt somit nicht allein in der Logik, sondern auch in Erkenntnistheorie und Ontologie eine entscheidende Rolle. Der Ästhetik geht es wesentlich um das lustvolle Gefühl einer Harmonie, wie es exemplarisch im Erleben des Schönen und insbesondere im schönen Schein der Kunst möglich ist. W. scheint daher hier keine oder nur eine negative Bedeutung zu haben. Deshalb schneidet Kant alle Bezüge des ästhetischen Urteils zur W.sfrage ab. Da aber das Ästhetische durch seinen unabdingbaren Bezug auf das anschaulich Gegebene eines sinnlichen Eindrucks stets auch welthaltig und darin wie indirekt auch immer auf die Erkenntnis bezogen ist, ist seit den Anfängen der ästhetischen Theorie eine Fülle von Bezügen des Kunstwerks und des Schönen zur W. durchdacht worden.

Platon sieht einen Gegensatz von W. und ↑ Schein, der zwar im Prinzip die Kunst als eine trügerische Veranstaltung zu disqualifizieren droht (*Politeia*), seine Gedanken zur Ästhetik richten sich freilich nicht allein auf die Kunst: In seiner Lehre von der Wirksamkeit der Ideen betont er die Einheit des Wahren, Guten und Schönen (*Phaidros, Symposion*) – die klassische Trias, die von der neuplatonischen Richtung (Plotin, Proklos) aufgegriffen wird. Aristoteles verschiebt die Fragestellung auf den Wahrscheinlichkeitsanspruch künstlerischer Werke, der freilich ohne einen Rekurs auf die W. nicht bestimmt werden kann.

In Abgrenzung zu Kant nimmt Hegel platonische Gedanken auf, wenn er das Schöne als das „sinnliche Scheinen der Idee" bestimmt. Anders als Platon wertet er damit auch die Kunst im Rahmen seines historischen Erkenntnisanspruchs als einen Bereich bewußter Reflexion auf.

Nietzsche wiederum verwirft jeglichen W.sanspruch und erklärt alles zu Schein. Die „Kunst", für ihn die phantasiegeleitete Kreativität in allen Tätigkeiten, faßt er unter den umgewerteten Begriff der Lüge als ↑ Illusion, die es dem Menschen ermögliche, das Tragische des Daseins zu überspielen.

Wo auf neukantianischer Grundlage wie bei Fiedler der Kunst eine kognitive Funktion zugesprochen wird, da sie das Sichtbare bewußt mache, da löst W. die Schönheit als zentrale Kategorie der Kunsttheorie ab. Anders bei Heidegger: Er identifiziert ↑ Schönheit des Kunstwerks mit der W. als der Unverborgenheit des Seins. Am Grunde seiner bloßen Materialität errichtet das Kunstwerk eine Welt, in der das Wesen der Dinge zum Vorschein kommen kann.

Für Adorno ist W. zu einer utopischen Kategorie geworden. Das Kunstwerk ist durch seine Absage an das herrschende Realitätsprinzip die „Antithesis der Gesellschaft"; in dieser Negativität ist es zugleich Ausdruck einer unverkürzten Rationalität und Statthalter einer besseren Welt: Es repräsentiert darin eine W., die ihren Maßstab nicht im Empirischen, sondern in dessen radikaler Kritik hat.

Lit.: Platon: Politeia. Ders.: Phaidros. Ders.: Symposion. Aristoteles: Poetik. I. Kant: Kritik der Urteilskraft. G. W. F. Hegel: Vorlesungen über die Ästhetik, in: Werke, Bd. 13. F. Nietzsche: Über Wahrheit und Lüge im außermoralischen Sinne, in: Sämtliche Werke, 1. Bd., Berlin–New York 1980. K. Fiedler: Schriften zur Kunst. M. Heidegger: Der Ursprung des Kunstwerkes. Th. W. Adorno: Ästhetische Theorie. K. Hamburger: Wahrheit und ästhetische Wahrheit, Stuttgart 1979.   *B. R.*

Wahrnehmung, ästhetische. Ä. W. ist im Unterschied zur alle Rezeptionsleistungen umfassenden ästhetischen ↑ Erfahrung, mit der sie oft verwechselt wird, die Wahrnehmung von Schönheit und Kunst durch die Sinne und innerhalb des Bereichs der Sinne. Sie stellt eine Teilfunktion der ästhetischen Erfahrung dar und ist nur als Teil dieses Ganzen angemessen zu verstehen. Seit der Antike ist bekannt, daß nicht jede sinnliche Wahrnehmung (z. B. einer Statue von Zeuxis) auch die Wahrnehmung ihrer Schönheit ist. Die Doppeldeutigkeit von sinnlicher und ästhetischer Wahrnehmung ist etymologisch im Ausdruck „ästhetisch" erhalten geblieben und belastet bis heute die Verständigung, und zwar mit einer gewissen sachlichen Berechtigung, weil intensive sinnliche Wahrnehmungen die Aufmerksamkeit des Wahrnehmenden auf sich ziehen und dadurch eine Reflexivität hervorrufen, die für ä. W. konstitutiv ist. Soll der engere, genauere Begriff von dem der allgemeinen sinnlichen Wahrnehmung unterschieden werden, muß eine von der Erfahrung sinnlicher Reize abweichende Erfahrung der

Schönheit oder einfach Geschmack als Maßstab gegeben sein. Da aber die ästhetische Kultur vielfach als gesellschaftliches Instrument der Manipulation verdächtigt oder überhaupt der Vergangenheit überantwortet wird, so daß es darauf ankomme, die Sinnlichkeit des Menschen aus den Fesseln einer repressiven oder restaurativen Zivilisation zu befreien, wird das Kriterium des (elitär) Ästhetischen von seiten der sinnlichkeitsbefreienden Kunst und ihren Befürwortern abgelehnt und gerade die Erweiterung oder die Steigerung der Wahrnehmungsfähigkeiten des Menschen über die von der Gesellschaft bewußt in Grenzen gehaltenen alltäglichen Sinneserfahrungen hinaus als der eigentliche Begriff der ä. W. ausgegeben. In diesem als emanzipatorisch bezeichneten Interesse wird die Einschränkung der ä. W. auf die beiden „theoretischen" Sinne Auge und Ohr (Schiller, Hegel) rückgängig gemacht, die von den dionysischen Kunstgattungen (↑ Apollinische und Dionysische, das) und von modernen Kunstereignissen, die die Distanz und Differenz zwischen Produzent und Rezipient aufheben, nicht anerkannt worden ist. Andererseits zeigt die Kunst der Moderne vielfach eine intellektualistische Richtung; sie wendet sich nicht mehr an die Sinne, sondern unmittelbar an den Geist (Bense). Die Rolle der ä. W. im Ganzen der ästhetischen Erfahrung ist also variabel und hängt von weltanschaulichen und kulturgeschichtlichen Rahmenbedingungen ab, so daß man trotz der anthropologischen Fundiertheit der Wahrnehmung von einer Geschichtlichkeit der ä. W. sprechen muß.

Ä. W.en im traditionellen Sinn sind sinnliche Wahrnehmungen auf der Basis der ästhetischen ↑ Einstellung, durch die eine Minderung oder Aufhebung der (alltäglichen) Wirklichkeitserfahrung stattfindet. Die Sinneserfahrung gewinnt Eigenwertigkeit, wodurch ihre charakteristischen Qualitäten bewußt gemacht und intensiviert werden. Dies bezieht sich auch auf Stimmungs- und Ausdrucksqualitäten, die unmittelbar sinnlich wahrgenommen werden können, wie die Heiterkeit einer Sommerlandschaft, die Wärme eines Geigentons. Wegen der Komplexität ästhetischer Gegenstände, aber auch schon wegen der Komplexität einer einfachen, aber immer schon strukturierten Gegenstandswahrnehmung besteht die ä. W. nie aus den Wahrnehmungen nur eines Sinnes oder nur denen von Auge und Ohr. Die Raumwahrnehmung anhand von Skulpturen, Gebäuden oder perspektivischen Darstellungen kann nicht auf optische Wahrnehmungen reduziert werden, ebensowenig die Wahrnehmung von ↑ Proportionen, ↑ Symmetrien, ↑ Synästhesien. Kunstgattungen wie die Literatur beruhen sogar primär auf der inneren Vorstellungskraft, deren Gegenstände nicht auf das Hier und Jetzt begrenzt sind, die vielmehr grenzenlos in Vergangenheit und Zukunft und über die Wirklichkeit hinausgreifen kann. Die ä. W. ist deshalb in Abhängigkeit von den ontologischen Grundgesetzen der Kunstgattungen genauer zu bestimmen. Meistens ist sie mit einem Wohlgefallen verbunden, das viele überhaupt als ihr spezifizierendes Merkmal ansehen. Es kann aus der Lust am Vollzug der Sinnestätigkeiten hervorgehen (Funktionslust), aus den wahrgenommenen Gehalten und dem, was sie für ein Individuum assoziativ bedeuten, aus der Entlastung vom Druck der Alltagswirklichkeit usw.; entsprechend vieldeutig ist das mit der Wahrnehmung unmittelbar verbundene Wohlgefallen.

Lit.: J. Volkelt: System der Ästhetik, 1. Bd. F. Kainz: Vorlesungen über Ästhetik, Wien 1948, S. 152 ff. N. Hartmann: Ästhetik, S. 50 ff. E. H. Gombrich: Kunst und Illusion, Köln 1967, S. 209 ff.   *W. H.*

Warenästhetik ↑ Konsumästhetik

Warencharakter der Kunst. Der W. d. K. besteht darin, daß die Kunst als Ware, d.h. als Tauschwert für den Markt produziert wird und daß sie auf dem Markt von jedermann gekauft werden kann. In Konzert, Theater oder Kino wird die (wiederholbare) Aufführung, beim Buch, der Schallplatte u.a. der Träger der Übermittlung zur Ware. Die Werke der bildenden Kunst werden aufgrund ihrer Materialität und Singularität selbst zur Ware. Im Gegensatz zu anderen Waren läßt sich das Kunstwerk nicht auf einfache, durchschnittliche Arbeit reduzieren, sein Wert also nicht aufgrund der verausgabten Arbeitszeit bestimmen. Sein Preis bildet sich (ohne der Ausdruck eines ökonomischen Wertes zu sein) ausschließlich in der Zirkulation, d.h. durch die Nachfrage, die vom Renommee des Künstlers, vom Zeitgeschmack, von Reklame, Kunstkritik etc. abhängt.

Der W. d. K. kristallisiert sich mit der Entstehung der warenproduzierenden Gesellschaft heraus, innerhalb Europas schon im alten Griechenland. Sein Geltungsbereich ist zunächst auf das Kunsthandwerk (bemalte Vasen, Schmuck etc.) eingeschränkt. Solange die Kunst in Einheit mit der Religion existiert, nimmt sie keinen W. an. Sie wird für die Kultgemeinde produziert und ist aufgrund ihres magischen oder religiösen Gebrauchswerts nicht übertragbar. Erst wenn die Kunst in andere Kulturkreise verpflanzt, also aus ihrer religiösen Gebundenheit herausgerissen wird, kann sie W. annehmen. Als Schmuck, Statussymbol, Repräsentation etc. ist ihr Gebrauchswert übertragbar und kann deshalb auch veräußert werden. Auf diese Weise entsteht im alten Rom der erste Kunstmarkt mit geraubten oder eroberten Kunstwerken.

Während des Mittelalters und der Zeit des Absolutismus nimmt die Kunst nur selten Warenform an. Der Künstler arbeitet im Auftrag der Kirche, der Fürsten oder Mäzene. Seit der Renaissance gewinnt er zwar individuelles Ansehen, und mit dem Ruhm steigt sein Preis. Trotzdem steht seine Arbeit im Range einer persönlichen Dienstleistung, deren Ergebnisse nicht auf dem Markt gehandelt werden. Mit der Entwicklung der Städte und des Handels aber schlägt das (früh-)kapitalistische Prinzip von Produktion und Distribution auch auf die Kunst durch. Das ökonomisch und politisch erstarkende Bürgertum meldet kulturelle Bedürfnisse an. Es bricht das Kunstmonopol der Kirche und des Adels, indem es die Kunst käuflich und als Ware allen zugänglich macht, also demokratisiert (Hauser).

Wesentliche Voraussetzung für das Zur-Ware-Werden der Kunst ist die Entwicklung von Reproduktionsmöglichkeiten (Benjamin). Die Antike kannte nur den Guß und die Prägung; das Mittelalter entwickelte bereits den Holzschnitt, den Kupferstich und die Radierung. 1453 erfand J. Gutenberg den mechanischen Buchdruck. Damit waren erstmals die technischen Voraussetzungen für die marktgerechte Vervielfältigung von Kunstwerken gegeben. Einen qualitativen Sprung (innerhalb der Massengesellschaften des 20. Jh.) stellen die Techniken der Fotografie, des Films oder der neuen Tonträgersysteme dar.

Zwischen Künstler und Publikum tritt seit dem 15. Jh. der Kunsthandel, zuerst der Straßen-, dann der Ladenverkauf. Verlagswesen, Theaterunternehmen und Agenturen folgen später. Die italienischen und holländischen Maler des 17. Jh. arbeiten bereits für einen straff organisierten Kunsthandel, mit Auktionen und Kommissionsgeschäften (Lerner-Lehmkuhl). Private Sammlertätigkeit setzt ein, Kunst wird zum Anlageobjekt. Seit der Gründung der großen Museen im 18. Jh. beginnt auch der Handel mit Werken alter Kunst.

Seit der Mitte des 19. Jh. schlägt das Verhältnis von Künstler und Händler zugunsten des Händlers um. Die Verlage, die großen Kunsthändler (Durand-Ruel, Kahnweiler, Cassirer u. a.), später vor allem die Filmgesellschaften (Paramount, Metro-Goldwyn-Mayer) arbeiten nicht mehr im Auftrag des Künstlers, sondern nehmen ihn ihrerseits unter Vertrag, sichern sich das Recht des alleinigen Verkaufs und nehmen (im Interesse der Verwertung ihres Kapitals) Einfluß auf seine Produktion. Ihre Ausweitung und Verflechtung führt einerseits zur „Kulturindustrie" (Adorno), andererseits zur „Entmündigung" der Künstler (Weber).

Wie die Kunst zur Ware wird, so der Künstler zum „Lohnarbeiter". In Kritik und Fortführung von A. Smith unterscheidet Marx zwischen dem (ökonomisch) produktiven und dem unproduktiven Künstler. Der eine verwertet das Kapital, schafft Tauschwerte und produziert Mehrwert, der andere verbraucht Revenuen und befriedigt die persönlichen Bedürfnisse seiner Auftraggeber. Zwar überdauert auch das individuelle oder institutionelle Mäzenatentum (Stiftungen, Preise, Stipendien etc.), die Verwandlung des Künstlers in einen produktiven Arbeiter aber wird zur vorherrschenden Tendenz.

Der W. d. K. bezeichnet keinen der Kunst nur äußerlichen Mechanismus der Distribution, sondern wirkt auch auf Form und Inhalt, Stil und Darbietungsweise der Kunst selbst zurück. Das Angebot wird differenzierter, es orientiert sich nicht mehr am Geschmack weniger Auftraggeber, sondern an den Bedürfnissen breiter Gesellschaftsschichten. Themen oder Stile werden zu Modeerscheinungen, die auf Büchermessen, Biennalen oder Festivals lanciert werden und sich in rascher Folge ablösen. Mit dem (Welt-)Markt entsteht auch die „Weltliteratur", die Rezeption und produktive Vermittlung verschiedener nationaler Kunstrichtungen.

Innerhalb des (Kommerz-)Fernsehens nimmt die W. d. K. eine neue Form an. Der Film ist nicht mehr selbst das Produkt, das zum Verkauf ansteht, sondern das Lockmittel für die eingestreuten Werbespots, durch die andere Waren verkauft werden sollen. Bleiben Kunst und Werbung hier noch getrennt und unterscheidbar, so gehen sie im sog. *product-placement* eine „organische" Verbindung ein. Die Handlung und ihre Protagonisten werden selbst werbetechnisch (Image-Ausstattung des Produkts etc.) mit bestimmter Kleidung, bestimmten Konsum-Vorlieben, Wägen etc. ausgestattet.

Lit.: K. Marx: Theorien über den Mehrwert, in: Werke (MEW), (Ost-)Berlin 1956–1968, Bd. 26.1, S. 122 ff. und S. 377 ff. W. Benjamin: Das Kunstwerk im Zeitalter seiner technischen Reproduzierbarkeit. Th. W. Adorno/M. Horkheimer: Dialektik der Aufklärung (1947), Frankfurt/M. 1971, S. 108 ff. H. H. Holz: Vom Kunstwerk zur Ware. Neuwied-Berlin 1972. H. Lerner-Lehmkuhl: Zur Struktur und Geschichte des Florentiner Kunstmarktes, Wattenscheid 1936. Th. Würtemberger: Das Kunstwerk als Ware, in: Das Atlantisbuch der Kunst, Zürich 1953, S. 737 ff. A. Hauser: Sozialgeschichte der Kunst und Literatur, München 1983. J. Weber: Entmündigung der Künstler. Geschichte und Funktionsweise der bürgerlichen Kunsteinrichtungen, Köln³1987. W. Grasskamp: Die unbewältigte Moderne. Kunst und Öffentlichkeit, München 1989.   *K. L.*

Weibliche Ästhetik – der Begriff geht auf die Frauenbewegung der 70er Jahre zurück – ist ein Teilbereich feministischer Theoriebildung. Grundlage ist das Postulat einer geschlechtsspezifischen Wahrnehmung auch im ästhetischen Bereich; in einer seit Jahrtausenden männlich dominierten Kultur gilt die männliche Wahrnehmung als die allgemein menschliche, die auch Frauen unter Verlust ihres Selbst internalisiert haben. Die unterschiedliche Wahrnehmung wird z. T. aus der biologischen Geschlechterdifferenz *(sex)*, z. T. aus dem sozial anerzogenen und damit historisch veränderbaren Rollenverhalten *(gender)* bzw. aus einer Kombination von beidem hergeleitet. – Die Frage nach einer spezifisch w. Ä. entwickelte sich aus einer Reihe von Ansätzen, so 1) aus der Ideologiekritik an den Weiblichkeitsbildern in der von Männern geschaffenen Literatur und Kunst (Beauvoir, Millet), die das Weibliche als das Andere, das Rätselhafte, Verlockende, Naturhafte darstellen – Projektionen männlicher Phantasie, in denen Frauen, soweit ihr Blick nicht durch Anpassung verformt ist, sich nicht wiederfinden können; 2) aus der Frage nach der auffallenden Diskrepanz zwischen der enormen Präsenz von Weiblichkeit als Objekt in Literatur und Kunst und der marginalen Bedeutung von Frauen als Künstlerinnen; 3) aus der davon angeregten „Spurensuche" nach weiblichen Lebens- und Kulturformen, die in der männlichen Tradition nicht überliefert sind, bis hin zu prähistorischen Matriarchaten; 4) aus dem im Zusammenhang mit der neuen Frauenbewegung erwachten Drang nach authentischer Selbstaussage, die eine Selbstfindung jenseits des verfremdeten „Spiegels" männlicher Weiblichkeitsbilder ermöglichen soll. Die Ausdrucksschwierigkeit in einer männlich geprägten Sprache und Literaturtradition führte zu der Frage „Schreiben Frauen anders?", die sich zur Frage nach einer w. Ä. erweiterte.

In einer Kombination von psychoanalytischen, strukturalistischen und semiotischen Verfahren versucht die sog. *Écriture féminine* (Cixous, Irigaray, Clément) in Auseinandersetzung mit Lacan und Derrida eine w. Ä. zu entwerfen. Im Gegensatz zu den herkömmlichen männlichen Festschreibungen ist hier das Weibliche gerade das Nicht-Definierbare, Offene, die Leerstelle in der logozentrischen Kultur. Im schöpferischen Umsetzen weiblicher Körpererfahrung und Sexualität (Cixous, Irigaray), im Hereinholen des Vorsprachlich-Semiotischen in den männlich beherrschten sprachlich-symbolischen Bereich (Kristeva) wird eine utopisch-revolutionäre Dimension gesehen, von der aus die verkrusteten phallokratischen Strukturen aufgebrochen und verändert werden können. Dabei wird allerdings die historische und soziokulturelle Differenz von Frauen zu wenig berücksichtigt. Die der ↑ Frankfurter Schule nahestehenden Forscherinnen (Bovenschen, Schuller u. a.) nehmen gerade diese zum Ausgangspunkt und untersuchen den Kontrast zu den jeweils in den Epochen gültigen Weiblichkeitsbildern (Heilige/ Hure, *femme fatale* usw.). Einen weiteren Ansatz bildet die „matriarchale Ästhetik" (Göttner-Abendroth), die in Rückorientierung an ursprünglich matriarchalen Kunstformen die moderne psychische und soziale Realität magisch verändern möchte. – W. Ä. kann sicher nicht ein für allemal festgelegt werden, sondern sollte über genaue Untersuchungen der ästhetischen Wahrnehmung, der Kunstproduktion und -rezeption von Frauen in der jeweiligen historisch-kulturellen Situation bestimmt und als veränderbar offengehalten werden.

Lit.: S. Bovenschen: Über die Frage: Gibt es eine „weibliche" Ä.? In: Ästhetik und Kommunikation, H. 25, 1976. Dies.: Die imaginierte Weiblichkeit, Frankfurt/M. 1979. J. Kristeva: Die Revolution der poetischen Sprache, Frankfurt/M 1978, H. Cixous: Weiblichkeit in der Schrift, Berlin 1980. L. Irigaray: Speculum. Spiegel des anderen Geschlechts, Frankfurt/M. 1980. H. Göttner-Abendroth: Die tanzende Göttin, München 1982. *G. H.*

Wert, ästhetischer und künstlerischer. W. wird einem Gegenstand in dem Maße zugeschrieben, in dem er anderen vorgezogen wird, ein Bedürfnis befriedigt oder einen Genuß bereitet. Wertvoll ist der Gegenstand entweder in Beziehung auf die Zwekke, für die er geeignet ist (instrumenteller W.), oder aufgrund von Eigenschaften, die ihm selbst innewohnen (Eigenwert). Die Ästhetik hat es nur mit den Eigenwerten von Kunst und ästhetischen Erscheinungen zu tun, obwohl Kunstwerken auch relative W. zukommen können (ökonomische, dokumentarische, Prestige-W. usw.). In der „W.erfahrung" oder dem „W.erlebnis" werden die W.eigenschaften erfahren, im „W.urteil" bestimmt und zum Ausdruck gebracht. Man kann zwischen subjek-

tiven, objektiven und relationalen W.theorien unterscheiden, je nachdem, ob der Grund des W. auf Einstellungen des Subjekts (Begehren, Gefühl), Eigenschaften des Objekts (Vollkommenheit) oder auf wechselseitig bedingten Beziehungen zwischen Subjekt und Objekt beruht.

In der Geschichte der Ästhetik hat die W.frage als Streit um den Geltungsanspruch von Geschmacksurteilen seit alters eine zentrale Rolle gespielt. Die hedonistische Ästhetik führt das Geschmacksurteil auf das Gefühl der Lust zurück, das durch die sinnliche Wahrnehmung bestimmter Gegenstände im Betrachter hervorgerufen wird. In der Regel ist sie subjektivistisch, weil die Lust auf Erfahrungsbedingungen beruht, die nur dem jeweiligen Subjekt eigen sind und von anderen Subjekten nicht oder nicht in gleichem Maße geteilt werden. Wenn es dennoch Übereinstimmungen gibt, dann beruhen sie auf Gründen, die keine allgemeine Geltung beanspruchen können. Es gibt allerdings auch Versuche, die Lust an der sinnlichen Wahrnehmung von Gegenständen auf objektive Gründe zurückzuführen (↑ Elementarästhetik), die unabhängig sein sollen von den Unterschieden der Individuen, Rassen und Kulturen. Die hedonistischen Werte, die an sinnlichen Wahrnehmungen, seelischen Gefühlen und an Denkprozessen in Erscheinung treten können, sind zwar anthropologisch fundiert, bilden sich aber konkret immer nur unter den Bedingungen des herrschenden Wertsystems einer Gesellschaft oder Kultur aus, an dessen Wandel sie jedoch mitwirken.

Der subjektive und geschichtliche Relativismus von Geschmacksurteilen steht im Widerspruch zum Bemühen der Künstler, ihren Werken vollkommenen Ausdruck, größtmögliche Formvollendung und Überzeugungskraft zu geben. So wurden die hervorragendsten Werke zum verbindlichen Maßstab nicht nur für die Geschmacksurteile, sondern auch für das Schaffen der Künstler. Die Regeln, nach denen ein Werk künstlerische Vollkommenheit erreicht, stimmen jedoch nicht überein mit den Regeln, nach denen es einem Betrachter gefällt. Zwischen künstlerischen und ästhetischen W. ist demzufolge zu unterscheiden (Ingarden). Als künstlerische W. lassen sich, jeweils modifiziert nach den traditionellen und aktuellen Maßstäben des künstlerischen Schaffens, z. B. Erfindung neuer Gestaltungsformen, Ausdruckskraft, Phantasiereichtum der Bilder, Tiefe der künstlerischen Vision, Prägnanz und Differenziertheit der Form usw. anführen; seit dem Beginn der Neuzeit spielt die „Neuheit" und „Originalität" des Künstlers die dominierende Rolle, im Altertum dagegen die Erfüllung der klassischen Muster als Inbegriff der Vollkommenheit. Soziologie und Kunstgeschichte untersuchen die Gründe, die zum Wandel der künstlerischen ↑ Stile geführt haben, die sich als die Systeme der jeweils herrschenden künstlerischen W.e auffassen lassen.

Die ästhetischen W.e sind in der ästhetischen ↑ Erfahrung fundiert. Sie lassen sich als die Befriedigung von Erwartungen auffassen, die ein Individuum oder eine Gesellschaft an die

Kunst heranträgt, vom Unterhaltungsw. über bestimmte emotionale Ausdrucks-W.e (das Lyrische, Erhabene) und Gehalts-W.e (Auslegung überlieferter Mythen) bis hin zur Weltauffassung und (pessimistischen, humanistischen) Grundhaltung des Künstlers. In der Gehaltsästhetik (Köstlin, Volkelt) und in der ↑ analytischen Ästhetik (Aschenbrenner) ist die Vielfalt der ästhetischen W.begriffe auf ihre intersubjektive Geltung untersucht worden, während die ↑ strukturalistische Ästhetik aus der Dialektik zwischen allgemein anerkannten Normen und deren innovativer Sprengung (Mukařovský), die ↑ Rezeptionsästhetik aus dem Zusammenspiel von produktiven, rezeptiven und kommunikativen Funktionen der gesellschaftlichen ästhetischen Praxis die Geschichtlichkeit der künstlerischen und ästhetischen W.e (Jauß) zu erklären versuchen.

Lit.: K. Köstlin: Ästhetik, Tübingen 1869. J. Volkelt: System der Ästhetik, 1. Bd. R. Ingarden: Erlebnis, Kunstwerk und Wert, Tübingen 1969. J. Mukařovský: Kapitel aus der Ästhetik, Frankfurt/M. 1970. K. Aschenbrenner: The Concepts of Criticism, Dordrecht 1974. H.-R. Jauß: Ästhetische Erfahrung und literarische Hermeneutik, Frankfurt[4] 1984. G. Dickie: Evaluating Art, Philadelphia 1988.   *W. H.*

Widerspiegelung ↑ Mimesis

Wirkung, ästhetische ↑ Genuß, ästhetischer, ↑ Katharsis, ↑ Rezeptionsästhetik

Wissenschaft und Kunst stellen zwei „Kulturen" (Snow), zwei Formen der Erkenntnis oder der ↑ Aneignung von Wirklichkeit dar, deren Eigenarten gerade durch ihre Unterschiede prägnant hervortreten. Geschichtlich haben sie in der ↑ Magie ihre gemeinsame Keimzelle. Während sich die (Natur-)W. jedoch schnell ablöst und schon in der Antike eigene Konturen annimmt, entwickelt sich die K., bedingt durch den gemeinsamen anthropomorphen Charakter, Jahrhunderte unter der Hegemonie der Religion und gewinnt erst im Laufe der Neuzeit ihre Selbständigkeit.

Das Medium der K. ist die Sinnlichkeit, das der W. der Begriff. In der K. bringt das sinnlich dargestellte Einzelne zugleich das Allgemeine und ↑ Typische zur Erscheinung. Die W. hingegen, die das Wesen der Dinge abstrakt-begrifflich ausspricht, hebt das individuelle Faktum auf und subsumiert es unter allgemeine, gesetzmäßige Zusammenhänge (Hegel, Lukács). Mit der W. ist die Forderung der Intersubjektivität sowie der Eindeutigkeit der Aussage verknüpft. Für die K. hingegen ist die ↑ Mehrdeutigkeit oder „Offenheit" (Eco) ihrer Botschaft konstitutiv. Sie ist auf ↑ Interpretation angewiesen und hängt von der Subjektivität des Rezipienten und den geschichtlichen Umständen der Rezeption ab. Die W. ist weitgehend invariant gegenüber der Form ihrer ↑ Aussage, die in Worten, Zahlen oder Symbolen ausgedrückt und ohne Verlust ihres Inhalts in andere Sprachen übersetzt werden kann. Der künstlerische Gehalt hingegen existiert nur in Einheit mit seiner Form und verändert sich mit jeder Veränderung derselben.

Die W. ist, zumindest seit dem Beginn der Neuzeit, auf technische Verfügung ausgerichtet; sie zielt auf die Beherrschung der Natur. In der K. hingegen sind die partikularen Zwecke des Alltags suspendiert. Ihr Interesse ist die Bildung bzw. die Selbstinterpretation des Menschen in seiner geschichtlichen Umwelt. Versuche, den Künstler zum „Ingenieur der Seele" (Stalin) zu machen und mit seiner Hilfe über Menschen zu verfügen, haben die K. zum Instrument der Politik herabgewürdigt und ihren Charakter als Kunst zerstört.

Über Aussage-Struktur und Zwecksetzung hinaus bestehen grundlegende Unterschiede auch hinsichtlich der geschichtlichen Entwicklung. Wissenschaftliche Ergebnisse sind falsifizierbar und vorläufig; Theorien werden zu Spezialfällen umfassenderer Theorien herabgesetzt. K.-werke hingegen sind einmalige, in sich geschlossene Totalitäten, nicht überholbar. Der Begriff des quantitativen und qualitativen Fortschritts, der für die W. als legitim und sogar konstitutiv erscheint, kann auf die K. nur in Beziehung auf ihre technischen Mittel angewandt werden, nicht aber in Beziehung auf ihren ästhetischen Wert (M. Weber).

Bezeichnend für die verschiedenen Ansätze der Ästhetik ist die Rangordnung, die sie zwischen W. und K. aufstellen. Platon, Hegel u. a. ordnen die Sinnlichkeit dem Denken und folglich auch die K. der Philosophie unter. Die sinnliche Schönheit soll die Seele zur wahren, intelligiblen Schönheit hinführen; die K. ist innerhalb des „absoluten Geistes" nur die geschichtliche Vorform der philosophischen Wahrheit. Umgekehrt erhebt die romantische Ästhetik gerade die K. zur höchsten Form der Wahrheit. Schelling sieht in ihr das „Organon" der Philosophie, das „Vorbild" der W., denn die K. hat das erreicht, wonach die W. immer nur strebt. Für Nietzsche schlägt der sokratische Erkenntnisoptimismus am Ende in „tragische Resignation" um. Aus dem Scheitern der W. und ihres Anspruchs auf die Beherrschung der Welt erwächst das Bedürfnis nach K. In der Tradition Goethes dagegen interpretiert Lukács K. und W. als zwei gleichrangige und sich ergänzende Formen der Aneignung der objektiven Wirklichkeit.

Von eher kunstgeschichtlichem Interesse ist die Frage der wechselseitigen Beeinflussung von K. und W. Bekannt sind etwa die Einflüsse der Mathematik und Physik (auf die Entwicklung der Perspektive, der Farblehre etc.) oder die Einflüsse von Genetik, Soziologie und Psychologie (auf die Literatur des Naturalismus und Realismus). Zu nennen wäre vor allem auch die technische Umsetzung wissenschaftlicher Erkenntnisse auf das Material, die Technik (Konstruktionen aus Beton, Stahl und Glas, Musikinstrumente etc.) und die Reproduktionsmöglichkeiten der Kunst (Druckverfahren, Fotografie, Film). Weniger bekannt ist umgekehrt, daß das Experiment zuerst von der Malerei und der Musik (Leonardo u. a.) angewandt und von der K. erst in die W. übernommen wurde (Feyerabend).

Lit.: Platon: Der Staat, 10. Buch, 597 b–598 d. F. W. J. Schelling: System des transzendentalen Idealismus (1800),

Frankfurt/M. 1985, 6. Hauptabschnitt, § 2 und § 3. G. W. F. Hegel: Vorlesungen über die Ästheik, in: Werke, Bd. 13, S. 127 ff. F. Nietzsche: Die Geburt der Tragödie aus dem Geist der Musik, 15. Abschnitt. M. Weber: Der Sinn der „Wertfreiheit" der Sozialwissenschaften, in: Soziologie, Weltgeschichtliche Analysen, Politik, Stuttgart 1964, S. 284 ff. Ch. P. Snow: Die zwei Kulturen, Suttgart 1967. G. Lukàcs: Die Eigenart des Ästhetischen, Kap. 1–3. U. Eco: Das offene Kunstwerk, Frankfurt/M. 1977. P. Feyerabend: Wissenschaft als Kunst, Frankfurt/M. 1984. Ders./Chr. Thomas (Hg.): Kunst und Wissenschaft, Zürich 1984.   *K. L.*

Witz (lat. *ingenium,* mhd. witze) heißt ursprünglich Schlauheit oder Findigkeit. Unter dem Einfluß des französischen *esprit* verengt sich der Begriff im 18. Jh. zu seiner heutigen Bedeutung. Dem ↑ Satirischen und der ↑ Karikatur verwandt, ist der W. eine durch den Verstand geprägte Form des ↑ Komischen. Er steht damit im Gegensatz zum warmen, gemütvollen, „vernünftigen" Humor. F. Schlegel sieht im W. das „Prinzip und Signum" der romantischen *Universalpoesie.* Sein wichtigstes Bauprinzip ist die Kürze (Jean Paul). Als eine „einfache" Form des Erzählens (Jolles) besteht er in der Regel aus zwei Teilen, der W.-erzählung und der Pointe. Prinzipiell ist allerdings zwischen Wort-W., Situations-W. (*gag*) und Handlungs-W. zu unterscheiden. Seine Pointe stellt zwischen einander sonst fremden Dingen oder Vorstellungen verborgene Ähnlichkeiten her oder löst eine „hochgespannte Erwartung" in nichts auf (Kant, Vischer).

Die Grundstimmung des W. ist aggressiv. Das Lachen, das er hervorruft, richtet sich gegen ethnische Minderheiten (Juden- oder Neger-W.), gegen soziale Randgruppen (Behinderten-, Irren-W.), gegen bestimmte Berufsgruppen (Arzt-, Lehrer-, Pfarrer-, Richter-W.), gegen die Regierung (politischer W.) usw. Das gegenwärtige Interesse am W. ist vor allem auf seine (sozial-)psychologische Wirkung als befreiendes Lachen und Ventil gerichtet. Der W. ist respektlos, hält sich an keine kulturellen Normen, durchbricht Tabus und ermöglicht so die (indirekte) Befriedigung verbotener oder verdrängter Wünsche. Seine Lust resultiert aus dem plötzlichen Abbau des „Hemmnisaufwands", der gegenüber den verbotenen Gefühlen, Gedanken oder Triebregungen errichtet wurde.

Lit.: I. Kant: Anthropologie I, § 52. F. Schlegel: Athenäums-Fragmente. Jean Paul: Vorschule der Ästhetik, § 42. F. Th. Vischer: Ästhetik oder Wissenschaft des Schönen, § 193. S. Freud: Der Witz und seine Beziehung zum Unterbewußten (1905), Frankfurt 1966. W. R. Schweizer: Der Witz, Bern-München 1964. W. Preisendanz: Über den Witz, Konstanz 1970. A. Jolles: Einfache Formen, Tübingen ⁵1974. M. Grotjahn: Vom Sinn des Lachens. Psychoanalytische Betrachtungen über den Witz, den Humor und das Komische, München 1976. L. Röhrich: Der Witz. Figuren, Formen, Funktionen, Stuttgart 1977. O. F. Best: Der Witz als Erkenntniskraft und Formprinzip, Darmstadt 1989. H. Metz-Göckel: Witzstrukturen. Gestalttheoretische Beiträge zur Witztechnik, Opladen 1989. *K. L.*

Würde ↑ Anmut und Würde

Zeitkünste ↑ Klassifikation

Zensur (von lat. *censura:* Prüfung) ist die Kontrolle von Veröffentlichungen aller Art (Buchdruck, Presse, Theater, bildende Kunst, Film, Rundfunk, Fernsehen) durch Staat, Kirchen oder sonstige gesellschaftlich starke Gruppen und Institutionen. Z. soll dem Schutz der geltenden sittlichen, religiösen und politischen Normen dienen. Man unterscheidet direkte und indirekte Z.: Direkte Z. verhindert die Veröffentlichung ganz oder teilweise (Vorzensur) oder unterdrückt sie nachträglich (Nachzensur); indirekte Z. ist schwerer abzugrenzen, sie ist Teil jeder ↑ Kulturpolitik als Besteuerung, Entzug von Zuschüssen u. a. bis hin zur Selbstzensur von Gruppen oder Personen. Z. beeinflußt Produktion, Distribution und Rezeption der Kunst, ohne sie allerdings je vollständig steuern zu können. Nicht selten trägt das Verbot eines Werkes dazu bei, daß es bekannt und indirekt verbreitet wird.

Im alten Rom wandten staatliche Censoren Z. besonders bei sittlichen Verstößen an; im Mittelalter überwachte die Kirche Lehre und Sitten. Durch die Erfindung des Buchdrucks und die dadurch ermöglichte Breitenwirkung gewann die Z. vom 15. Jh. an erhöhte Bedeutung. Das Konzil von Trient stellte 1559 den Index Librorum Prohibitorum auf, ein laufend ergänztes Verzeichnis aller für die Gläubigen verbotenen Bücher, das bis 1966 bestand. Die kirchliche Z. steuerte auch die staatliche Z., die in den Territorialstaaten unterschiedlich durchgeführt wurde. – In der bildenden Kunst werden laut Augsburger Reichstagsbeschluß von 1548 „obszöne, die Sinnlichkeit aufreizende Bilder, ferner Bilder, auf denen religiöse Gegenstände ins Lächerliche gezogen werden, und solche, die der Verspottung gewisser Personen dienen", verboten. In der Aufklärung wird das Recht auf freie Meinungsäußerung zwar gefordert, in der Praxis bleibt Z. aber unvermindert in Kraft und wird durch Geld-, Haft- und Ehrenstrafen für Verleger und Autoren durchgesetzt. Infolge der Französischen Revolution tritt auch in Deutschland eine Lockerung der Z. ein, die aber schon durch Napoleon und noch mehr durch die Karlsbader Beschlüsse 1819 wieder rückgängig gemacht wird. Unter Metternich wird die Z. straff organisiert und streng durchgeführt. 1848 stellt der Bundestag jedem Bundesstaat frei, „die Zensur aufzuheben", was z.B. in der preußischen Verfassung auch geschieht, de facto findet aber nur ein Wechsel der Maßnahmen statt. Ab 1906 tritt die Filmz. in Kraft, die 1920 im ersten Reichslichtspielgesetz verankert wird. Im Dritten Reich übten die für die Medien und Künste eingesetzten Kammern eine totale Kunst- und Kultursteuerung aus. Zugelassen war nur, was sich in die Propaganda einspannen ließ oder einer illusionären Ablenkung diente.

In der BRD sind laut Art. 5 des Grundgesetzes das Recht der freien Meinungsäußerung und die Freiheit von Kunst und Wissenschaft garantiert: „Eine Z. findet nicht statt." Ausgenommen sind der Jugendschutz und der Schutz der persönlichen Ehre. Es bestehen allerdings verschiedene Formen von indirekter Z., die Z. durch den Markt, die Selbstz. der Medien und der kulturtragenden Institutionen, verschärft in Zeiten politisch zugespitzter Situation (KPD-Verbot, RAF usw.). – In der DDR bestand eine umfassende staatlich gelenkte Z., die durch Gesetze legitimiert und durch besondere Institutionen durchgeführt wurde. Eine Liberalisierung in den 70er Jahren wurde seit der Zwangsausbürgerung Wolf Biermanns 1976 bis zum Ende der DDR wieder rückgängig gemacht.

Lit.: H. H. Houben: Polizei und Zensur, Berlin 1928. U. Otto: Die literarische Zensur als Problem der Soziologie der Politik, Stuttgart 1968. M. Kienzle/ D. Mende (Hg.): Zensur in der BRD, München 1981. D. Breuer: Geschichte der literarischen Zensur in Deutschland, Hamburg 1982. K. Kanzog: Literarische Zensur, in: Reallexikon der deutschen Literaturgeschichte. A. u. J. Assmann (Hg.): Kanon und Z., München 1987.   *G. H.*

Zerstörung der Kunst. Die Z. d. K. und des Ästhetischen hat wie ein Schatten das Schaffen, die Pflege und den Gebrauch der Kunst begleitet. Z. durch natürliche Ursachen sind nicht zu vermeiden: Erdbeben, Überschwemmungen, Feuer, Vulkanausbrüche, aber auch der Zerfall der Materialien der Werke, körperliche oder geistige Erkrankung und Tod der Künstler vor Vollendung ihrer Werke. Vielfältiger als die natürlichen Ursachen sind allerdings die Destruktionen, die vom Menschen ausgegangen sind. Die Vergottung von Herrschern führte schon im alten Ägypten zur Vernichtung der Bildnisse anderer Herrscher, religiöser

Fanatismus zerstört nicht nur Künstler und Kunstwerke anderer Religionen und Kulte (z. B. die heidnische Kunst durch die Christen), sondern kann sich prinzipiell gegen die sinnlich-sündige Verführungskraft von Kunst und Schönheit (Bildersturm, ↑Zensur) oder gegen die bildlichen Darstellungen eines transzendenten Gottes wenden (Bilderverbot). Darüber hinaus führten säkulare Weltanschauungen zur Vernichtung von Kunstwerken und zur Verfolgung von Kunstströmungen, die dem eigenen Menschen- und Lebensideal widersprachen und als „entartet" oder „zersetzend" verurteilt wurden (aus ideologischen, moralischen, nationalistischen, rassistischen Gründen). Der Vandalismus und die unkontrollierbaren Zerstörungen in Kriegen und Revolutionen hat sich seit alters auf Künstler, Kunstwerke, Museen, Bibliotheken erstreckt. Gold-, Geld- und Machtgier haben Kunstwerke und ganze Kulturen vernichtet (die Eroberung Südamerikas). Die Umweltzerstörung infolge ungehemmter Industrialisierung wirkt sich in einem noch gar nicht absehbaren Maße auf die im Freien ausgestellten Werke (Gebäude, Plastiken) aus, und schon seit jeher wird der Zerfall von Kunstwerken in Kauf genommen, weil das Interesse an oder die Mittel für Konservierung und Restauration fehlen. Demgegenüber nehmen sich die Destruktionen durch einzelne Fanatiker oder Geisteskranke (noch) verhältnismäßig gering aus, obwohl sie eine lange Geschichte haben: von Herostratos, der 356 v. Chr. den berühmten Artemis-Tempel in Ephesos in Brand setzte, bis zu den Säure-Atten-

taten auf Gemälde in unseren Tagen. Destruktionen erfolgen auch aus künstlerischen und ästhetischen Gründen: Künstler vernichten einzelne oder alle ihrer früheren Werke, die nicht mehr ihren veränderten Ansprüchen oder Lebensidealen genügen (*Autodafé*), Kirchen werden einem neuen Stil angepaßt, abgerissen oder neuen Funktionen ausgeliefert (Gasthof, Museum, Konzertsaal), neue Stadtplanungen zerstören altes Ambiente. Aus Interesse an der Sammlung und Ausstellung von Werken zwecks künstlerischer, kunstgeschichtlicher und ästhetischer Bildung der Gesellschaft werden Kunstwerke ihrer ursprünglichen Gebrauchsfunktion enthoben und damit einer geistigen Verfälschung unterworfen, durch die Reproduktionstechniken wird der Sinn für die Einzigartigkeit des Originals entwertet, der obligatorische Kunst- und Musikunterricht manipuliert und reglementiert das individuelle ästhetische und künstlerische Bedürfnis oder ersetzt es durch kunstgeschichtliche Informationen. Der moderne Kunsttourismus hat zum Teil zu so erheblichen Schäden an den Werken geführt, daß sie der Besichtigung wieder entzogen werden mußten (Höhle von Lascaux). Um die Auslieferung der Werke an die öffentliche Neugier und das Ausstellungswesen zu verhindern, sind Künstler dazu übergegangen, Werke zu schaffen, die sich selbst zerstören – Destruktion als Kunstprinzip (Tinguely, Vostell).

Lit.: L. Réau: Histoire du vandalisme, 2 Bd.e, Paris 1959. M. Warnke (Hg.): Bildersturm. Die Zerstörung des Kunst-

werks, München 1973. W. Löschburg:
Schatten über der Akropolis, Berlin
²1980. D. Freedberg: Iconoclasts and
Their Motives, Maarsen 1985. P. M.
Pickshaus: Kunstzerstörer. Fallstudien:
Tatmotive und Psychogramme, Ham-
burg 1988. H. Rafetseder: Bücherver-
brennungen. Die öffentliche Hinrich-
tung von Schriften im historischen
Wandel, Wien 1988.   *W. H.*

Quellen der Ästhetik

Platon (427–347 v. Chr.)
Symposion. Das Gastmahl, griech.-dt., Hamburg (Meiner) ³1981. Auch: Stuttgart (Reclam) 1978. München (Piper) ³1989. München (Artemis) ⁸1989. Ion, griech.-dt., Stuttgart (Reclam) 1988. Politeia. Der Staat, Hamburg (Meiner) ¹¹1989. Auch: Stuttgart (Reclam) 1978 u.ö. Phaidros, Stuttgart (Reclam) 1957. Auch: München (Piper) ²1989. – Diese und die anderen für die Ästhetik wichtigen Dialoge Philebos, Der große Hippias und Der kleine Hippias, in: Sämtliche Werke in 6 Bd.en, Reinbek (Rowohlt) 1957 ff. u.ö. Sämtliche Dialoge in 7 Bd.en, Hamburg (Meiner) 1988. Sämtliche Dialoge in 8 Bd.en, Frankfurt–Leipzig (Insel) 1991.

Aristoteles (384–322 v. Chr.)
Poetik, griech.-dt., Stuttgart (Reclam) 1982 u.ö. Rhetorik, München (Fink) ²1987. Politik, Hamburg (Meiner) ⁴1981. Auch: Stuttgart (Reclam) 1989.

M. T. Cicero (106–43 v. Chr.)
De oratore. Über den Redner, lat.-dt., Stuttgart (Reclam) ²1976 u.ö.

Horaz (65–8 v. Chr.)
Ars poetica. Die Dichtkunst, lat.-dt., Stuttgart (Reclam) ²1984 u.ö.

Vitruv (1. Jh. v. Chr.)
De architectura libri decem. Zehn Bücher über die Architektur, lat.-dt., Darmstadt (Wissenschaftliche Buchgesellschaft) ³1981.

M. F. Quintilian (1. Jh. n. Chr.)
Institutionis oratoriae libri XII. Ausbildung des Redners, 12 Bücher, lat.-dt., 2 Bd.e, Darmstadt (Wissenschaftliche Buchgesellschaft) 1972/75.

Pseudo-Longinos (1. Jh. n. Chr.)
Peri Hypsous. Vom Erhabenen, griech.-dt., Darmstadt (Wissenschaftliche Buchgesellschaft) ²1983. Auch: griech.-dt., Stuttgart (Reclam) 1988.

Plotin (204–269)
Über das Schöne (Enneade I, 6), in: Studienausgabe, Bd. 1, griech.-dt., Hamburg (Meiner) 1986. Auch in: Ausgewählte Schriften, Stuttgart (Reclam) 1973 u.ö.

A. M. S. Boethius (480–525)
De musica, Reprint Frankfurt/M. (Minerva) 1981.

Pseudo-Dionysius Areopagita (2. Hälfte des 5. Jh.)
Peri ton theon onomaton. Dt.: Über göttliche Namen, München (Kösel/Pustet) 1968. Peri tes uranias hierarchias. Dt.: Die Hierarchien der Engel und der Kirche, München-Planegg 1955.

Thomas von Aquin (1224–1274)
Summa theologica. Dt.: Summe der Theologie, 3 Bde., Stuttgart (Kröner) ³1985.

L. B. Alberti (1404–1472)
Della pittura. Della statua. Della architettura. Drei Bücher über die Malerei (1435), ital.-dt., in: Kleinere kunsttheoretische Schriften, Wien 1877. De re aedificatoria (1451/52). Dt.: Von der Architektur, Wien 1912.

Ch. Perrault (1628–1703)
Parallèles des anciens et des modernes en ce qui regarde les arts et les sciences (4 Bde., 1688–1697), Reprint München (Eidos) 1964.

N. Boileau-Despréaux (1636–1711)
L'art poétique. Die Dichtkunst (1674), franz.-dt., Stuttgart (Reclam) 1967.

G. Vico (1668–1733)
Principi di una scienza nuova d'intorno alla natura delle nazioni (1725). Dt.: Die neue Wissenschaft über die gemeinschaftliche Natur der Völker, Reinbek (Rowohlt) 1966.

A. A. C. Shaftesbury (1671–1713)
Charakteristics of Men, Manners, Opinions, Times (1711).
Dt.: Ein Brief über den Enthusiasmus. Die Moralisten, Hamburg (Meiner) ²1980. Auch: Der gesellige Enthusiast, München (Beck) 1990.

E. Young (1683–1765)
Conjectures upon Original Composition (1759). Dt.: Gedanken über die Originalwerke, Heidelberg (Schneider) 1977.

Voltaire (1694–1778)
Temple du goût (1733). Dt.: Der Tempel des Geschmacks, München (Winkler) 1970. Auch in: Schriften, Bd. 1, Frankfurt/M. (Syndikat) 1978.

F. Hutcheson (1696–1782)
An Inquiry into the Original of Our Ideas on Beauty and Virtue (1725). Dt.:

Eine Untersuchung über den Ursprung unserer Ideen von Schönheit und Tugend, Hamburg (Meiner) 1986.

H. Home, Lord Kames (1696–1782)
Elements of Criticism (3 Bde., 1762). Reprint Hildesheim u. a. (Georg Olms) 1970.

J. Chr. Gottsched (1700–1766)
Versuch einer critischen Dichtkunst (1730), Reprint (⁴1751) Darmstadt (Wissenschaftliche Buchgesellschaft) 1977. Auswahl: Schriften zur Literatur, Stuttgart (Reclam) 1972 u.ö.

J. J. Rousseau (1712–1778)
Discours sur les sciences et les arts (1750). Dt.: Über Kunst und Wissenschaft, franz.-dt., Hamburg (Meiner) ⁴1983. Auch in: Schriften in 2. Bde., München (Hanser) 1978.

Ch. Batteux (1713–1780)
Les beaux arts réduits à une meme principe (1746). Dt.: Einschätzung der schönen Künste auf einen einzigen Grundsatz, Reprint Hildesheim u. a. (Georg Olms) 1976.

D. Diderot (1713–1784)
Beauté. Recherches philosophiques sur l'origine et la nature du beau (1751). Lettre sur les sourds et muets (1751). Salons (1759ff.). Le paradoxe sur le comédien (1770). Essai sur la peinture (1796). Dt.: Ästhetische Schriften, Frankfurt/M. (Europäische Verlagsanstalt) 1968.

A. G. Baumgarten (1714–1762)
Meditationes philosophicae de nonnullis ad poema pertinentibus (1735). Dt.: Philosophische Betrachtungen über einige Bedingungen des Gedichtes, lat.-dt., Hamburg (Meiner) 1983. Aesthetica, 2 Bde. (1750/1758), Reprint Hildesheim (Georg Olms) 1961. Auszüge: Theoretische Ästhetik, Hamburg (Meiner) ²1988.

J. J. Winckelmann (1717–1768)
Geschichte der Kunst des Altertums (1764), Reprint Darmstadt (Wissenschaftliche Buchgesellschaft) 1982. Auswahl: Werke in einem Band, Berlin-Weimar (Aufbau) ²1976.

F. H. Hemsterhuis (1721–1790)
Lettre sur la sculpture (1796). Dt. in: Philosophische Schriften, Karlsruhe 1912.

I. Kant (1724–1804)
Beobachtungen über das Gefühl des Schönen und des Erhabenen (1764), in: Werkausgabe Bd. 1, Frankfurt/M. (Suhrkamp) 1977. Kritik der Urteilskraft (1790), in: Werkausgabe, Bd. 10, Frankfurt/M. (Suhrkamp) 1977. Auch: Hamburg (Meiner) 1974.

E. Burke (1729–1797)
Philosophical inquiry into the origin of our ideas of the sublime and beautiful (1756). Dt.: Philosophische Untersuchung über den Ursprung unserer Ideen vom Erhabenen und Schönen, Hamburg (Meiner) ²1989.

G. E. Lessing (1729–1781)
Laokoon oder Über die Grenzen der Malerei und Poesie (1766), Stuttgart (Reclam) 1964. Hamburgische Dramaturgie (1767/68), Stuttgart (Reclam) 1981.

M. Mendelssohn (1729–1786)
Über die Empfindungen (1755). Über die Hauptgrundsätze der schönen Künste und Wissenschaften (1757). Von dem Vergnügen (ca. 1761). Die Idealschönheit in den schönen Wissenschaften (1759). In: Ästhetische Schriften in Auswahl, Darmstadt (Wissenschaftliche Buchgesellschaft) 1974.

J. G. Herder (1744–1781)
Kritische Wälder (1769). Plastik. Einige Wahrnehmungen über Form und Gestalt aus Pygmalions bildenden Träumen (1778). Kalligone, 3 Bd.e (1800). In: Sämtliche Werke, Nachdruck der Suphan-Ausgabe von 1877/1913, Hildesheim u. a. (Georg Olms) 1967/68. Eine Auswahl: Herder. Ein Lesebuch, Berlin-Weimar (Aufbau) ¹⁰1978.

J. W. v. Goethe (1749–1832)
Einfache Nachahmung der Natur, Manier, Stil (1789). Der Sammler und die Seinigen (1799). Maximen und Reflexionen (1809–1832). In: Weimarer Ausgabe, München (dtv) 1987. Auch: Hamburger Ausgabe, Bd. 12, München (dtv) 1982. Berliner Ausgabe Bd. 17ff., Berlin–Weimar (Aufbau) 1981ff. Briefwechsel mit F. Schiller (1794–1804), Leipzig (Insel) 1984. Auch: München (Beck) 1984. J. P. Eckermann: Gespräche mit Goethe in den letzten Jahren seines Lebens (1835/1847), München (Beck) ³1988.

K. Ph. Moritz (1756–1793)
Über die bildende Nachahmung des Schönen (1788), in: Werke, Bd. 2, Frankfurt/M. (Insel) 1981.

F. Schiller (1759–1805)
Über Anmut und Würde (1793), Stuttgart (Reclam) 1971. Kallias oder Über

die Schönheit. Briefe an G. Körner (1793), Stuttgart (Reclam) 1971. Über die ästhetische Erziehung des Menschen in einer Reihe von Briefen (1795), Stuttgart (Reclam) 1981. Über naive und sentimentalische Dichtung (1795/96), Stuttgart (Reclam) 1981. Vom Pathetischen und Erhabenen. Ausgewählte Schriften zur Dramentheorie, Stuttgart (Reclam) 1981. Alle zusammen auch: Über das Schöne und die Kunst. Schriften zur Ästhetik, München (dtv) 1984.

J. Paul (1763–1825)
Vorschule der Ästhetik (1804/1813), Hamburg (Meiner) 1990.

A. W. Schlegel (1767–1845)
Vorlesungen über dramatische Kunst u. Literatur (1801/1804 bzw. 1808/1811), in: Kritische Schriften und Briefe in 7 Bde., Stuttgart (Kohlhammer) 1962/74.

F. D. E. Schleiermacher (1768–1834)
Ästhetik (1819/25), Über den Begriff der Kunst (1831/32), Hamburg (Meiner) 1984.

G. W. F. Hegel (1770–1831)
Vorlesungen über die Ästhetik (posthum 1835/1838), in: Theorie-Werkausgabe Bd. 13–15, Frankfurt/M. (Suhrkamp) 1970.

F. Schlegel (1772–1829)
Über das Studium der griechischen Poesie (1795). Athenäumsfragmente (1798). Gespräch über die Poesie (1800). Geschichte der alten und neuen Literatur (1812). In: Kritische Schriften und Fragmente in 6 Bd.en, Paderborn u. a. (Schöningh) 1988. Auch: Schriften zur Literatur, München (dtv) [2]1985. Kritische und theoretische Schriften, Stuttgart (Reclam) 1984.

F. W. J. Schelling (1775–1854)
System des transzendentalen Idealismus (1800), Hamburg (Meiner) 1962. Auch: Werkausgabe Bd. 1, Frankfurt/M. (Suhrkamp) 1985. Philosophie der Kunst (1802/1805). Über das Verhältnis der bildenden Künste zur Natur (1807), in: Werkausgabe, Bd. 2, Frankfurt/M. (Suhrkamp) 1985.

K. W. F. Solger (1780–1819)
Erwin. Vier Gespräche über das Schöne und die Kunst (1815), München (Fink) 1971. Vorlesungen über die Ästhetik (posthum 1829), Reprint Darmstadt (Wissenschaftliche Buchgesellschaft) 1980.

A. Schopenhauer (1788–1860)
Die Welt als Wille und Vorstellung (1819 bzw. 1844), Stuttgart (Reclam) 1987. Auch in: Werke, Bd. 1–4, Zürich (Diogenes) 1977. Auch in: Sämtliche Werke Bd. 1–2, Frankfurt/M. (Suhrkamp) 1986.

G. Th. Fechner (1801–1887)
Vorschule der Ästhetik, Leipzig (Breitkopf & Härtel) 1876.

Chr. H. Weiße (1801–1866)
System der Ästhetik als Wissenschaft von der Idee der Schönheit, 2 Bde.
(1830), Reprint Hildesheim u. a. (Georg Olms) 1966.

K. Rosenkranz (1805–1879)
Ästhetik des Häßlichen (1853), Leipzig (Reclam) 1990.

F. Th. Vischer (1807–1887)
Über das Erhabene und Komische (1837), Frankfurt/M. (Suhrkamp) 1967. Ästhetik oder Wissenschaft des Schönen, 6 Bde. (1846/1857), Reprint Hildesheim
u. a. (Georg Olms) 1975.

K. Marx (1818–1883) und **F. Engels** (1820–1895)
Über Kunst und Literatur, 2 Bde., Berlin (Dietz) 1967/68. K. Marx, F. Engels,
W. I. Lenin: Über Kultur, Ästhetik, Literatur, Leipzig (Reclam) 1971.

R. Zimmermann (1824–1898)
Allgemeine Ästhetik als Formwissenschaft (1858/65), Reproduktion Hildesheim u. a. (Georg Olms) 1973.

H. Taine (1828–1893)
Philosophie d'art, 4 Bde. (1865/1869). Dt.: Philosophie der Kunst, 2 Bde.,
Leipzig (Dietrichs) 1902/1903.

N. G. Tschernyschewski (1828–1889)
Die ästhetischen Beziehungen der Kunst zur Wirklichkeit (1853), Berlin (Aufbau) 1954.

W. Dilthey (1833–1911)
Die Einbildungskraft des Dichters. Bausteine für eine Poetik (1887), in: Gesammelte Schriften Bd. 6, Göttingen (Vandenhoek & Rupprecht) [6]1976. Das
Erlebnis und die Dichtung (1903), Göttingen (Vandenhoek & Rupprecht)
[16]1985. Auch: Leipzig (Reclam) [2]1991.

C. Fiedler (1841–1895)
Schriften zur Kunst, 2 Bde. (1913/1914), München (Fink) 1989. Auswahl:
Schriften über die Kunst, Köln (DuMont) 1977.

E. v. Hartmann (1842–1906)
Ästhetik, 2 Bde., Leipzig (Hermann Haacke) 1886/87. Grundriß der Ästhetik,
Bad Sachsa 1909.

F. Nietzsche (1844–1900)
Die Geburt der Tragödie aus dem Geist der Musik (1872). Neue Ausgabe mit dem Versuch einer Selbstkritik (1886), Stuttgart (Reclam) 1981. Auch: Sämtliche Werke Bd. 1, München (dtv) 1988.

J. Volkelt (1848–1930)
System der Ästhetik, 3 Bde. (1905/1914), München (C. H. Beck) ²1924/1927.

J. Dewey (1859–1952)
Art as Experience (1934). Dt.: Kunst als Erfahrung, Frankfurt/M. (Suhrkamp) 1980.

G. Simmel (1858–1918)
Zur Philosophie der Kunst. Philosophische und kunstphilosophische Aufsätze, Potsdam 1922.

H. Bergson (1859–1941)
Le rire. Essai sur le signification du comique (1900). Dt.: Das Lachen, Zürich (Die Arche) 1972.

B. Croce (1866–1952)
Estetica come scienza dell'espressione e linguistica generale (1902). Dt.: Ästhetik als Wissenschaft vom Ausdruck und allgemeine Kunstwissenschaft. Theorie und Geschichte, Tübingen (J. B. C. Mohr) 1930.

E. Cassirer (1874–1945)
Philosophie der symbolischen Formen, 3 Bde. (1923/1925/1929), Darmstadt (Wissenschaftliche Buchgesellschaft) ⁸1982.

M. Geiger (1880–1937)
Die Bedeutung der Kunst. Zugänge zu einer materialen Wertästhetik, München (Fink) 1976.

N. Hartmann (1882–1950)
Ästhetik (1953), Berlin (de Gruyter) ²1966.

E. Utitz (1883–1956)
Grundlegung einer allgemeinen Kunstwissenschaft, 2 Bde. (1914/1920), Reprint München (Fink) 1972.

G. Lukács (1885–1971)
Heidelberger Philosophie der Kunst (1912–1914), in: Werke, Bd. 16, Darmstadt-Neuwied (Luchterhand) 1967 ff. Heidelberger Ästhetik (1916–1918), in: Werke, Bd. 17. Die Theorie des Romans (1916/1920), Frankfurt (Luchterhand) ¹²1989.

Probleme der Ästhetik, in: Werke, Bd. 10. Die Eigenart des Ästhetischen (1963) in: Werke, Bd. 11 und 12. Auch: Berlin-Weimar (Aufbau) [2]1987.

E. Bloch (1885–1977)
Geist der Utopie (1. Fassung 1918, 2. Fassung 1923), Frankfurt/M. (Suhrkamp) 1985. Das Prinzip Hoffnung (1938–1947), Frankfurt/M. (Suhrkamp) 1985.

M. Heidegger (1889–1976)
Der Ursprung des Kunstwerks (1936), Stuttgart (Reclam) 1960.

J. Mukařovský (1891–1974)
Kapitel aus der Poetik (1948), Frankfurt/M. (Suhrkamp) 1967. Kapitel aus der Ästhetik (1966), Frankfurt/M. (Suhrkamp) 1970. Kunst, Poetik, Semiotik, Frankfurt/M. (Suhrkamp) 1989.

W. Benjamin (1892–1940)
Das Kunstwerk im Zeitalter seiner technischen Reproduzierbarkeit (1936), Frankfurt/M. (Suhrkamp) 1975.

H. Marcuse (1892–1980)
Kultur und Gesellschaft, 2 Bde., Frankfurt/M. (Suhrkamp) 1965. Die Permanenz der Kunst. Wider eine bestimmte marxistische Ästhetik, in: Schriften, Bd. 9, Frankfurt/M. (Suhrkamp) 1987.

R. Ingarden (1893–1970)
Das literarische Kunstwerk (1931), Tübingen (Niemeyer) [4]1972. Untersuchungen zur Ontologie der Kunst, Tübingen (Niemeyer) 1960. Vom Erkennen des literarischen Kunstwerks, Tübingen (Niemeyer) 1969.

Ch. W. Morris (1901–1979)
Esthetics and the Theory of Signs (1939/1940). Dt.: Ästhetik und Zeichentheorie, Frankfurt/M. u. a. (Ullstein) 1979.

Th. W. Adorno (1903–1970)
Noten zur Literatur, Frankfurt (Suhrkamp) [4]1989. Ästhetische Theorie (posthum) 1970, Frankfurt/M. (Suhrkamp) [2]1973. Philosophie der neuen Musik, Frankfurt/M. (Suhrkamp) 1978.

A. Gehlen (1904–1976)
Zeitbilder. Zur Soziologie und Ästhetik der modernen Malerei (1960), Wiesbaden (Athenäum) [3]1977.

J. P. Sartre (1905–1980)
Qu'est-ce que la littérature (1947). Dt.: Was ist Literatur? Reinbek (Rowohlt)

1981. L'idiot de la famille. Gustave Flaubert, 3 Bde. (1971 ff.). Dt.: Der Idiot der Familie, 4 Bde. Reinbek (Rowohlt) 1977/78.

M. Bense (1910–1990)
Aesthetica. Einführung in die neue Aesthetik (1965), Baden-Baden (Agis) ²1982.

Die neueren Werke der analytischen, informationstheoretischen, marxistischen, strukturalistischen etc. Ästhetik sowie die Darstellungen der Geschichte der Ästhetik sind am Ende der entsprechenden Artikel verzeichnet.   *K. L.*

Literaturverzeichnis

Nachschlagewerke

Ästhetik

J. G. Sulzer: Allgemeine Theorie der schönen Künste, in einzelnen, nach alphabetischer Ordnung der Kunstwörter aufeinanderfolgenden, Artikeln abgehandelt. Neue, verm. Aufl., 4 Bde., Leipzig 1792–1794, Reprint Hildesheim u. a. (Georg Olms) 1967–1970.

J. Jeitteles: Ästhetisches Lexikon, 2 Bde., Wien 1839, Reprint Hildesheim u. a. (Georg Olms) 1970.

W. Hebenstreit: Wissenschaftlich-literarische Enzyklopädie der Ästhetik. Ein etymologisch-kritisches Wörterbuch der ästhetischen Kunstsprache, Wien 1843, Reprint Hildesheim (Georg Olms) 1978.

E. u. A. Souriau: Vocabulaire d'esthétique, Paris (Presses Universitaires de France) 1990.

Philosophie

J. Ritter (Hg.): Historisches Wörterbuch der Philosophie, Basel/Stuttgart (Schwabe) 1971 ff. (Bisher A–Qu.)

Enciclopedia filosofica. Sec. ediz. interamente rielaborata, 6 Bde., Firenze (Sansoni) 1967.

Ph. P. Wiener (Hg.): Dictionary of the History of Ideas. Studies of Selected Pivotal Ideas, 4 Bde., New York (Ch. Scribner's Sons) 1968–1974.

M. Berger u. a. (Hg.): Kulturpolitisches Wörterbuch, Berlin (Dietz) [2]1978.

J. Mittelstraß (Hg.): Enzyklopädie und Wissenschaftstheorie, Mannheim (Bibliographisches Institut) 1980 ff. (Bisher A–O.)

Literatur

P. Merker, W. Stammler (Hg.): Reallexikon der deutschen Literaturgeschichte, Berlin (de Gruyter) [2]1955 ff.

A. Preminger u. a. (Hg.): Princeton Encyclopedia of Poetry and Poetics, Princeton (U. P.) 1974.

D. Krywalski (Hg.): Handlexikon zur Literaturwissenschaft, München (Ehrenwirth) [2]1976.

G. und J. Schweikle (Hg.): Metzler Literatur Lexikon. Begriffe und Definitionen, Stuttgart (Metzler) [2]1990.

Bildende Kunst

Das Atlantisbuch der Kunst: Eine Enzyklopädie der bildenden Künste, Zürich (Atlantis-Verlag) 1952.

L. *Alscher u. a. (Hg.):* Lexikon der Kunst. Architektur, bildende Kunst, angewandte Kunst, Industrieformgestaltung, Kunsttheorie, 5 Bde., Leipzig/Berlin (VEB) 1968–1973, Nachdr. Berlin 1983. – Neubearb. Aufl. Leipzig 1987 ff.

P. *Wiench (Red.):* Lexikon der Kunst. Malerei, Architektur, Bildhauerkunst, 12 Bde., Freiburg (Herder) 1987–1990.

Kindlers Enzyklopädie der Kunst, München (Kindler) 1982.

Musik

F. *Blume u. a. (Hg.):* Die Musik in Geschichte und Gegenwart. Allgemeine Enzyklopädie der Musik, 17 Bde., Kassel/Basel (Bärenreiter) 1949–1986. – München (dtv) 1989.

Riemann Musik Lexikon. Mainz (Schott) ^{12}1967.

G. *Massenkeil (Hg.):* Das Große Lexikon der Musik, 10 Bde., Freiburg (Herder) 1978–1983.

St. *Sadie (Hg.):* The New Grove Dictionary of Music and Musicians, 20 Bde., London 1980.

C. *Dahlhaus/H. H. Eggebrecht (Hg.):* Brockhaus Riemann Musiklexikon, 2 Bde., Wiesbaden (Brockhaus) 1978/79.

Sammelbände

Proceedings of the Third International Congress of Aesthetics (1956), Torino (Einaudi) 1957 (die Internationalen Kongresse finden alle vier Jahre statt).

F. J. *Coleman (Hg.):* Contemporary Studies in Aesthetics, New York (McGraw-Hill) 1968.

J. *Hospers (Hg.):* Introductory Readings in Aesthetics, New York (Free Press) 1969.

W. *Henckmann (Hg.):* Ästhetik (Wege der Forschung 31), Darmstadt (Wissenschaftliche Buchgesellschaft) 1979 (Auswahlbibliographie 1945–1975: S. 445–S. 486).

M. *Philipson/P. J. Gudel (Hg.):* Aesthetics Today, New York (Scarborough) 1980.

D. *Henrich/W. Iser (Hg.):* Theorien der Kunst, Frankfurt/M. (Suhrkamp) 1982 (Auswahlbibliographie S. 593–S. 632).

W. *Oelmüller (Hg.):* Kolloquium Kunst und Philosophie, Paderborn (Schöningh) 1981 ff.

Bd. 1, Ästhetische Erfahrung, 1981.

Bd. 2, Ästhetischer Schein, 1982.

Bd. 3, Das Kunstwerk, 1983.

P. H. Werhane (Hg.): Philosophical Issues in Art, Englewood Cliffs, N. J.
(Prentice Hall) 1984.

Poetik und Hermeneutik. Arbeitsergebnisse einer Forschungsgruppe. Bd. 1 ff.,
München (Fink) 1964 ff. Reprint von Bd. 1–5, 1983.

W. H.

Verzeichnis der Autoren

Oskar Bätschmann (O. B.): Studium der Kunstgeschichte, Germanistik und Philosophie, Dr. phil. habil.; Ordinarius für Kunstgeschichte an der Universität Bern; Mitherausgeber der „Zeitschrift für Kunstgeschichte" und von „Word & Image"; Veröffentlichungen zur Kunstgeschichte, u. a. „Einführung in die kunstgeschichtliche Hermeneutik".

Gabriele Brandstetter (G. B.): Studium der Literatur- und Theaterwissenschaft, Dr. phil.; akademische Rätin am Forschungsinstitut für Musiktheater der Universität Bayreuth; Arbeit an einem Forschungsprojekt am „Derra de Moroda Dance Archive" der Universität Salzburg; Veröffentlichungen zur Literatur der Romantik, Oper des 19. Jh. und zur Ästhetik des Tanzes.

Günter Butzer (G. Bu.): Studium der Literaturwissenschaft und Philosophie, M. A.; Redakteur der Münchner Zeitschrift für Philosophie „Widerspruch"; Veröffentlichungen zu Derrida und Ricoeur.

Ursula Franke (U. F.): Studium der Philosophie, der kath. Theologie und der Germanistik, Dr. phil.; Mitarbeiterin in der Leibniz-Forschungsstelle; Lehrauftrag am philosophischen Seminar der Universität Münster; Mitherausgeberin der „Zeitschrift für Ästhetik und allgemeine Kunstwissenschaft"; Veröffentlichungen zu Leibniz, zur Geschichte der Ästhetik und zur Gegenwartskunst; Beiträge zu Ausstellungskatalogen zeitgenössischer Künstler.

Morteza Ghasempour (M. G.): Studium der Ingenieurwissenschaften in Teheran, Studium der Germanistik, Soziologie und Philosophie in Köln, M. A., Mitarbeiter am philosophischen Seminar der Universität Köln; Arbeiten zur deutschen und persischen Ästhetik, Übersetzungen.

Gerlinde Gild (G. G.): Studium der Sinologie, Japanologie und Musikwissenschaft, Dr. phil.; Mitarbeiterin am Ostasiatischen Seminar der Universität Göttingen; Veröffentlichungen u. a. zur chinesischen Musiktheorie.

Charlotte Geyken (Ch. G.): Studium der Japanologie, Lusitanistik und Politik, M. A.; Mitarbeiterin am Ostasiatischen Seminar der Universität Göttingen; Arbeitsschwerpunkt: japanische Kulturgeschichte.

Gisela Henckmann (G. H.): Studium der Germanistik, Romanistik und Philosophie, Dr. phil.; Mitarbeiterin am Institut für Deutsche Philologie der Universität München; Veröffentlichungen zu Goethe, zur Romantik und zur feministischen Literaturtheorie; Mitarbeit an der Münchner Goethe-Ausgabe.

Wolfhart Henckmann (W. H.): Studium der Philosophie, der neueren Literaturwissenschaft und der Pädagogik, Dr. phil. habil.; Prof. für Philosophie an der Universität München; Veröffentlichungen zur Ästhetik, Erkenntnistheorie, Hermeneutik und zur Geschichte der neueren Philosophie.

Wolfram Karl Köck (W. K. K.): Studium der Anglistik und Germanistik, Dr. phil. habil.; Mitarbeiter im Forschungs- und Entwicklungszentrum für objektivierte Lehr- und Lernverhalten Paderborn; Mitarbeiter am Institut für Empirische Literatur- und Medienforschung der Universität GHS Siegen; Veröffentlichungen zur Kommunikations- und Medienforschung, Ästhetik und Didaktik.

Julia Liebscher (J. L.): Studium der Musikwissenschaft, Philosophie und Kunstgeschichte, Dr. phil.; Mitarbeiterin am Forschungsinstitut für Musiktheater der Universität Bayreuth; Akademische Rätin und Lehrbeauftragte am Theaterwissenschaftlichen Institut der Universität München; Arbeitsschwerpunkte: die Oper des 17. bis 19. Jh., die Ästhetik des Opernfilms.

Konrad Lotter (K. L.): Studium der Philosophie, der Literatur- und Musikwissenschaft, M. A. und Dr. phil.; Mitherausgeber der Münchner Zeitschrift für Philosophie „Widerspruch"; Lehrbeauftragter am Institut für allgemeine und vergleichende Literaturwissenschaft der Universität München; Veröffentlichungen zur marxistischen Philosophie, zur Ethik und zur Geschichte der Ästhetik.

Ram Adhar Mall (R. A. M.): Studium der Psychologie, Indologie und Philosophie in Kalkutta, Göttingen und Köln, Dr. phil. habil.; Prof. für Philosophie in Wuppertal; Veröffentlichungen u. a. „Drei Geburtsorte der Philosophie – China, Indien, Europa" (zusammen mit H. Hülsmann), „Buddhismus. Religion der Postmoderne?"

Birgit Recki (B. R.): Studium der Philosophie und Soziologie, Dr. phil.; lehrt Designtheorie an der Fachhochschule und Philosophie am philosophischen Seminar der Universität Münster; Veröffentlichungen u. a. „Aura und Autonomie. Zur Subjektivität der Kunst bei Walter Benjamin und Theodor W. Adorno" (1988).

Reinhard Schulz (R. S.): Studium der Musikwissenschaft, Philosophie, Theaterwissenschaft und Soziologie, Dr. phil.; freiberuflicher Journalist beim Bayerischen Rundfunk; Lehrbeauftragter am Institut für Musikwissenschaft der Universität München; Gesamtkoordination der „Neuen Musikzeitung"; Veröffentlichungen zur Musik des 20. Jh.

Thomas Wimmer (Th. W.): Studium der Philosophie und Soziologie, M. A.; Redakteur bei der Münchner Zeitschrift für Philosophie „Widerspruch" und an der Filmzeitung „24"; Beiträge zu Ausstellungskatalogen zeitgenössischer Künstler, Veröffentlichungen zur Medien- und Filmtheorie, u. a. „Fabrikation der Fiktion?" (1991).